【一世珍藏名人名传系列】

HITLER
希特勒传

（德）乔西姆·费斯特◎著　黄婷　马昕◎译

长江出版传媒

长江文艺出版社

约阿希姆·费斯特，德国著名历史学家和政论作者，1963 年起担任北德意志广播电台的主编，1973 年起任《法兰克福汇报》发行人。作者对纳粹党的研究在西方堪称权威，他在 1973 年出版的传记《希特勒传》被译成 20 多种文字，是历史研究的最权威著作，获得了"托马斯·德勒奖"，在整个人物传记史上具有里程碑式的意义。此外，由其著作《在希特勒的堡垒中：第三帝国的末日》改编的电影《毁灭》曾获 2004 年奥斯卡提名。他拍摄的纪录片《希特勒的一生》，也获得了巨大的成功。

内容简介

　　研究纳粹党史以及希特勒的著名历史学家费斯特为希特勒撰写的传记，是全球最权威、最有影响力的希特勒传记之一，并在整个人物传记史上具有里程碑式的意义。费斯特以生动的笔触把这个战争狂人的一生与二战的恐怖展现得淋漓尽致。本书在出版后的半年时间内就发行七版，在整个世界都堪称希特勒研究史的里程碑之作。希特勒是一个有着极强破坏欲的人，其个性和政治手段对纳粹党的发迹起到了至关重要的作用。本书以全新的角度——从人性的角度刻画希特勒，与一些作家只喜欢探寻希特勒的秘闻轶事，产生了强烈反差，也因此为他赢得了广泛的赞誉。本书被译成 20 多种文字，并成为历史研究的权威著作。

新出图证（鄂）字 03 号

图书在版编目（CIP）数据

希特勒传 / （德）乔西姆·费斯特 著　黄　婷　马　昕 译

武汉：长江文艺出版社，2013.6（2017.2 重印）

（一世珍藏名人名传系列）

ISBN　978—7—5354—6484—2

Ⅰ．希… Ⅱ．①乔…②黄…③马… Ⅲ．**希特勒，A.**(1889—1945)—传记 Ⅳ. K835.167=5

中国版本图书馆 CIP 数据核字（2013）第 044234 号

著作权合同登记号　图字：　17-2010-026 号

Copyrights © by Ullstein Buchverlage Gmbrl, Berlin.

Published in 1973 by Propyläen verlag

责任编辑：陈俊帆　　　　　　责任校对：陈　琪

封面设计：天行云翼　　　　　责任印制：左　怡　　邱　莉

出版：长江出版传媒　长江文艺出版社

地址：武汉市雄楚大街 268 号　　　　邮编：430070

发行：长江文艺出版社

电话：027—87679360

http://www.cjlap.com

印刷：中印南方印刷有限公司

开本：720 毫米×1000 毫米　　1/16　　　印张：21.875　　插页：19 页

版次：2013 年 6 月第 1 版　　　　2017 年 2 月第 2 次印刷

字数：393 千字

定价：39.80 元（精装）

父亲：阿洛伊斯·希
特勒
母亲：克拉拉·波尔
兹尔·希特勒
婴儿时期的希特勒

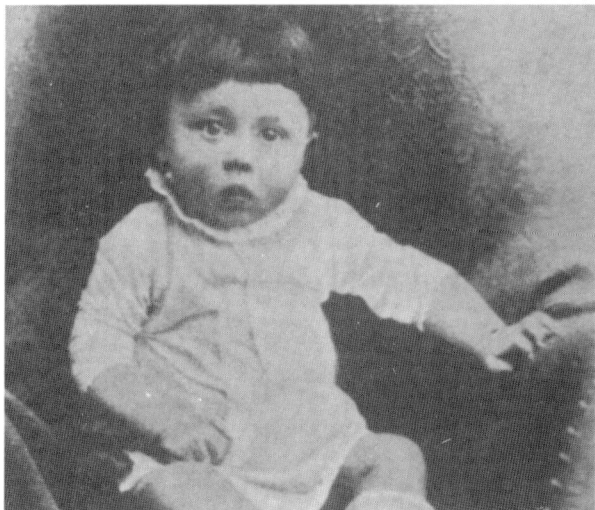

上：战壕中的希特勒

中和下：1919 年冬天希特勒参加社会民主党的集会。"我从马克思主义中获益良多。我学的不是其乏味的社会教条……而是其方法。"

上：1920 年 1 月德国工人党的会议

下：国社党早期的空想家之一戈特弗雷德·费德尔；党的奠基人安东·德雷克斯勒；入党时的希特勒

上：希特勒与阿尔弗雷德·罗森博格（左）和克里斯蒂安·韦伯（右）在慕尼黑的一次种族民族主义集会上

左下：恩斯特·罗姆上尉（左二）与军官朋友

右边从上到下：早年的追随者和支持者：赫尔曼·埃瑟尔、恩斯特·波尔内、迪特里希·埃卡特和尤利乌斯·施特切尔

1923 年 11 月 9 日的政变
左上：施特切尔在玛利亚广场演讲
右上：攻占战争部，棋手为希姆莱
右下：冲锋队员逮捕慕尼黑市长

希特勒演讲时的一系列夸张动作

上：希特勒身边的新人：格雷戈尔·斯特拉瑟（中）和约瑟夫·戈培尔

下：希特勒与冲锋队新领队普菲费尔·冯·所罗门

上：经济大萧条——1931
年领救济食品的队伍

左下：柏林一家后院里的
共产党和纳粹党旗帜；标语为
"我们的孩子在这儿遭难"

右下：激昂陈词的戈培尔

1933 年 1 月，新上任的总理与弗兰茨·冯·巴本和冯·布隆贝格将军
谈话

上：1933 年，希特勒与兴登堡

下：1934 年 10 月，兴登堡去世前不久的希特勒

1934 年 2 月的希特勒与罗姆

1936 年希特勒于纽伦堡的党群众集会

上：1936 年以前，希特勒同父异母的妹妹，格莉·劳巴尔的母亲安杰丽卡·劳巴尔一直管理着贝格霍夫的宅邸

中：希特勒在奥巴萨尔兹堡欢迎爱娃·布劳恩

下：希特勒与他的狗在奥巴萨尔兹堡

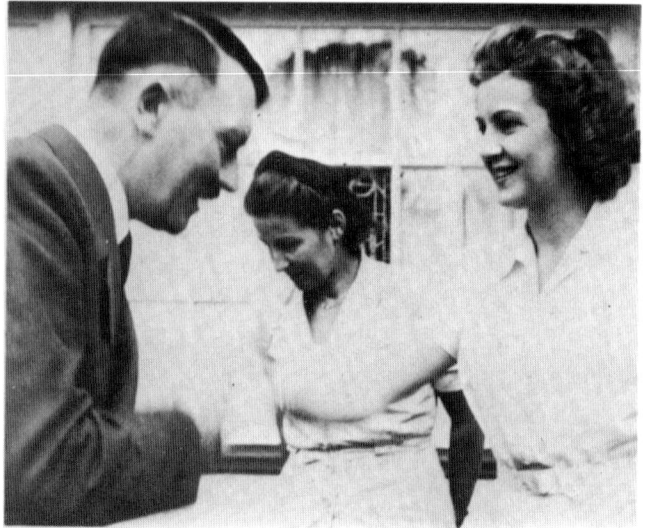

目　录

第一部　漫无目的的人生

第一章　身世背景和离开家乡　　　　　　　3

第二章　破碎的梦想　　　　　　　　　　11

第三章　"坚固根基"　　　　　　　　　　17

第四章　奔向慕尼黑　　　　　　　　　　27

第五章　战争的救赎　　　　　　　　　　33

第二部　政治之路

第一章　德国未来的一部分　　　　　　　45

第二章　地方上的胜利　　　　　　　　　54

第三章　挑战当权者　　　　　　　　　　75

第四章　政　变　　　　　　　　　　　　89

第三部　漫长的等待

第一章　远　景　　　　　　　　　　　101

第二章　危机和抵抗　　　　　　　　　111

第三章　战斗部署　　　　　　　　　　123

第四部　斗争的年代

第一章　从地方走向全国　　　　　　　135

第二章　压倒性胜利　　　　　　　　　147

第三章　站在权力的城门下　　　　　　156

第四章　权力之门　　　　　　　　　　166

第五部　夺　权

第一章　合法革命　　　　　　　　　177

第二章　通往元首制国家之路　　　194

第三章　罗姆事件　　　　　　　　210

第六部　筹　备

第一章　既成事实的时代　　　　　227

第二章　被排挤之人的想法　　　　241

第三章　"历史上最伟大的德国人"　254

第四章　发动战争　　　　　　　　271

第七部　征服者和被征服者

第一章　最高统帅　　　　　　　　287

第二章　第二次世界大战　　　　　299

第三章　脱离现实　　　　　　　　308

第八部　惨　败

第一章　反对派　　　　　　　　　321

第二章　众神的黄昏　　　　　　　332

最终章　死　局　　　　　　　　　344

第一部

漫无目的的人生

第一章　身世背景和离开家乡

夸大自己同时激励自己，是所有私生子都无法回避的道路。

——雅各布·布克哈特

终其一生，希特勒费尽心思来隐藏同时美化其个性。在历史中几乎没有任何著名人物像他这样竭力掩盖自己的私人生活。通过这种近乎吹毛求疵的小心翼翼，他在人们心中树立起了他独特的人格风貌。他认为自己的形象应该更像是一座纪念碑，而不是一个人。而从一开始，他就试图躲在这座纪念碑的后面。这位很早就领悟了自己的使命、面无表情的青年，在 35 岁的时候就将自己隐藏在伟大领袖那全神贯注和冷冰冰的面具下。神秘演变为传奇，神秘也使得他作为救世主的光环更加耀眼。这种神秘掩埋了他早年的历史，同时也为他带来了焦虑、隐密和做作的个性。

当他成为当时还在苦苦挣扎的年轻的国家社会主义工人党（NSDAP，简称纳粹党）领袖时，他就已经将对他个人生活的刺探视为一种侮辱。在成为元首后，他更是严禁任何对其私人生活的曝光。对与他稍有深交的人，从他年少时的朋友到能进入他私密晚宴圈的成员，无一不强调他的距离感和神秘感。对于他的这种执念，有人解释说这是一位天生的宣传家的战略；也有人认为作为一个神秘人物，他这样做是在刻意引起人们对他的兴趣。

即便如此，他这种费尽心思的遮掩行为绝不仅仅是为了给他自己的形象增添一抹魅惑的色彩，而是其拘束的天性难以经受其自身的模棱两可而产生的焦虑感。他专心致力于将自己原已模糊不明的出身和家庭弄得更加扑朔迷离。1942 年当他得知斯比塔尔村为他树了一块匾额后大发雷霆。他将他的祖辈身份改为"贫穷的村民"。他篡改了他父亲的职业，使得这位海关官员变成了邮政官员。对于那些试图联系投靠他的亲戚，他都毫不客气地打发走。在他的妹妹宝拉为他打理在奥巴萨尔兹堡的家期间，他要求她必须改名换姓。在入侵奥地利之后，他严禁佐格·列本费尔斯发表文章，这位古怪的种族主义哲学倡议者在早期提出的一些模棱两可的建议曾被希特勒借用。汉尼施曾经是希特勒在收容所时期的密友，最后的结局却是希特勒下令将其谋杀。他坚称不曾师从于任何人。他所有的知识都来自于他的灵感、上帝的恩赐以及和神灵的对话。同样的，他也不是任何人的儿子。在他的自传《我的奋斗》一书中，只有在最不起眼的地方才能看到他父母的照片，绝不会影响到他的传奇性。

将自己的背景搞得扑朔迷离对于他本是外乡人的身份是有利的。和史上众多的革命家和征服者一样，从亚历山大到拿破仑再到斯大林，对于他们的国民来说他们其实本是外国人。在作为一个外人的感觉和哪怕有亡国的危险也随时愿意将整个国家投入到疯狂和扩张的计划中的心态间肯定存在一种心理联系。

但外来身份并不足以将他掩藏起来。他对秩序、条例和体面的崇尚与他那并不光彩的家族史一直格格不入，而他很明显从未曾遗忘过他的出身与他对世界的企图之间的距离感。他的过往总是令他焦虑。1930 年曾传出谣言说他的敌人准备揭露他的家庭背景，希特勒得知后苦恼万分："不能让这些人发现我的身份。不能让他们知道我的出身和家庭。"

无论是他父亲这边还是母亲这边，其祖辈都来自于奥匈帝国时期的一个偏远贫苦的地区——介于多瑙河和波西米亚边界的韦德弗尔特。此地各村的居民全是农民，在经过数代的近亲联姻后，每个人之间或多或少都有些亲戚关系。希特勒这个名字极有可能来源于捷克的希德拉或希德拉克，它最早出现在 15 世纪 30 年代。经历了世代变更，它仍然只是小农的名称；未能突破早已存在的社会框架。

斯特恩斯村的 13 号房是约翰·特鲁默施拉格的家。1837 年 6 月 7 日，就在这栋房子里，一位名叫玛利亚·施克格拉伯的未婚女佣生下了一个孩子。当天他们就为这个孩子举行了洗礼，取名为阿洛伊斯。在德勒斯海姆教区的出生登记表中，孩子的父亲那一栏是空白的。5 年后当孩子的母亲嫁给名叫约翰·希德勒的失业的雇佣碾磨工之后那一栏仍然是空白的。同年，这位母亲将他的儿子过继给了她丈夫的兄弟约翰·哈特勒——一位住在斯比塔尔的农民——大概是因为她认为她没法将孩子好好带大。无论从哪方面来说，希德勒一家据说都是一贫如洗的，以至于"他们最后连张床都不剩只能睡在喂牛槽中"。

据推测这一对兄弟最有可能是阿洛伊斯·施克格拉伯父亲的人。根据一段相当不靠谱的说法——不过提供此消息的是与希特勒较为亲近的一位同事，这是一位名叫弗兰肯伯格的住在格拉茨的犹太人，玛利亚·安娜·施克格拉伯正是在他家工作的时候怀孕的。这来自于担任了希特勒多年的律师，后来被任命为波兰总督的汉斯·弗兰克的证词。在纽伦堡接受审判的时候，弗兰克举报在 1930 年时希特勒曾收到一封来自同父异母兄弟的儿子阿洛伊斯的信。这封信的意图很有可能是勒索，信中不怀好意地暗示"我们家族史中有非常古怪的地方"。弗兰克授命对此事进行秘密调查。他发现一些迹象表明弗拉肯伯格有可能是希特勒的祖父。但由于缺乏确凿的证据，这一理论看上去非常站不住脚——尤其考虑到在纽伦堡审判中弗兰克提出希特勒的祖先是犹太人这一说法的动机。最近的研究发现越发使得这种说法显得苍白无力。不管怎样，此说法是真是假对其真正的重要性都不会造成影响。从心理上来讲至关重要的是弗兰克的发现迫使希特勒对自己的血统产生怀疑。根据海因里希·希姆莱的命令，盖世太保在 1942 年的 8 月再一次展开了调查，仍然没能得到确实的结果。其他关于希特勒祖父的理论同样漏洞百出，有些具有独创性的理论互相结合，得出阿洛伊斯·施克格拉伯的父亲"几乎可以确认"就是约翰·哈特勒的理论。这些争论在错综复杂的粗鄙、沉闷和顽固的混乱关系中逐渐烟消云散。说来说去，最终的结果就是希特勒并不知道自己的祖父是谁。

玛利亚·施克格拉伯因为"胸腔积液导致的痨病"在斯特恩斯附近的克莱因·莫顿逝世的 29 年后，同时也是她的丈夫逝世 19 年后，他的兄弟约翰·哈特勒带着三位熟人出现在教区牧师赞恩施姆面前，希望能给予他的"养子"——当时已快 40 岁的海关官员阿洛伊斯·施克格拉伯——以合法地位。他说他已过世的兄弟约翰·施克格拉伯的父亲，而不是他自己；约翰已公开承认了这一点，而他的同伴可以为这一事实作证。教区牧师睁一只眼闭一只眼，顺从了他们的意愿。

在乡下进行的这场小阴谋的背后推手极有可能是阿洛伊斯自己。这位雄心勃勃的青年在这期间已经在职场上打开了一片天地。因此他可能觉得有必要为自己弄一个"体面的"姓名，才能使自己有安全感和一个坚实的立足点。13 岁的时候，他在维也纳给一位鞋匠当学徒。随着时间流逝，他觉得手工匠并不是他想走的道路，转而进入了奥地利财政处。作为一个海关官员他一路晋升得很快，最终一直升到以他的学历所能达到的最高公务员职位。他喜欢以政府的代表身份出现在公众场合，并特别强调对其头衔的称呼一定要正确。他在海关的一位同事认为他"严格、精确甚至迂腐"，而当一位亲戚就儿子未来职业的选择来请教他的时候，他告诉这位亲戚说要为财政部工作必须做到完全服从并且有责任感，这份工作可不是给"爱喝酒、借钱、打牌或者其他抱有不良企图的人的"。从升职典礼上拍摄的照片可以看出他身材粗壮，脸上带着官员特有的谨慎表情。在那张官方的面具下，可以察觉到中产阶级的能力和愉悦。他在观者面前呈现出相当的体面和自满，一如他制服上闪闪发亮的纽扣。

但在这层体面之下，掩盖的是他不稳定的性情，经常做出冲动的决定。别的不提，他频繁改变住址这一行为就揭示了其性格中不受管束的一面，严肃实际的海关工作是无法令他在这方面感到满足的。在短短 25 年间他就搬了至少 11 次家——虽然有些是因为工作所需。他还结了三次婚。他的第一任妻子安娜·格拉斯比他大 14 岁；而他的最后一任妻子克拉拉·波尔兹则比他小 23 岁——最开始的时候她是他们家的女佣，和希德勒或者说哈特勒家一样，她也是来自斯比塔尔；在他改名之后她就成为了他的侄女，至少在法律上是如此，所以需要得到教会的特许他们才能结婚。她是否与他在血缘上有联系这一问题和阿洛伊斯·希特勒的父亲是谁的问题一样无法得到解答。她安静且尽心尽力地操持着家务，定期上教堂做礼拜——一如她丈夫所希望的——她在家中的身份始终只是一个女佣和床上的伴侣。多年以来她一直无法将自己看作是一个海关官员的夫人，并且一直称呼她丈夫为"阿洛伊斯叔叔"。从照片中可以看出她是一个谦卑的乡下女孩，诚恳、冷漠还有着一丝忧郁。

阿道夫·希特勒于 1889 年 4 月 20 日生于莱茵河畔布劳瑙郊区 219 号的一栋房子里。他是这段婚姻中的第 4 个孩子。之前的 3 位兄长分别生于 1885 年、1886 年和 1887 年，但都先后夭折了；而之后出生的两个只有妹妹宝拉活下来了。家庭成员中还包括阿洛伊斯第二段婚姻中的两个孩子阿洛伊斯和安吉拉。这座小小的边境城镇对阿道夫的成长并没带来多大影响，因为第二年他的父亲就被调到下奥地利州的格罗斯·绍诺。当他 3 岁的时候，全家搬到了帕绍；5 岁的时候，父亲又被调到了林茨。1895 年，他的父亲在靠近兰巴赫的地方买下了一座将近 10 英亩的农庄。在兰巴赫有一座古老的本笃会修道院，6 岁的阿道夫是修道院唱诗班的一员并在其中担任助手。根据他自己的叙述，他当时经常有机会"使自己沉浸在美妙的教会节日的庄严华丽中"。但是他的父亲很快就将农庄出售了。不久后他在林茨外不远处的莱昂丁买了一栋房子，定居下来安度他的退休晚年。

尽管表现出精神不稳定的迹象，但阿道夫的童年景象呈现出的基调还是相当稳定、可靠和安全的。希特勒为其背景披上的传奇外衣（之后随着对希特勒个人崇拜的狂热兴起，又进一步添油加醋，使其身世更加扑朔迷离，令人感伤）与事实则大相径庭。传说中的希特勒的童年贫苦不堪，这位天将降于大任的男孩没有在可怕的困境下低头，他战胜了恶劣的条件和他那迟钝的、摧残儿子精神的、暴君一样的父亲。为了给这一画面增添一些暗黑的色调，这位儿子把父亲阿洛伊斯进一步描述成为一个酒鬼。希特勒在回忆这些"令他羞愧得无地自容"的往事时，谈及了他是如何责备劝说他的父亲，连拉带拽地将父亲从"烟雾弥漫的酒馆"中拖回家的。

希特勒将自己描绘成一位战无不胜者——无论是对普通村民的战斗还是在老城堡塔楼附近的战斗——什么都无法企及这位早熟的天才。依据他的说法，其他的男孩都接受他的领导，认为他是天生的领袖，而他随时都能提出考虑周详的骑士探险计划。通过这些天真的游戏，阿道夫逐渐培养出了对未来的战争和士兵职业的兴趣。

阿道夫·希特勒是一个精明、活泼且很有能力的学生，只不过由于他无法完成常规的功课，使得他的天赋被掩盖了。他这一性格特点很早就体现出来。他很爱偷懒，加上顽固的天性，使得他越来越由着自己的性子来。美丽的事物能给予他无上的愉悦。但是从他就读的多所小学的成绩单可以看出他不是一个好学生。鉴于此，他的父母将他送到了位于林茨的技工学校——着重理工科和现代科目而不是古典科目教学的学校。然而令人倍感失望的是，他在这里的学习情况一塌糊涂。他留了两次级，第三次是在通过了一场特殊测试之后才勉强升级的。他的成绩单上经常看到的分数是"4"（不合格）；只有在品行、绘画和体操这几门课上他得到了及格或更高的分数；在其他科目中他很少得到比"不符合要求"或者"勉强符合要求"更高的分数。在1905年9月的成绩单上，他的德文、数学和速记都是不合格。即便是他自称为最喜爱的两门科目：地理和历史——他坚称自己在这两门课上是班上的领头羊——他的成绩也是不及格。总体来说，他的成绩太差，以致不得不离开学校。

他在学业上的溃败毫无疑问是由很多原因造成的。其中一个重要的因素肯定是耻辱感。如果我们相信希特勒所说，当年他在莱昂丁村的玩伴中是毫无争议的领袖——其实这不是不可能，联想到奥地利王朝时代官员的尊崇地位，作为一个公务员的儿子，他无疑是有这份自信的。而来到林茨这座城市中，他的地位感不免受到重创。因为他发现在这里，他只不过是个乡巴佬，在一群书香门第的子弟中，他无疑是个令人鄙夷的外人。20世纪之初的林茨虽然已有5万居民，但它仍然只是一个外省小镇，依然沉闷乏味。但是这座城市还是让希特勒深深领会到了不同阶级之间的差别。在技工学校里他没交到任何朋友。当他和5位同龄的同学寄宿在年迈丑陋的塞基拉太太家时，他也没能交到任何朋友。他总是保持着拘谨、冷淡的态度，像一个陌生人。和他一起寄宿的一位同学曾回忆道："另外5个男孩中没有任何一个和他成为朋友。我们这些同学之间互相称呼都用'你'，而他称呼我们的时候则用'您'，我们回应他的时候也相应使用敬语，而且压根没觉得有什么不妥。"值得注意的是，希特勒正是从这个时期开始宣称他来自一个令人尊敬的家庭，这一举动无疑为他将来的举止和生活方式打下了烙印。这位林茨的少年矫饰者，后来在维也纳又成为无产阶级，似乎已经养成了坚定的"阶级意识"和成功的决心。

后来希特勒将他在中学的不得志说成是对他父亲的反抗，因为他的父亲想逼他走上公务员的道路，获得和他一样的成功。多年之后，希特勒绘声绘色地描述当初他是如何被父亲带到林茨的总海关处。他的父亲希望这次参观能让他燃起对此职业的热情，而他却对这一切觉得"厌恶和痛恨"，在他看来，这里的一切只不过是"政府的牢笼"，身处其中的"老人一个接一个地蹲在另一个的上面，好像一群猴子"。然而，希特勒所描绘的两个拥有钢铁意志的父子之间的这场持久的无情争斗，现在已经被揭露出纯粹是他的幻想罢了。

事实上，我们可以推断的是，希特勒的父亲对他的职业选择基本没有给予关注。他肯定没有坚持让儿子只选择某一条道路。但在希特勒的叙述中有一点是准确的，那就是父子之间一直存在着一种紧张的关系，这位坚持尊重和纪律原则的父亲将对自己的成就骄傲转化为死板地要求众人对他绝对服从。父子二人之间的冲突很明显是基于此，而不是因为阿道夫未来前途的争执。

而且，阿道夫的父亲在儿子进入技工学校后不久就离开了人世。1903 年的 1 月，这位父亲在莱昂丁的维尔辛格酒馆中刚刚咽下第一口酒就从座位上倒了下去。他被抬到隔壁的房间，还来不及叫医生和牧师就去世了。林茨的《每日邮报》为他写了一段很长的讣告，文中提到了他的进步思想、乐观天性和积极的公民意识。文中称赞他为"音乐之友"、养蜂的权威、性情温和的居家男人。当他的儿子因为对学校的厌恶和反复无常的性格而辍学时，他已经去世两年半了。阿道夫孱弱的母亲也从未试图逼迫他去子承父业。

对于儿子想要辍学的决定，这位母亲虽然不同意，也坚持了一段时间，但她很快发现她不是任性的儿子的对手。在失去了太多孩子后，她对幸存下来的两个孩子倍加焦虑和操心，这使她无法对他们硬起心肠，于是采取了放纵的态度，阿道夫很快就发现了这一点并加以利用。1904 年的 9 月，学校勉强同意让阿道夫升级，条件是必须退学。作为最后的努力，他的母亲将他转到施泰尔的技工学校。但是在那里他还是没办法及格。第一次成绩单出来的时候，因为结果实在太差，希特勒说他将自己灌醉，然后把成绩单当厕纸用了，当然之后他不得不向学校申请一份复件。当 1905 年秋天他的成绩还是没有丝毫好转的迹象时，他的母亲最终放弃了，同意了他退学的要求。当然这个决定不完全是由她做出的。希特勒在《我的奋斗》一书中不情愿地承认，"一场突如其来的病帮了我的忙"。但是并没有证据表明希特勒当时得了病，因此他退学的主要原因还是因为他又被留级了。

希特勒带着深深的怨恨离开了学校，虽然他试图用选择艺术作为职业，来为自己学业上的失败开脱，但他一直都没有从这一打击中解脱出来。不再有学业的压力，他现在决定要将一生"完全奉献给艺术"。他想成为画家。选择这条道路一是因为他在素描方面的天赋，二是想炫耀一下作为政府官员的儿子可以过着艺术家一样自由自在的生活。曾在他母亲家住过的一位寄宿者回忆，年少的阿道夫有时会在吃饭时突然拿起画笔，像着了迷一样在纸上画出建筑、拱门或者柱子的素描。他对绘画、音乐和梦的激情过于疯狂，以至对其他任何事物都不管不顾，这不禁让人对他这种热情感到不安。年少的阿道夫傲慢地宣称他绝不会为了谋生而纡尊降贵去从事任何具体的卑劣的工作。

他似乎想通过艺术来达到社会地位的提升。在他性格成形的这些年中所有的异想天开和决定的背后隐藏着他强烈的"向上爬"的欲望。他对艺术的古怪的热情与他视艺术为"更高社会阶层"的追求的观念是紧密相连的。在他的父亲去世之后，母亲将莱昂丁的房子卖了，然后搬到了林茨的一幢公寓中。在这里 16 岁的阿道夫无所事事。幸亏母亲的养老金还较为丰厚，他可以将未来的计划暂时搁置，到处摆出一副特权阶级的安逸姿态——在他的脑海中这一点是非常重要的。他可以花一整天在林荫道上漫步。他定期去当地的戏院，加入音乐俱乐部，而且还成为了大众教育协会图书馆的成员。他后来提到被唤醒的性意识还曾促使他去参观了蜡像馆的成人区。也就是在那一时期，他还去了火车南站附近的一家小电影院看了他生平的第一部电影。根据我们手头上所有的描述，那时的他过分瘦长，病态般的苍白，害羞但在着装上格外用心。通常他会拿一根以象牙装饰顶部的黑色藤杖在手中玩弄，装出一副大学生的模样。他的父亲一辈子辛辛苦苦所获得的社会地位，在这位儿子眼中看来实在微不足道。他的志向要高远得多。在他为自己编织的梦想世界中，他自大地为自己这位天才设计着美丽的未来。

在他面对人生第一次挑战失败后，他很明显地躲进自己的幻想世界中。在这个时期认识他的人回忆起来都说他是一个低调内向、"焦虑不安"的人。他无所事事，但又为所有事情操心。他决定"应该对这个世界和它的每个部分进行彻头彻尾的改变"。他会为林茨市的整体重建计划而疯狂工作到夜深。他为剧院、豪宅和博物馆画设计草图，还有多瑙河上的桥——35年之后，他以年少的计划为基础，以胜利者的姿态下令修建了这座桥。

他还是无法从事任何系统性的工作。他到处找寻新的职业，新的刺激和新的目标。他学过一段钢琴，厌烦后又放弃了。他年少时曾有一位好友，名叫奥古斯特·库比泽克，是林茨一位装潢设计师的儿子，两人在音乐上兴趣相投。在奥古斯特过生日的时候，他送给朋友的礼物是一座意大利文艺复兴风格的别墅：一份幻想的礼物。"至于这份礼物指的是一座已修好的还是计划要修的别墅已无关紧要了"。买了彩票之后，他就会开始幻想自己是可以俯瞰多瑙河的高级豪宅的主人。接下来几个星期，他满脑子都是该如何装修、挑家具、画设计草图，并向朋友展示他未来安逸的生活和对艺术的追求。房子的管家将是"一位年长、头发花白但极具优雅气质的女士"。他甚至都能看到这位女管家在"明亮的平台上为他接待客人了"，而这些客人都是上流精英。这些白日梦对他来说就如同事实一样，在他的彩票梦破碎之后，他忍不住大发脾气。值得注意的是，他愤怒的对象并不是他糟糕的运气；他诅咒人性中的幼稚和轻信，彩票机构和欺骗人的政府。

他将这段时期的自己描述为一个"孤独者"还是比较准确的。除了他母亲和盲目崇拜他愿意做他观众的"古斯特尔"（即奥古斯特·库比泽克）外，在他少年时代最重要的舞台上并没有其他人登场。离开学校对他来说也就和社会脱了节。他每天在市中心漫步的时候都会遇到一位叫斯蒂芬妮的少女和她的母亲。他对女孩有兴趣，而且这种爱慕之情一直持续了多年。但同时他又拒绝与她交谈。他拒绝的原因并不是因为他天性害羞，而是为了保护他这段虚构的关系不会被枯燥乏味的现实所侵扰。如果他的朋友所说属实的话，希特勒曾为这位女孩写过"无以计数的情诗"，在诗中她"是一位高贵的女士，身着深蓝色飘逸的天鹅绒长袍，骑着白色的小马，行进在开满鲜花的草地上。她散开的长发垂落肩头，似金色瀑布。这情景发生在明媚的春日。一切都是那么纯真，处处绽放着欢乐"。

他同时迷上了瓦格纳的音乐，经常一晚接着一晚去听他的歌剧。音乐中澎湃的激情正好能帮助他自我催眠，那浓郁的资产阶级奢华气息也为他的避世幻想提供了原料。他在这段时期所爱上的绘画风格与他的音乐品位是相一致的：鲁宾斯和现代画家汉斯·马卡特那赏心悦目的华丽风格。库比泽克曾与希特勒一起去看瓦格纳的歌剧《黎恩济》，据他所说希特勒深深被其华丽的音乐语言所打动，同时也为剧中中世纪的反叛者护民官黎恩济的命运——被他的同胞疏远，受到市民误解被杀——而激动。歌剧散场后，两位少年去了弗莱因伯格。当这对儿时的朋友 30 年后在拜罗伊特重逢时，希特勒曾说："那一刻就是一切的起点！"

1905 年 5 月，阿道夫·希特勒第一次来到了维也纳。他在首都呆了两个星期，深深拜倒在其魅力之下，尤其是"具有《天方夜谭》般魔力的"环城大道、博物馆以及"无比宏伟"的歌剧院。他拜访了城堡剧院，并在那里观看了《特里斯坦》和《飞翔的荷兰人》。"当宏伟的声浪冲击到整个房间，连哀号的风声也不得不给音乐的惊涛骇浪让路，这一刻你就能体会到什么叫崇高庄严"，他在给库比泽克的信中这么写道。

在他回到林茨之后为何要等上一年半才再次出发去维也纳向美术学院递交入学申请，原因一直不清楚。母亲的焦虑也许是原因之一，但也有他自己不想结束如此逍遥的生活再次入学的原因。事实上，希特勒把自己在林茨度过的岁月作为他人生中最美妙的时光，是一场"美丽的梦"。唯一的乌云就是他在学业上的失意。

希特勒在《我的奋斗》一书中说他的父亲在离乡时曾发誓"如果不能出人头地绝不返回他挚爱的故乡"。抱着同样的决心，阿道夫·希特勒在 1907 年的 9 月离开了林茨。无论后来他的道路与儿时的幻想偏差有多远，他最根本的渴望仍然鲜活：让这个城市在他的脚下颤抖、羞辱和膜拜，将过去"美丽的梦"转化为如今的现实。在战争期间他经常疲惫又满怀期待地提起老了以后要回林茨安度晚年，要在那里建一座博物馆，听听音乐，看看书，写点东西，继续进行他的思考。这一切仍然是那个古老的白日梦——气派的豪宅、"极具优雅气质的女管家"以及上流精英的朋友圈——在这么多年之后仍然能使他激动不已。1945 年 3 月，当红军已兵临柏林城下，希特勒在总理府的碉堡中仍叫人将重建林茨的规划拿到他面前，盯着它久久不动，如进入梦境一般。

第二章 破碎的梦想

你这个白痴！如果我没有远见的话，你现在会是什么处境？我们所有人将会陷于怎样的境地？

——阿道夫·希特勒

处于世纪交替的维也纳是奥匈帝国的首府，这座流光溢彩的大都会是数个世纪的荣耀和传承的象征。帝国的疆域一直延伸到现在属于俄罗斯的地界，深入到巴尔干半岛；人口为5000万，由十多个不同的民族和种族构成：日耳曼人、马扎尔人、波兰人、犹太人、斯洛文尼亚人、克罗地亚人、塞尔维亚人、意大利人、捷克人、斯洛伐克人、罗马尼亚人和鲁塞尼亚人。作为掌管广阔疆域的枢纽，维也纳的高明之处就在于能调和所有的争端，缓解紧张局势，维持国家的昌盛繁荣。

在当时看来，帝国的统治仍将延续万代。1898年是皇帝约瑟夫·弗兰茨登基50年庆典，他本人已成为这个帝国的象征，代表着它的尊严、延续和不合时宜。贵族的地位看上去依然不可动摇，他们仍然在政治和社会上统治着这个国家。资产阶级虽然获得了财富，但影响力却微不足道。普选还未诞生，但工商业在迅猛发展，处于底层的资产阶级和工人阶级成为各大政党和蛊惑民心的政客的拉拢对象。

虽然维也纳看上去充满现代气息，但其实已是"明日黄花"。随着20世纪的到来，虽然它的戏院、宅邸和林荫大道仍然富丽堂皇，但始终弥漫着一种末世的情绪。再多的莺歌燕舞和奢华庆典也无法掩盖它已失去活力只剩下华丽躯壳的现实。长年的内外争端和统治阶层的短视正在一步步侵蚀着这座庞大的统治机构。

到19世纪末时，这个多民族帝国的内部矛盾越来越激烈。长久以来，统治者对这个问题一直是采取"拖字诀"，但这样无法解决问题。1867年的《奥匈条约》为匈牙利人赢得了很多特权，这明显动摇了帝国的根基。很快人们就开始议论，说奥匈帝国已千疮百孔，不过勉强维系而已。接下来，捷克人要求他们的语言得到和德语同样的地位。克罗地亚和斯洛文尼亚之间爆发了冲突。在阿道夫·希特勒出生的那一年帝国的王位继承人鲁道夫自杀了。20世纪初，加利西亚的总督在利沃夫的街道上被暗杀。每年逃兵役的人数不断攀升。维也纳大学中少数民族学生举行抗议示威。工人举着红色的旗帜在城中举行大游行。种种不稳定的迹象表明奥地利正处于分崩离析的关口。可以预见的是一旦老皇帝归西，帝国的大幕也将落下。

这一时期的潮流——民族主义、种族意识、社会主义和国会制度——理所当然也感触到了在这微妙的平衡政治中的强大力量。长时间以来，想在这个国家的国会中通过一项法案几乎是不可能的，除非政府愿意低头向错综复杂关系网中的各个集团做出彻底的让步。日耳曼人占了总人口的四分之一，无论是在教育、财富还是总体发展上都领先于其他民族，但是他们的统治权力与他们的实力却不相称。这种针对他们的权宜让步政策是基于日耳曼这样一个被认为是忠诚度很高的民族，因此他们要把精力放在满足那些不令人放心的民族上。

帝国各族人民不断高涨的民族主义使日耳曼领导者无法再保持以往的自信和平静。1866年在柯尼格拉茨战役（普奥战争）中的败北使日耳曼人远离德国而将目光投向巴尔干，迫使他们成为自己国土上的少数民族。城市、科技、大规模生产和经济集中化的过快发展并没有带来理想中的乌托邦，相反，仅在维也纳，在1859年废除行会制度的30年后，就有接近4万家工匠的店铺破产。

种种问题必然引发对立的运动，其中不少是宣扬民族主义和种族主义的意识。最极端的意识之一就是反犹太主义，并且吸引了大量的党派和联盟。在19世纪70年代发生经济衰退时，曾爆发过强烈的反犹太情绪。

历史上犹太人被限制只能承担某些角色和从事某些经济活动，这反而使他们摒弃偏见，拥有了与众不同的灵活性。旧资产阶级欧洲的代表深陷在传统和绝望中，因而对未来抱有更多恐惧焦虑的心态。而犹太人则更适应这个时代的城市化和理性的风格。同时大量的犹太人投入到学术界，在新闻界有着举足轻重的影响力，而且他们几乎控制了维也纳所有的大银行和当地大部分的工业——给予日耳曼人强烈的威胁感。他们指控犹太人是无根的民族，具有煽动性和革命性，不惧怕任何事物，其冷冰冰的理性与日耳曼人崇尚的"内敛"和情感格格不入。

正是在如此背景下的维也纳，阿道夫·希特勒度过了接下来的6年。他满怀希望来到维也纳，希望在这里留下他的印记，在这种更加华丽现代的城市中继续他那娇生惯养的生活——这要感谢他母亲所给予他的经济支持。他也从未对他的艺术前途产生丝毫疑虑，正如他自己所写的，当时的他"浑身洋溢着自信"。1907年，他申请参加学院的绘画考试。最后的分级表上却显示：以下人员所提交的绘图未能达到合格线或者未能获得考试资格：……阿道夫·希特勒，来自莱茵河畔布劳瑙，生于 1889 年 4 月 20 日，日耳曼人，天主教徒，父亲是高级公务员，学历为技工学校四年级。绘画样本未能达到合格线。

　　这对希特勒来说无疑是残酷的打击。惊愕万分的他拜见了学院的院长，院长建议他改学建筑，同时再次说他的画"表明他的的确确不适合走画家这条路"。希特勒后来谈到这段经历，说"这次突如其来的打击有如晴天霹雳"。而辍学的恶果现在也开始显现出来，因为进建筑学院的前提是必须通过期末考试。但是希特勒是如此痛恨学校和所有正规学习，以至于他压根就没有想过去尝试补救一下他的学业。即便是成年之后，希特勒仍然认为完成初级教育的要求实在是太艰难了，并且简洁地概括"无论从哪方面看，实现艺术家的梦想都已不可能了"。

　　在经历这场失败后，希特勒很有可能因为觉得羞耻而躲着没回林茨，他也更不可能回到他原来的学校，那个令他败下阵来的地方。怀着复杂的心情，他暂时留在了维也纳，对于他没能被录取的消息，很明显他一个字也没有告诉家里。即便是他的母亲病得奄奄一息时，他也没敢回去。他的母亲于 1907 年 12 月 21 日去世，在此之前，他一直都没有回过林茨。在临终前为其母亲治疗的医生说他"从未见过如此悲痛欲绝的年轻人"。根据他自己的证词，他是流下了眼泪的。不仅仅是因为他自己的希望被砸得粉碎，而且他现在得一个人清醒过来面对现实，孤立无援。痛失母亲的经历加剧了他原本就内向和自怜倾向。随着他母亲的离世，他曾经对这个世界上的人的爱也都消失殆尽——除了和一位关系亲密的亲戚。

　　他母亲的去世很有可能坚定了他回到维也纳的念头。回到那个曾拒绝过他的城市，再一次尝试寻找自己的路向和机遇，这个 18 岁男孩的决定证明了他的决心，也说明他有多么想逃离林茨的亲戚问询的眼光和劝告，躲进没有人认识他的地方。而且要想领取孤儿抚恤金，他必须给人们一个自己正在进行正规学习的印象。因此，当所有的手续和法律程序都办完后，他拜访了他的监护人——市长梅尔霍弗，并宣称——"几乎是用一种挑衅的语气"，市长事后回忆道——"先生，我要去维也纳"。几天之后，在 1908 年的 2 月中旬，他离开了林茨，再也没有回来。

　　此时一封推荐信又燃起了他的希望之火。他母亲的房东马德莲娜·哈尼施认识当时最著名的舞台设计师之一阿尔弗雷德·罗勒，这位设计师同时还在维也纳艺术和工艺学院教书。在日期为 1908 年 2 月 4 日的一封信中，这位房东请她住在维也纳的母亲安排希特勒去见罗勒。"他是一个诚恳向上的年轻人，"她在信中写道，"他只有 19 岁，但有超出他年龄的成熟安静。他是一个招人喜欢的孩子，做事沉稳，来自一个非常体面的家庭……他意志坚定，希望学到有用的东西。据我所知，他绝不是那种虚度光阴的年轻人……"

几天之后她就得到答复：罗勒同意接见希特勒，这位林茨的女房东又写了一封信感谢她母亲："如果你能看到那男孩快乐的面庞你会觉得你付出的一切都是值得的……我将你的卡片交到他手上，让他自己读罗勒院长的信！他一个字一个字地读着，仿佛想把每个字母都记下来。他脸上带着快乐的笑容，仿佛带着崇敬的心情，轻声地把这封信读给自己听。然后怀着无限的感激，他将信轻轻地放在我面前，并问我是否可以给你写信以表达他的谢意。"

希特勒的感谢信也被保存了下来。在信中，他咬文嚼字，费力地模仿着帝国时代的官腔：

尊贵的夫人：

　　您为我与久负盛名的舞台设计大师罗勒会面一事奔走劳累，实在让我感激不尽！虽素昧平生，但您丝毫不介意我的鲁莽请求，而以善意相待并不负所托，愈发使我感激涕零。再次送上我最深的敬意和感谢！

希特勒
诚挚敬上

这封推荐信似乎为希特勒打开了通向他梦想世界的大门：艺术家无忧无虑的生活，在歌剧的华丽遐想世界中将音乐和绘画结合起来。但是没有人知道他和罗勒的会面结果如何，知道内幕的人都保持沉默。希特勒对此也绝口不提。最有可能发生的情况是那位著名的设计师建议希特勒找份工作，继续学习，到了秋天再向学院递交一次申请。

接下来的 5 年被希特勒称为他人生中最黑暗的日子。从某些方面来说这也是他生命中最重要的日子。那几年的危机锻造了他的性格，并且为他提供了日后掌握命运的准则。

日后希特勒小心翼翼地掩盖他当年的轨迹，并由此来建造自己的传奇，其中"贫穷和严酷的事实"成为了他在维也纳度过的难忘岁月的主要构成因素："对于我来说这座城市的名字意味着五年的艰辛和苦难。在这五年里我不得不为生计奔波劳碌，开始的时候在白天为人画画为生，微薄的薪水甚至不够填饱肚子。那时饥饿与我如影相随，一刻也不舍得离开我……"但如果仔细计算他那时候的收入，他从父亲那儿所继承的遗产加上她母亲的遗产还有孤儿抚恤金，即便不算他自己所挣的任何收入，他每个月也有八十到一百克朗。当时一个初级治安官的收入也不过如此。

奥古斯特·库比泽克在希特勒的劝说下于 2 月下旬来到了维也纳的音乐学院学习。之后这两位密友就一起搬到了斯图贝格斯 29 号的后厢一间"阴暗破烂的"房间里，他们的房东是一位名叫玛利亚·泽克瑞斯的年迈波兰人。在库比泽克埋头深造的时候，希特勒仍然过着他早已习惯的毫无目的游手好闲的生活。他是自己时间的主宰，他曾骄傲地强调这一点。他通常到正午才起床，下午在公园和街道上游逛，去看看博物馆，晚上则是歌剧院的座上客。他事后断言，就在那短短几年中，他有幸聆听《特里斯坦和伊索尔德》的次数多达 30 到 40 次。然后他又一头扎进公共图书馆，不分青红皂白，想读什么就读什么。或者他会站在环城大道的宏伟建筑前，幻想某天他会建造比这更雄伟的建筑。

对于他的空想，他付出了几近疯狂的热情。凌晨时分，他仍在为他的宏伟计划绞尽脑汁。他忙着为戏院、城堡和展厅绘制草图，计划开发不含酒精的饮料，寻找烟草的代替品或者为学校的改革拟定计划。他为"理想的日耳曼之国"起草大纲，表达他的怨恨不满和教条式的展望。虽然他一无所成，但他拒绝和痛恨一切建议和指导。虽然对作曲一无所知，他却拾起一个瓦格纳放弃的想法，开始谱写一部关于维兰德和史密斯的歌剧，里面充斥着血腥和乱伦的胡说八道。尽管文法不合格，他也曾尝试利用日耳曼传说来创作戏剧。他偶尔也画画，但那些过分讲究细节的水彩画并无法反映出他内心的愤怒。他无休止地谈论、计划、奋笔疾书，只是为了证明他是有天赋的。他没有告诉他的室友，学院没有接收他这个事实。有时候库比泽克会问他每天日以继夜地在忙些什么，他会回答，"我在为解决维也纳破败不堪的住房条件设计方案，为了达成这一目标正在进行一些研究。"

1908 年的 9 月，希特勒再一次向美术学院提出申请，结果还是被拒于考场门外，因为他所提交的画作无法达到参加考试的初级要求。

再一次被拒绝，且来得更加决绝和伤人，这次经历成为了决定希特勒未来的"觉醒"时刻之一。他所受的伤害之深可以从他一辈子对学校和学院的仇恨中看出。倍感羞辱的希特勒从此不再与人接触。婚后住在维也纳的同父异母的姐姐安吉拉很快就再无他的音讯。与此同时，他和库比泽克的友谊也破裂了。趁库比泽克离开维也纳的间隙，他从他们合住的公寓中搬了出来，没有留下只言片语的解释。他从此辗转于廉价旅馆和收容所之间。直到 30 年后这两位朋友才再一次会面。

他先在 15 区租了一间公寓，地址是菲尔贝斯特拉斯街 22 号，16 号入口。就是在这里，他开始接触到了那些对他未来的路产生决定性影响的思想和概念。他一直将他的失败归咎于他古怪的个性和世人无法理解他是天才。现在他需要更具体的解释和更具体的对手。

他将冲动的怨恨之情一股脑儿投向了资本主义世界，虽然他也知道从本源和倾向性来说他是其中的一员。这份深藏的怨恨也是构成他这个矛盾体的因素之一，而他对社会动乱和无产阶级化的恐惧既滋养也限制了他的这种敌意。在《我的奋斗》一书中，他令人惊讶地坦诚了小资产阶级对工人阶级根深蒂固的"敌视"，这种敌视也早已深深植根于他的心中。究其原因，他认为是出于恐惧——害怕"会堕落到那个老旧且令人鄙视的阶级中，或者与之产生认同感"。

实际上，20 岁的希特勒从未质疑过资本主义世界和其价值观。相反他被其光芒和财富所震撼和吸引，怀着对其毫不掩饰的尊敬试图进入这个世界。他还是那个从林茨来的公务员的儿子，心中充满对资本主义世界的爱慕，热切渴望成为其中的一员。他在被拒绝后的反应只是他渴望被接纳和认可的一种夸张表现。当时的欧洲对资产阶级的虚情假意已经讨伐了将近 20 年了，他可以轻而易举地找到支持他的观点，对那个时代大发厥词来洗清自己的屈辱。然而他以一个战败者的姿态，沉默地远离这一切争端。撕下资产阶级温情面具的愤怒对他没有任何吸引力。在他身上完全找不到那个时代最具代表性的艺术激情和观念的冲撞亦或是学术冒险的痕迹。

处于世纪之交的维也纳处处充满了激荡和骚乱，而令人吃惊的是，希特勒完全没有意识到周遭的变革。作为一个有很多理由提出抗议，并且视音乐为解放自己的力量的敏感的年轻人，他却对勋伯格一无所知，也没关注过当时被视为"音乐世界飓风中心"的古斯塔夫·马勒和理查德·斯特劳斯。这位从林茨来的年轻人仍然活在他父辈所热爱的瓦格纳和布鲁克纳的音乐中。库比泽克曾说过他们两人当时从没听说过里尔克（在 1905 年发表《时祷书》）或者霍夫曼斯塔尔的大名。在希特勒眼中，所有的新生事物都有诋毁崇高的倾向，取而代之的是陌生和格格不入的东西。出于他资产阶级的本性，他本能地逃避所有此类新事物。

他与政治现实的首次接触也有着相同的轨迹。虽然和周遭格格不入，但希特勒并没有被革命观念所吸引，而是坚定支持反对改革的保守当权者，充满矛盾地保卫着这个他同时又很痛恨的现实。他曾经回忆自己当建筑工人的时候，会一个人走到一边独自用餐。

值得注意的是，他所极力维护的那些观念——国家、祖国、法律、学校、宗教和道德——基本包含了资产阶级社会的全部标准，而当时他正对这一切第一次产生怨恨。从他日后的政治战略，不断地寻求与他所鄙视的资产阶级结盟的行为和对形式、礼节的固守中都可以看出这种爱恨交织的复杂情感。比如他会近乎滑稽地向秘书们行吻手礼，并在元首府的下午茶中亲自为她们端上奶油蛋糕。他努力在粗鄙的环境中培养出一种"老派绅士"的做派。只要能显现出高人一等的地位，他对他那前景黯淡的人生并不在意。这也就是为什么他不会参与到那个时代的艺术和政治争斗中。他的举止、言谈、着装以及意识形态和审美选择完全可以被看作是对资本主义世界的妥协和顺从。在他看来，被社会遗弃比生活窘困更令人痛苦；如果他对之产生失望，也并不是因为这个世界的秩序有问题，而是因为这座舞台没有给予他充分表演的机会。因此他小心翼翼地躲避着那些社会争端，他想要的只是与这个社会和解。被大都会的绚丽堂皇所震撼，且万分渴望地站在紧闭的大门前的他，绝不是一个革命者，他只不过是觉得孤单罢了。说他是一个社会的反叛者，确实是言过其实了。

第三章 "坚固根基"

这种天才和白痴的混合体将去向何方？

——罗伯斯庇尔

离希特勒在菲尔贝斯特拉斯的住所不远处有一家烟草店，里面所销售的期刊中有一本关于种族的，名为《奥斯塔拉》人类学的杂志销量颇高。在它的扉页上赫然印着这样的大标题："你是白皮肤金发碧眼吗？如果是，那你就是文化的创造者和保护者。你是白皮肤金发碧眼吗？如果是，那你正身陷险境。"这本杂志的编辑是一个被解除神职的修道士，名叫佐格·朗兹列本费尔斯。在他的支持者中有一些是富有的实业家，这使得他有足够的钱买下位于下奥地利的魏芬斯泰因的城堡作为总部。在这里他指挥建立了一个英雄的雅利安人联盟，要与低劣的混血人种进行血淋淋的斗争。他除了提出基因选择和其他类似的优生措施，他还提倡对所谓的低等种族进行绝育，将其驱逐到"猿猴丛林"中去，通过强制劳动甚至谋杀来对其进行清算。为了推广他的雅利安理念，他还提出举行种族选美大赛。

希特勒没能看到这本杂志的前几期，这正好成为了他之后几次拜见朗兹的借口。他给朗兹留下的印象就是年轻、苍白和谦谦有礼。

这个颇为荒唐的社团奠基人的重要性并不在于他向希特勒提出的建议或者他为希特勒所做的事情，而在于他所占据的那个具有代表性的地位：他是那个时代中最雄辩的神经质型的演说家之一，为当时维也纳充斥着幻想阴郁的思想体系氛围增添了一抹色彩。与其说希特勒继承了他的思想体系，不如说希特勒是被他感染了。

在后来的日子中，希特勒总是费尽心思向人们表明他的思想都得益于他个人奋斗的经历。他这些思想的形成是来自于他那敏锐的观察力和辛勤思考。为了抹去那些对他具有决定性的影响力，他甚至声称自己的思想还经历过一段疯狂自由主义的时期。例如，他一再强调对于他在林茨时就开始对犹太人抱有敌意的说法的"厌恶"。但很多不同的人都可以证明他年少时的观念深受这座省城的意识形态的影响。

处于世纪之交的林茨充斥着民族主义团体和派别。而在希特勒所就读的中学里民族主义气氛则更为浓烈。学生们会把蓝色矢车菊别在纽扣孔中，因为这种花在日耳曼种族主义团体中甚为流行。他们钟爱代表日耳曼统一运动的颜色——黑红金，他们互相打招呼时使用日耳曼语的"万岁"，而且在唱哈布斯堡皇家赞歌时会配上《德意志高于一切》的歌词。他们觉得自己是对抗哈布斯堡皇朝的民族主义力量中的一份子，甚至还反抗学校的宗教仪式和圣体节游行——因为他们更认同"基督新教"的日耳曼帝国。

在希特勒就读的技工学校中，代表这一潮流的人物是里奥波德·波希博士，他是镇议会议员，同时也是历史老师。他显然给年轻的希特勒留下了极深的印象。他的口才和彩色幻灯片激发着学生们的想象力，跟随着他的步伐。他的学生在《我的奋斗》中还特意留出篇章来大肆渲染对这位老师的崇敬。这位边镇居民的被威胁感、对多瑙河王朝民族和种族混杂状况的仇恨以及根深蒂固的反犹态度毫无疑问都来自于他的这位老师。也有可能希特勒读过当时在林茨发行的舍内勒运动的杂志。杂志中有很多内容是关于道德的败坏和酗酒的危害，但其矛头主要是指向犹太人、天主教徒、支持妇女参与政权的人和国会成员。在 1899 年 5 月发行的第一期杂志上就有"卐"字标记图案，而且被视为日耳曼种族和民族主义标志。虽然《我的奋斗》的作者想让读者们相信只有在维也纳反犹主义才是构成社会意识形态的一部分，但实际上在边省地区这一思想来得同样强烈。

在《我的奋斗》中，希特勒提到曾历时两年的"内心挣扎"，在他完成从"一个软弱的都市人"到"疯狂的反犹主义者"转变的这段时期中，他的情感曾"上千次"地对不可抗拒的理性做出抗争。实际上，被他称作是他的"最伟大的精神转变"不过是从一种无根且几乎飘渺的厌恶发展成为一种坚定的敌视，只是从情绪到意识形态的转变而已。林茨的反犹主义是模糊不清的，最多不过是邻里之间的伤害，现在则上升到了原则的高度，有了明确目标的敌人——对犹太人的仇视和厌恶。

自从我开始关注这个问题并逐步对犹太人产生认识，维也纳在我眼中的形象就再也不一样了。不管我走到哪儿都能看到犹太人，看到的犹太人越多，我就越发现他们和其他人类的不同。尤其是在内城区和多瑙河运河以北的地区，这里所住的人从外表上看已完全失去了日耳曼人的特征…… 这一切实在无法被称为是赏心悦目，但真正令人恶心的是除了他们邋遢的外表，这些所谓的"上帝的子民"在道德上也是劣迹斑斑……随便找出一桩污秽或放荡的行为，尤其是在文化生活中，都至少会有一个犹太人牵涉其中。即便是小心翼翼地切开一个脓疮，你都会发现一个该死的犹太人的存在——就像是切开腐烂的身体，蜷缩其中的蛆见到光会吓一大跳！……

我开始逐渐痛恨他们。

我们也许无法翻查出这日渐增长且一直持续到希特勒生命最后一刻的仇恨的真正缘由。一个据称在那些年里是希特勒密友的人，把这种仇恨归因于情场失败而产生的嫉妒。这一事件牵涉到一位身上凝聚着日耳曼女性精华的模特和一个有一半犹太血统的对手，以及希特勒在女孩摆造型的时候强奸她的企图。这个故事不仅令人恶心，也很难站得住脚。希特勒对于性关系的态度从年少时就在紧张的理想主义和模糊的焦虑感之间摇摆，这种波动和不稳定使人有理由相信希特勒的反犹主义与病态的感情依恋有关。在他自己的叙述中，只要一涉及到犹太人，其文字和观点就会透露出这一信息。

在战争后，这位独裁者的一位随从曾列举了一份清单，记录了阿道夫·希特勒生命中出现过的女性。其中引人注目的是一位来自富裕家庭的美丽犹太女孩的名字。很有可能他和那位女孩并没什么真正的交集，无论是在林茨还是在维也纳，就算是有，他们之间的火花也没有强烈到将他从夸张的自我中心主义中解放出来。

与这种情感缺失形成鲜明对比的是他脑海中挥之不去的梦魇——用他自己的话来说就是——"成百上千的女孩被那些令人恶心的长着罗圈腿的犹太杂种们所勾引，这简直是噩梦般的情景"。同样，困扰朗兹的也是脑海中不断浮现的金发碧眼的贵族女性依偎在那些深色皮肤浑身是毛的感情骗子怀中的样子。他的种族理论中渗透着对性的嫉妒和根深蒂固的歧视女性的情绪；他坚称是女性将罪恶带到了这个世界上，日耳曼血统被玷污正是由于她们软弱的个性，无法抵挡低等人那淫荡和诡谲的勾引。

希特勒的儿时朋友库比泽克，以及他在维也纳底层流离时的同伴都指出，从很早开始希特勒就和所有人决裂了，他的仇恨也并没有针对性。因此我们可以想象，他的反犹主义只是他迄今为止并无明确倾向的仇恨的一个浓缩形式，最终将目标定在了犹太人身上。在《我的奋斗》一书中，希特勒提到只能给人民大众树立一个敌人的形象，因为如果敌人过多反而会引起疑虑。不少作家指出，其实这一原则更加适用于他。他总是将自己的情绪集中起来，专心致志地将它用在一个被臆断为世界邪恶之源的单独现象上。而这一现象通常都是一个具体的可以想象得到的形象，而不是一堆飘渺的理由。

也许我们永远无法发掘出希特勒严重的恐犹症的根源所在。但从总体上来看，我们可以说这是一个野心勃勃、走投无路的孤独者在寻找将他的个人问题政治化的方法。他看着自己一步一步往下滑，不得不奋力抵挡失去社会地位的恐惧。他眼中如同鬼魅的犹太人形象挽救了他的自尊；他可以得出历史和自然的法规是站在他这一边的结论。顺便提一句，根据希特勒自己的叙述，他成为彻头彻尾的反犹太主义者正是在他花完了所有遗产的时候。虽然他从未经历过他自己后来编造的凄苦生活，他还是感受到了一些金钱上的压力，而且不管怎么说，他的社会地位已经降到了一个让他无法忍受的程度，要知道他的梦想可是成为一个艺术家和天才，受万人膜拜。

处于世纪之交的维也纳可以被看作是被三个人庇护的城市。从政治上来说，它是舍内勒和卢埃格尔的城市，但在色彩变幻的政治和艺术相结合的区域中——对希特勒的生涯有着至关重要的决定性的边缘地带——占据绝对统治地位的人是理查德·瓦格纳。从思想上来说，这三人在他的成长过程中是三个关键人物。

我们得知在维也纳时，希特勒以舍内勒的信徒自居，并将其格言镶上框，悬挂在床头上，"我们将建立起日耳曼的教堂，不再受犹太人和罗马教廷的侵扰。万岁！"和"我们的目光坦诚自由，我们的目光坚如磐石，我们欢欣鼓舞地注视着日耳曼祖国，万岁！"

这些格言所透露出的正是舍内勒计划的宗旨。和德国同名的泛日耳曼运动不同的是，舍内勒的运动并不是为了扩张帝国疆土，而是致力于成立一个全日耳曼民族的国家。舍内勒最初是个激进的民主主义者，但随着越来越多的政治和社会变革，最后变成了极端民族主义者。由于恐惧自己会被淹没在外来事物的汪洋大海中，舍内勒认为周遭的一切都对他的日耳曼主义带来致命的威胁：犹太人和罗马天主教、斯拉夫人和社会主义者、哈布斯堡皇朝和任何一种国际主义。他在信件上署名时都会写上"致以日耳曼的敬意"；他提出各种各样的建议希望能恢复古日耳曼传统；他建议将日耳曼的编年史的元年定为公元前113年——在这一年发生的诺利亚战役中，辛布里人和条顿人取得了对罗马军团的决定性胜利。

小资产阶级反犹主义的另一位代言人卡尔·卢埃格尔博士很明显给希特勒带来了更深远的影响。卢埃格尔是维也纳的市长，同时也是基督社会党能言善辩的领袖。希特勒对他的计划提出过犀利的批判，尤其是他随便且机会主义的反犹主义，以及他对多民族国家的信仰。但是卢埃格尔煽动人心的天赋更能打动希特勒，以及他利用人民的社会主义、基督和反犹的冲动的熟练能力。

舍内勒的傲慢和固执很容易激起人们的反感，导致计划无法实施，而卢埃格尔则不同，他懂得妥协，更有手腕也更受欢迎。对于人们的意识形态，他仅仅只是加以利用，私下里他是持鄙夷态度的。他的思想具有战略性和实用性，对于他来说，成就比观点更有价值。在他从政的15年中，维也纳的交通网络走上了现代化进程，教育系统得到了扩展，提高了社会福利，铺设了绿化带和创造了一百万个工作岗位。卢埃格尔的权利基础是天主教的工人阶级和小资产阶级：白领工人和低职位的政府官员、小商人、看门人和低职位的教士，这些人在工业化和变迁的年代里都面临社会地位下滑和贫困的威胁。和舍内勒一样，卢埃格尔也从这种普遍的焦虑感中获益，但他只利用这些情感来对抗精心选择过的可以被打败的对手。

但希特勒所崇拜的不仅仅是卢埃格尔的权谋手段。他相信自己和市长之间有更深层次的共鸣。和希特勒一样，卢埃格尔也来自普通人家，克服重重困难，顶着各种污蔑冷眼才得到今天的地位。即便皇帝三次拒绝任命他为市长都无法阻止他的征程，并最终赢得了社会的认可。这一切都是希特勒下定决心要达到的目标。在舍内勒到处树敌的时候，卢埃格尔则通过不断和统治阶层结盟和巩固这一联盟来不断向上爬。他深知该如何"利用所有的权力工具，让现有的权力机构站在他这一边，从这些古老的权力根基处攫取尽可能多的利益来为自己的运动服务。"

尽管与他们有着千丝万缕的联系，尤其是在一战创伤后曾有一段时间关系非常紧密，但在后来的日子中，希特勒并不愿意回想起这些先驱们。因为希特勒作为纳粹党的首领，宣称那些决定这个世纪的命运的思想是他的独创，而这些前辈的存在无疑给他这一说法投下了阴影。

希特勒待在维也纳的大部分日子里，他并没有什么独立思考出来的政治路线。他脑子里充满的是尚未成熟的仇恨和防卫心理，以及日渐增长的对犹太人和其他少数民族的偏见和成为风云人物的渴求。他对于周遭世界变迁的把握更多是出于本能而不是理性。在这一时期中，他对公共事务的兴趣实在过于主观，以至于不能被称作具有政治性，而仍然属于被"政治化"的。他自己也承认当时他满脑子艺术梦想，只是"偶然"对政治产生兴趣，直到"命运之手"擦亮了他的双眼。证据就是他自己所说的年轻时当建筑工人但为众人所不容的故事。这件轶事后来出现在所有的德国教科书中，成为希特勒传奇的一部分。对于我们来说，这里有一个重要的细节：当他被邀请加入工会时他拒绝了，理由是"他对这些事务不太懂"。看起来在很长一段时间内，对希特勒来说，政治只不过是一个发泄的工具，可以让他将不幸都怪罪到世界上，控诉社会制度的不公导致了他的命运，而且还能为他找到一只具体的替罪羊。值得注意的是，他当时加入的唯一组织就是反犹太人联盟。

不久之后，希特勒就从菲尔贝斯特拉斯的公寓搬了出来——和库比泽克分手后他就一直住在那儿。之后一直到 1909 年的 11 月，他的住址数次变更。他还曾在职业一栏里填上"作家"。有迹象表明他希望通过搬来搬去让当局找不着他逃避兵役，但也有可能是所剩的遗产不多，或者神经衰弱症和生活毫无目标所致。在那段时间里，认识他的人都说他当时脸色苍白，双颊深陷，头发低低地压在额头上，经常带有神经质的抽搐。他自己后来宣称在他人生的这个阶段里他极其害羞，完全没有胆量去接近一个伟人，而如果在场的人数达到 5 个，他就不敢开口说话。

通过谎称自己在学院就读，他继续领取孤儿津贴，并以此维生。他从父亲那儿继承的遗产，再加上出售父母房屋后分得的那部分——很长时间以来这是维系他轻松自在生活的来源——到 1909 年底的时候似乎也耗尽了。不管是什么原因，他在西蒙·登克·加斯的租屋里只从 9 月住到了 11 月，之后就搬了出来。根据第一本重要的希特勒传记作者康拉德·海登的说法，当时的希特勒"穷困潦倒"，很多个晚上都找不到可以收容他的地方，只能在公园的长凳上或者咖啡馆里过夜，直到冬天来临，逼得他不得不去寻找避难所。1908 年的 11 月雨雪交加，尤其寒冷。某天希特勒在梅德灵的收容所前排队时，认识了一个名叫莱因霍尔德·汉尼施的流浪汉。

在大约 7 个月的时间里，一直到 1910 年的夏天，希特勒和汉尼施保持着亲密的同伴和商业伙伴关系。对于希特勒早期的生活，这位证人的叙述并不比其他人更值得信赖，但有些地方还是具有他的真实性，那就是希特勒喜欢无所事事地坐着生闷气，无论他的这位朋友怎么劝说也不愿意去找工作。希特勒在廉价旅馆中生活的那些日子里，只能与一些潦倒的无家可归者为伴，与奸诈的汉尼施为友，此刻他对中产阶级体面的渴望和他现实境遇的差距被最清楚不过地表现了出来。1938 年他派人找到并杀掉了汉尼施。在处于人生巅峰时，他仍然需要抹掉记忆中那些羞辱的日子，像他所坚称的，"可是在我的想象中我可是住在宫殿里的！"

汉尼施拥有商业头脑又精通世故，熟知他这一阶层的苦难和更替。有天他问希特勒的职业是什么，希特勒回答说他是用刷子的人。汉尼施以为希特勒指的刷子是油漆刷，于是说这个行业能挣到不少钱啊。虽然我们对汉尼施的话存有疑问，但在以下的话中我们不难看出青年希特勒的脾性，"他觉得受到了侮辱，告诉我他用的不是我所想的那种刷子，他可是个学者和艺术家。"这两人最后成为了合作伙伴——看起来应该是汉尼施的提议。圣诞节过后不久，两人一起搬到了位于维也纳第 20 区梅尔德曼斯特拉斯的一家临时收容所。根据规定，白天禁止住客待在小卧室里，希特勒会坐在阅览室翻看报纸或者科普杂志，或者临摹明信片和维也纳风景的印刷品。而汉尼施会将这些水彩画卖给画商、镶框者，有时候还会卖给家具商，因为当时流行"将画嵌到安乐椅和沙发的靠背上"。卖画的收益两人五五分。希特勒不愿意自己去卖画，因为他不想让人看见他衣衫褴褛的样子。而汉尼施则坚称他"有时能接到非常好的订单，这样能让我们的日子过得好一点。"

在这家收容所里，希特勒还是只有汉尼施一个朋友。在收容所中与他相识的人的印象中，他是一个狂热的人；而希特勒自己也曾提到他不喜欢维也纳人的性格，认为他们"令人憎恶"。很有可能他在避免与人交朋友，因为任何形式的亲密对他都是种折磨，会耗尽他的精力。他喜欢的是那种普通人之间的同志情谊，相互之间既有接触，但同时并不需要知道对方的姓名。这是一段他永远也无法忘怀的经历，在后来各种各样的社交平台上他会一再重温这种经历，而且人员几乎不变：无论是在战壕里和士兵一起；还是在党内任领导人和后来当上总理，他喜欢勤务兵和司机的陪伴；最后在元首总部的碉堡中也是一样。他似乎总是在不断重复当年在收容所中的生活方式——一种疏离的社交方式，这正好符合他对人际关系的概念。收容所的管理员觉得他是个刺头，总是制造政治麻烦。汉尼施后来回忆道："空气中经常弥漫着火药味。当他们带着敌意的目光交汇时，四周的氛围立刻变得紧张了。"

在维也纳的日子里，希特勒一直处于一种焦躁不安的状态，这与这座城市的轻快格调大相径庭，但却很符合那个时代的节奏。他满脑子装的都是对犹太人和斯拉夫人的恐惧，他痛恨哈布斯堡家族和社会民主党，想象着日耳曼精神的末日，而收容所的其他人则没有这种妄想症。

他那装满仇恨的头脑将一切都推到极限，将无足轻重的事件放大为形而上的灾难。从很早开始他就喜欢华丽浮夸的主题。正如汉尼施所说："瓦格纳的音乐能在他心中燃起火焰"。希特勒后来宣称早在当时他就开始为柏林的重建绘制草图。当一家建筑公司想雇用他时，这立刻唤醒了他成为建筑师的旧梦；在拿飞机模型做了几次试验后，他就幻想自己成为一家大飞机公司的老板，而且"非常非常有钱"。

对于这位 20 岁的古怪离群的年轻人（希特勒自己也说在那一时期他是个"古怪"的人）在那段时期的生活，我们必须强调的是，他的兴趣爱好从根本上来说并不具有政治性。那段岁月中，理查德·瓦格纳是他的偶像，而且这种膜拜不仅仅是在音乐上。在希特勒眼中，瓦格纳的早年失意、不被认可和对自己事业的坚定信仰，是"迈上世界之巅的旅程"，是他自身命运的原型。希特勒并不是唯一一个被以理查德·瓦格纳为象征的浪漫主义天才形象所诱惑的人。整整一代人在瓦格纳的影响下变得困惑、迷失并与整个资本主义世界疏离。

事实上，日后希特勒曾宣称，对他来说除了瓦格纳之外，并不存在其他先驱。而他所说的瓦格纳并不仅仅是指作为作曲家的瓦格纳，而是指他的整体人格——"日耳曼人民所拥有过的最伟大的预言家"。他最喜欢的，也是他经常反复提到的一条理念，是与瓦格纳的"日耳曼人民的发展"的无上重要性相关的。希特勒十分敬佩瓦格纳在"本不想卷入政治"的情况下利用政治影响力的勇气和能力，在某个场合下还承认当他意识到自己和这位伟人在心理上的血缘关系时，他的的确确感受到了一种"歇斯底里的兴奋"。

希特勒和瓦格纳之间还有许多令人震惊的相似点：身世不明、学业失败、逃避兵役、对犹太人的病态仇恨，甚至还有素食主义——在这一点上瓦格纳变本加厉，以致产生人类需要靠素食来拯救的可笑谬论。他们两人的情绪都暴躁不稳：时而抑郁时而亢奋。

两人还有一个共同点就是了解大众心理，但同时对平庸陈腐之事极不敏感。这两项特质相结合使得两人身上都有一种平民的自命不凡的气质。歌德弗里德·凯勒称这位作曲家不过是"江湖骗子"；相同的是，当代一位观察家也曾说希特勒身上有"领班侍者"的气质；还有一位则称他是滔滔不绝的性谋杀犯。以上评语中所包含的粗鄙和道德沦丧的元素在希特勒和瓦格纳身上都可以看到。他们是上演华丽欺诈的大师。正像瓦格纳一边吹嘘自己是革命者，另一边却为自己和国王攀上交情而骄傲不已（卡尔·马克思曾讽刺瓦格纳是"政府的乐队领班"），而梦想往上爬的希特勒则在他对社会的仇恨和投机主义的本能间达成了妥协。

除此之外，两人还有很多的相似点。当弗里德里希·尼采仍然视瓦格纳为令人钦佩的朋友时，就已经发现他身上有"半调子"的毛病，这一特质在希特勒身上也可以看到。两人都有克制不住的欲望，想要在所有的事务上都插一脚；两个人一生都在不停地证明自己，想让世界为他们的多才多艺而叹服。旧日的荣耀如明日黄花，他们必须不断地超越自己。这两人既小气狭隘又拥有远大志向，这一怪异的结合也造就了他们与众不同的心态。

但与瓦格纳不同的是，希特勒身上完全缺乏自律和忍受痛苦的艺术家度量。希特勒的怠惰和令人昏昏欲睡的无趣是他自己独有的。但我们发现在这两人的内心深处都盘踞着对无产阶级化的恐惧，他们愿意不惜一切代价对其进行抵挡。他们奋力挣扎，希望自己能够登上他们认为自己注定要达到的高度，从这里可以看到他们那非凡的意志力。他们对于命运的预感是未来一切都会扭转，终有一天他们可以为自己所经历的侮辱和悲惨报仇雪恨，正是这一信念支撑着他们走了过来。

希特勒与瓦格纳一样，他和这个世界的关系是戏剧化的，而且从根本上来说是非政治性的，这一点可以从他自己叙述的一件事情中体现出来。在经历了数日的"沉思和郁闷"后，有一次他在街上偶然撞上了维也纳工人举行的大罢工。15年后当他回忆起这一经历时，那"四人一排，看不到头的游行队伍"仍然能给他带来振奋。他在那儿足足站了有两个多小时，他回忆道，"屏息静气地看着那巨大的长龙缓慢地从他面前经过"，之后才带着"压抑的不安"回到家中。真正打动他的其实是游行的戏剧化效果，因为他只字未提此次游行的背景或是政治意图。很明显他更关心的是如何在民众身上达到这样的效果。

8月初的时候希特勒和汉尼施爆发了一场争吵。希特勒耗费数日创造了一幅维也纳国会大厦的画作，在他眼中，这座带有古典庙宇风格的大厦就是"日耳曼土地上如海伦般美丽的杰作"。出于对这座建筑的膜拜，他在这幅作品中倾注的心血远远多过其他作品，因此他觉得这幅画的价值应该有50克朗，但汉尼施说他只卖了10克朗。在两人之间发生争吵后，希特勒的这位拍档离开了他一段时间，然后希特勒突然间让人将汉尼施逮捕并将其告上法庭。1910年8月11日的审讯结果是汉尼施被判入狱7天。之后他宣称法庭在对他审判时持有偏见，原因是他在收容所注册时使用的是个假名——弗里茨·沃尔特。之后那幅画的买方的遗孀也宣称当时她的丈夫的确是只支付了大约10克朗的价钱买下了那幅画；但是汉尼施当时却没有传召这位买家做其证人。

这件事情之后，同样也住在收容所中的犹太人纽曼成了希特勒的新拍档——帮忙叫卖他的画作，甚至有些时候希特勒不得不克服自身的窘迫而亲自去寻找顾客。

就是在这样的环境下，希特勒度过了三年半的成长期。我们可以理解对于一个充满艺术抱负的年轻人来说，这种境遇是多么令他憎恶。甚至多年之后，他还说一想到"那些垃圾、令人作呕的污秽以及更加无法想象的肮脏景象"，他仍然会怕得发抖。在这里你看不到丝毫怜悯和同情的心态。

他在生命的这个阶段中的经历和处境帮助他建立了奋斗的信条，而这一信条也成为了他世界观的核心，是其"坚固根基"——正如他自己所强调的，他根本不需要对其做出任何改变。在后来的日子里，他通过收容所的经历得出的观点会一而再再而三地拿到前台展现——当他在表达对残酷奋斗、严厉、冷酷、毁灭和强者的权力的信仰时——无论是在无数次的演讲和讨论中、在他写的书中还是在战争期间元首府的席间闲谈中。他从未忘记过在维也纳的残酷学校中学到的课程。

不过希特勒思想中的社会达尔文主义不能完全归功于他在收容所中的经历。他只不过是反映了当时的社会倾向，科学成为了唯一无可置疑的权威。由查尔斯·达尔文和赫伯特·斯宾塞提出的进化和选择法规通过无以计数的伪科学刊物得以普及，普通人很快意识到"为生存而奋斗"是生命的基本原则，而"适者生存"则是支配个人和国家的社会行为的基本法则。

这些复杂的观念给希特勒所处的时代带来了奇特的色彩和氛围，而希特勒则用他高度的敏感——事实上这也是他唯一的艺术家气质——来吸收这些观念。除了反犹主义和社会达尔文主义，这个时代教给希特勒的还有民族主义传教士信仰——这一信仰与悲观焦虑的梦想正好是对立的。他那极度混杂和危险的观念中还包含有世纪之交思想潮流中的各种碎片：对理智和人性的怀疑主义、对血统的浪漫赞颂和本能。而他对尼采关于力量和超人非道德性教义的过于浅显的解读也构成了他思想的一部分。正如尼采所指出的，19世纪从叔本华那里继承到的并不是他对清晰和理性的渴望，也不是他关于直觉的理性的教义，而是"近乎野蛮地沉迷于"他对意志的无法证实的教义、对个人的否定、对天才的狂热、对犹太人的仇恨和对科学的敌意。

在这里我们又再一次牵涉到瓦格纳——尼采就是以瓦格纳为例来阐述对叔本华的误解是怎么一回事的。瓦格纳不仅仅是希特勒心中的伟大模范，他还是这位年轻人的思想导师。希特勒最爱读的就是瓦格纳的政治著作，而毫无疑问，其浮夸的风格也影响到了希特勒自己的遣词造句。他的这些政治著作再加上歌剧，构成了希特勒思想体系的整个框架：达尔文主义和反犹主义，对野蛮和日耳曼力量的崇拜，《帕兹法》中所表达的神秘的血液净化，以及简单的戏剧化的善恶、纯洁和腐败、统治者和被统治者的对立。黄金的诅咒、在地底挖掘的劣等民族、西格弗里德和哈根之间的冲突、沃旦的悲剧性天赋①——这一奇异的组合包含了血淋淋的杀戮、对统治的疯狂欲望、背叛、性、精英主义、异教信奉、最终的救赎和在耶稣受难日响起的丧钟，这一切的一切和希特勒的焦虑和需求简直就是绝配。在这里他找到了他世界观的"坚固根基"。

_____

① 译者注：以上情节均来自瓦格纳的歌剧《尼伯龙根的指环》。

希特勒将自己在维也纳的岁月称之为"我的生命中最艰难也是最深刻的学校",在离开维也纳的时候他宣称自己已"成长为一个沉静和严肃的人"。因为他在这里所遭受的拒绝和侮辱,使他对这座城市一直心怀恨意——在这一点上他和他的偶像瓦格纳又不谋而合,后者因为自己年轻时在巴黎的失意而对这座城市怀恨在心,甚至幻想有一天它能毁灭于烟雾与火焰中。希特勒后来想将林茨打造成多瑙河上的文化大都会的计划很有可能是缘于对维也纳的憎恶,这种想法并不牵强。虽然他也许还不至于想将这座城市夷为平地,但事实是在1944年的12月,他拒绝为这座城市派遣更多的防空部队,并说道不妨让维也纳也尝尝炸弹轰炸的滋味。

他对未来的不确定使他更加郁卒。在1910年底到1911年初的时候,他从他的姨妈约翰娜·波尔兹那里得到了一笔数目不小的金钱。但是这些钱并没有给他任何动力来开展新的生活。他还是毫无目的地游荡,"日子就这么一周一周地过去了。"他仍然假装自己是个学生、画家或者作家。他还紧紧追逐着成为建筑家的飘渺梦想。但他没有做出任何努力来将这些自命不凡的空想变成现实。雄心勃勃的只是他那看上去前途伟大的梦想。在这样的现实环境下仍然顽固地做着美梦使得这一时期具有鲜明的内在连贯性。他拒绝被任何东西拴住,坚持让自己的所有关系都保持在不确定和暂时的层面上。他拒绝加入工会,这样就不会被人视为是无产阶级,继续保持他所声称的中产阶级地位。同样地,只要他待在收容所里无所事事,他就能继续保持对自己的天分和未来的声名的信仰。

他最大的恐惧是那个时代会成为他梦想的绊脚石。他害怕他身处的会是一个波澜不惊太平无事的年代。他后来回忆说,早在孩童时代就"沉溺在关于我在这个尘世的旅程的愤怒想法中,因为这一旅程……实在来得太晚了",而且"视未来的'法律和秩序'的年代……为命运开的残酷玩笑"。他所感受到的是:只有混乱的未来和社会动荡才能填补他与现实的距离。对于抱着梦想死不放手的希特勒来说,他宁愿生命变为灾难,也不愿觉醒。

第四章　奔向慕尼黑

> 我一定要去第三帝国，那是我梦想和渴望的土地。
>
> ——阿道夫·希特勒

1913 年的 5 月 24 日，希特勒离开了维也纳，搬到了慕尼黑。当时的他是一个沮丧的 24 岁的年轻人，带着一种渴望又怨恨的心情凝视着这个令人困惑的世界。之前所遭受的失意使得他阴郁内向紧张的个性来得越发强烈。在维也纳他没有交到朋友，这正符合他反现实的气质，他觉得与他最亲近的都是那些遥不可及的人物：理查德·瓦格纳、里特·冯·舍内勒、卢埃格尔。那在"命运的压力下"获得的"个人观点"的"根基"包含了各种各样的偏见，会在沉思郁闷之后不时地爆发出来。如他后来所说的，在离开维也纳时，他是"一个坚定的反犹太主义者，是整个马克思主义世界观的死敌，而且还是一个泛日耳曼主义者"。

和所有这类自我描述一样，希特勒的自我描述是为他自己量身定制的，这样他就可以假称自己很早就对政治事务有所判断。在撰写《我的奋斗》一书时，他同样使用了这种量身定制的伎俩。实际上，他搬到慕尼黑而不是第三帝国的首都柏林，就已经表明了他当时的行动并不具有政治性。或者我们也许应该说，促使他做出这一选择的原因更多的是浪漫和艺术的冲动而不是政治意图。战前的慕尼黑享有缪斯之城的美誉，是一座迷人的、充满人情味的无忧无虑的艺术和科学中心。"在这里，画家的生活方式被认为是最合法的方式。"这座城市的形象与喧闹、现代、无产阶级气氛浓厚的柏林正好形成了鲜明的对比。后者是当代的巴比伦，政治问题凌驾于审美问题之上，意识形态则在文化之上——或者简单来说就是政治高于艺术。慕尼黑的气氛与维也纳相仿，这再一次证明希特勒并不是出于什么特定的原因而选择了慕尼黑而不是柏林。在 1931 年发行的《德国社会帝国手册》（相当于某种名人录）中，他对搬到慕尼黑的解释是为了寻求"更广阔的政治活动领域"。但实际上，他在帝国的首都应该能找到更好的环境。

在慕尼黑的希特勒与在维也纳时并无二致，一如既往的懒散，身边仍然没有朋友。看起来就像是他的年少岁月都是在真空中度过的一样。他不和任何政党或者政治派系接触，在意识形态上他也还是保持着孤独的状态。

希特勒对于那个时期在慕尼黑发生的思想骚动，比如艺术试验等，似乎浑然不知，就如同在维也纳一样。同样住在施瓦宾区的瓦西里·康定斯基、弗兰茨·马克和保罗·克利正在开辟绘画的新领域，而这对希特勒来说毫无意义。他住在慕尼黑的几个月中，他仍然是那个谦虚的明信片临摹者，怀抱着梦想、梦魇和不安，却不知该如何将它们转化为艺术。他用那学究式的笔触所描绘的每一株草、墙中的每块石头和每块房瓦都流露出他对整体和理想化的美的热切渴望。而他的情结和好斗情绪的幻影世界仍然被深深掩藏了起来。

当他在内心深处越来越清楚地意识到自己作为艺术家并不够格，在这条路上已不可能成功时，他就越发需要寻理由来维持自己的优越感。他认为自己是非常成熟的，因为他能在他的同胞身上看到"通常极其原始的观点"，他在身边的同事身上只能看到最可鄙的本能：腐败、谋求权力、无情、嫉妒、仇恨。将他的苦难的根源推到这个世界身上对他来说是至关重要的。他的种族身份感也使得他的地位在他自己的眼中得到了提升。这意味着与所有他遇到的无产阶级、流浪汉、犹太人和捷克人相比，他要来得更加优秀。

但是压迫在他心头的恐惧比以往来得更加强烈，他害怕自己会沦落到与穷困潦倒的人、反社会的人为伍。"生活的课堂"教会他要从灾难方面着手来想问题。在他的成长期中恐惧与他如影随行，而且最终也是他整个人生中的狂热精力的背后推手。他对这个世界和人民所保持的一贯观点，他的严酷和残忍，都是对这种"恐惧心态"的抵抗和补偿——在早年只有少数几人在他身上看出了这种恐惧。不管他望向何方，他眼中看到的都是精疲力竭、分崩离析、损耗和污染的症状和血统污染、种族堕落、毁坏和灾难的迹象。19世纪困扰人们很深的问题之一就是骨子里的悲观态度，它动摇了人们对进步和科学的信仰，在这里希特勒的心态的确符合整个时代的倾向。但是他的这种情绪的偏激程度，陷入这种恐惧无法自拔的深度，则毫无疑问是属于他自己的。

这种焦虑不安的状态，在他对自己在多年的游荡和白日梦之后最终为何离开维也纳的解释里表露无疑。他所列举的原因混杂着泛日耳曼主义和多愁善感，但是他在开篇就直白地表述了他对这个城市的憎恨：

> 我憎恶这座都城的种族混杂，捷克人、波兰人、匈牙利利人、鲁塞尼亚人、塞尔维亚人还有克罗地亚人，以及随处可见的人类中永恒的寄生菌——犹太人和更多的犹太人。

在我看来这座大都市不过是种族亵渎的象征。

正因为这些原因，我心中有一个越来越强烈的愿望，那就是前往我年幼时秘密渴望爱慕的地方。

我希望我有一天能成为一名著名的建筑家，然后在命运的指引下为这个国家奉上我诚挚的服务。

但是最终来说我希望有朝一日我最热切渴望和衷心期盼的梦想能够成真：我热爱的家乡能与祖国结合起来建立起日耳曼帝国。如果能有幸在必然促成这一结果的地方生活和工作，对于我来说就是无上的幸福。

他的确有可能抱有这样的愿望，然后其他一些大大小小的因素加在一起促成了他的这次决定。日后他自己也承认他从未能掌握"维也纳的行话"。他同时还认定这座城市和奥地利从整体上来看"在文化和艺术领域中……表现出了堕落的所有迹象"。

但所有这些原因都不是决定性的。真正的驱动力还是他对正常状态的厌恶，对其他所有人都要遵守的规则和责任的恐惧。1950 年关于阿道夫·希特勒的军事档案得以再次曝光：1938 年的 3 月入侵奥地利之后，他马上下令对这些文件进行疯狂的搜索。因为这些文件清楚地证明他迁往慕尼黑的举动是为了逃避兵役。为了掩盖事实，他在慕尼黑警局注册时称自己没有国籍。在《我的奋斗》中他还篡改了自己离开维也纳的时间。他离开维也纳的真正时间并不是 1912 年的春天，而是次年的 5 月。

奥地利当局曾对其展开搜寻，但徒劳无果。在 1913 年的 8 月 22 日，负责此项调查的林茨警官佐尔纳曾有这样的记录，"看起来阿道夫·希特勒不仅仅在这座城市的警局没有注册，也没有在乌尔法尔注册，在其他地方也找不到他的踪影。"希特勒的前任监护人约瑟夫·罗梅德尔也无法就其行踪提供任何信息；他的两位姐妹安琪拉和宝拉在被问到兄弟的下落时，也声称"他从 1908 年后就杳无音信了"。不过在维也纳的问询得出了一些眉目，当局得知他搬到了慕尼黑，注册地址是施勒斯海默—斯特拉斯街 34 号。在 1914 年 1 月 18 日的下午，一位刑警突然出现在希特勒的住处，逮捕了这位被通缉的年轻人，并在第二天将他带到了奥地利的领事馆。

希特勒所面临的指控是很严重的，虽然他自以为很安全，但实际上他即将有牢狱之灾。这一事件和日后很多同样不起眼的事件一样，本来有可能会彻底改变他的人生轨迹。想象一下，如果在希特勒的履历上有逃避兵役的不光彩事迹，那他就不可能拥有数以百万计的拥护者和建立他自己的准军事部队。

但是命运再一次垂青了他，正如日后多次上演的情景一样。由于林茨当局给他报到的时间实在太短，所以他无法按时应征召报到。当局给予他延期的待遇，这给了他起草一份深思熟虑的书面声明的机会。在长达数页的给第二区林茨地方行政官的信中——这是希特勒在青年时代篇幅最长也是最重要的文件——他试图为他的行为申辩。信中的错词错句，说明他的德文水平还是很差。除此之外，这封信再一次证明他在慕尼黑的生活还是和在维也纳一样毫无规律和目的。

> 在传票中我被称为是画家。虽然我有权得到这个头衔，但只是在有限的意义上这种说法才正确。不错，我是一个自由职业的画家，但那是因为我一无所有（家父生前是公务员），卖画是为了能维持学业。我只能将一小部分的时间用来谋生，因为我仍在训练自己成为一个建筑画家，因此，我只能以部分时间作画谋生。我那微薄的收入仅够我维持生计。
>
> 在这里我呈上我的报税单以作为证据，并请您在阅后能将它寄还给我。我的年收入被估为 1200 马克，虽然看起来不少，但它并不意味着我每个月能正好挣到 100 马克。哎，我的收入非常不稳定，现在更是处于非常糟糕的境地，因为在慕尼黑的这个时节艺术交易市场也进入了冬眠期……

他为自己行为所找的托词实在是软弱无力。他错过了第一次报到的通知，但之后马上自愿去报到，但结果他的文件在官僚机构中遗失了。他利用充斥着自怜且卑躬狡黠的泪眼涟涟的文字，试图用他在维也纳的悲惨绝望处境来为他的失察推脱。

> 说到我在 1909 年之秋的失察之罪，那正是我人生中最艰苦的一段岁月。那时的我年轻，缺乏经验，没有任何经济援助，而我的自尊也不允许我接受这样的施舍，就更不会向人开口乞求了。在完全孤立无援的情况下，我所挣得的区区几文钱，也仅能夜求一宿。那两年，我唯一的朋友就是"忧虑"和"贫困"，而除了饥肠外，我也没有别的同伴。我从不知"青春"这个美丽的字眼为何物。五年后的今天，我的记忆依然是长满冻疮的手指、手背和脚。然而，当我忆起那段岁月时，我不免多少有点喜悦，因为我已度过了最困难的时刻。虽然我贫困不堪，周遭环境也甚为艰险，我却保持了自己清白的名声，在法律面前我是一个无罪之人，在自己的良心面前我也问心无愧……

两周之后，在 1914 年的 2 月 5 日，希特勒向萨尔茨堡的征兵局报到。他的体检记录——必须由本人签名如下：不适合服兵役，太孱弱，无法背负武器。"他于是马上回到了慕尼黑"。

从各种迹象来看，希特勒在慕尼黑的生活总体来说还算愉快。他日后提到在他第一次踏足这座城市时，就对它产生了"衷心的热爱"。他发现在施瓦宾的小酒馆里——在这里出身和地位一文不值,任何人都能被社会接纳——这种同时给予他亲切感和陌生感的接触方式是他唯一能接受的方式:通过一杯啤酒建立起的随意的偶然的友情,来得快去得也快。他后来曾提到在那些"小圈子"里,他被认为是"有学识的人"。当他在这里高谈阔论奥匈帝国的摇摇欲坠,德奥联盟的恐怖可能性,哈布斯堡王朝的反日耳曼亲斯拉夫政策,犹太人或者这个国家的救赎时,他第一次感受到了更多的附和而不是反对。在一个外来人受宠并且认为古怪的观点和行为是天才象征的环境中,这样的观点并不会显得奇怪。如果一个问题让他兴奋起来,他通常会开始咆哮;无论他的行为如何夸张,他所说的话语在听众看来仍然具有连贯性。他还喜欢用预言家的口气来对政局的发展做出预测。

日后他声称在这个时候他已放弃了成为画家的所有梦想,而且他所作的画也只够他糊口以继续他的学习。他会在咖啡馆和啤酒馆里坐上几个小时看报纸,面色蜡黄的脸上写满了郁闷,而且脾气一触即发。有时他会在啤酒馆的烟雾中,在他随身携带的速写板上匆匆画下周围的情景或内部的环境。约瑟夫·格列内声称在那个时候曾在慕尼黑遇到过希特勒并问他未来有何打算。格列内说希特勒的回答是"不久的未来肯定会发生战争,所以到时候他是否有份职业已不重要了,因为在军队里一个公司总裁和一个为狗剃毛的人并没有什么太大差别"。

在一张偶然被保存下来的照片中可以看到,1914 年 8 月 1 日德国宣战日那天,希特勒也是慕尼黑奥登广场上欢呼的群众之一。他的脸很容易就能认出来:半张的嘴,燃烧着热情的双眼终于找到了目标和未来。因为这一天将他从所有的尴尬、困惑和失败的孤独中解放了出来。在《我的奋斗》中他是这样描述他当时的情感的:

> 对于我来说,那几个小时就像是把我从青年时代的苦痛中释放了出来。即使是今天我也会毫不羞愧地说,当时的我在激烈情感的冲击下跪倒在地,衷心感谢上苍。

实际上,当时整个时代都澎湃着与希特勒一样的激情,1914 年 8 月的战争狂热使欧洲达到了前所未有的团结。将"战争爆发并把'和平'一扫而空"的那一天视作是"具有神圣美感",甚至认为它满足了"一种道德渴望"的并不仅仅是前途暗淡的流浪艺人。当时的整个欧洲世界,包括德国在内,都深陷于一种百无聊赖之中。这场战争似乎提供了一个机会,让人们逃离这种无趣的折磨。在这里我们又一次发现希特勒顺应了他所处时代的潮流。他有着同样的需求和渴望,只不过来得更加激烈和激进;如果说和他同时代的人只是觉得有点不满的话,他则是感到绝望,企图孤注一掷。他希望这场战争能够颠覆一切的关系和所有的起点。虽然人们对于诉诸武力感到欢欣鼓舞,但是在内心深处他们也感觉到一个时代正在走向它的终点,而一个新时代正在建立。"世纪末的颓废"——这是资产阶级世界在自满中带着忧伤而对这一告别的情绪做出的总结。为了和这个时代的浪漫化倾向保持一致，这场战争被视作是一场净化，将人们从平庸、生活的疲累和自我憎恶中解放出来。因此这场战争被赞为"神圣的颂歌"，被描述为"共同生活中的高潮"，制造混乱并结出新果实。

1914 年 8 月上旬拍摄到的照片是那种节日般的狂热气氛的最好存证：带着快乐的期待，欧洲进入了它的衰败年代；行进的士兵身上洒满花瓣，欢呼的人群伫立在街边，而阳台上挤满了穿着明媚夏日裙装的女士们。就好像一场牌局陷入了沉闷，于是命运开始重新洗牌。欧洲各国都在为他们无法赢得的胜利而欢呼。

当时的德国弥漫着一种无可比拟的如公社般的齐心协力氛围，几乎达到了宗教般的性质。这种情绪的表达方式就是同时在各个街道和广场上回荡的《德意志高于一切》，这首歌是 1848 年由一位长期饱受争议的自由革命者所作，直到现在才真正成为了国歌。8 月 1 日晚，威廉二世向聚集在柏林的宫殿广场中数以万计的人群宣布"在他眼中再也看不到任何政党和教派，而只有日耳曼兄弟"。这毫无疑问是他说过的最受人民欢迎的话。对于这个在传统上分崩离析的国家来说，皇帝在这一令人难忘的时刻所说的话扫清了不少障碍。约 50 年前完成的德意志统一，似乎直到现在才成为现实。

这种团结和统一的感觉其实是种幻觉，在一个和谐的国家形象下旧的矛盾仍然存在。在欢呼的浪潮下隐藏着各种各样的动机：个人和英雄主义的异想天开，革命的冲动，反社会的叛逆，帝国霸权的梦想以及打破资产阶级秩序传统的冒险精神。但是在那神圣的一刻，所有这一切都因为祖国受到威胁汇聚成了一股自我牺牲的风暴。

希特勒的情绪中也掺杂着这种虚假的因素，"因此我的心，和上百万颗其他的心一样，洋溢着自豪的欢乐……"他在书中写道，他激情澎湃是因为他现在终于有机会通过行动来证明他那坚定的民族主义信仰。在 8 月 3 日，希特勒直接向巴伐利亚大公递交了一份请愿书，说自己虽然是奥地利人，但请求能允许他加入巴伐利亚的军团。他这一举动和之前逃避兵役的行为其实并不矛盾。因为在和平时期服兵役只会使他受到毫无意义的压迫，而战争则可以将他从混乱无序和空虚无聊的生活的苦痛和矛盾中解放出来。他在童年时代曾读过两本关于 1870—1871 年普法战争的畅销书，这使得他心中很早就燃起了对强大的德国军队的激情。而现在他马上就要加入从小在他心目中带着神圣光环的部队。过去这短短几日给予了他长久以来从未有过的和同胞之间的归属感和团结感。现在，在他生命中，他第一次有机会加入一个强大且令人畏惧的机构，并且分享其带来的威望。

在他递交了请愿书后的第二天他就收到了答复。"我用颤抖的双手打开了那份文件"，他后来说道。这份信接纳他入伍，让他到巴伐利亚第 16 预备步兵团去报到，根据团长姓氏，第 16 预备步兵团也被称为李斯特兵团。于是希特勒的人生进入了"对我来说最伟大也是最难以忘怀的尘世经历"的阶段。

第五章　战争的救赎

> 如果没有军队，我们现在都不可能在这儿；我们所有人都曾是从那所学校里出来的。
>
> ——阿道夫·希特勒

在经过还不到 10 周的训练后，李斯特军团在 10 月的下半月开拔前往西线战场。希特勒一直在焦急地等待出发，他害怕自己还没加入战斗战争就结束了。但是被称为战火洗礼的战役——10 月 29 日在伊普雷斯的第一场战役是战争的第一阶段中最血腥的战役之一——让他认清了残酷的现实。这条战线上的英国部队以顽强抵抗最终获得了胜利，强大的德国军队最终无法突破海岸线。德军总参谋部认为能否突破这层防线对战局部署至关重要。激烈的战况持续了 4 天。希特勒在写给慕尼黑房东的信中说，在这场战役中他所在的兵团伤亡过半，从 3500 人锐减到 1700 人。不久在贝色拉雷村，这支兵团又失去了指挥官；愚蠢的指挥再加上其他原因，结果就是这支部队获得了"令人悲痛的声望"。

在整场战争里面，希特勒一直担任的是在士兵和军官之间传递消息的通信员。这份工作不需要倚靠别人的帮忙，正好适合他孤独的个性。他的一位上级对他的印象是"安静，看上去不太像军人，和他的同胞们看上去并没什么不同"。他做事让人放心，服从命令，而且这位上级还认为他性格冷静。即便是在军队里，他也被认为是个怪人，和他同一个连队的战友几乎都认为他是一个空想家。他经常"坐在角落里，头上还带着头盔，一个人陷入沉思，我们谁都没办法让他走出郁卒"。

即便是他表现出来的古怪性格也是不带个人情感的。有时候他前一分钟还在一声不吭地郁闷，后一分钟他就开始愤怒地滔滔不绝。但这不是一般士兵关于军旅生活各种烦恼的牢骚。他表达的是对可能无法胜利的恐惧，对背叛的怀疑和对看不见敌人的焦虑。关于他的唯一一件传闻——也就是后来被放进德国教科书的那件传闻——事实证明也的确只能算是传闻。在那个故事中，奉命递送公文的希特勒在蒙迪迪耶的战壕里遭遇了一个班共 15 人的法国士兵，由于他的冷静、勇气和出其不意的战术，他成功地制服了敌人，并将他们作为俘虏带回了团队。

他那超乎常人的热情为他树立起爱国典范的形象——这也是逃离现实世界的一种方法。在一次巡逻中，敌方的机关枪突然开始扫射，希特勒将团长猛然推开，以"一种保护姿态挡在了他面前"，并恳请这位长官"不要让部队在这么短的时间内第二次失去指挥官"。

毫无疑问，他是一个英勇的士兵，对于他胆小懦弱的指责不过是一场政治阴谋。早在 1914 年的 12 月，他就被授予了二等铁十字勋章；1918 年的 5 月他又被团部授予面对敌人英勇作战的奖状；而同年的 8 月 4 日他还获得了一等铁十字勋章，这一奖项是很少颁给应召入伍的士兵的。

但是直到今天也还是未能寻获这些授勋的具体场合。希特勒自己从未提供过这方面的线索，原因可能是提议给他授勋的团队副官雨果·古特曼是一个犹太人。团队的历史档案中也未提及这些事情，而相关报道更是千奇百态。不管他授勋的原因为何，这些从战火中获得的勋章对他的前途来说是无价之宝。这些勋章让他这个奥地利人觉得自己在精神领域上来说已是德国公民，还给他的仕途提供了一个必要的前提条件。

但是在战场上，他那高度的责任感和对整个战局的忧虑并没有在他的战友中引起共鸣。"我们都曾对他大吼大叫"，日后他的一位战友回忆道。其他人则说"他不过是想让自己的臂章上多几道杠"。他们提到希特勒看起来总是一副忧心忡忡的样子。不过他也不是完全不受欢迎的，他只不过是让周围的人明白他们之间的差距。和别人不一样，他没有家庭，他很少收到也就很少写信，而且他也不会与众人分享那些简单平凡的忧虑、快乐和笑声。"没有什么比那些垃圾更让我痛恨的啦。"他后来回忆道。他总是长时间地沉思人生的问题，阅读荷马、福音书还有叔本华。他声称这场战争对他的教育相当于在大学里面待 30 年。他认为只有他才明白这场战争的真谛，而他的孤独离群说明他是天选之才。严格来说，他保卫的并不是他的家乡而是他引以为豪的国家。从希特勒当兵时留下的照片中也能看出他和其他战友之间有一种古怪的疏离感，希特勒，带着一成不变的表情坐在他们身边，很明显与他们的立场不一样。

希特勒那复杂的不善交际的个性，很有可能是在军队四年他最后也只不过是个一等列兵的原因。在纽伦堡审判中，李斯特团的副官回忆说曾有几次提到是否要将希特勒提拔为士官的问题，但最后都被否决了，原因是"我们在他身上看不到领袖气质"。这位副官还说，希特勒自己也并不想被提升。

希特勒在兵舍和防空洞中找到的是一种适合他性格的人际关系。这种关系在无人情味这一点上和收容所的生活很相似，区别在于军旅生活满足了希特勒对荣誉的渴望、内心的焦躁不安和庄严感。这里的社会框架能同时满足他反人类的自闭性格和与人接触的渴望。在战场上希特勒找到了他从未拥有的祖国，而在无人地带中他感觉就像在家里一样自在。

他的一位前上司对此也有过几乎一模一样的评价，"对于一等兵希特勒来说，李斯特团就是他的家"。当我们理解这一点时，我们也就不会再困惑于他在战争时坚定服从指令的愿望和战前反社会性的独狼性格之间的矛盾。自从他母亲去世之后，再没有其他地方比这里更令他有家的感觉了，而之后也再没有任何地方比前线的指挥部、战壕和防空洞更能满足他既希望冒险又渴望秩序，既需要自由又需要纪律的要求了。与之前的屈辱经历不同，这场战争给予了希特勒肯定，所以他会用"了不起的经历"、"无法抗拒"和"快乐至极"这样强烈的字眼来形容这次经历。

希特勒自己也宣称这场战争给他带来了彻头彻尾的变化。它让这个过于敏感且多愁善感的年轻人变得坚强，并让他了解了自身的价值。在战争机器中，希特勒学会了强硬、团结的作用和自律。他还开始相信命运，而这种信仰是他这一代人夸张的非理性的组成因素之一。他在猛烈的炮火下行进的形象为他在同辈中赢得了刀枪不入的美誉。

但是这场战争也使得希特勒的愠怒越来越强烈。和很多战友一样，他相信这个社会的旧领导层已无力回天，他远赴战场所捍卫的社会秩序正因为内部消耗而土崩瓦解。"我认为那些领导人要为战场上殉难的士兵负责。"他曾向一位同志这么说过，将这位同志吓得目瞪口呆。在战争的早期，希特勒曾给自己在慕尼黑的一位相识写过一封长达 12 页的信。在对前线攻击进行了详细的描述之后，希特勒在结尾是这么写的：

> 我经常会想到慕尼黑，我们所有人都只有这么一个愿望，那就是大决战能够快点到来，这样我们就能向敌方发起猛冲，不管代价如何。而我们中有幸还能回到祖国的人会看到故土变得更加纯洁，而那些外来因素会被进一步净化，我们成千上万的士兵每日浴血奋战的牺牲和痛苦，不仅仅将摧毁德意志的外敌，还有我们内部的国际主义。这比开疆扩土的价值要大得多。奥地利的结果就会像我常常说的那样。

从政治上来说，这封信里充满了希特勒在维也纳时思想上的执念：对于国家内充斥的外国元素的恐惧以及对充满敌人的世界的防卫心理。这其中还借用了一些泛日耳曼主义的教义，这导致他以后坚持国内事务高于国外事务的理论，国家和种族的统一要高于领土的扩张，强大的德国首先必须是纯德意志的然后才是伟大的。

1916 年的 10 月初，在法国的勒巴克希特勒的左腿受了轻伤，随即他被送到柏林附近的贝利茨医院，并一直在德国待到 1917 年的 3 月。看起来正是在这个时期，在他的心头第一次浮起了虽然还不清晰却在两年后促使他参与政治的 "觉醒" 的迹象。

1914 年的 8 月，他在前线的经历让他深刻意识到了国家的内在团结力。在两年里他一直都沉浸在这刚刚发现的团结和睦感中，而且他深信这不会受到任何影响。作为一个没有家庭，也没有任何想去的地方的人，希特勒主动放弃了他的休假。他的激情没有丁点损耗，他还继续活在他那不真实的世界里。"这仍然是古老荣耀的英雄部队的前线。"他在日后曾经深情地回忆道。因此当他住在贝利茨医院和第一次拜访柏林时，所遭遇到的政治、社会和民族矛盾给予了他前所未有的冲击。深受打击的他明白了战争初期的激情已经褪去，政党和派系已经代替了分担共同命运的兴奋感。也许他后来对柏林这座城市的厌恶感就是来自于这次经历。他眼中所看到的都是不满、饥饿和辞职。看到那些自夸精明的懒鬼会让他愤慨不已；他留意到身边虚伪、自负和发战争财的行为，并坚信所有这些恶行都是犹太人捣的鬼，一如他在维也纳时的偏执。

伤病快痊愈时，他被送到了慕尼黑的一个预备营中。"我觉得我已经无法认出这座城市了。"他把他的怨恨都投向了那些夺走他的幻想并摧毁了他关于德国统一团结的美梦的人，要知道这个美梦是他在告别童年后第一次具有积极肯定意义的社会经历。一方面，他对于 "希伯来人对人民的侵蚀" 而怒火中烧——这 12000 名或 15000 名犹太人应该被丢到 "毒气中"，而另一方面他也痛恨那些政客和记者们。"满嘴荒唐"、"毒虫"、"满嘴谎言反对革命的罪犯"，他们应该全部被歼灭。"所有的军事设备应该被用来无情地消灭这些害虫。"他仍然歇斯底里地渴望着胜利，他的预感或是战略本能都没能告诉他，其实战败能更好地帮助他从默默无闻迅速走向飞黄腾达。

1917 年的春天，希特勒返回了前线，在这里他再一次倍受鼓舞，而对于他一直无法融入的平民世界他感到越发的疏离。军事档案显示他参与了法属佛兰德斯的阵地战、阿拉斯战役和秋天在圣母堞道的血战。怀着焦虑的心情，他注意到 "自私的女人们写的那些愚蠢的信" 使得整个前线弥漫着和后方一样的厌倦情绪。那个时候他经常和一位战友讨论未来的职业，这位战友就是画家恩斯特·施密特。施密特说当时希特勒就开始考虑日后是否涉足政治的问题，不过当时还没有拿定主意。有迹象表明当时的他仍然相信自己可以成为一个艺术家。当希特勒在 1917 年的 10 月来到这个国家的政治心脏柏林时——就在德国国会宣布颇有争议的和平决议不久之后，德军在东线取得胜利之前——希特勒在给施密特的明信片中这样写道："现在终于有机会来好好研究这些博物馆了。"后来他宣称在那段日子里他曾向一小撮朋友提到战争结束后他要从事建筑行业，同时还要积极参政。根据他自己的叙述，他清楚知道自己参政将要采用怎样的形式：他想成为一位政治演说家。

他的抱负来自于他从维也纳时期就秉持的观念，那就是人们的各种反应都是在指导和背景影响下可以计算的结果。幕后操纵者的身份既让他不安也让他着迷，一想到自己有天也可能成为幕后的操纵者，这一名词在他眼中便有了更多崭新和诱惑的色彩。

根据希特勒的观点，德国之所以会输掉这场战争，原因就是"形式欠缺，且内容从心理学上来讲也是错误的，对德国的战争宣传进行仔细的检查后不可能得出另外一个诊断。"因为德国的领导人们能意识到这件武器的真正力量，他们鼓捣出来的东西简直不能被称为是宣传，尽是一些"苍白无力鼓吹和平的废话"，绝不可能"激发人们的精神，鼓舞他们赴死的决心"。

希特勒认为敌方的做法，则大不一样。他们的暴行宣传"虽然残酷无情却效果显著"，给希特勒留下了极其深刻的印象，并多次称赞其精神上的敏锐性和大胆的风格。敌人谎言中的"狂热而粗鲁的偏见"以及"不屈不挠的毅力"让他钦佩不已，并说自己从中"获益良多"。毫无疑问通过世界大战中敌方的宣传希特勒建立起了对心理影响的效力的信仰。他认为宣传首先必须要做到大众化，其受众不是少数知识分子，而应该"永远是并且只能是"人民大众，应该调整其水平使得"受众中智力程度最低的人也能听得懂"。宣传要想达到效果就必须把焦点放在几个清晰易懂的观点上，然后通过标语的方式不断向人们灌输这些理念。宣传应该诉诸情感而绝不能是理性，并且回避任何客观性，决不允许对所宣传的事业产生哪怕一丝一毫的怀疑，宣传应该展现的是"爱恨、对错、真相谎言的对立，而没有折中的方案"。这些也不是他自己的原创观点。但是希特勒在制定这些方针时的激情以及他对大众看法的坦诚——不含丝毫蔑视但承认其局限性、冷漠和不愿改变的性格——这些品质在不远的未来会让他远远领先其他对手，成为这些大众的宠儿。

1918 年的 10 月希特勒所在的兵团加入了佛兰德斯的保卫战。10 月 13 日晚，在伊普雷斯的南部，英军展开了一场毒气攻击。在威尔维克山附近，希特勒在毒气弹的猛烈炮火下奋战了数小时。第二天早上他感觉到剧烈的疼痛，当他在早上 7 点左右到达团部指挥所时，他已几乎看不见东西，几个小时之后则完全失明，"我的双眼像燃烧的煤炭一样灼痛。"他事后写道。他被送到了波美拉尼亚①的帕瑟瓦尔克医院。

1918 年的 11 月 10 日，"这是我一生中遭遇的最可怕的无可置疑之事。"医院的牧师把病人们召集在一起，告诉大家革命已经爆发，霍亨索伦王室已经倒台，德国宣布成立为共和国。这位牧师轻声哭泣着——希特勒是这么描述这位"年迈的绅士"的——回忆起统治王朝的种种好处，"屋中众人无不潸然泪下。"但是当牧师接着告诉大家德国已经战败，现在帝国要无条件任敌人宰割的时候——"对于我来说这实在无法承受。我一分钟也坐不下去了。我眼前再次一片漆黑，我脚步踉跄，靠双手在黑暗中摸索才回到了

---

① 译者注：波美拉居亚为中北欧波罗的海沿岸地区，现分属波兰和德国。

我的寝室，然后一头扎进我的床铺，把滚热的脑袋埋在枕头和毯子下。从我站在母亲坟前的那天起，我就再也没有哭过……但我现在实在无法控制自己。"

对于希特勒来说，这次的梦想破灭和被美术学院拒之门外一样来得突然和费解。他将这次经历夸大为传奇，并将其作为他生涯的基本主题之一。后来他把自己参政的决心归功于这一刻。在他的每次大型演讲中，希特勒几乎都会例行公事似的提到这次 11 月的革命。他谈起这件事的口气就好像这一刻是他人生的起点。这种痴迷使得一些分析家认为这次革命触发了他一生中的极大政治觉醒。

战争的结束意味着希特勒失去了他在前线为自己找到的角色，而且在这一刻他失去了自己的祖国，要被遣返回家。而且他惊讶地发现在后方被吹上天的德军的纪律性也土崩瓦解，就好像有人一声令下似的。越来越多的士兵都只有一个愿望：将这突然间变得无法承受的四年的包袱给扔掉，结束这一切然后回家。他们已经无法在爱国公式和勇士外表下隐藏自己在前线生存的恐惧和屈辱。

深深影响到希特勒的不是革命事件，而是德国的战败，因为他对于统治王朝无甚感情，就和他对帝国领导者的尊敬一样。

非革命者的革命热情的发泄方式显示出其绝望的复杂性。从 11 月初开始，逃兵就开始在德国各地的大街小巷上游行，追捕军官；应召入伍的士兵们成群结队地埋伏军官们，抓到他们后，则极尽轻蔑和侮辱，将他们的勋章、肩章和帽章都扯了下来。这种政权被推翻后的反叛行为毫无意义，但又可以理解。而对于军官们来说，这些行为激起了他们永久的愤怒，其后果是极其深远的，那就是对在这种情况下诞生的革命和政权有着根深蒂固的厌恶。法律和秩序的维护者对这一切也怀有同样的厌恶。

然而历史跟革命者开了一个玩笑，使得本可以在历史上画上浓墨一笔的激情提早褪去。早在 1918 年的 10 月，帝国总理马克斯·巴登亲王顺应了美国威尔逊总统和德国民众的要求，颁布了一系列国内政治改革措施。德国建立起了一个国会政府。最后在 11 月 9 日的早上，总理——很大程度上也是出于他自己的意愿——宣布了德皇退位的消息。革命在还没爆发前就已经达到了它的目的，它根本没有机会采取任何具体的行动来为自己树名。

鉴于这种令人沮丧的局面，这次准革命要想成为一场真正的革命只有一条路可走——那就是靠新奇来吸引民众。但是新的掌权者弗里德里希·艾伯特和社会民主党是一群勤力而严肃无趣的人。他们在一开始就废除了大量的荣誉头衔、勋章和奖章，自觉是做了一件好事。他们过于古板且在精神感召上缺乏魅力，他们所有的行为都反映出这些特性，这也就是为什么他们无法煽动民众的热情也无法制定任何巨大的社会变革的原因。他们的革命是"一场完全缺乏理念的革命"，某个经历过那个时代的人是这样评价的。而对于一个战败且梦想破灭的国家来说，他们肯定也无法满足其情感需求。在 1919

年上半年进行讨论的宪法在 8 月 11 日开始实施，但它远远不能满足人民的要求。严格来说，这部宪法只是建立一个民主权利制度的技术工具而已，而且从中基本看不出对权力端的理解。

从早期开始，犹豫不决和缺乏勇气就已经削弱了新政权。新的领导层当然可以指出这个国家已经精疲力竭及其对发生在俄罗斯的一切的惧怕。作为一个战败国，面对着各种各样的需求，他们也可以找很多原因来抑制进行政治革新的愿望，但这些愿望却是工人和士兵在集会上自发的愿望。种种事件已经让这个国家做好准备来放弃传统的态度。但这种准备并没有得到利用。它唯一的计划就是恢复法律和秩序，而新的领导层认为他们只有和传统势力联手才能达到这个目的。结果是哪怕是一次怯生生的社会化尝试也没有。那些大封建地主丝毫未受影响；公务员则是提前就得到保障不会失去他们的饭碗。唯一受到影响的是公爵们和皇室，那些到目前为止一直起着至关重要影响的社会团体在这场权力过渡中只不过换了一个新的政府形式，基本没有损失任何权力。

在那几周的混乱与复杂中，只有激进的左派才有能力为未来制定一个计划，但是用马克思·韦伯的话来说它既没有拥护者，又缺乏 "谋叛者的精力"。1919 年 1 月 6 日，数以万计的群众怀着革命的激情聚集在了柏林的胜利大道并一直等到晚上，希望革命委员会无休止的辩论能得出结果，但还是落空了。最后，严寒的天气加上疲惫不堪和失望的心情，人群散去了。思想和行动之间的差距仍然一如既往的不可逾越。

随着《凡尔赛和约》的签定，一切更是变得雪上加霜。威尔逊总统的公开声明曾让人们心中产生这样的幻觉 ——只要推翻王朝并采用西方的立宪原则就能够缓解胜利者的怒火，对他们采取的措施也就会比较温和，毕竟他们只不过是倒台政权、旧日政令的执行者。很多德国人还相信"世界和平的秩序"中——其基础很明显是通过凡尔赛会议的讨论来制定的——不会再有惩罚、不公正以及任何形式的胁迫。这种可以理解但是脱离现实的希望，使得这一时期被称作是"停战时期的梦境"。当和平条约在 1919 年 5 月初被带到德国人民面前时，这个国家的反应是越发的目瞪口呆，当时爆发了强烈的公开反对。民众的这种惊恐在政治上的表现就是总理腓力·赛德曼和外交部长乌尔里希·勃洛克道夫·兰茨奥的辞职。

有一点是可以肯定的：一战的胜利者对德国人民的伤害和侮辱是故意的。他们召开和平会议的日期是 1919 年 1 月 18 日，正好是德意志帝国差不多 50 年前宣布成立的日子，而他们选择签订协议的地点正好是宣布德意志帝国成立的镜厅。也许这些还是可以忍受的，但是他们选择签订协议的日期 6 月 28 日正好是费迪南大公在萨拉热窝被刺的五周年纪念，这与威尔逊信誓旦旦的绝无私心构成了讽刺的对比。

总体来说，《凡尔赛和约》所造成的巨大伤害主要是心理上的侮辱，而不是物质上的勒索，因此无论是左派还是右派，全国上下所有政党派系都觉得这是奇耻大辱，没齿难忘。公众在一开始关注的都是割地和赔款，但这远远不能和"迦太基似的残酷"相提并论。

《凡尔赛和约》的 440 条条款中充斥着矛盾和虚伪。胜利者扮演着法官的角色，坚持要求德国对自己的罪行进行忏悔，而实际上他们关心的只是利益。这种毫无意义的报复性的道德鞭笞激起了无数的仇恨的嘲讽，即便是在协约国方，对于这种虚伪的论调也有很强烈的批评声。比如说，威尔逊总统在声明中将民族自决权提高到神圣原则的地步，但一旦此原则对德国有利，就会被悄无声息地撤下来。毫无疑问，哈布斯堡王朝的残余成为了帝国的一部分。随着多民族国家的倒塌，民族主义获得了胜利；但与之构成矛盾的是国联的成立，这个组织的本质就是反对民族主义的。

《凡尔赛和约》根本没有解决造成目前敌对状态的任何问题。不仅如此，它还摧毁了欧洲在历经数世纪的战争和仇恨后仍然保留下来的团结感以及共同传统。在和约下建立起来的新秩序并没有帮助欧洲恢复这种团结感。从各个方面而言，此合约似乎想把德国永远地排除在欧洲联盟之外。这种歧视对于德国人反对欧洲合作的态度起到了决定性的作用，希特勒正是倚靠民众的这种情绪来挑战一战的胜利者们。事实上，希特勒早期在外交上的成功有很大一部分都源于他装出一副对威尔逊总统和《凡尔赛和约》中设想的，关于民族团体的民族自决权的坚定拥护者的模样。"欧洲即将迎来一个恐怖的时代，"和约在巴黎最后签字生效的当天，一位有远见的观察家如此说道，"现在只是暴风雨来临前的闷热，而这场暴风雨的结束方式很有可能比世界大战的毁灭性更强。"

此时 30 出头的希特勒也被帕瑟瓦尔克医院的大众情绪所感染。一种模糊但是愤怒的不幸和背叛感占据了他全身。这使得他离政治又近了一步。根据《我的奋斗》，1918年 11 月发生的一系列事件是他参政的导火索，但触发他主动参政的真正原因，其实是一年后他发现自己演讲才能的那一刻。这一决定性的时刻发生在一次小型会议的烟雾中，随着情绪的爆发，他突然看到了一条摆脱目前这毫无希望的封闭生活的出路，发现前途一片光明。

接下来几个月他的行为也证明了这种理论。11 月底，他从帕瑟瓦尔克医院出院便来到慕尼黑，向他所在团的预备营报到。慕尼黑在 11 月事件中扮演了一个重要的角色，在推翻德国统治阶层中起着领导作用。虽然整座城市都震荡着政治的激情，但希特勒仍然是一副漠不关心的样子。虽然他声称自己决定参政，但是他既没有加入到政治潮流中，也没有对其做出任何反对。

到了次年的 2 月初，为了找事做，他自愿担任了靠近奥地利边界的特劳恩施泰因的战俘营的警卫工作。但是一个月后，由于数百名法国和俄国士兵的释放，整个战俘营和警卫部队也撤销了。希特勒又回到了闲散状态，于是他返回了慕尼黑。

由于不知道该去往何处，希特勒就在奥伯魏森菲尔德的兵营后找了一处住所，军队是唯一能够给予他庇护感的社会组织，而离开军队则意味着回到残酷的现实。希特勒对于自己绝望的个人困境有着清楚的认识，"当时我脑中的计划一个接着一个。我花了好几天的时间冥思苦想可以做什么，但结果都是一样，我清醒地认识到像我这样的无名之辈根本不具备基础来做任何有用的事情。"很明显他压根没想过找份工作、干活谋生以及获得资产阶级地位的问题。他只是痛苦地意识到了他自己的微不足道。

他在这一时期的行为更有可能是一种尴尬、被动和投机主义的混合体。5月初，易普上校的自由军团——一个准军事组织——和其他部队一起推翻了慕尼黑的苏维埃政府，但即便是在这样的骚乱事件中，他也没扮演什么抢眼的角色。曾经追随过希特勒一段时间的奥托·斯特拉瑟后来曾公开质问："当时希特勒人在哪儿呢？这位本应该和我们的队伍一起并肩作战的士兵当时藏在慕尼黑的哪个角落？"

事后，军方成立了一个委员会来对苏维埃统治时期的事件进行调查。对于希特勒在这些调查中可能扮演的角色有众多猜测，唯一能确定的是他向第二步兵团成立的调查委员会提供了服务。他向特别法庭提供信息，而此法庭所做出的判决通常很严苛，这也反映了当时斗争的严酷。他指认出参加了苏维埃政权的一些战友，由于任务完成出色，不久他就被送去参加一个关于"公民思想"的培训课程。

此时的他第一次开始引起别人的注意，不再因掩埋在籍籍无名中而沮丧不已。他称自己为调查委员会所做的工作可以算是"第一次纯粹的政治活动"。他仍然放任自己漂泊游荡，只不过现在他所飘荡的方向很快将终结他那充满了不善交际的冷漠和混乱的职业感的成长期。

回头看希特勒的这一时期，我们会震惊地发现，即将在这一世纪的政治舞台上扮演重要角色的他，在30岁之前并未被政治所吸引。在同样的年纪，拿破仑已经当上了首席执政官，列宁在经历多年迫害之后正被流放，而那些不久将使他踏上征服世界旅程的理念，在当时却并没能促使希特勒向政治迈进哪怕一小步。他没有参加过任何一个政党，也没加入过那一时期多如牛毛的协会中的任何一个，除了维也纳反犹联盟。没有任何一件事情或迹象能显示出他参与政治的愿望，最多也不过是随波逐流附和那个时代的论调。

1939年11月23日，当他对自己能力的信心膨胀到最高峰时，他向手下的将领们说了一番令人震惊的话——他在1919年涉足政治前内心曾有过很长时间的挣扎。而且他说，"那是我最艰难的决定。"虽然他这样说是为了强调万事开头难，但也同样说明他内心对选择政治这条道路持保留意见。其中一个原因可能是因为德国的传统对政治一直持轻视态度，认为其从本质而言比创造性职业要低一等。他那无法企及的幼年梦想——"哪怕不能成为世界最好的建筑家也要成为德国最好的建筑家"——与之相比，仕途在他眼中也许有点有失身份。即便是在战争最激烈的时候，他也曾提到他情愿作为一个

"籍籍无名的画家"前往意大利，只是对他种族的致命威胁迫使他不得不走上政治这条对他而言完全陌生的道路。

如果这是真的，我们就能理解为什么连革命都无法驱使他加入争斗的任何一方。11月事件，所有权威的崩塌、王朝的坠落以及遍地的骚乱肯定对他那保守的本能带来了挑战。但这些剧变仍然没能促使他积极参与到抗议中来。比他对政治事务的蔑视来得更强烈的是他对动乱和反叛的憎恶。虽然他是个资产阶级，但他是不屑于走上街头的。即便是在25年之后，当他向餐桌上的朋友提到自己在11月革命期间的经历时，仍然说造反者就是罪犯。他在这些人身上除了"自私不合群"外什么也看不到，对付他们最好的方法就是把他们都杀掉。

直到他发现了自己的演讲才能他才克服了自己对政治生活的疑虑，不再视仇恨为公共秩序的扰乱者。即便如此，当他作为革命的代表跃上讲台时，他扮演的也是一个反对革命的革命者，正如他4年后在慕尼黑人民法院审判时为自己辩护时所说的那样。但是当特定的历史环境加上可怕的天赋驱使他走上一条他从未考虑过的道路时，他那不善交际、时常沮丧的艺术家性格是否会减少一点？在这本传记中，这个问题会不断浮现，而我们也会不断地追问，政治对他的意义是否仅仅就是他用来实践其艺术的手段而已：比如说从口头上压倒其敌人；游行、阅兵以及建党日的夸张戏剧化；投入到战争中的壮观的军事力量。

无可否认，旧秩序的倒塌为他加入政治打开了大门。只要资产阶级世界仍然存在，政治仍然是属于资产阶级的职业，希特勒就没有机会在这种秩序下扬名立万，此领域的种种约束会使得他寸步难行。

1918年为他扫清了这些障碍。"我现在一想到自己的未来就忍不住放声大笑，因为就在不久前它还在让我尝尽苦头。"希特勒这样写道。

于是他开始迈上政治舞台。

第二部

政治之路

第一章　德国未来的一部分

> 如果有人向我预言说这就是历史新篇章的开始，我一定会
> 捧腹大笑。
>
> ——康拉德·海登在回顾自己在慕尼黑的求学岁月时如是说

在德国没有任何其他城市比慕尼黑更受到革命事件和激情以及战后几个星期的震动了。1918 年 11 月 7 日——在柏林发生事变的 2 天前——少数左翼成员的激情就已推翻了具有千年历史的维特斯巴赫王室。令起义者自己也感到惊讶的是他们发现权力已转移到了他们手中。库尔特·艾斯纳这位蓄须的波西米亚人①本是《慕尼黑邮报》的戏剧评论家，在他的领导下，他们曾尝试——带着对威尔逊总统的声明过于盲目的信仰——通过一场革命性的改变"来为德国加入国联做好准备"并"为德国带来和平，将国家从泥潭中拯救出来"。

但无论艾斯纳曾有过什么样的机会，最终都被美国总统的懦弱和言行不一以及右翼分子的仇恨消磨殆尽。他们对"外来异族流浪者"和"施瓦宾布尔什维克"的诋毁污蔑一直延续至今。事实是无论是他还是其他的新领导者都不是生于巴伐利亚，他们是惹人注意的反资产阶级者而且通常是犹太知识分子。在种族意识强烈的巴伐利亚这样的革命政府注定是要失败的。而艾斯纳对待百姓的幼稚方式，持续不断的示威、公共音乐会、旗帜游行以及关于"光明、美丽和理性的国度"演说对于稳固他的地位毫无助益。他执政的方式在民众中激起的是嘲笑和怨恨。可以肯定的是艾斯纳的"友善政府"并没为他赢得他所期望的爱戴。他那用哲学术语表达的乌托邦似的许诺在纸上看来很美好，但在现实面前却空洞无力。

---

① 译者注：此处指放荡不羁的文化人。

尽管艾斯纳采取了很多折中措施，例如反对极左团体的观点、否定无政府主义并至少在口头上对巴伐利亚的分裂主义者做出了指责，但这些都无助于改善他的情况。在伯尔尼举行的一场社会主义大会上，他失策地提到了德国对战争爆发所担负的责任，很快他就成为了一场有组织运动的攻击对象。要求除掉他的呼声高涨，并有人暗中威胁他时日不多。不久之后的选举失败迫使他不得不辞职。2 月 21 日，他在去州议会宣布辞职的路上背后中枪身亡，刺杀他的是 22 岁的安东·艾克罗·瓦利伯爵。

在罗莎·卢森堡和卡尔·李卜克内西相继被暗杀后，艾斯纳的遇刺更让人们觉得是反动派企图夺回他们失掉的政权的阴谋。巴伐利亚进入了紧急状态，市民开始大罢工。部分学生欢呼艾克罗·瓦利为英雄的结果是大学被关闭了。大量的人被挟持为人质，政府实施严格的审查制度，而银行和公共建筑则为红军所占领。装甲车穿行在大街小巷中，到处都是士兵，他们拿着扩音器，嘶吼着"要为艾克罗·瓦利复仇"。

一个月来，政权一直掌握在恩斯特·涅基希领导下的中央委员会（即苏维埃）手中。接着又成立了一个国会政府。但 4 月初从匈牙利传来消息说贝拉·昆已夺取政权并宣布实施无产阶级专政。这证明在苏联之外革命也能取得成功。巴伐利亚本就岌岌可危的稳定局面再一次被打破。一小部分激进左翼分子，在没有群众基础的情况下，大呼"德国就是下一个"，并宣布成立一个苏维埃共和国。政府撤退到了班贝格，恩斯特·涅基和大部分的部长都辞职了，但这群左翼分子很快就会发现他们将被一群冷酷的职业革命者取代。接踵而来的是市民的混乱和恐慌，革命很快失败了。

对于某些资产阶级团体来说，战后最初的这几个月给予了他们一种新的信心。因为从短命的革命中他们看到了德国左翼分子的无能和观念的缺乏，其革命激情远远多于其革命胆量。

在苏维埃统治期间，社会民主党政府曾呼吁"使用所有可能的手段来组织反革命"。在官方的号召下，帝国国防军以及众多准军事组织纷纷出动。这些力量和在一起所代表的是一股野心勃勃的政治军事自治力量，他们反对任何回归常态的举动。

除了政府和行政机构的支持外，这些组织还赢得了多数民众的欢心。在一个拥有军事传统的社会里，不管你平时多么令人头痛难缠，只要你穿上军装，立刻在道德和民族问题上站到了制高点。鉴于当时混乱的环境，军队在人们的眼中成了平衡的典范，代表着每个人珍视的生活和秩序。军队在一定程度上满足了民众的想象力；他们代表着旧日时光的荣耀和安全感，而现在这些只能在回忆中搜寻了。1919 年 6 月，当巴伐利亚团指挥四部下达指示称帝国国防军为"所有有意义的国内事务的重建"的"奠基石"，它只不过是在附和民意。左翼党派过于天真，错以为受到战争最大冲击的士兵和他们一样也对战争充满怨恨；而右翼则开展了一系列的活动，以平抚士兵们受伤的自尊和落空的期望。

团指挥部的宣传部所组织的，由忙碌的梅耳上尉领导的各种活动中，有一门课程叫作《公民思想》，这正是希特勒在向军事法庭告密后作为奖赏被送去学习的课程。上课的地点在大学里，负责课程的都是可靠的民族主义者，其目的是对这群精心挑选出来的学生灌输特别的历史、经济和政治理论。

希特勒一生都在否认或者淡化任何对他思想的影响，他日后暗示说这门课程对他的重要性不在于它所教授的内容，而在于他通过这门课所认识的人。"对于我来说这件事情的价值在于我终于有机会接触到一些志同道合者，可以与他们详尽地讨论目前的形势。"

从严格意义上来讲，这门课程真正的重要性在于希特勒利用其愤怒达到的效果以及他独特的思想模式。到目前为止，他的听众只是一些无知的路人。他的一位老师，历史学家卡尔·穆勒曾描述过这样的场景：在课程结束人群纷纷离开教室时，他发现他的路被挡住了，因为有一群人"好像着魔似的围住一个人，听他用一种怪异的喉音滔滔不绝，高谈阔论，且越讲越起劲。我有种奇怪的感觉，他自己所营造的这种激动正是他的力量之源。我看到的是一副苍白瘦小的脸庞，一缕头发垂耷在额上，一点也不像军人，胡子修得整整齐齐，蓝色的大眼中放射出冰冷且狂热的光芒"。在下一次课结束后，希特勒被叫到了讲台上，他"在我看来带着某种目中无人的窘态，顺从而笨拙地"走了过去。不过"这次谈话并没有什么结果"。

现在我们已经见识了希特勒两副不同的面孔：在口若悬河装腔作势地忘乎所以时极具说服力的他，以及与人当面对峙时渺小的他。根据他自己的说法，他第一次也是永远难以忘怀的演说胜利，是让"其中一位听众因为犹太人的罪恶而激动到折断长矛"。而穆勒早已将希特勒的演讲天才告知梅耳上尉。此时希特勒作为地区指挥部的"联络人"被派遣到慕尼黑的一个军团。之后不久他的名字就出现在一个莱希菲尔德遣返士兵营附属的"教化班"的委任名单上。这个教化班的职责是对士兵施加影响，向他们灌输民族主义、反马克思主义的观念。另外，这项任务也是教化班成员的"演讲和煽动能力的实用课程"。

在莱希菲尔德的兵营中希特勒将自己在演说和实用心理学上的天赋进一步提升。在这里他学会了将他偏执的思想与当前的事件相结合，这样能使其理论看上去无可辩驳，并将日常小事件夸大成凶兆厄运。后来融入到纳粹党理念中的一些投机主义特征可以追溯到希特勒的这一时期。作为一个刚刚起步的人，他多少有些不安全感，因而不得不将他的各种偏执观念拿出来一个一个进行试验，来找出哪些才能激起公众的回应。关于希特勒的某次演讲的兵营报告是这样说的，"这一主题在参与者中激起了强烈的兴趣，从他们脸上的表情中就可以看出来。"和那些被遣返的士兵一样，希特勒也有着强烈的理想破灭感。他们在经历了多年征战后，回头发现那些在他们年轻时觉得伟大和重要的一切都已被人剥夺了。对于那么多被白白浪费掉的英雄主义和胜利以及被背叛的信仰，他们需要一个解释，而希特勒就给他们提供了一个实在具体的神秘敌人的形象。从其他的报告中我们可以得知，希特勒的演讲风格是"面向大众"，"明白易懂的"且"充满狂热的激情"。他早期演讲的核心是对"十一月罪人"的攻击，而这个词后来成为了他某句格言中的一部分。

希特勒可以将他一知半解的各种零碎观念整合在一起，并且毫不羞耻地把它们作为自己的观点呈现，他的这一才能被证明是很有价值的。在莱希菲尔德的某次演讲中，希特勒就将他刚刚从戈特弗雷德·费德尔的课堂上学来的资本主义和犹太民族的关系用"一种细致、清晰和激动人心的"方式复述了一遍。希特勒留下来的关于某个特定政治问题的第一篇书面陈述也可以追溯到这一时期。而这一主题就是"当今犹太民族对我们的人民所构成的威胁"。慕尼黑军区总部的前"联络人"阿道夫·格姆里希请梅耳上尉就这一主题写一份意见书，而梅耳将这一任务交给了希特勒，于是希特勒开始长篇大论，而所谓的依据仅仅只是些偶然得到的个人印象。

1919 年 9 月 12 日，也就是收到希特勒这份报告 4 天后，梅耳上尉命令希特勒去拜访和考察一下众多激进团体和派系中的一个——德国工人党。在当天的聚会上，戈特弗雷德·费德尔发表的演说题目是"如何以及用何种手段才能消灭资本主义"，到会的人员有 40 余人，其中就有遵上尉之命出席的希特勒。当费德尔宣讲着他那些耳熟能详的理论时，这位客人注意到这个刚刚成立的新团体其实"和其他许多团体一样"，窒息在"他们那荒谬的庸俗主义中"。所以"当费德尔的演讲终于结束时，我高兴极了。我已经看够了"。

然而希特勒并没有立马就走，他还是留了下来等自由讨论时间。当其中一位与会者主张将巴伐利亚从帝国分离出来和奥地利联合时，希特勒愤慨地站起了身，"我实在忍不住了，不得不要求发言"。他对那位发言者的痛斥引起了德国工人党的领袖德雷克斯勒的注意，后者轻声向坐在身边的火车工程师洛特说："他可真敢说，我们用得上他。"希特勒发表完演讲后即起身离开了这个"沉闷的团体"，德雷克斯勒赶紧追上他并邀请他再次光临，他还硬塞给希特勒一本他自己写的名为《我的政治觉醒》的小册子。希特勒曾描述过在第二天的早上他躺在兵营的床铺上，看着地上的老鼠扑向他刻意洒在地板上的面包屑，然后开始读那本小册子。在德雷克斯勒对自己一生的描述中，希特勒看到了与自己的经历相似的地方：由于工会的原因而得不到工作；靠一份半艺术家的工作来艰苦度日（德雷克斯勒曾为一家夜总会弹扁琴）；以及最后，极度焦虑的情绪加上伟大的启迪——认识到犹太民族所扮演的腐蚀世界的角色。这些相似之处激起了希特勒的兴趣，即便这个人只是个工人，正如他日后不断重申的。

几天后希特勒收到了一张不请自来的会员资格卡，编号为 555。希特勒觉得好笑又气愤，再加上有点不知道该怎么反应，于是决定接受邀请去参加委员会的会议。会议的地点是赫仑大街上"一家非常破败的"名叫阿尔特斯·罗森巴德的小酒馆，希特勒在"破旧煤气灯的昏暗灯光下"走到里屋，看到一张桌子旁坐了几个年轻人。在另一间屋里坐着阴沉的酒馆老板、老板娘和一两个客人，而这边厢则开始读会议纪要，"就像是一个纸牌俱乐部的委员会"。接着他们开始清点财政款项（结果发现手头全部的现金加在一起只有 7 马克 50 芬尼克）。他们对报告进行核准，然后起草写给德国类似组织的信件。总的来说，"这就是那种最糟糕的组织生活"。

希特勒整整考虑了两天，像往常一样，当他回想起生命中那些决定性的时刻，他一定会提到做出决定的压力并一再强调他在精神上所付出的"痛苦"、"艰难"或者"辛酸"的代价。考虑的结果是他以委员会第 7 号成员的身份加入了德国工人党，负责招新和宣传。"在经过两天的痛苦思考和斟酌后，我最终确信自己必须要迈出这一步。这是我一生中最重要的决定，从那以后我没有也不可能回头了。"

从一方面来说，这不过是希特勒日后为自己生涯中的转折点添油加醋的伎俩，要知道当时的他并不知道这一刻对他人生的重要性有多大。如果那一时刻没什么外部的戏剧化场面，他至少可以将这一决定渲染成孤独痛苦的挣扎后的产物。从另一方面来说，根据各方描述希特勒一直到生命的最后一刻，性格中始终有其独特的犹疑不决的一面，对于死守一条道路有着根深蒂固的恐惧。他后来的同事将他接受疫苗注射的经过描述为一场令人精疲力竭的过程，在诸多问题上，他的心思一变再变，直到他自己最后累得筋疲力尽，决定把一切交给抛硬币来选择。他对命运和天意的迷信只不过是为其优柔寡断找的托词。如果说他的所有个人抉择甚至一些政治决定只不过是一种躲避——用来逃离那些让他感觉危险的选择，其实并不为过。不管怎么说，在他的一生中，从最初离开学校，然后从维也纳搬到慕尼黑，接着志愿参军一直到他步入政治，他的逃避动机随处可见。在接下来的日子里一直到他的最终结局，他的很多行为仍然是受这一原因所驱动。

逃避这个正派世界中职责和秩序的压力并延缓退伍后回到平民生活的恐惧，正是这样的渴望支配着希特勒这样一位从战场上回来的士兵的所有行为并引领他登上了巴伐利亚的政治舞台。在他眼中，政治是没有职业的人最适合从事的职业并且希望一直保持这样。现在他终于有了一片让他施展拳脚的天地，而且这里所要求的能力正好是希特勒所拥有的：激情、想象力、组织才能和煽动能力。在兵营中他不知倦怠地用打印机打着，甚至用手写着一封又一封邀人与会的邀请书，并亲手将它们递出去。他到处打听这些人的姓名住址，并与他们交谈。他四处寻找关系、支持和招新的成员。

一开始效果甚微。希特勒会认真地记下每一张出现在会议上的陌生脸孔。希特勒成功的原因之一是，他是组织中唯一一个有无限时间可以支配的人。在这个仅有 7 人的党委会中他的地位迅速上升，他们每周在盖斯蒂格咖啡馆角落的一张桌子上开一次会议——而这个地方日后成为了他的崇拜者的圣地。希特勒也的确比党委会中的其他人更有想法、更灵活也更有激情。

其他成员对于目前的小规模没有任何不满，而且对于保持现状非常满意。所以当希特勒开始将这个"沉闷的团体"推到公众的视野中时，他们均感到震惊。对于德国工人党和新加入的这位成员来说，1919年10月16日被证明是具有决定性意义的一天。在德国工人党的第一次公开会议上——总共有111人到场，希特勒作为当晚的第二位演讲者在会上做了发言。除了毫无成效的长篇独白，希特勒从收容所开始就郁积在心中的所有仇恨，在长达30分钟的演讲中用更加愤怒的方式倾泻了出来，就好像终于突破了多年的沉默和人为障碍，那些语句、空想和指控喷薄而出。演讲结束时，"小屋中的群众如同触电一般"。他终于找到了"之前我只是在内心感觉到却并不真正知晓的才能"。他满心欢喜地发现："我会演讲！"

那一刻代表着他对自己的突破，"命运之锤的重重一击"让"平庸的外壳随之瓦解"。当他回忆起那晚，从他那陶醉的口气中可以明显感受到他的宣泄感。为了确保效果，在那次演讲之前的几周中他已经反复测试过了他的口才，并已慢慢熟知自己在说服他人和改变他们想法上的能力。但这是他第一次感受到其口才的主观能量，激情迸发直到汗流浃背筋疲力尽的地步，就像他无论做什么最后都会过度——他的恐惧、自信甚至是他在第100次听《特里斯坦和伊索尔德》时仍然欣喜若狂——从此他就陷入了名副其实的愤怒式演讲风格。当他回忆这一时期时，他说除了政治激情外，激励他一次又一次登上演讲台的正是他心中刚刚觉醒的对他"这个可怜人"的肯定渴望。

在他加入德国工人党不久后，希特勒就着手将这个胆小沉闷的小团体转变为一个喧闹的且注重宣传的政党。

在1919年还未结束时，由于希特勒的坚持，德国工人党在斯特尔内克啤酒馆那阴暗的地窖中建立起了自己的总部，租金为50马克，作为签约人之一的希特勒在填写自己的职业时还是填的"画家"。这间房中有一张桌子，几把借来的椅子，一台电话和一个保险箱——用来存放党证和党的经费，不久之后又添置了一台旧打印机以及与之配套的一个橡皮图章，当工人党主席哈勒注意到这些官僚体制的苗头后，他将希特勒称为"自大狂妄者"。与此同时，希特勒将执行委员会扩展到了10人，接着是12人以及更多人。他还将几个忠于他的拥护者介绍了进来，通常都是他在兵营中拉拢过来的战友。不久他就将寒酸的手抄邀请换成打印的邀请信。同时德国工人党开始在《慕尼黑观察家报》上做广告，他们将招新的手册和传单留在党委开会的酒馆中。而希特勒在他的宣传战术中开始展现出其毫无根基的自信——这一切正因为没有事实根基而显得更具有挑战性，而这种自信在将来会一而再再而三地为他带来成功。他大胆地尝试了一种非同寻常的做法——让群众购买入场券来参加这个规模极小且籍籍无名的政党的会议。

他作为演说家的名声日益高涨，这使得他在党内的地位得到巩固。到第二年开初的时候，他就成功地让难以驾驭的哈勒主席辞职下台。之后不久，执行委员会虽然满怀狐疑，担心会贻笑大方，还是遵从了其野心勃勃的宣传部长的意见，开始向大众呼吁。德国工人党发出通告将在 1920 年 2 月 24 日在霍夫布劳啤酒馆的大厅中召开第一次群众大会。

宣传会议召开的大红海报上甚至都没有提到希特勒的名字。那天晚上的主讲人是一位忠实的民族主义者约翰内斯·丁费尔德博士，这位医生曾以日耳曼内斯·阿格里考拉的笔名写了不少种族主义的出版物。他所创立的经济理论，虽然扭曲却以一种怪异的方式反映出了战后德国的各种匮乏。

接下来登台演讲的便是希特勒。为了充分利用这一难得的机会来向大众宣扬德国工人党的理念，在希特勒的坚持下，党员们制定了一个详细的规划。在演讲的开头，他猛烈抨击《凡尔赛和约》和政府的懦弱无能，接着他把矛头转向大众对娱乐的渴求，犹太人和"吸血虫"——即奸商和高利贷盘剥者。由于演讲经常被鼓掌和嘘声打断，他不得不大声朗读章程。到了最后一些扰乱分子叫喊了几句话。接下来是一片混乱。每个人都站在椅子和桌子上，整个会场陷入骚乱。不停有人喊："滚出去！"最后在一片喧嚣中，会议结束了。

很明显类似的骚乱是司空见惯的，因为即便是民族主义——种族主义倾向的媒体对这次会议也基本只字未提。靠最近找到的一些原始材料，我们才能重建那次会议的过程。而根据希特勒那种故作神秘的描述，这次会议经历了极其戏剧化的场面，从开始的拳脚相加到最后疯狂的掌声，群众的思想也彻底改变。章程中的每一点"都全体一致通过"，"当最后的理论深入人心后，站在我面前的是一群被新的理念、新的信仰和新的意志团结在一起的人们"。不出所料，希特勒又想起了他钟爱的歌剧风格，他宣称"火种被点燃，从中锻造出的宝剑有天会为日耳曼的西格弗里德重获自由"。他已经可以听见"铁面无私的复仇女神为 1919 年 11 月 9 日的冤案复仇"的脚步声。与此同时，民族主义倾向报纸《慕尼黑观察家报》对此次会议的记载仅仅是：在丁费尔德博士演讲完毕后，希特勒又"提出了一些尖锐的政治观点"，然后宣读了德国工人党的章程。

尽管如此，从更高层面上来说，《我的奋斗》的作者是对的。因为从那次群众大会开始，德雷克斯勒领导的只会喝啤酒的种族主义小团体开始转变为希特勒的群众政党。虽然他再一次扮演了一个下属的角色，但这次差不多有 2000 人在场，将霍夫布劳啤酒馆的大厅挤了个满满当当。这次会议中群众们接触到了希特勒的政治理念，而且很多人接受了这些观点。从此以后，推动这个政党并决定其成败的就是希特勒的意志、风格和方向。

希特勒在那晚的会议上朗读的章程是由德雷克斯勒起草的，很有可能戈特弗雷德·费德尔也出了一些力，然后在提交给执行委员会以供修改。这份章程中包含了 25 点，过去的种族主义观念和当下的怨恨以及整个民族对否定现实的需求被胡乱混杂在一起。贯穿其中的是一种强烈的精神诉求。整个规划中占主导地位的是消极的观念，从总体上来说，此规划反资本主义、反马克思主义、反国会、反犹太，而且最重要的是它反对战争结束的方式。从另一方面来说，其积极的目标——比如为保护中产阶级而提出的各种要求——多数模糊不清，而且会给小人物的焦虑和欲望火上浇油。举例来说，所有非工作而得的收入（第 11 点）以及从战争中的盈利（第 12 点）要没收，并为大型工业建立一个利润分享的计划（第 14 点）。其中还提出要将大型的百货商店都转交到社区手中，然后"以低廉的价格"出租给小生意人（第 16 点）。土地改革也有提到，并且禁止土地投机（第 17 点）。

尽管此份章程有不少投机主义的特点，它并不完全是一纸空文。不管从哪方面说，它都远不止是一些狡猾的煽动伎俩。其结论包含了纳粹思想体系的基本特点的雏形：生存空间理论（第 3 点），反犹太主义（第 4、5、6、7、8 和 24 点），听起来无害并被广泛接受的老生常谈的理论（第 10、18 和 24 点）最终构建起了极权国家的基础——比如，集体利益高于个人利益。其中大书特书消除资本主义的恶习，克服阶级斗争，促使所有团体相互妥协达成一致，团结在一个强大的完整的种族社团下。

这一切对一个深受民族和社会问题困扰的国家来说有着特殊的吸引力。"纳粹主义"的概念将 19 世纪的两个主要观点联合在了一起，在当时的很多政治规划和社会制度草案中都可以看见其踪迹。在德雷克斯勒那本简单的自传中，对其"政治觉醒"的描述中，以及在爱德华·施泰特勒在柏林的讲座中都可以见到，后者早在 1918 年就在工业界的支持下建立了一个反布尔什维克联盟。

在霍夫布劳啤酒馆的会议结束一周后，德国工人党也改换了自己的名称。通过借鉴一些相关的德国和奥地利的团体名称，它现在自称纳粹党，同时采用了其奥地利同仁使用的战斗标志——"卐"字标记。奥地利纳粹党的主席沃尔特·瑞赫尔博士在前不久建立了一个"国际秘书处"所有纳粹党的联络处。支持种族主义理念的各个团体之间早就有了的频繁联络。

1920 年 4 月 1 日，希特勒离开了军队，因为他终于有了另一个选择。他下定决心要将毕生贡献给政治事业，获得纳粹主义德国工人党的领导权并按照自己的想法来建党。他在伊萨河附近的德尔希大街 41 号里租了一间房。虽然他大部分时间都待在设在地窖里的党总部，但他不愿意被列为党的员工。他的生活来源是一个谜，他在党内的敌人很快就以此问题向他发难。而他的房东则以为这位阴郁的年轻人惜字如金且异常忙碌，是"一个真正的波西米亚人"。

他的信心在他的口才、冷酷和随时准备冒险的基础上不断增长。他本一无所有，也就没有后顾之忧。他对一个概念感兴趣通常是因为其潜在的作用，正如他曾说过的，看它是否能产生一条"具有强大影响力的口号"。从他对"陈旧的民间理论家"、"大嘴巴"和"观念窃贼"的"憎恨"和"彻底的厌恶"中可以看出他对不带政治延展内容的思想完全不能理解。同样的，他在早期的演说中，只有在言辞上能回击对方时才愿意站上讲台。对于他来说，一个观点是否具有说服力不在于证据而在于其灵巧度。他曾提到"所有观点，即便是最好的，如果只是用来展示，最终也会成为一种危险，在现实中，它只是达成目的的一个手段"。他强调政治斗争永远需要观点的支持——而不是反过来。他同样视纳粹主义为达成他雄心壮志的手段。它只不过是帮助他登上舞台的一个浪漫诱人的模糊提示。这个词中所包含的妥协意味看上去很现代，贴近这个时代的需求和阶级斗争的口号。保守派作家阿图尔·莫勒·范·登·布鲁克在世纪之初曾宣扬过纳粹主义的理念，现在更是宣称其"必定是德国未来的一部分"。其潜力在那些磨刀霍霍的冷静政客眼中已再清楚不过。这样的政客为数不少且都在同一赛场上争斗。但不久之后希特勒就明白自己将会成为德国未来的一部分。

第二章　地方上的胜利

这个希特勒将来会成为我们中最伟大的人物。

——鲁道夫·荣格　1920 年

　　1920 年的春天，在他刚刚迈入政坛的那段艰辛且兴奋的日子里，希特勒充其量只是一个地方上的煽动家。在一个又一个晚上，他会混迹于喧闹嘈杂烟雾缭绕的酒馆中，试图拉拢那些通常怀有敌意或满腹嘲讽的听众们，希望他们能接受他的思想。他的名望在逐渐上升。这个城市的脾性能包容他那戏剧化的风格，和其他更确切的历史因素一同促成了他的成功。

　　沉浸在演讲成功狂喜中的希特勒能完成常人所不能。

　　他的"组合能力"使他能够将天壤之别的因素结合在一起。他从偶像和同志身上学到的东西远不及他从对手那里学到的，这是他一直都坦承的一点。他将瓦格纳和列宁、戈宾诺、尼采和勒邦，鲁登道夫、诺思克利夫勋爵、叔本华和卢埃格尔的理论综合在一起。其思想体系杂乱古怪且充斥着半瓶水的鲁莽轻率，却又有一定的连贯性。墨索里尼和他的意大利法西斯主义也有同样的特点，其势力也正在日益扩大。希特勒甚至还从所谓的"锡安智者"那里获取知识——虽然现在已认定其"章程"都是伪造的，但这并不能减小其权谋政治理论的威力。

　　但让希特勒获益最多的还是马克思主义。他的政治活动的起点之一就是他认识到传统的资产阶级政党无法与左翼群众组织的力量相抗衡，要想和马克思主义战斗就得建立一个组织形式类似但思想上更加坚决的政党。

　　从战术上来说，革命时期的经历是他主要的学习来源。布尔什维克在巴伐利亚接管政权并进行苏维埃统治的经历，让他明白一小群意志坚定的人是如何夺权的。从列宁身上可以学习如何将革命从冲动提高到更高的境界，从类似弗里德里希·艾伯特和腓力·赛德曼这样的德国社会主义者身上则可以学到这种冲动是如何被浪费掉的。希特勒后来声称：

> 我从马克思主义身上获益良多。我可以毫不犹豫地承认这一点。我所学到的不是些无聊的社会主义理论和历史唯物主义概念，也不是那些荒诞的理论……而是他们的方法。这些政治斗争的新方法都可以追溯到基本的马克思主义理论中。我只需要将他们的方法照搬过来然后做一些改进，我们就万事俱备了。

他不仅坚持不懈地将他从其他地方借鉴来的所有东西都应用到自己的体系中，他比自己的偶像更进了一步。在他的本性中始终深藏着对华丽非凡姿态的近乎幼稚的迷恋，渴望给人留下深刻印象。他什么都想要极致，因此他专心致志于建立最激进的思想体系，后来则决意要建最大的建筑和最重的坦克一样。就像他日后自己所评价的，"在生命旅途上，我一路从各类灌木丛中"选取他的战术和目标，然后加上冷酷、执着他那标志性的大胆——正如他采取最后一个步骤时。

他的第一个任务是比较私人的，那就是摆脱籍籍无名的状态，从一堆小规模的民族主义或种族主义政党中脱颖而出，树立自己确凿的形象。当他在日后的演讲中回述党史时，他总会提到他那卑微的开始。在毫无顾虑的情况下，希特勒开始着手为自己扬名立万——通过无休止的活动、斗殴、丑闻和暴动甚至是恐怖主义，只要是能把他推到最前线的就行。"他们把我们写成小丑也好，罪犯也罢，关键是他们提到了我们，而且一次次地关注我们。"

他行事的风格和方法是由其意图所决定的。选择鲜红作为党旗的颜色不仅仅是因其带来的心理效应，还因为红色一直是左翼的代表色，于是这种盗用就具有了挑衅性。海报使用同样刺眼的红色。他们会拿口号作为标题，用超大字号打印其简短的社论。为了进一步加深人们对其伟大和力量的印象，纳粹党还组织了多次街道游行。发传单的人和贴海报的团队马不停蹄地穿梭于大街小巷中。希特勒模仿左翼的宣传手段，用装满人的卡车在街道上游行。但与挥舞拳头的无产阶级不同——这种方式会让资产阶级住宅区的居民们心怀恐惧，希特勒放在卡车上的都是守纪律的前任军人——这些人在停战和复员后，又聚集在纳粹旗下以另一种方式来进行战斗。这些自律的激进分子给游行奠定了一种令人畏惧的准军事化的基调。不久之后，希特勒开始用一系列集会的方式来举行这些游行示威，看上去就像是一股席卷慕尼黑的浪潮，然后再覆盖到其他城市。

这些士兵开始逐渐改变政党的社会面貌。由爱喝啤酒的工人和小商小贩构成的思想团体中渗透进了以暴力为职业的常规军人。在最早的党员注册名单上，193 个名字中有 22 个是职业军人。由于直接受到《凡尔赛和约》的影响——和约限制军队的规模，他们发现自己在一夜之间必须面对可怕枯燥的平民生活。而这个新成立的政党为他们提供了一个避难所，可以逃离丧失地位带来的困惑和恐惧。

正是有了这些惯于服从纪律和奉献的军人加入，希特勒逐渐在党内建立起了一个坚实的内部结构。很多新党员都是由帝国国防军慕尼黑军区指挥部派给他的。虽然日后希特勒不断重申籍籍无名贫困交加的他是如何仅凭一己之力与全世界的敌人抗争，但这明显与事实不符。他从一开始就受到了帝国国防军和准军事组织的保护，正是它们使得希特勒的上位成为可能。

这其中为纳粹党贡献最大的是恩斯特·罗姆。作为易普上校麾下的一名上尉和政治顾问，他实际上是巴伐利亚伪装军事政权背后的真正大脑。罗姆为年轻的纳粹党提供党员、武器和资金。

罗姆从幼年时代开始脑袋里就"只有一个想法和愿望，那就是成为军人"。到战争接近尾声时，他已在总参谋部任职，是一位杰出的组织者，但从气质上来看他是属于前线的，虽然从外表上看不出来。无时无刻都采取主动的他，脑中只有一个目标：扩大军队在政府内的力量。以这个想法为基础，他在总参谋部组建了一个部门，负责宣传并与很多政治团体建立了秘密的合作关系——希特勒正是以这个部门的联络人身份参加了德国工人党的会议。这位年轻煽动家的口才给罗姆和其他所有人留下了深刻印象，于是罗姆引荐希特勒接触了不少政客和军人，而他自己也很早入了党，党员证号是623。

在《我的奋斗》一书中，希特勒谎称"卐"字党旗是他的创造。事实上是一位纳粹党员，名叫弗里德里希·克罗恩的牙医在1920年5月为施特恩伯格党部（地方党部）的成立大会而设计的。早在前一年，他在备忘录中就已经建议过将"卐"字标记作为"纳粹主义政党的标记"。再一次，希特勒的贡献不在于创意，而在于他马上明白了这个标记在心理影响上的魔力。于是他将这个标记提升到纳粹党象征的地位，并下令党员有义务佩戴。

他似乎有永不枯竭的精力，在这一点上他所有的对手都远远比不上他。他的原则是：一周一次群众集会。而且他不仅仅只是担任组织者，他还是演讲者。在1919年11月到1920年11月之间举行的48次会议上，他担任了其中31次的演讲者。在一张1920年5月的海报上，希特勒被称为是"了不起的演说家"，并保证到场者一定会度过"非常刺激的一晚"。之后的报道中提到了出席人数的不断上升。通常他的听众达3000人或者更多。记录秘书们一次又一次地注意到当希特勒穿着他的蓝色制服登上讲台的时候会受到"雷鸣般的欢呼"。从以下记录的简单就可以看出演讲者对听众施加的近乎催眠般的影响力。

会议在晚上7点半开始，到10点45分结束。演讲者致辞是关于犹太主义。演讲者指出无论你望向何方都能看到犹太人。整个德国都被犹太人统治。德国的工人，无论是蓝领还是白领，居然能容忍犹太人这样的欺压，这实在是一种耻辱。显而易见的原因是犹太人有钱。那些犹太人坐在政府中密谋并走私。当犹太人把自己的荷包填满时，他仍然会继续欺压工人，这样他才能始终高人一等，而我们这些可怜的德国人居然忍了下来。他接下来还讲到了俄罗斯……而这一切都是谁安排的？只有犹太人。所以德国人应该团结起来反抗犹太人。因为他们会在我们眼皮底下抢走我们的最后一点面包屑。……演讲者的结束词是这样的：让我们发动战争直到最后一个犹太人也被赶出日耳曼帝国的土地，哪怕需要发动一场政变甚至是革命……演讲者获得了热烈的掌声。他还谴责了媒体……因为在上一次会议中有个肮脏的记者将一切都记载下来了。

对于希特勒于 1920 年 8 月 28 日在霍夫布劳啤酒馆进行的演讲，也有一篇报道：

> 演讲者希特勒对我们战前所面临的局势和现在的情况进行了解释。那些奸商和高利贷盘剥者则都应该送到绞刑架上。后来又说到雇佣军。他说如果年轻人必须服兵役也不会对他们造成什么伤害，因为这种做法之前就没有伤害到任何人，因为现在的年轻人根本没有分寸，不知道前辈在场应该把嘴闭上，因为现在到处都是缺乏纪律的年轻人……然后他宣读了章程中的每一点，在此过程中他获得了热烈的掌声。整个大厅挤满了人。一个骂希特勒先生是白痴的人被大家平静地赶了出去。

随着自信的增长，纳粹党开始以"秩序"的维护者自居，他们会驱散左翼的集会，用叫骂声赶走演讲者，靠打人来让人"长记性"，而且还曾经以有悖大众品位为理由将一座雕像从公共展览中强行搬走。

除了受到慕尼黑军区指挥部的保护外，纳粹党现在还成了巴伐利亚州政府的"宠儿"，这使得他们能更加轻易地做出这样的表态。在 3 月中旬时，柏林的右翼势力在当时还不知名的卡普博士的领导下和埃尔哈特旅的支持下，试图发动政变。这一企图最后没能成功，一是因为其业余的性质，二是因为它马上遭遇到了一场总罢工。这让帝国国防军和自由兵团几乎同一时间在巴伐利亚发动的政变则显得成功得多。在 3 月 13 日晚，资产阶级社会民主政权被军事和准军事力量推翻，取而代之的是"强人"古斯塔夫·卡尔领导下的右翼政府。

左翼用其经典武器进行还击，即大罢工。激进左翼分子发现可以利用这个机会来达到他们的革命目的，于是宣称他们是这场罢工的领导者，其影响力主要在德国中部和鲁尔。他们将无产阶级武装起来的号召得到了热烈的回应。不久，成千上万的工人组成了正规的军事编队。光从莱茵到鲁尔，"红军"人数就超过了 5 万人。只用几天的时间这支部队就接管了几乎所有的工业区。反抗的帝国国防军和警察部队都被挫败了，但不久之后，军队就开始了血腥的反击。当场逮捕、射杀以及其他报复行为再次揭示了仇恨的根深蒂固。这个在历史进程中屡次被冲突和矛盾四分五裂的国家最渴望的就是安定和秩序，但结果却发现自己在仇恨、怀疑和无政府主义的沼泽中越陷越深。

由于权力关系的改变，巴伐利亚自然而然成为了激进右翼阴谋的大本营——甚至比以前来得更甚。协约国一再要求解散那些准军事组织，但巴伐利亚的卡尔政权拒绝执行，毕竟这些组织是它最强而有力的支持。那些无法忍受德国其他地方政治气候并与共和国势不两立的敌人逐渐涌入巴伐利亚的民兵营和私人军队中，其人数已经超过了30万。这中间有逃离柏林的卡普的支持者、帝国东部已经解散的自由兵团的坚定残余分子、"民主主义军阀"鲁登道夫、冒险者、持各种思想的民族主义革命者。他们聚在一起都是为了推翻痛恨的"犹太人共和国"。随着州政府的公开支持越来越多，这些准军事团体开始建立武器库，将城堡和修道院改成秘密军事基地并筹划暗杀和政变。随处可以听见阴谋耳语，所有的团体都在策划叛逆，有时甚至目的完全相反。

事态的发展对于正在崛起的纳粹党至关重要。军事、准军事、平民掌权者对纳粹党都青睐有加，而且随着后者越来越成功，这种支持就越来越明显。在希特勒受到首相冯·卡尔的接见后，他的一位学生拥护者鲁道夫·黑斯向国家元首写了一封信，信中说："关键在于希特勒先生坚信只要能领导人民大众，尤其是工人们，回到民族主义的道路上来……这个国家就有复兴的可能。我非常了解希特勒先生，和他也相当亲密。他的人格高尚纯粹，心中充满仁慈，信仰上帝。他一心只为了这个国家的幸福。为了达到这一目标他在用最无私的方式奉献自己。"

他被大众接受的那一天终于来临了：州长在州议会中以赞赏的口吻提到了希特勒的名字。慕尼黑警察局长波尔内放任希特勒随心所欲。从此以后，希特勒就与当权派结盟，对抗马克思主义。保守派认为他们能够利用这位难以驾驭的煽动家的能量和催眠艺术，而且在恰当的时候还能应用自己在智慧、经济和政治上的优势，在策略上战胜他。与此同时，希特勒打算指挥在统治阶层仁慈的注视下组建的军团，来践踏敌人的尸体并打败自己的同伴以夺取全部政权。希特勒下的是一盘古怪的棋，他的每一步移动都渗透着空想、背叛和欺骗，但他正是依靠这些，几乎赢得了之后所有的胜仗，并相继战胜了卡尔、胡根伯格、巴本和张伯伦。而另一方面，他的愚蠢错误，一直到战争中的最后失败，在一定程度上也是由其缺乏耐心、性急或过于自信造成的。

1920年12月纳粹党买下了《人民观察家》，这大大促进了其发展。迪特里希·埃卡特和恩斯特·罗姆为这份财政问题缠身的种族主义——民族主义的半周刊筹集了6万马克作为首付。捐赠者中不乏慕尼黑上流社会人士，而现在希特勒也俨然跻身其中。这一点他要感谢结交甚广的迪特里希·埃卡特。迪特里希·埃卡特建立了一个名叫德国公民社团的政治俱乐部，但是一无所成。他办的期刊《简单话语》以刻薄的言语和假博学宣扬反犹太主义的理论，同样也以失败告终。与戈特弗雷德·费德尔一样，迪特里希·埃卡特也鼓吹打倒"利益奴隶制"的革命。受列本费尔斯的影响，他号召禁止跨种族通婚，捍卫纯日耳曼血统。他说他最大的愿望就是"把所有的犹太人都装上火车，然后把这趟火车径直开到红海里去"。

埃卡特很早就结识了希特勒。1920年5月，在卡普发动政变期间，他们两个人被民族主义支持者一起派到柏林调查情况。作为一个博览群书头脑精明的心理学家，埃卡特给笨拙没见过大世面的希特勒带来了巨大的帮助。由于埃卡特会吹嘘，且行事不会故作深沉，他成为了第一个能让希特勒容忍而不至于产生反感情绪的有教养的人。埃卡特向希特勒推荐并借给他书籍，训练他的仪态，纠正他的言行，并为他打开了多扇大门。早在1919年，埃卡特就曾预言会有一位民族救星降世，"一个不会惧怕机关枪咆哮声的人。必须要将乌合之众吓得屁滚尿流。我们要的不是军官，因为他们已经失去了人民的尊敬。最佳的选择是一位能说会道的工人……他不需要有太高的智力，因为政治本身就是这世上最愚蠢的职业。"最后也是很重要的一点是，"他必须得是个光棍！这样我们便能吸引女性！"希特勒在他看来再合适不过了，早在1921年8月初的《人民观察家》的一篇文章中他就称赞希特勒为领袖。埃卡特为纳粹党写的早期战斗歌曲《风暴！风暴！风暴！》中的副歌部分成为了纳粹党的口号，"德国，觉醒！"而希特勒对埃卡特的回报是称颂他"写的诗如同歌德的一样优美"。他公开称呼这位诗人是他"如父亲一般的朋友"，并称自己是埃卡特的信徒。

在经过埃卡特的引荐后，希特勒在慕尼黑社交圈受到的礼遇并不是出于政治上的原因。最早邀请他参加其沙龙的汉夫施滕格尔大人其实出生在美国。她的儿子恩斯特·汉夫施滕格尔深深折服于希特勒的口才，她自己本身并不是什么民族主义者。自由主义者被这位思想原始举止粗鲁的年轻人民演说家深深吸引。他有时会在公开场合做出令人震惊的举止，这使得他的吸引力又提高了一层。他身上有那种变戏法的气质，混合着嬉戏和悲愤的辛辣气味，同时又闪耀着"怪物名人"的光芒。希特勒与他们的共同话题通常是瓦格纳，一谈到瓦格纳希特勒就会激情澎湃滔滔不绝。在我们所得到的描述中，希特勒的举止都是一种古怪和笨拙的混合体。在大人物面前，希特勒总是很拘谨、阴沉，在某种程度上来说还有些谄媚。这一时期的希特勒在和鲁登道夫谈话时，总是在将军每句话结尾时提臀，"鞠半个躬并尊敬地说：'非常好，大人！'或者'是这样的，大人！'"

他的不安全感，在资产阶级社交圈中始终是外人的痛苦感，一直跟随了他很长时间。根据目前得到的各种描述——如果我们相信其真实性的话，他总是费尽心思想给别人留下深刻印象。他会迟到，他的花束会比别人的大，他的躬比别人鞠得低。他要么一言不发保持沉默，要么滔滔不绝愤怒满腔。他的嗓音嘶哑，哪怕是最随便的话题到了他嘴里也激情迸发。根据一位在现场的目击者的描述，有一次，他一直沉默地坐了将近一个小时，直到女主人偶然对犹太人做出了善意的评价。"他从这时候开始发言，而且不带停的。过了一会儿，他推倒自己的椅子站起身来，继续滔滔不绝，或者说是用一种我从未听过的穿透性的嗓音吼叫着。隔壁房间里的孩子被吓醒后不停啼哭。半个多小时后，当他发表完他这篇机智但充满偏见的犹太人见解后，他突然停下来走到女主人面前，请求准许他离开并在走之前亲吻了她的手。"

而在党内，他仍然待在由中产阶级市侩和半罪犯的横行霸道者组成的小圈子内，因为这些人能满足他对侵略和暴力的需求。在他罕见的密友中就有埃米尔·莫里斯——那种常见的酒吧和大厅中的肇事者，以及克里斯蒂安·韦伯——一个体态笨重大腹便便的前任贩马商人，曾在一家臭名昭著的酒吧中担任保镖，而且总是随身带着马鞭，和希特勒一样。屠夫的学徒乌尔里希·格拉夫也是他的近身随从之一。希特勒手下的前任军士马克斯·阿曼也是其中一员，他是一个率直有能力的商人，后来担任纳粹党和党出版社的业务经理。这群喧闹不已但又谨慎周到的人时刻围绕在希特勒的身边。会议结束后的晚上，这群人会顺便到巴伐利亚客栈或者圣母大教堂附近的香肠店坐坐，抑或在加勒里大道上的海克咖啡馆边喝咖啡边聊上几个小时，在咖啡馆昏暗的里间永远会给希特勒预留一张桌子，坐在那里他可以清楚地观察馆里的一切动静，而别人无法看到他。他已经开始觉得独自一人是件痛苦的事情，他随时需要人陪在他身边——听众、保卫、仆人、司机，还有像海因里希·霍夫曼或者恩斯特·汉夫施滕格尔这样的表演者、艺术爱好者和讲故事的人。正是这些人让他的小小"宫廷"带上了"波西米亚和雇佣兵"的混合色彩。对于被称作"慕尼黑之王"，希特勒并不反感。他返回到自己在德尔希大街的住所时通常已接近凌晨。

在很早就已形成的这批随从中，起主导作用的是年轻的赫尔曼·埃瑟尔。他之前在报社做过，并担任过帝国国防军地方总部的新闻秘书。除了希特勒之外，他是当时党内唯一具有煽动能力的人。他是一个"噪音制造者，在这一点上能力比希特勒还强……他是一个恶魔般的演说家，不过他来自一个更低的地狱"。他聪明、狡猾，特别擅长创造生动和流行的语句。作为一个喜欢写耸人听闻消息的记者，他能编造出无数关于犹太人和奸商的故事。党内正派的小资产阶级成员很快就开始反对他那"充满猪圈般恶臭"的宣传活动。但他坚持他那一根筋的激进主义。他和迪特里希·埃卡特是最早也是最狂热的希特勒传奇的编写者。希特勒有时也会担心埃瑟尔，很可能是埃瑟尔的犯罪行为触怒了他。他曾多次说过他清楚知道埃瑟尔是个"流氓"，现在把他留在身边只是因为他还派得上用场。

尽管举行了群众集会，但类似这样的同伙使得纳粹党看上去目光短浅，陷于肤浅和庸俗。比较起来，传奇的红男爵里希特霍芬战斗中队里最后一位指挥官赫尔曼·戈林，就给希特勒的随从部队带来了一种绅士的腔调。戈林身体强健，性格开朗，声音中充满朝气，没有希特勒其他随从那些扭曲的心理特征。戈林加入纳粹党是因为后者承诺能满足他渴望战斗和同志情谊的需求，而不是因为那些"胡说八道的思想理论"，正如他自己所强调的那样。他见多识广，颇有人脉，当他携其迷人的瑞典夫人出现在党员面前时，后者震惊地发现原来在巴伐利亚以外也有高贵人种存在。

在发表章程后的一年时间里，纳粹党取得了长足的进展：他在慕尼黑举行了超过40场集会，在附近郊区也举行了差不多的场次；在施塔恩贝格、罗森海姆、兰茨胡特、普福尔茨海姆和斯图加特建立起了地方党支部；党员人数增长了10多倍。1921年2月，慕尼黑条顿团一位名叫"迪特里希兄弟"给基尔市的一位志同道合者写了一封信："你能找出一个地方的政党在一年的时间内举行了45次群众集会吗？光慕尼黑的党员就超过了2500名，其拥护者差不多有45000人。你那里的地方政党能做到吗？"

这种成长的背景是《凡尔赛和约》，其条款开始一步步生效，而每一步都是对德国人一次新的侮辱。随之而来的是疯狂的通货膨胀和经济大萧条。1921年1月，协约国的赔款委员会决定向德国索取2160亿金马克，偿还期为42年。在这段期间，德国还必须将出口收入的12%上交给协约国。在爱国组织、自由兵团和纳粹党的资助下，慕尼黑两万名群众聚集在奥登广场举行示威游行。当组织者拒绝让希特勒上台发言时，他立即宣布在第二晚举行他们自己的群众示威游行。对于谨慎的德雷克斯勒和费德尔来说，这一举动简直就是疯了。但希特勒在卡车上插满旗帜，让车上的人高喊口号，并且到处贴满海报，宣告各方于2月30日在皇冠马戏团举行群众集会。海报上写着："阿道夫·希特勒先生的演讲题目是'未来还是末日'！"当他走进巨大的帐篷时，发现里面挤满了6500人。等他的演讲结束，人群中爆发出疯狂的欢呼声，并开始齐唱国歌。

从此之后希特勒就开始等待成为纳粹党领袖的机会，而纳粹党的领导们肯定对宣传部长的激进是不太高兴的。1921年2月22日的党志中就有这么一条记录：要求希特勒先生约束他的行为。但是当戈特弗雷德·费德尔抱怨希特勒越来越傲慢的态度时，安东·德雷克斯勒告诉他："我们的革命运动需要有一个独裁的头领，而我认为希特勒是最适合在我们的运动中担任这个角色的人，虽然我还没有做好准备为这个原因而退居二线。"5个月后，他所说的这件事情发生了。无论是环境还是对手都给了希特勒可乘之机，在他的政治生涯中，敌人是希特勒最有效的同盟。希特勒靠着他的冷血、狡猾和决心，以及随时愿意为哪怕非常小的目标而冒险的精神——这一点在很多重要关头都体现了出来，成功地夺取了纳粹党的控制权，进一步助长了其夺取整个民族主义——种族主义运动领导权的行动。

1921年夏天的危机始于纳粹党和人民党派对手，尤其是德国社会主义党之间的谈判。这些谈判旨在达成更紧密的合作，一谈就是数月。希特勒丝毫不肯妥协的态度使得所有联盟的努力都付之东流。他要求其他政党完全服从于纳粹党，但连他们整体加入纳粹党的权利都不肯给。他坚持解散其他团体，其会员必须以个人身份加入到纳粹党中。

德雷克斯勒无法理解希特勒的顽固，这里可以看出渴望绝对权力的本能与一位党派创始人的协调性情之间的区别。希特勒在夏初的时候去了柏林6个星期，他一早算准他在党内的敌人会认为他的缺席是有欠考虑的，但赫尔曼·埃瑟尔和迪特里希·埃卡特留在后方为希特勒通风报信。在党内某些希望打击"疯狂的未来大腕"的成员的教促下，德雷克斯勒出于善意，利用希特勒不在的这段时间恢复与工会的谈判，或者至少恢复所有社会主义右翼团体之间的合作。

　　与此同时在柏林，希特勒在民族主义俱乐部发表了演讲，与保守的和激进的右翼分子建立了联系。他会见了鲁登道夫和雷文特罗伯爵，后者的夫人，前阿勒芒男爵夫人将他引荐给前自由军团领导人瓦尔特·斯滕尼斯——他形容希特勒是"未来的救星"。陷于混乱和疯狂中的柏林正在迈入其著名的或者应该说臭名昭著的20年代，这使得希特勒越发讨厌这个城市。他鄙视这个城市的贪婪和轻浮，将其比作东罗马帝国时期不断衰退的罗马。他早年的演说中充斥着对都市罪恶、腐败和放肆的攻击，正如他站在流光溢彩的弗里德里希大街和库尔菲尔斯滕大街上冷眼观察到的。"他们莺歌燕舞，想让我们忘掉伤痛！"他曾在一个场合中这样痛心疾首地说道，"不停有新的娱乐方式出现，这绝不是偶然的。他们想用这种方式削弱我们。"就好像他又回到了17岁刚刚来到维也纳的时候，大城市的景象让他觉得困惑和疏离，迷失在繁复的嘈杂、动乱和通婚中。只有在乡间的环境中他才觉得自在，而且虽然他一直觉得自己在城市中是个外人，却一直执着地保持着端正的乡间道德操守。都市的夜生活只可能是种族死敌创造出来的，是他们有计划的"推翻一个种族最自然的健康法则的企图。犹太人将日夜颠倒，他们举办的夜生活臭名昭著，而且深知虽然进展缓慢，但这种生活一定会摧毁一个人的身体，另一个人的精神，并让在旁边只能眼巴巴看着别人狂欢的第三个人心中充满仇恨"。在他眼里，这座城市挤满了白人奴隶，"对于上百万人而言代表着无上的快乐和悲哀"的爱已经堕落成为一种商品，"不过是一桩交易"。这座城市的一切都被他贬得一文不值，他为对家庭生活的嘲讽和宗教的堕落而悲叹。"在这个充满欺诈背叛的年代，一个人如果失去了这两样支柱，那他就只两条路可选：要么绝望至极上吊自杀，要么就去当流氓。"

　　希特勒一听到德雷克斯勒擅自行动的风声后，便立即返回了慕尼黑。在这段间隙期建立起一些自信的党执委决定传召希特勒来为他的行为做出解释，希特勒则以秋风扫落叶的方式做出了回应。7月11日，他宣布退党。3天后他发表了一份冗长的声明，痛斥党内的其他成员，并列出了回来的条件作为最后通牒。他要求执委立即辞职，给予他"独揽大权的第一主席职位"并"将最近侵入党内的一切外国元素清扫干净"。他还坚持不得改变党的名称和章程；保留慕尼黑党部在党内的绝对优先权；不允许和其他政党之间有任何联盟，其他政党只能是纳粹党的附属。他顽固地宣称："要我们这边让步是绝不可能的。"

党执委在第二天就迅即做出了回应，从中可以看出希特勒到目前为止累积的声望和力量。执委没有勇气和希特勒摊牌，而是完全低头认错，并胆怯地提醒他希望他记得他们之前的贡献，甚至已准备好牺牲第一主席德雷克斯勒，以平息希特勒的怒火。这封回应中的关键段落中充满敬畏，其内容如下："对于您渊博的知识，对本运动独一无二的贡献和无私的服务以及非比寻常的演讲天赋，本委员会心存感激，因此准备接受您对于独裁权的要求。在您回归本党之后，如果能接掌第一主席的职位，将是我们无上的荣幸，而德雷克斯勒先生在很早以前就已多次提出应该由您来担任这一职位。德雷克斯勒先生之后将担任您在执委中的助手，而且在您同意的前提下，保留其在行动委员会的职务。如果你觉得有必要将他完全排除在此运动之外，在下一次年会中我们就将对此议题进行商讨。"

此次事件完美地诠释了希特勒领导和掌控危机的能力，其结局也同样表明他那不懂见好就收的性格往往会断送其胜利。在党执委低头后，希特勒马上自己召开了一个特别党员大会，以最大化地彰显自己的胜利。这让好脾气的德雷克斯勒忍无可忍。7 月 25 日德雷克斯勒去了慕尼黑警察局，控告签名同意召开会议的人本身并不是党员因此无权召开党员会议。他还指出希特勒的意图是革命和暴力，而他自己则是竭尽全力领导纳粹党通过合法的国会程序来完成其目标。不过警察说他们没有权力对此进行干预。与此同时，希特勒发现自己遭到了其他团体的攻击。街上出现了匿名传单，指控他"用疯狂的力量和个人的野心将分裂和纠纷带到了我们中间"，他"把党当作他完成卑鄙勾当的跳板"，毫无疑问他不过是幕后黑手的工具。他如此热衷于将他的私人生活和出身弄得神秘兮兮一定是出于某种原因。"当有党员问他，他的生活来源是什么以及他之前从事的职业，他就会勃然大怒……因此他的良心不可能是清白的，尤其是他和女人的放纵行为花掉了不少钱——在这些女人口中他可是'慕尼黑之王'。"有份海报上便布满了这些指控，并在最后加上了一句战斗口号"推翻暴君"，最后警方严禁张贴此海报。

最后是靠迪特里希·埃卡特的斡旋才解决了此次争端。在 1921 年 7 月 29 日召开的党员大会上，危机终于被平息了。但希特勒还是无法控制自己炫耀胜利的冲动。借着希特勒辞职之机，德雷克斯勒将赫尔曼·埃瑟尔踢出了纳粹党。但希特勒坚持让赫尔曼·埃瑟尔来主持党员大会。在受到"经久不息的掌声"欢迎后，希特勒巧舌如簧，让几乎所有人都站到了他这边。作为安慰奖，德雷克斯勒担任荣誉主席一职，而党的规章制度也根据希特勒的意愿进行了修改。他的亲信进入了执委，他自己则得到了他所要求的独裁权，整个纳粹党都掌握在他手中。

当晚在皇冠马戏团，赫尔曼·埃瑟尔称颂希特勒为"我们的领袖"。从此以后也正是靠赫尔曼·埃瑟尔——希特勒神话最狂热的鼓吹者——用他那愤世嫉俗却多愁善感的语调在各个餐馆和酒馆中侃侃而谈，为希特勒树立丰碑。与此同时，迪特里希·埃卡特利用《人民观察家》展开了一次精心编排的宣传活动，向人民灌输这一神话。在 8 月 4 日他为希特勒写的传记中，他称希特勒为一个"无私、自我奉献、全心全意和真诚"的人，永远"有明确目标并保持警惕"。几天后鲁道夫·黑斯的文章进一步神化了希特勒的伟岸形象。文中歌颂了希特勒"最纯洁的意图，他的力量，他的口才，他令人钦佩的渊博知识和智力"。一年之后在一次题目为《领导德国重回巅峰的人应该有怎样的品质？》的竞赛中，黑斯的参赛文章获得了一等奖，这再次证明了对希特勒狂热崇拜是如何疯狂蔓延的。黑斯的文章包含了以下观点：

在所有的政治和历史领域都拥有渊博的知识，有能力从这些知识中获取正确的经验，坚信自己事业的纯粹性和最终的胜利，并且强大的意志力给予他振奋人心的口才来唤起大众的热情和激情。一旦国家陷于危难，他不会对使用对手的武器、煽动、口号和游行等等手段采取蔑视的态度。他自己本身与普罗大众毫无共同点可言；和所有伟人一样，他充满了人格魅力。

如果有必要，他绝不会畏惧流血。重大的问题通常都是靠血来决定的……他关心的只有达成目标，即便伤害最亲近的朋友也在所不惜。

因此我们要的是这样一个独裁者：头脑清醒，敏锐真诚，激情而又自律，冷静而又大胆，决策谨慎，但执行命令迅捷无畏，对自己和他人同样无情，冷酷强硬但是对人民慈爱温柔，工作永不知怠倦，华服包裹的是他的铁腕能够战胜一切，包括他自己。

我们仍然不知道这个"人"什么时候会来拯救我们，但是千百万人已经感觉到了他的临近。

1921 年 8 月 3 日，希特勒在完全控制纳粹党之后马上建立了冲锋队。党内的反对势力很早就对希特勒在自己身边安排一群由前自由兵团的士兵组成的雇佣保镖颇有微词，他们要求解散这个小组，"因为他们想要偷拐抢劫"。但是冲锋队不仅仅只是一个退伍士兵寻找暴力本能发泄出口的组织，其主要功能也不是右翼用来自卫并与敌人对抗的工具。

冲锋队的功能要比这些来得深远得多。从一开始它就被认为是攻击和征服的工具。根据其创立声明，它担任的角色是这场运动中的攻城槌。其成员经过培训后要懂得服从并具有"革命意志"。在冲锋队的第一期官方公报中希特勒称这个组织"不仅仅是为了保护运动，而且……也是一座培训学校，为将来在本土进行的自由之战培养士兵"。无独有偶，《人民观察家》也对冲锋队的"备战精神"大加赞颂。

建立冲锋队的其中一个动机是 1921 年准军事组织"国民民兵"的解散和一个月后

奥勒兰自由军团的解散。这些组织中的很多人在受到此打击后发现其辉煌的军旅生涯以及由此产生的同志情谊都被剥夺了，觉得生活从此失去意义，于是和那些渴望冒险的已经加入纳粹党的年轻人混在了一起。几乎所有的冲锋队成员都是来自人数庞大的小资产阶级，这些人之前在社会上一直无法更上一层，其所取得的些许领导地位都是在战争中靠军官们的伤亡惨重而获得的。精力充沛且渴望冒险的他们期待着战后继续建立功勋，而《凡尔赛和约》把他们重新抛回了社会，这还不算其中对整个国家的侮辱。结果他们只能去小学教书，站柜台或者埋头于枯燥的政府公文。这样的生活对他们而言太过狭隘和悲惨，远远配不上他们的身份。他们和希特勒一样有着逃避平庸的渴望，这种渴望将他们带到了希特勒身边。

希特勒视这些与他同类型的新成员为组建起民兵先锋的理想人选。在思考夺取政权的战术时，他在计算中将这些人的仇恨、能量和暴力都包括了进去。他的著名心理格言之一就是："残酷会令人印象深刻"，希特勒是这样来解释他的见解的："人们需要被好好吓一吓。他们希望能惧怕一些东西，他们希望有人能让他们害怕，希望有一个能让他们颤抖着服从的人。难道你没注意到在一次聚会的殴斗之后，那些被打败的人通常是最先申请入党的？你在那儿对暴力胡说什么呢？还有你对拷问是如何的震惊？大众要的就是这个。他们需要惧怕一些东西。"随着不断增长的信心，希特勒将暴力图案加入了党的形象中，很多并不为其宣传或典礼吸引的人也被拉拢了进来。

当希特勒在 1921 年 11 月 4 日煽动所谓的霍夫布劳啤酒馆战役的时候，他脑中可能早已有了此条原则。"冲锋队传说"正是在此次事件中建立起来的。当时大量的社会民主党扰乱分子出现在纳粹党的一次示威活动中，希特勒后来说当时敌人多达 700 到 800 人。碰巧那天是纳粹党的营业部的搬迁日，所以有 50 名冲锋队员在场。希特勒曾描述过他是如何用激情的演说来鼓励这个紧张的小团体。他宣布，今天是一决胜负的日子，除非是被横着抬出去，否则谁也不能离开这个大厅。他会亲自撕去懦夫的袖章和徽章。最好的防守就是攻击。根据希特勒自己的描述：

> 我得到的回应是三声"万岁"。他们的声音比平时来得更加强硬和粗哑。
> 于是我回到大厅，用自己的眼睛查看了一下情况。他们就坐在那儿，抱成一团，试图用他们的眼光杀死我。无数的面孔怀着愠怒的仇恨转向了我，而其他人则带着嘲讽的鬼脸，不断地用尖叫打断我。今天他们"想要终结我们"，我们必须要加倍小心……
> 虽然有人捣乱，但我仍然讲了一个半小时，我觉得我已掌控了局面。突然间一个人跳上椅子高呼社会民主党的口号："自由！"
> 在接下来的几秒钟内整个大厅炸开了锅，到处都是怒吼尖叫的人，就好像有谁

丢了一个榴弹炮一样，啤酒杯横飞，中间还伴随着椅子腿的碎裂声、酒杯的碰撞声、打斗、嚎叫和尖叫声。

一派荒唐至极的场面……

还没等喧噪开始，我的冲锋队员们——从那天开始他们就被人们这么叫了——开始了攻击。他们像狼一样，八个到十个为一组，不断地扑向我们的敌人，一个接一个地将他们扔出大厅。仅仅五分钟之后我看见的对手就没有一个脸上不见血的……突然间在入口处有人向讲台放了两枪，于是人们胡乱射击。能够重温这样的旧日战场经历，你的心会高兴得要蹦出来了。

大约 25 分钟过去了，整个大厅看上去就像是被丢了颗炸弹。很多我的支持者都缠上了绷带，其他人则必须被送走，但我们仍然掌控着局面。今晚的主席赫尔曼·埃瑟尔宣布："会议继续！把讲台交给演讲者。"

事实是，从广义上来讲，从那天开始希特勒已经掌控了慕尼黑。根据他自己的说法，从此慕尼黑的街道都成了纳粹党的地盘，次年年初时，冲锋队员们更是将他们的战场深入推广到巴伐利亚州的其他地区。到了周末，他们就会乘车在乡间大肆宣传。他们组织喧闹的游行——一开始其标志只不过是袖章，接下来又有了灰色的防风夹克，手握多节的手杖——他们在村落间游行，用低沉的声音合唱着冲锋队歌。根据希特勒一位早期拥护者的说法，他们要让自己看起来"尽可能的野蛮和暴力"。他们在屋舍和工厂的墙上帖标语，与对手吵打，扯下黑色、红色和金色的旗帜，或者针对黑市商人和奸商组织突击罢工。他们的歌曲和标语无不渗透出其嗜血的特质。他们曾四处派发写着"为屠杀犹太人而捐款"的募捐箱。他们自封为调解人，但其调解方式却是驱散所有不合他们意的集会或音乐会。冲锋队那滑稽的口号就是"我们要靠拳头成就伟大"。而且显而易见的是，冲锋队这种恶劣至极的粗暴行为并没有给纳粹党的成长造成障碍——正如希特勒所预期的那样。即使在那些诚实可靠的小资产阶级眼中，暴力也并未能削弱此项运动的吸引力。造成这种现象的其中一个原因就是，战争和革命打破了原有的秩序和标准，另一方面，巴伐利亚人特有的粗暴性格也帮了希特勒政党的不少忙。椅子的腿和啤酒杯满天飞的啤酒馆大厅战役、"屠杀"、凶残的歌曲还有大范围的斗殴——都是一种极其欢乐的事情。值得注意的是，"纳粹"这个简称正是在那个时候开始形成的。在巴伐利亚人听来这很像是英格涅的昵称，因而带来了一种亲切自在感，同时表明纳粹党已经在公众心中占据了一席之地。

冲锋队的早期核心是曾参加一战的士兵们，但之后则有更多年青团体的加入。"有两样东西能将人们团结起来"，希特勒曾在当时的一次公开演讲中提到"共同的理想和共同的劣根"。在 1922 年中，以百人为一队的冲锋队发展迅猛，到秋天的时候已扩展到

11 个队，主要由学生构成，担任其领导的是鲁道夫·黑斯。同年，前罗斯巴赫自由军团中的一个部队，在埃德蒙·海因斯中尉的领导下，作为一个独立部队加入了冲锋队。经过这些特殊编制后，冲锋队越发体现出其作为军事组织的性质。罗斯巴赫亲自设立了一个自行车行动队。此外他还配备有一个情报部门、一个机动部队、一个炮兵部和一个骑兵团。

除了普遍的民族主义好战性，冲锋队本身并没有创立任何特别的理念（这与其很多成员在日后的回忆录中所说的正好相反）。当他们挥舞着旗帜在街上游行时，他们大踏步奔向的肯定不是一个新的社会秩序。他们没有乌托邦的理想，仅仅只有难以驾驭的力量，没有目标只有无穷的且经常不受控制的精力。从严格意义上来讲，大部分加入冲锋队的成员并不是怀有政治理想的士兵。他们身上流露出更多的雇佣军的气质，而那些夸夸其谈的政治口号只不过是遮掩其虚无主义、鲁莽焦躁和希望有人能管制他们的渴望的伪装。他们的理念就是不惜一切代价。希特勒在其宣言中是这样规定的："只有那些希望服从领导并在必要情况下准备好面对死亡的人才能加入。"

尽管冲锋队对意识形态漠不关心，但这一特点正好使它成为远离党派之争侵扰的阴谋派中坚分子，能接受任何命令和任务。这正是传统的资产积极政党所缺乏的，并对整个党带来了巨大的影响——由众多不同的怨恨和情绪激发的纷繁因素都可以为纳粹党所接收。冲锋队核心越有纪律性越可靠，希特勒就能吸引更多的人。

不能忽视的事实是纳粹党吸引了不同阶层不同社会成分的人，发展成了将敌对团体、利益和情绪都团结在一起的一项充满活力的运动。1921 年 8 月，德语地区的纳粹主义者们在奥地利的林茨举办了一场国际大会，在这次大会上，他们称自己是"一个阶级政党"。但是希特勒并没有出席这次大会。他一直认为纳粹党是完全站在阶级斗争的对立面的，他的观点是用种族斗争来代替阶级矛盾。 "纳粹党不欢迎有阶级意识的工人，同样也不欢迎有地位意识的资产阶级"，希特勒这样宣称。

在希特勒的一次早期演讲中，他将战前秩序良好、民风淳朴和品行端正的德国与如今革命的德国进行了比较。这个国家对秩序和纪律有着根深蒂固的信仰，他们要的是一个守秩序的世界，否则还不如不要。这位煽动家就是从这一点下手，称现在的共和国是对德国历史和日耳曼性格的一种否定，并赢得了越来越多的赞同声。他说，这个共和国是一个少数民族的生意、事业和目标，大多数人"渴望的是和平但并不是一个猪圈"。

与此同时，通货膨胀又为希特勒提供了无数制造口号的材料。马克的贬值还没有达到 1923 年夏天那么恐怖的地步，但它已经使得很大一部分的中产阶级的财产都被征收。早在 1920 年初，马克已经降到了战前价值的十分之一，两年后则落到百分之一。这样一来，对在战争期间已经累积了 1500 亿马克债务、并且背上一大笔债务的政府来说，正好逃掉了债务。对于其他所有债务人来说也是如此。尤其是借债者、商人和工业家，那些几乎是免税地制造出口商品并支付极低工资的公司都从通货膨胀中获得了利益。他们恨不得下注押通货价值继续下跌，所以绝不会采取任何措施来遏制这一势头。他们靠"空手套白狼"的方法建立起了广阔的经济帝国。但这种成功会使得整个社会团体、债券持有者、领退休抚恤金的人和小储户们变成贫困户和无产阶级，因此这种扩张会让人越发无法容忍。

少数资本家飞黄腾达的事业与大众的贫困间那隐约的联系，在受害者的心中形成了一种被社会嘲弄的感觉。而且这种感觉渐渐转化成为持续的怨恨，就像他们不再相信政府是那个无私、公正、诚实的机构一样——这是政府在人们心中传统的印象，但是它如今却靠通货膨胀来实施欺诈性破产，进而欺骗其人民。对那些对秩序抱有坚定信仰的普通民众来说，认清此事实可能比失去他们那微薄的存款更让他们崩溃。在经历了一连串的打击后，他们曾以简朴、满足、清醒的方式所生存的那个世界已一去不复返了。看不到头的危机驱使他们去寻找一位他们可以再度信任并能够对之俯首听命的人物。而共和国不能满足他们的这一需求，这实际上是共和国本身的问题。希特勒作为煽动家的成功在一定程度上要归功于他的口才，但更重要的原因是他顺应了市井大众的情绪和思想，并且明白他们想从他身上要什么。他视这种能力为伟大演说家的真正秘诀，"他总是和大众站在一起，这样当他希望打动听众的心时，那些语句就会自然而然地涌到了他的唇边。"

这个国家在此刻第一次经历一连串的醒悟、衰败和社会地位的丧失以及对背黑锅的替罪羊的寻找这一切希特勒早已经历过。从他被美术学院拒之门外开始，他就领会到了与梦想作对的现实的苦涩。现在他能将他自己的怨恨拿到一个超个人的平台上展现。要不是他个人的境遇和社会状况有着如此高的重合，希特勒也就不可能对其同胞施展如此强大的催眠作用。他的言辞能打动听众并不是因为他的观点具有逻辑性，也不是因为口号形象简洁有力，而是因为他和听众们有着相同的经历、痛苦和希望。因为有着同样的痛苦，以失败的资产阶级形象出现的希特勒更能在听众中引起共鸣。他们的好斗情绪将她们团结在了一起。从很大程度上来说，他的特殊魅力——一种偏执、激情澎湃的陈词滥调和粗野的混合体——就来自于他和人们的分享。

但希特勒营造的"神秘感"——就像所有他声称的本能反应一样——还是要靠很多理性因素来做补充的。虽然他很早就发现了自己的神奇力量，但他还是继续磨练提高自己的技巧。从那个时期的一组照片中可以看到他摆出舞台风格的姿势，虽然照片看起来滑稽可笑，但这表明他那煽动人的魔力在很大程度上是靠苦练而来的。

因此他很早就开始为自己创立一种具有独特风格的公众形象。从始到终他一直在强调戏剧因素的重要性，震耳欲聋的广播卡车和令人惊愕的海报宣告着"大型公众游行的来临"，从马戏团和大剧院借鉴而来的壮观华丽因素与令人联想到教堂仪式的教育性庆典被巧妙地结合在了一起，旗帜游行、进行曲、欢迎的标语、大合唱和不断重复的"万岁"口号构成了元首演说的基本框架。这些戏剧因素加在一起可以营造出悬念，使演说看上去像是一种宣告。纳粹党关于集会的准则被不断改进，并在演讲者和书面指令课程中传发下去，不放过任何细节。对于重要的集会，希特勒会亲自检查大厅的音响效果如何，比如说在哈克啤酒馆中演讲是不是需要比在霍夫布劳啤酒馆中更大声一些。他会留意空气、通风以及房间的战略部署。官方的准则中提到，应该选择小的会议厅，而且与会者中至少有三分之一应该是本党的支持者。为了打消人们对纳粹党是一个小资产阶级运动的印象并赢得工人们的信任，希特勒时不时地会在其支持者中发起一场"反对光鲜衣着的斗争"，让他们不打领带就去游行。有些党员还受命参加其对手的训练课程以了解敌人的动向。

从 1922 年起，他开始在一个晚上举行八、十甚至十二场集会，并且在每一场中他都担任主讲人。这种做法很适合他对量的需求以及对重复的热情。一位在慕尼黑洛文啤酒馆目睹了这种连续游行示威的人有以下的描述：

> 在这个大厅中我已参加了无数的政治集会。但无论是在战争时期还是在革命时期，我都无法感受到今天在我刚刚迈进大门时便扑面而来的民众激情的热浪。"他们有自己的战斗歌曲、自己的旗帜、自己的标志和自己的敬礼，半军事化的纠察员，随处可见耀眼的红色旗帜，旗帜中间的白底上是一个黑色的"卐"字标记，是军人和革命以及民族主义元素的怪异混合体。听众的组成也很复杂：主要是日渐衰落的中产阶级——这里难道就是他们获寻重生的地方吗？一连数小时耳边都轰鸣着进行曲；一个接一个他的下属上台发表简短的演说，他什么时候会来呢？是不是发生了什么事将他耽搁了？一种无以名状的悬念逐渐在空气中凝结。突然在会厅的入口处出现骚动。有人在喊指令。讲台上的演说者一句话刚刚说到一半便停了下来。所有人都一跃而起高呼"万岁！"在嚎叫的人群和挥舞的旗帜中，万众期待着他和他的随从现身了。他大步流星地迈上讲台，刚硬地举着他的右手。经过我身边的时候，我和他的距离很近，现在的他和我在私人场合下偶尔遇见的他完全不同。

希特勒的演讲模式几乎是一成不变的。首先是对现实的鞭笞，以调动听众的情绪并与之建立起最初的联系。"痛苦已蔓延开来、人们开始注意到 1918 年许下的承诺并没能转变成任何带有尊严感和美感的事实。"这是他在 1922 年 9 月的一次演讲中的开场词。接下来就是对历史的回顾、对党章的阐明和对犹太人、十一月罪人或者满口谎言的政客的抨击。听众或者官方雇佣的喝彩者发出的欢呼声会让他情绪高涨，并一直持续到他在演讲最后欢欣鼓舞地呼吁人们团结在一起。而在演讲之中，随着兴之所致、掌声、啤酒味或者总体气氛，他会塞进一些东西。随着一次又一次的成功集会，他更加切实地掌握了此氛围的脉搏，并能更准确地将其表述出来：祖国受到的羞辱、帝国主义的罪恶、邻居的嫉妒、日耳曼女性的公社化、对德国历史的污蔑、共和国的浅薄、商业化和堕落的西方社会，无耻的《凡尔赛和约》规定下的和平、协约国控制的委员会、简短的头发和现代艺术，却没有工作、安全感和填饱肚子的面包。"民主让德国饿肚子！"他呼喊着。他可以将令人难忘的语句结合在一起，而且他那些模棱两可的暗喻和对神话典故的巧妙运用给他的夸夸其谈罩上了一层貌似深刻的外衣，从鸡毛蒜皮的局部事件中他可以引申出惊天动地的重要性。因此他这样预言："从今天开始的这一切将来会比世界大战来得更加重要。它将扩展到德国以外的全世界。未来只有两个可能：我们不是待宰的羔羊就是胜利者！"

他为自己塑造的形象是一个局外人，在民众不满情绪暴涨的年代中这样一个角色有着巨大的潜力。《慕尼黑邮报》曾称他为"如今慕尼黑舞台上最诡计多端的挑拨离间的煽动家"。而希特勒对此的回应是："是的，我们要做的就是激起民众的情绪。我们就是煽动家！"最初他也许还为其政治生涯的平民化和争闹性质而困扰，但是一旦他意识到正是这种粗鄙使得他在马戏棚中更受欢迎，在沙龙中更引人侧目，他就毫无悔意地将自己与其画上了等号。当有人批评他身边都是一些不可靠的人时，他回答说他情愿当一个德国的流浪汉，也不愿做法国的伯爵。"他们说我们是一群反犹太人的好斗分子。我们的确是，我们要掀起一场风暴！我们要让人们从睡梦中醒过来，让他们知道一场风暴正在酝酿之中。我们不会让我们的祖国蒙受折磨虐待。你想叫我们是野蛮人就叫吧。但如果我们拯救了德国，我们所成就的就将是这个世界上最了不起的伟业。"

在演讲中他利用和调动的情绪范围有限，这与他演说结构的单调相一致。我们说不清这其中有多少是出于他的刻意，又有多少是出于他个人的执念。当我们读到他的一些演说词时——虽然已经做过相当大的改动——我们仍然被其重复率所震惊。他胸中淤积了各种各样的不满，但他从中提取出来的总是一样的意义、一样的控诉和复仇的誓言，"要想获得自由必须要有骄傲、意志、反抗、仇恨，还是仇恨！"

希特勒情不自禁地将一切事物夸大，在最普通的事件中他能看出工作中巨大的贪污腐败，制定出复杂的叛国计划。在他眼中，所有协约国的函件，法国下议院的每篇演说背后都藏着敌人的阴谋。他演讲时头向后甩，双手伸向前，食指指向地面并不断上下抽搐——这便是希特勒演讲时的标志性姿态——虽然他此时不过是巴伐利亚地区的一个奇人，但他会滔滔不绝直至进入一种疯狂的状态，控诉政府、德国甚至整个世界对他的不公，"不，我们绝不原谅，我们要的是报复！"

他不知嘲讽为何物，并对嘲讽可能带来的致命效应嗤之以鼻。当时在他身上还看不到后来那种飞扬跋扈的态度，他觉得作为一位艺术家他和大众之间是有距离的，因此他会刻意做出一些亲近民众的举动。在这种时候他会向听众挥舞手中的啤酒杯，或者用笨拙的"嘘……嘘……"的方式来控制他煽动起的喧嚣。很明显他的大部分听众来听他演说并不是出于政治理由，而是为了激动和兴奋，因此虽然参加群众集会的人数上万，但是到了1922年初注册党员人数还是只有6000。然而，人们愿意听他演讲，人们坐在那儿一动不动，眼睛一刻也不离开他，通常在他开场几句话之后就听不到杯盏交错之声了。根据一位观察者的描述，在他演讲时听众们会屏住呼吸，寂静无声，但不时会爆发出如数千块鹅卵石撞击到鼓面般的喧嚣。如同新手渴望认同一样，希特勒天真地沉醉在他所激起的骚乱中，享受成为焦点的快乐。"当你穿过 10 个大厅，"他向他的随从承认说，"所到之处人们都向你热情欢呼——你知道，这可是一种令人振奋的感觉。"通常在演讲结束时，他会鼓动听众和他一起宣誓效忠，或者眼盯着大厅的天花板，用他嘶哑但是情绪饱满的声音呼喊着"德国！德国！"——不断重复直到听众们受其感染跟随他一起呼喊，然后会接着一起合唱纳粹党的战斗或大屠杀歌曲。之后他们一般会涌出大厅，唱着歌在夜间的街道上游行。希特勒承认在他每次演讲完之后他会"浑身湿透，体重要减轻六七磅"，在每次集会上他的制服都会把他的内衣染成蓝色。

根据希特勒自己的说法，他花了两年时间来学习掌握所有控制宣传的手段，因此他认为自己可以被称作是这门艺术的大师。有一种说法是，希特勒是第一个将美国的广告技巧运用到政治斗争中的人。很多傲慢的同时代人——左翼右翼皆有——都犯了一个同样的错误：将希特勒的技巧和他的目的给混淆了，并由于其方式可笑而推断其目的可笑。他自己则一直坚定不移地推行着推翻这个世界并用另一个世界代替它的目标，在他看来，马戏团门口的招徕顾客所使用的技巧与他脑中构想的全球大战和世界末日并没有任何不协调之处。

虽然希特勒通过演讲取得了巨大的成功，但是幕后的重要人物，民族阵营的团结象征仍然还是鲁登道夫将军。希特勒此时仍然视自己为开路先锋，其所作所为是为比他更伟大的人物铺平道路。但是民众比他更早明了他才是他们所等待的人。他们像奔向救星一样源源不断地涌向他身边，当时有人曾这么记述。有数不清的关于觉醒和转变的故事——独裁运动通常都会罩上一件假宗教意味的外衣。恩斯特·汉夫施滕格尔正是在这一时期第一次听到了希特勒的演说。尽管有诸多异议，他也还是感觉到对于希特勒来说人生的新篇章正在展开。

从 1922 年的春天开始，注册党员的数字开始突飞猛进；到了夏天，纳粹党已经有了将近 50 个地方支部；而到了 1923 年初时，由于巨大的申请量，慕尼黑的营业部不得不暂时休业。这种飞速增长的原因之一是纳粹党下了一道命令，规定所有党内同志每三个月都要引荐三名新成员入党和一名《人民观察家》的订阅者，但其主要原因还是希特勒日臻完善的演讲和组织能力。

最初希特勒的策略是不惜一切代价扩大党的规模。但过了一阵之后他采取了另一种路线：只有当他找到他个人非常信任的有能力的领导人时——一个能满足他那显而易见的支配欲的人，他才会创建一个新的地方支部。

在一年的时间里，如一位观察家所言，纳粹党就已发展成为了德国南部民族主义的最强大力量。德国北部的党支部也有了显著的成长，从解散的德国社会主义党中接收了不少党员。1922 年 6 月，当外交部长瓦尔特·拉特瑙被民族主义阴谋者暗杀后，一些德国的州，比如普鲁士、巴登和图林根，都决定取缔希特勒的政党。事实上，很多希特勒的拥护者在慕尼黑警局身居高位，其中包括了警察局长波尔内和希特勒的政治专家法警长弗里克。这两个人镇压了所有反对纳粹党的抗议，只要有反对它的计划就通风报信，如果警方最后还是不得不干预，他们会保证这些行动最终都付之东流。弗里克后来承认，当时警方其实可以轻而易举地镇压纳粹党，但是"我们一直在保护纳粹党和希特勒先生"。而希特勒自己也说如果没有弗里克先生的援助他绝不可能走出监牢。

希特勒身陷险境的情况只发生过一次，那是因为巴伐利亚的内政部长施瓦尔提出要将这个到处惹祸的外国煽动家驱逐回奥地利。1922 年在政府各党派领袖召开的一次会议上，他们认为他们已经无法再容忍这些在慕尼黑街道上横行的流氓团体、斗殴闹事和对公民的不断骚扰。但是社会民主党的领袖艾哈德·奥尔反对驱逐希特勒出境，理由是这是"对民主和自由意志原则的侵犯"。

希特勒在慕尼黑的成功促使他在这座城市之外迈出了大胆的第一步。1922 年 10 月中，科堡的爱国社团组织了一次示威游行并邀请希特勒前来参加，他们建议希特勒"带人"前来。希特勒用他那无耻的逻辑来理解这句话。为了接管并控制这场游行示威，他带着约 800 人和一个相当大的乐队，挥舞着旗帜登上了一列特殊火车。在抵达科堡后，主办方要求他在进城时不要采用行军方阵的阵势。根据他自己所写的报告，他断然拒绝了这一要求，命令其手下的人排成方阵在乐队的演奏下齐步进城。这一举动惹怒了对方，不友善的人群开始汇集在街道两边。但是并未发生群众暴乱，于是他们一抵达集会大厅，希特勒便下令调头按原路回去。不仅如此，他还让乐队停止演奏，让行进队伍仅在鼓声的陪伴下前行，这无疑让紧张局面越发升级，以至到了让人无法忍受的地步。这次如大家所期，街头战争终于爆发了——一连串的小规模战斗从白天一直打到晚上，而最后的胜利者是这些纳粹党人。

这掀开了向政治当局挑战的序幕，这种挑战成了接下来几年中的主题。值得注意的是，科堡成为了纳粹党最坚实可靠的基地之一。那次征程的参与者都被授予了特殊勋章以纪念那次事件。接下来的几周中，希特勒手下的扬扬自夸不断引起政变的谣言。最后，内政部长施瓦尔召见了希特勒，并向他发布了严重警告。如果有任何诉诸武力的行为，施瓦尔说，他就会下令警察开枪射击。但希特勒向他保证"只要他还活着一天，就绝不会引发暴动"，他向部长做出了庄重承诺。

此类事件反而使他相信下一步怎么走由他说了算。所有这些禁令、召见和警告都证明他从一无所有发展到现在，成就多么显著。科堡冲突为他树立了新的信心。他宣称"从现在起我将按照自己的意愿来"。就在不久之前，他还认为自己担任的不过是先驱的角色，梦想着"有朝一日会有一位拥有钢铁意志的人降临，他也许脚上穿着脏兮兮的靴子，手段铁腕但心地纯良，能够让那些只说不做的所谓英雄统统闭嘴，为这个国家带来一些实际行动"。虽然在开始时只是试探性的，但现在的他开始认为自己就是那位降临人间的英雄，到了最后甚至将自己与拿破仑相提并论。战争时期，他所在军队的上级没有晋升他为士官，理由是他无法赢得尊重。而现在通过他那卓越且具有毁灭性的激发人们忠诚的能力，他让人们看到了他的领导能力。因为他的拥护者只是为了他才甘愿如此卖命，也是因为他，人们才肯堵上自己的性命，打消一切疑虑，从一开始就心甘情愿为他犯罪。

他很早就觉得自己的一举一动都在"命运女神"的注视之下。虽然他真正的党员编号是 555 号，但他总是声称自己的号码是 7 号。这样做不仅提升了他的资格辈分，还给他带上了神奇数字的光环。与此同时，他开始遮掩他的私人生活。他的原则是，哪怕是那些最亲近的随从也绝不请他们到他的家里来。而且他还尽可能地让这些随从之间保持距离。在和慕尼黑时期的早期相识见面时，他坚持恳请对方"绝不要向别人泄露关于他年轻时在维也纳和慕尼黑生活的一点一滴，哪怕是最亲近的党内同志也不行"。这个时候的他才刚刚开始构建他的形象，而其中各种各样的元素并无法保持一致。在一位意大利的法西斯分子眼中，当时的希特勒就像是"戴着提洛尔帽子的恺撒"。

即便如此，此时的他几乎已实现了年少时的梦想。他单身一人，压根不为职业的事情操心，只听命于自己的异想天开；他不仅仅是自己时间的主宰，还掌控着自己的戏剧人生、夸张效果，华彩和掌声，这几乎就等同于艺术家的生活，他开快车，在不少沙龙中声名远扬，在贵族、商业骄子、显贵和科学家所处的伟大世界中如鱼得水。曾有过那么几次，他也考虑过就在目前的框架中做一个安慰的小资产阶级。在回首这段时期时，他发现他要的其实不多，"作为《人民观察家》的主编，我想要的只是能推动运动继续前行，并且可以糊口。"

但这种想法稍纵即逝。谦虚并不符合希特勒的个性，他不懂得什么叫均衡协调，魔鬼在不断地驱赶他去挑战可能性的极限。"他身体的每一块都在催促他做出激进和独裁的决定"，一位他年轻时的朋友对他做出了这样的总结。另一位观察家也简明扼要地称他为狂热分子——"有着疯狂的倾向，现在能够为所欲为就越发不可收拾了。"

痛苦的籍籍无名时期已成为过去，但从马后炮的角度来看，希特勒的成长之路也的确长得出奇。即便是一位中立的旁观者，也会对他在过去三年内经历的个人成长啧啧称奇。他和原来那个在三十岁时还病态苍白无足轻重的流浪者有着天壤之别。他有着超出旁人的大胆和冷酷，这使他从底层脱颖而出。他现在只需要举止文雅一点以融入他的新角色，其他所有迹象都表明，他正在进入人生的新篇章和供他施展拳脚的更广阔天地。不管怎么说，希特勒证明了他能对付各种困难，匆匆一瞥就能看透人的动机、力量和想法，而且能利用一切来为自己的目标——扩大他的权力——服务。

为希特勒写传记的作家们通常都会在其生命中寻找一段特别的"突破经历"，这不是没有道理的。他们的理论各异，有的说是因为有潜伏期，其他则认为是某些障碍的消失，甚至还有人说是恶魔作祟。但他有可能从头到尾都还是原来的那个他，并没有发生改变，只不过他现在找到了开启的钥匙，可以重新洗牌了，这样一来，怪胎摇身一变成为了魅力四射的煽动家，"空想家"成为了实干者。他是大众的催化剂，他并没有贡献任何新的东西，他引发加速的同时也点燃了危机。但是人民大众回过头来又成为了他的催化剂，他创造了这些人，而这些人同时又是他的造物主。"我知道，"他用圣经般的神圣口吻向公众说道，"你们的一切都从我这儿而来，而我的一切也来自于你们。"

这句话可以解释几乎从一开始就扎根在希特勒身上的特别死板的个性。事实上，希特勒的世界观和他在维也纳时的观点并无二致，正如他自己乐于宣扬的那样。大众的疾呼只是让他的世界观变得更加紧张，但那些恐惧也好、执念也好都一成未变。希特勒的艺术品位甚至个人喜好，与年幼时和年轻时并无差别：他还是钟情瓦格纳、含淀粉多的食物、新古典主义、反犹主义、施皮茨韦格和奶油蛋糕。如果我们将其在三个不同时期——二十岁的明信片画家、第一次世界大战的士兵和 20 年后的总理——的作品和费劲的水彩画来做比较的话，你会发现它们没有什么本质区别。在那些素描中你看不到任何个人经历和成长历程。希特勒就像是被石化了一样，从始至终都没有改变过。

但也许正是这些不成熟的特质成就了希特勒。从 1923 年的夏天开始，这个国家在一系列的危机和灾难漩涡中越陷越深。在这样的情形下，命运女神只会垂青那些敢于蔑视逆境、敢于挑战命运、立誓要完全推翻现状而不仅仅是改善环境的人。"我向你保证，"希特勒是这么说的，"越是不可能的越容易成功，越是不可能的越有把握。"

第三章　挑战当权者

> 对于我以及我们所有人来说，挫折只不过是驱使我们愈发坚定向前的鞭策。
>
> ——阿道夫·希特勒

希特勒于 1923 年 1 月底在慕尼黑举行了一次党的集会，并有意将之演变成一场其个人力量的威慑展示。共有 5000 名冲锋队员从巴伐利亚州各处被召集到慕尼黑，他们作为第一献旗方队的仪仗队在城郊的练兵场上接受其领袖的检阅，与此同时在市内不少于 12 个大厅中举行群众集会。为了吸引更多的民众，纳粹党还请了乐队、民族舞团和喜剧演员维斯·菲尔德前来助兴。整个事件的规模，再加上一连几个星期关于纳粹党要举行武装起义的谣言的推波助澜，越发凸显出希特勒作为一个政治人物的重要性。

对于希特勒这一具有挑衅性的举动，巴伐利亚当局的反应表明其对纳粹党的态度变得越来越复杂。纳粹党的上升势头如此迅猛，以至于其作为一股政治势力的真正性质尚不明朗。一方面来说，他的确是举着民族主义的旗帜并在表现出了值得称赞的力量，但与此同时，它对于当局并没有表示出丝毫尊重，并时常扰乱公共秩序，还声称这就是其首要目标。1922 年，当局曾下令监禁希特勒三个月——原因之一是他们下定决心要让希特勒明白其界限在何处，哪些地方是不允许他逾越的。希特勒和其拥护者打断了巴伐利亚联盟的一场会议，并痛殴了其领袖工程师奥托·巴勒斯德特。但希特勒仅仅只吃了 4 个星期的牢饭。在他被释放后的第一次公共露面中，他在"似乎永不会结束的掌声中被抬到了讲台上"。《人民观察家》称他为"慕尼黑最受欢迎也最被仇恨的人"。整个 1923 年希特勒都在不断梳理其与权力结构之间的关系，他从多个不同的角度进行尝试，有时采取谄媚的态度，而有时则给予威胁。

对于这样一个民族主义立场模糊又坚定的人，当局实在不知道该拿他怎么办才好。他们最终与自己的举棋不定达成了一种妥协：他们颁布命令，严禁户外的献旗庆典，而对于希特勒已宣布要举行的群众集会，他们取缔了其中的一半。反过来，他们也取缔了前一天社会民主党的集会。当希特勒向警方申辩说此禁令对于民族主义运动不亚于一次沉重的打击，对于整个祖国来说就是一场灾难时，接替了亲纳粹党的恩斯特·波尔内之职的现任警察局长爱德华·诺茨并不为之所动。头发花白性格冷静的诺茨回答说即便是爱国者也得遵守政府的命令。希特勒勃然大怒，并叫嚣无论如何他都会举行冲锋队的游行，并且他对警方毫不畏惧，到时他会走在方阵的最前面，如果要开枪就冲他来吧。但是局长并没有让步，而是赶快召集了内阁会议并做出决议宣布进入紧急状态。这样一来，所有策划的集会都无法进行，让纳粹党的领袖明白政治游戏规则的时候到了。

希特勒陷入了绝望之中，在他看来，他的整个政治生涯都岌岌可危了。他所理解的规则之一就是他可以挑战政府而不受惩罚，因为他的要求不过是政府自身意愿的一种激进的延伸罢了。

在这一时刻，从德雷克斯勒时代开始就支持纳粹党的帝国国防军出来干涉了。罗姆和易普最终说服巴伐利亚的帝国国防军司令罗索将军与希特勒会面。此时的希特勒紧张万分，同时对自己缺乏信心，已做好做出巨大让步的准备，他向罗索承诺他会在 1 月 28 日党的集会之后马上去向大人汇报。而一直对希特勒的古怪行径不甚赞同的罗索，最终同意向政府传达其认为"出于安全因素考虑，对民族主义组织的镇压并不是一个明智举动"的意见。这样从实质上来说，禁令相当于是被取消了。不过为了保存颜面，诺茨在第二次会议中仍然要求纳粹党的领导人将集会次数削减到 6 次，并将献旗仪式的举行地从练兵场转移到附近的科龙马戏团内。希特勒意识到自己已经获得了胜利，于是含糊其辞地表示了顺从。然后打着"德国觉醒"的标语，他仍然举行了 12 场群众集会。而他自己亲自设计的献旗仪式也仍然在练兵场举行，5000 名冲锋队员赫然在列。一场剧烈的风暴正在袭来。

这是对政府权威的一次压倒性胜利，同时也为之后几个月的冲突埋下了伏笔。很多观察家认为，这些事件证明希特勒在政治上的灵活性与其口才不相上下，而且其神经看起来要比其对手坚强很多。长久以来人们对于希特勒的暴怒只不过是一笑了之，但现在他们开始刮目相看了。而原本主要由心怀怨恨和天真无知的人构成的党众，则因为越来越多对未来潮流充满敏锐直觉的人的加入而得到扩充。在 1923 年的 2 月到 11 月之间，纳粹党招收了 35000 名新成员，而冲锋队员人数则增长到了约 15000 人，其资产达到了173000 金马克。他们制定了覆盖整个巴伐利亚州的强势宣传和活动计划。从 2 月 8 日开始，《人民观察家》开始变成每日出版。主编迪特里希·埃卡特过度操劳疾病缠身，但其名字仍然在刊首继续挂了几个月。不过从 3 月起，真正行使编辑权的人已经变成了阿尔弗雷德·罗森伯格。

希特勒发现无论是行政当局还是军方对他都采取了容忍的态度，这种态度在一定程度上也许是因为近期困扰德国的种种动乱。出于对德国这位邻居的仇恨和怀疑，法国在一月份的上半月根据《凡尔赛和约》赋予它的权利占据了莱茵区。德国立刻陷入了全面的经济危机，而从 1918 年开始德国就一直残喘在经济危机的威胁下。战后初期的动荡、赔款的巨大压力、首都的整体逃离尤其是储备的缺乏，使得德国经济难以复苏。雪上加霜的是，就算是其他国家可能对德国恢复稳定有那么一点点信心，也被左翼和右翼激进分子的行为给摧毁殆尽。所以当 1922 年 6 月德国外交部长瓦尔特·拉特瑙被暗杀后，马克的市值开始第一次跳水就绝不是偶然事件。现在法国的占领更是给疯狂的通货膨胀火上加油，让生活变得越发苦不堪言，摧毁了所有人心中仅存的那一点对社会秩序的信心，人们已经习惯于生活在难以忍受的氛围中了。通货膨胀意味着整个世界的崩塌——所有的假设，所有的规则和所有的道德准则，其后果是无法估算的。

当前公众的注意力都聚集在如何重建国家信心上了。贬值得就快要和其重量一样轻的纸币，看起来不过是莱茵区一系列重大事件的注脚。1 月 11 日，政府呼吁人们采取消极抵抗态度。德国政府员工授命不遵守占领区政府的命令。进入鲁尔区的法国军队遭遇到了大群高唱《守卫莱茵河》的德国民众，法国人则用一连串的羞辱予以回敬：占领区的法庭对于反抗行为给予了极为严厉的处罚。多次冲突的爆发也使得双方的怒火加剧。3 月底的时候法国军队向埃森市克虏伯工厂中示威的工人开火，造成 13 人身亡，30 余人受伤，约 50 万人出席了遇难者的葬礼。法国的一个军事法庭裁定公司领导和其主要的八位下属 15 到 20 年的监禁。

这些事件将人们团结在一个共同目的下，而从 1914 年以后在德国就一直没有看到过这种团结一心。

此时希特勒却用一个大胆且具有煽动性的决定来体现他崭新的自信：他将纳粹党从全民团结的前线上撤了下来，并警告那些困惑的拥护者，如果有人胆敢积极参与到抵抗法国的行动中将会被开除出党。对于那些持反对意见的党员他是这样解释的，"如果他们还不明白这种统一战线的白痴行为对我们是致命的，那他们就无可救药了。"虽然他也明白他这一立场会有一些惹人怀疑的地方，但是他独到的眼光和战略意识告诉他自己他绝不能和其他人站在统一战线上。它不能被埋没在全国抵抗运动的洪流中。希特勒害怕保卫鲁尔区的战斗会让人们团结在政府的领导下，使现有政权得到巩固。不过他也明白他的这种阻拦战略会在很多人心中种下困惑的种子，进而使得他的长远夺权目标进一步往后延。"只要一个国家无法将刽子手们驱逐出自己的国境，"他在《人民观察家》中这样写道，"那么它和其他国家的外交就无法成功。虽然人们对法国占领者不断口诛笔伐，但德国人民的真正敌人却悄悄地潜伏在其大门内。"希特勒利用他那非凡的灵活性并考虑到了大众情绪，即便是在面对鲁登道夫那极具威慑力的权威，他仍然坚称德国必须先解决内部的敌人。早在 3 月，军队总参谋长冯·西克特将军就曾问希特勒一旦实施主动抵抗政策，他是否愿意将其兵力归属到国防军麾下，希特勒则简略回应道，首先要推翻的是政府。两周后在与德国总理古诺的代表会面时，他也发表了同样的观点，"要解决的不是法国，而是那些背叛祖国的人和那些十一月罪人，这才应该是我们的口号！"

希特勒的不择手段和毫无原则已是家常便饭，但这一次他却坚守其原则，甚至不惜遭受冷眼和误解。他自己认为这一立场是他的政治生涯中至关重要的决定之一。他的盟友和支持者——地位尊崇者和坚定的保守主义者——直都视他为他们中的一员，与他们一样是民族主义者和保守主义者。但是通过他第一次重要的政治抉择，希特勒就赶走了所有的假盟友，从卡尔到巴本都一样，并且展现出在摊牌的时候他能表现得像一个真正的革命者，他毫不犹豫地采取了革命者而不是民族主义者的立场。而在之后的岁月里他的表现也并无二致。在 1930 年他曾宣称如果波兰入侵德国，他宁愿暂时放弃东普鲁士和西里西亚，也不愿支持当今的政权来保卫德国疆土。当然，他同样也说过 "如果战斗爆发时他不是冲在最前面的德国人"，他会极度鄙视自己的。但是在现实中他与其拥护者的不同就在于他始终保持冷静和一致，他的战略并不受他自己那些激情迸发的爱国演说所左右。他对消极抵抗运动抱着鄙夷的态度，嘲讽其 "试图靠怠工来杀死法国人"。

希特勒对于法国的仇恨，肯定不会比德国的其他力量和党派来得少半分。他所反对的不是抵抗本身，而是抵抗的消极本质，等于半途而废。当然还有其他已经提到过的政治因素，使得希特勒拒绝与其他民族主义政党并肩作战。他确信除非有一个团结和革命的国家，否则无法实施始终如一的成功的外交政策，这也是他这一立场的根基。希特勒更注重国内事务而不是外交政策，这种观点完全颠覆了德国人的政治传统。当消极抵抗开始溃败时，希特勒发表了一次激情的演说来描述了一场真正的抵抗运动应该是怎样的，其激烈的语气与他在 1945 年 3 月下达 "焦土行动" 命令时的口气无异。

"在当前的工业厂房中被毁灭的是什么呢？鼓风炉可以爆炸，煤矿可以被水淹没，房屋可以被烧毁——只要在残骸中站起来的是复苏的人民：坚强、不可动摇、尽心尽力。当德国人民复苏，其他的一切也会随之觉醒。但如果那些建筑完好无损，而人民却因为内部的腐烂而灭亡，那些高耸的烟囱、工业厂房和成堆的房屋将成为人民的墓碑。鲁尔区本应该成为德国的莫斯科。我们本应该向世界证明 1923 年的德国人已不再是 1918 年的德国人……承受着侮辱和羞耻的人民将再次成为英雄的一族，这样的人民在面对火烧鲁尔区的情况时会组织起血拼到底的抵抗运动。如果我们选择的是这样的道路，法国根本不敢再往前迈上一步……一个接一个的熔炉和桥梁被炸掉。德国将觉醒！即便是拿鞭子抽，法国的军队也绝不敢接近这场大火。上帝啊，今天的状况会大大不同！"

希特勒的同代人几乎都不理解他不参与保卫鲁尔区的战斗的决定。这一决定使得谣言四起，说纳粹党组织之所以发展迅猛是因为有法国人在背后出钱。因为很明显纳粹党用在宣传和给党员配置制服和武器方面的费用有很大增长。但是这种法国人暗中资助的说法一直没能找到确实的证据——而且从事实上来看，究竟是哪股政治或经济势力想掌控这支迅速成长的政党还很难下定论。即便如此，纳粹党的无节制开销，尤其是在希特勒掌权后，与其成员人数的不相符已经达到引人注目的程度，因此人们绝对有理由去探寻其幕后的经济支柱。

而纳粹主义者们在处理资金来源问题上近乎疯狂的保密态度也无形中助长了这些理论。在魏玛共和国时期他们就曾卷入一系列不同指控的诽谤案，1933 年后这些案子的档案都被拐走或销毁了。从一开始纳粹党就有一条不成文的规矩，那就是对捐献不予备案。在党的营业部门的日志中也很少记录财务交易。

纳粹党的基本收入毫无疑问来自党员上交的党费，小数额的捐献以及希特勒演讲的门票收入或者集会时的募捐，通常可以达到几千马克。一些早期的党员，比如小玩具店的店主奥斯卡·克尔讷——1923 年 11 月 9 日于统帅纪念馆前被杀，为了党的利益几乎毁了自己。店主们会给纳粹党特别折扣，其他人则会做一些珠宝礼物或是工艺品。一些来参加晚间集会的年老未婚女性会为希特勒的魅力所倾倒，因而在遗嘱中将纳粹党列为受益人。而一些富裕的捐助者如贝希施泰因家族、布鲁赫曼家族和恩斯特·汉夫施滕格尔有时会出手阔绰。纳粹党还有方法从党员那儿哄骗出比普通党费更多的钱出来。他们发行无息贷款证券，让党员购买并卖给他人。根据警方的记录，仅在 1921 年上半年就发行了 4 万份贷款证券，每份价格为 10 马克。

即使如此，纳粹党在早期仍然受长期经费短缺的困扰。即便是到了 1921 年中期，纳粹党仍然雇不起一位财务主管。根据一位早期党员的说法，贴海报的分队甚至都没有钱买糨糊。1921 年的秋天，希特勒因为经费缺乏不得不取消在科龙马戏团举行群众集会的计划。到了 1922 年的夏天，当纳粹党的疯狂行动开始将其推上前线时，其财政状况开始出现好转。从此以后纳粹党的财政后盾不再局限于严格意义上的纳粹党拥护者，而是受到一些富有中产阶级的代表，这些人愿意支持任何反共产主义的团体，与其说他们对帮助希特勒的事业感兴趣，倒不如说他们是在推动他们所能找到的最具有活力的反革命力量。

这些捐献背后的动机各异。如果没有这些财政支持，那么希特勒于 1922 年夏天后所开展的耗资昂贵的各项活动就无法付诸实施，但同时他并没有向任何支持者做出具有约束力的承诺。愤愤不平的左翼从不相信纳粹主义者的反资产阶级立场，因为这实在是站不住脚。而实际上纳粹党对高利贷者、投机者和百货公司的所谓反资产阶级，批判最多也不过是针对其主管或店主，他们反对的是有产阶级的道德准则，而不是他们的财富。

希特勒一次又一次地抨击着资本主义的谎言，即便他的资金就来自于那些大企业。

纳粹党的业务经理马克斯·阿曼在 1923 年 11 月的政变失败后不久受到了慕尼黑警方的审讯。他不无骄傲地坚称希特勒对其支持者的捐赠的回报"只有纳粹党这个平台"。这也许有些难以置信，但有理由相信他所达成的唯一协议是出于战术考虑。因为对于希特勒来说，腐败这个词实在与他格格不入，这与他的古板严肃、不断增长的自信心和妄想的力量是不相符的。

在 1 月份与政府的这次摊牌中，纳粹主义者们成为了胜利者。他们发现自己成为了巴伐利亚州激进右翼团体中的领头羊，遂举行了一波比之前更加粗野和挑衅的集会、游行和示威来进行庆祝。四处都在散播着政变和暴动的谣言。希特勒那些激情澎湃的标语和口号让大众期待着巨变即将来临。到了 4 月底，他发表了一次演说鼓励"用头脑的工人和用拳头的工人打消隔阂团结起来创造未来第三帝国的……新人类"。由于估计到即将到来的冲突，纳粹党在 2 月初就和一批军事民族主义组织缔结了联盟。这些新的拍档包括海斯上尉领导的帝国旗帜、奥勃兰联盟、慕尼黑爱国者俱乐部和下巴伐利亚州战斗联盟。其联合管辖权归于一个名叫爱国战斗联盟的临时委员会，由中校赫尔曼·克利贝尔负责军事协调，恩斯特·罗姆负责所有具体事务的安排。

至此，纳粹们与现有的民族主义团体联盟巴伐利亚爱国者联合会之间达成了平衡的态势。后者的领导人是前州长卡尔和鲍尔教授，其麾下有各种各样的势力：巴伐利亚分裂主义者、泛日耳曼主义者和不同派别的种族主义者。而另一方面，由克利贝尔领导的黑白红战斗联盟则代表着更军事化、更激进、更"法西斯"的团体，其动力和目标来自于墨索里尼和凯末尔。然后希特勒很快就会得到教训，牺牲绝对的个人掌控来换取外界的支持是多么的靠不住。这次教训发生在 5 月 1 日，由于被最近的胜利冲昏头脑而失去耐心，希特勒试图再一次与政府摊牌。

他试图将其计划强加给战斗联盟的做法以失败告终，因为他的拍档们那种缓慢的士兵思维无法跟上他那奇思异想。在整个春天里，他不得不眼看着克利贝尔、罗姆和帝国国防军将冲锋队从他身边撬走。他创立冲锋队的本意是建立一支直接听命于他的革命军队，但现在克利贝尔和罗姆试图将冲锋队转变为所谓的"十万人军团"（根据《凡尔赛和约》，德国军队不能超过 10 万人）的秘密储备力量。他们会进行操练和阅兵，而出现在这些场合中的希特勒只是一个普通的平民，有时会发表演讲，但基本上无法行使领导权。他恼怒地注意到冲锋队员的理想都被剥夺，堕落成了普通的军事储备力量。几个月后，为了重新掌权，希特勒指示其老战友前中尉约瑟夫·贝希托尔德组织建立一个名叫突击队的保卫部队，这也就是党卫军的前身。

到了 4 月底，希特勒和战斗联盟认为左翼政党每年 5 月 1 日举行的群众集会是一种挑衅，应该不择手段予以阻止。他们也将在那一天组织自己的盛大游行示威，并庆祝打垮慕尼黑苏维埃政权 4 周年。由冯·克尼林领导的踌躇不决的巴伐利亚政府，似乎根本没有从1月份的遭遇中吸取教训，对于战斗联盟的要求同意了一半——允许左翼在特蕾西大草场举行群众集会，但不许其进行任何街道游行。希特勒于是又上演了他百试不爽的发飙场面，将1月份的伎俩又使了一次，试图用其军事力量来威吓政府。到了4月30日，局面已经紧张到让人无法忍受，克利贝尔、罗姆和新上任的冲锋队领袖赫尔曼·戈林向政府发出强烈的抗议，要求其宣布进入紧急状态以对抗左翼的煽动。与此同时，希特勒和罗姆再一次拜见罗索将军，坚持要求国防军干预此局面，并根据之前安排的将属于爱国协会的武器分发给他们（这些武器当时存在政府的军火库中）。但令希特勒震惊的是，将军直截了当地拒绝了这两项请求。他生硬地回应道，他知道自己所背负的对国家安全的责任，任何激起骚乱的人都会遭到枪击。巴伐利亚宪兵队长赛瑟尔上校也做出了类似的回应。

希特勒再一次使自己陷入了几乎毫无希望的境地，他唯一的选择就是在整个事件上做出让步。但是他的性格让他拒绝接受失败，他反而将自己的赌注加倍。他警告罗索，哪怕是让游行示威者们踩过他的尸体，红色集会也要举行。这种说法有部分是被夸张了，但希特勒的言论中总是存在着一种极度狂热的成分，他已准备切断自己的退路拼死一搏。

不管怎么说，希特勒更加积极地为5月1日做着准备。他到处疯狂收集武器、弹药和车辆。最后帝国国防军被一场突如其来的政变给骗了。希特勒公然不顾罗索的命令，派遣罗姆和一小队冲锋队员到兵营去，向他们解释说，政府害怕5月1日左翼分子会制造混乱，他们可以自取卡宾枪和机关枪加入保卫部队。这种公开的政变准备给与希特勒结盟的民族主义者敲响了警钟，以致在战斗联盟中发生了公开的冲突。响应希特勒的紧急号召，其党内的忠实支持者从纽伦堡、奥格斯堡和弗赖津赶到了慕尼黑。其中很多人都是带着武器的，从巴特特尔茨来的一队人马拖来了一门野战炮，由格雷戈尔·斯特拉瑟和海因里希·希姆莱率领的兰茨胡特的部队则带来了好几架轻机枪。这些人多年来都抱着革命暴动的期望，而这一期望正是希特勒许给他们的。他们希望能像标语所写的那样，"扫清十一月的耻辱"。当警察局长诺茨对克利贝尔发出警告时，他得到的回应是："我已无法再回头了，一切已经太迟……不管会不会发生流血事件。"

5月1日凌晨，爱国者联盟在慕尼黑的奥伯魏森菲尔德、巴伐利亚国会大厦和其他几个关键地点聚集，以镇压据传正在酝酿中的社会主义者暴动。希特勒在稍后来到了奥伯魏森菲尔德，整个地方看起来就像是一个宿营地。希特勒自己看上去也全副武装，他带着头盔，佩戴着一级十字勋章。他的随从包括戈林、施特切尔、鲁道夫·黑斯、格雷戈尔·斯特拉瑟和统领慕尼黑冲锋队的格哈德·罗斯巴赫。当冲锋队员们为实战准备进行操练时，首领们正聚在一起商议。商讨中意见分歧很大，紧张和沮丧的氛围不断升级，因为他们期待罗姆发来的信号迟迟未到。

而罗姆本人此时正肃立在其上级罗索将军面前，后者因为得知纳粹党在兵营耍的鬼把戏而大为动怒。午后不久，罗姆上尉在帝国国防军和警察部队的陪同下，出现在了奥伯魏森菲尔德。他传达了罗索的命令：所有偷拿的武器都要当场上交。斯特拉瑟和克利贝尔提议，立即展开进攻，他们认为一旦造成内战的局面，帝国国防军自然会倒向他们这一边。但是希特勒让步了。他让手下的人将兵器交回到兵营中，算是挽回了一点颜面。但是这毫无疑问是一场失败，即便当晚他在科龙马戏团中声情并茂的演说也无法掩饰这一点。

这似乎是希特勒夺权道路上的第一次个人危机。的确，他可以将这次失败部分归咎于一些盟友的态度上，尤其是那些过分拘谨和顽固不化的民族主义组织。但是他应该也认识到了，其盟友的行为也揭示了他自己身上的某些缺点和错误，最重要的一点是他错误地估计了形势：一直以来作为强大后盾的帝国国防军突然之间变成了他的敌人。

这是在多年的稳步上升后第一次出现令人痛苦的倒退，希特勒也从公众的视野中消失了几个星期。他在迪特里希·埃卡特于贝希特斯加登的住所中暂避风头。现在的他在汲取了5月1日惨败的教训后，开始酝酿一个连贯战略的梗概：一个与政府权利相符而不是与之对抗的"法西斯革命"概念——它恰如其分地成为"总统大人准许的革命"。他将他的一些想法记录了下来，而这些思考后来又被放进了《我的奋斗》中。

他同时还不得不与公众的反应对抗。"大众认为希特勒和他的手下出了一次大洋相"，某篇报导中是这样评论的。哪怕赫尔曼·埃瑟尔在7月初揭露了一出针对"伟大阿道夫的暗杀阴谋"（《慕尼黑邮报》的讽刺称呼），并在《人民观察家》上大肆渲染，对于挽回希特勒的声誉也无济于事——因为在4月时就曾揭露过类似的阴谋计划，结果最后发现不过是纳粹主义者们编造出来的故事。"希特勒已无法再激起德国人民的想象力了"，纽约的一份德文报纸《州报》如是说。另一位敏锐的观察家早在5月时就说希特勒的星光已逐渐开始黯淡。

一个人愠怒地待在贝希特斯加登的希特勒，当然对这一波又一波的浪潮有所耳闻。这也解释了，为什么他会做出这次不同寻常的让步以及为什么他会拒绝与罗索再度接洽，并拒绝给群龙无首的纳粹党和战斗联盟注入新的精神。戈特弗雷德·费德尔和奥斯卡·克尔讷以及其他一些长期追随他的人试图能让他重新振作起来，并一再规劝他与普希·汉夫施滕格尔绝交，因为后者想将品行端正的希特勒带入花花世界。但他们的话，希特勒几乎一句也没听进去，他又放任自己陷入原来那种无精打采、诸事怨恨的境地中。但对于目前在慕尼黑高级法院待审的因5月1日事件引发的案件，他还是给予很多的关注。如果判决对他不利，希特勒就得为巴勒斯德特事件而服两个月的刑期。更糟糕的是，内政部长施瓦尔肯定会判定希特勒违反了假释条例，然后将他驱逐出巴伐利亚。

希特勒于是鼓起勇气给州检察官写了一封申诉书。他知道他在权力结构中还有一些朋友。他申诉的对象其实就是这些朋友。"几周以来我一直承受着来自媒体和州议会的各种野蛮的污蔑诽谤",他在申诉书中写道。"但出于对祖国的尊敬,我并没有试图在公众面前为自己做出辩护。因此我只有感谢万能的上帝赐予我这次机会,在法庭上为自己做出全面和自由的辩护。"他同时语带威胁地指出,他会将这封申诉书发给媒体。

这个暗示再明了不过了,于是州检察官迅即将这封申诉书递交给了司法部长古特讷,并附上了深表忧虑的短笺。古特讷是一个强硬的民族主义者,他并未忘记之前所做的协定以及对纳粹主义者的许诺,他甚至称呼他们为"我们骨肉的骨肉"。在没有通告内政部长的情况下,古特讷告知州检察官他的意见是最好将这件案子延期到一个更平稳的阶段再说。1923 年 8 月 1 日,对于此案的调查被暂时搁置了,而到了次年的 5 月 22 日指控就都被撤销了。

即便如此,希特勒折损的声望不是那么轻易就能收复回来的。爱国组织在 9 月初为当年终结普法战争的色当大胜举行周年庆典。在纽伦堡举行的大游行,参与人数就以十万计,到处飞扬着鲜花和旗帜。该事件的警方报告也充满着一种热情的非官方的口吻:"人们高喊'万岁'向游行队伍挥动手绢和投掷花束。无数绝望的、悲惨的人们似乎突然看到了一束希望之光,看到了一条从奴役和贫困下解放出来的道路,因而发出欢欣鼓舞的喊声。许多人——男人和女人,都哭了……"游行中最大的方阵之一就属于纳粹主义者们。但是站在欢呼中心的是鲁登道夫将军。希特勒明白自己在最近所遭受的挫败和折损,因此宣布他愿意缔结新的联盟。他与海斯上尉领导的帝国旗帜组织和弗里德里希·韦伯领导的奥勃兰联盟联合起来组成了德国人战斗联盟——民族主义政党联盟的新版本。希特勒地位的下降更多的是由于他在 5 月 1 日后,退出了慕尼黑的舞台而不是因为当天的失败。只要他不再出现在民众面前来煽动情绪,他的名望、权威和煽动能力也都随之黯淡。不知疲倦的罗姆不得不花了三个星期的时间,来说服战斗联盟的领导人将政治事务的领导权转交给希特勒。

当国民政府做出决定认为保卫鲁尔区的战斗只不过是白白耗费整个国家的精力时,事态出现了转折。9 月 24 日,在登上总理之位六个星期后,古斯塔夫·施特雷泽曼撤销了消极抵抗运动,决定恢复对法国的赔款。在之前的几个月中,希特勒一直是反对消极抵抗的,但是其革命目标驱使他现在必须将统治者这一不受民众欢迎的决定斥为懦弱卑鄙的叛国行为,并尽量地利用此局势来达到摧毁政府的目的。就在第二天,他就与战斗联盟的领导人克利贝尔、海斯、韦伯、戈林和罗姆会面。在长达两个半小时的激情演讲中,他向与会者展示了他的计划和设想,并在结尾时恳请大家将德国人战斗联盟的领导权交给他。根据罗姆后来的陈述,当时海斯眼噙热泪向希特勒伸出了手,韦伯也同样深受感动,而罗姆则发自内心地哭泣和颤抖着。罗姆深信事态即将迈向高潮,因此他在次日便退出了帝国国防军,将他的命运完全和希特勒系在一起。

很明显，希特勒的计划是要展示出强大的决断力，以杜绝一切怀疑。他立即命令15000名冲锋队员进入紧急状态。为了提升其组织的名望，所有的纳粹党成员必须从他们加入的其他民族主义团体中退出。他展开了一个狂热而紧张的活动计划。他计划在9月27日同时举行不下于14场的群众集会，而他会亲自到每一个会场将情绪煽动到顶点。战斗联盟的终极目标很明显是"从奴役和耻辱中"解放出来，向柏林进军，建立起民族主义者的独裁政权，消除"可恶的内部敌人"。希特勒在9月5日发表的演说中就向政府下了战书："不是柏林压倒慕尼黑，就是慕尼黑压倒柏林。"但他是否在当时就已在策划政变，还是说到兴头忘乎所以，始终无法得到一个明确的答案，但我们有理由相信他希望从群众的反应中来决定下一步该怎么走。基于他一向过高估计宣传的力量，他一定是指望政府会被群众的热情所动摇。他宣称"新的德国将诞生于无休止的文字战斗中"。战斗联盟的成员还收到了密令不许离开慕尼黑，以及一旦真的发生政变时使用的密码。

但慕尼黑政府的行动比希特勒更快。9月26日，克尼林州长宣布进入紧急状态并任命古斯塔夫·卡尔为州特别专员，赋予其独裁权力。1920年在巴伐利亚，冯·卡尔曾短暂领导过一个右翼政府，他现在宣布欢迎战斗联盟与其合作，但他对希特勒的"自行其是"做出了警告。14场集会没有得到批准，这让希特勒大动肝火。作为最具实力的准军事组织战斗联盟的领导人，希特勒认为自己和政府之间应该是平等的伙伴关系，而卡尔一句话就把他贬成了公害。希特勒怒吼着咆哮着直到近乎晕厥的地步——这后来成为了他著名的标志，并威胁着要发动革命。

与此同时，在柏林，艾伯特总统领导下的内阁召开会议商讨局势。卡尔一直被认为是分裂主义和君主主义的支持者，他一直强调"巴伐利亚拯救祖国的使命"，这意味着推翻共和国，建立一个保守专制的政权，以及巴伐利亚的自治——使其再次归为国王统治。

在这样一个紧张和混乱的局面下，国家的未来就全靠帝国国防军了。在右翼分子的圈子中，国防军司令冯·西克特将军的名字经常和未来的独裁者联系在一起。带着一种深知最终的决定权掌握在自己手中的冷静，西克特在内阁会上姗姗来迟。当艾伯特问他帝国国防军此时站在哪一边时，他回答说："总统先生，他们站在我的身后。"这句简短的回答点明了真正的权力关系。尽管如此，西克特在此时表现出了对当局的忠诚。全国宣布进入紧急状态，整个帝国的行政权都交到了西克特手中。在接下来的几个星期中，他证明自己能不偏不倚地对待左翼和右翼的破坏力量。

9月29日，作为正规军队非法后备军的"黑色帝国国防军"发动了叛乱。由于保卫鲁尔区战斗的结束，黑色帝国国防军面临被镇压的危险，因此他们希望靠发动政变来激发所有右翼采取行动，其中包括合法的帝国国防军。但这次行动部署匆忙混乱，很快就被西克特平息下来。消除了这个威胁后，西克特又采取了果断的措施铲平了萨克森、图林根州和汉堡的左翼暴乱。然后他就将目光转向了巴伐利亚。

与此同时，在巴伐利亚，希特勒终于快将卡尔拉到自己的阵营中。西克特因为《人民观察家》发表的一篇极具煽动性的诽谤文章而决定将其查封。但是卡尔和冯罗索都没有动这份报纸一根汗毛，对于逮捕罗斯巴赫、海斯上尉和海军上尉埃尔哈特的命令，他们也置若罔闻。罗索因此被解除了职务，但卡尔随即以公然违宪的方式任命其为巴伐利亚国防军的地区指挥官。卡尔的挑衅不断升级，使得巴伐利亚和中央政府之间的矛盾愈发尖锐化。联邦法院颁发了逮捕前自由军团领导埃尔哈特上尉的法令。卡尔不仅没有逮捕他，还将他从萨尔茨堡的藏身地召来，并指示他加速向柏林进军的准备。此行动的时间设定在 11 月 15 日。

与挑衅性行为结伴而来的是挑衅的言语。卡尔声讨魏玛宪法，斥责其完全违背日耳曼本质，并称政府为"双脚疲软的巨人"。此局势正中希特勒的下怀，因为巴伐利亚的掌权者已经站到了他们曾试图抑制的极端分子这边了。当西克特要求罗索辞职时，所有的民族主义团体都站到了希特勒这边，并任由其差遣与柏林政府做最后的清算。

希特勒认为摆在眼前的是突如其来的天赐良机。在接受《意大利信报》的采访时，他预言当冬天来临时一切就会有定论了。他与罗索将军连续见了几次面，两人之间的关系不再那么紧张；希特勒高兴地称他们现在有共同的利益和共同的敌人，而罗索则向这位煽动家保证说他"和希特勒在十件事情上有九件持完全一致的观点"。这位巴伐利亚国防军的指挥官发现自己被不由自主地卷入到了一场阴谋中，作为一个没有什么政治倾向的士兵，他并不喜欢自己的角色。

与卡尔达成一致则要困难得多。希特勒无法忘记州特别专员在 9 月 26 日给他带来的伤害，而卡尔也明白他的部分职责就是要让这个刺头"明白道理，归顺到保皇派的蓝白旗帜下"。在他与希特勒打交道的整个过程中，他一直保持警惕，寻找一个适当的时机让这位天才麻烦制造者退出政治圈。

尽管双方关系紧张，但与联邦政府的矛盾使他们站到了一起。他们之间的争议是关于领导权的归属和发起攻击的时间。卡尔虽言语大胆，但行动谨慎，他很快就与罗索以及巴伐利亚宪兵队长汉斯·冯·赛瑟尔构建起一个三人统治集团。但希特勒则一直催促发动进攻，"德国人民只有一个问题，那就是'我们何时发动进攻？'"

双方都视 10 月为备战时期。空气中充斥着秘密、诡计、和互不信任的氛围，军事会议开个不停，行动计划和密码也相继被制定出来。不仅如此，双方都开始囤积武器并进行军事操练。到了 10 月初的时候，关于希特勒要发动政变的谣言甚嚣尘上，让战斗联盟的军事指挥官克利贝尔中校觉得有必要致信巴伐利亚州长冯·克尼林，否认他们有任何推翻国家政府的意图。墙上布满了标语和反标语，"进军柏林"看上去似乎是解决这一切问题的良方。

希特勒似乎很有把握卡尔会站在他这一边。但他怀疑三巨头在展开行动时会把他撇在一边，或者将他的革命口号"进军柏林"改成带有巴伐利亚分裂主义意味的"脱离柏林"。他有时也会恐惧行动根本无法付诸实施。有证据显示，他在10月初就开始琢磨，怎样迫使其同伴展开攻击并将指挥权交到他的手上。但是他坚信一旦战斗打响，人民群众一定会站在他而不是卡尔的身后。他鄙视那些所谓的统治阶级成员和他们的自以为是，他们无法像他那样娴熟地操纵人心。三巨头的确在表面上掌管着政权，但他希特勒有"国民总司令"鲁登道夫的支持——希特勒很快就发现了鲁登道夫在政治上的迟钝并学会利用这一点。现在希特勒的自信已经爆棚，他认为自己已经与法国的政治家甘比达和墨索里尼比肩；尽管其同伴不过是把他当作一个可笑的角色，但希特勒却告诉与罗索很亲近的一位高官，说他认为他是受到上帝的召唤来承担起拯救德国的使命，尽管他需要靠鲁登道夫来获得帝国国防军的支持。但"他不会在政治上对我进行哪怕一点点的干预……你知道拿破仑在自封为首席执政官时，在身边安置的都是一些无关紧要的人吗"？

到了10月的下半月，进军柏林的计划已逐渐成形。10月16日，克利贝尔签发命令以增强北方边境巡逻的力量，这被认为是针对图林根州的动乱而采取的安全措施。但真正的指令中其实充满着军事术语：其中提到了"部署区域"、"开战"、"战斗士气"、"穷追不舍的精神"以及"消灭敌人力量"。这份指令基本等同于动员令。与此同时，志愿者们将柏林地图作为其战争游戏的依据。在向步兵学院的学员演说时，希特勒告诉他们："你们的最高职责就是要打破这一誓言。"这番讲话获得了雷鸣般的掌声。为了进一步向其同伴们施压，纳粹主义者号召宪兵加入冲锋队。希特勒后来指出，之前一直被隐藏着的60到80件迫击炮、榴弹炮和重型武器被拿出来充实军火库。在10月23日战斗联盟的一场辩论中，戈林展示了"攻打柏林"的细节，并建议起草一个黑名单："我们应该采取恐怖镇压，任何人只要稍微有抵抗的行为就应枪杀。现在领袖们就有必要决定哪些人是应该被除掉的。法令一旦颁布，至少要处决一个人以儆效尤。"

10月24日，罗索就召集了帝国国防军、宪兵和爱国组织的代表到地区总部开会，以展示帝国国防军进军柏林的行动计划。此次行动的代号为"日出"。他还邀请了战斗联盟的军事领导人赫尔曼·克利贝尔，但希特勒和冲锋队的领导并不在受邀之列。作为回应，希特勒迅即组织了一场"阅兵大典"。卡尔当然明白希特勒在暗示着什么，因为他发表声明说"为了平息漫天散布的谣言，他坚决拒绝与目前的国民政府进行任何谈判"。

现在唯一的问题似乎就是哪一方会先展开攻击，然后在勃兰登堡门接受胜利者的桂冠。从汉堡传来的可靠消息让希特勒获知"在与柏林进行最后清算的那一天，数以百万计的北部德国人"都会站在他这边。很多人相信，只要慕尼黑带头了，德国所有的部落和地区都会追随，"像 1813 年德国人民起义那样的春天"已不远了。

　　但即便到了现在，卡尔仍然无法下定决心采取行动，也许他和罗索一样，从未真正打算用武力来推翻政府。三巨头鼓动备战更有可能是为了刺激一下西克特和来自北方的保守民族主义绅士们，让他们同样采用独裁政权。如果一切顺利，巴伐利亚人会与他们联合起来并确保在整个过程中自身的利益会得到保障。11 月初，卡尔和罗索派赛瑟尔上校到柏林去打听局势。然而他们得到的报告令他们失望了：北方并不会像他们所希望的那样行事，其中西克特的回复尤其冷淡。

　　于是三巨头立即召集爱国组织的领导于 11 月 6 日召开会议，并专横地通知他们将由政府来统领即将展开的行动，决不允许自行其是。这是他们企图夺回控制权的最后尝试。希特勒同样也未被邀请参加这次会议。当晚战斗联盟便决定要抓住接下来的出击机会，将三巨头和尽可能多的暂时还犹疑不决的人，卷入到这如火如荼的进军柏林的行动中来。

　　这一决定通常被认为是希特勒戏剧性、神经质和狂妄自大性格的一个例证。通过使用"啤酒馆政变"和"政治嘉年华"之类的叫法，人们试图给这次行动罩上一件滑稽的外衣。这次行动的确有其喜剧性的一面，但它同样展示了希特勒正确判断局面的能力、他的勇气以及他在战术上的一致性。

　　事实上，希特勒在 11 月 6 日的夜晚已别无选择。5 月 1 日的挫败使得他元气大伤，至今还未完全恢复，诉诸行动几乎是不可避免的。如若不然，他与其他政党和政客就毫无区别了，他特有的愤怒中那种激进的几乎是存在主义的严肃感将岌岌可危。他在人民心中树立起的可靠的深刻印象正是靠他的毫不退让和毫不妥协建立起来的。作为战斗联盟的领袖，他麾下的战士不会因为四分五裂的领导团体而斗志消沉，而冲锋队员们也早已等不及展开行动了。

　　他们的急迫是有多层次原因的。他们是职业军人，在经过数周的密谋准备后早已按捺不住。有些准军事组织在几周前就已收到了战斗警报，并参与了帝国国防军的"秋季练兵"，但现在他们的资金已花费殆尽。希特勒的金库也已干涸，大家都饥肠辘辘。

　　希特勒身上的压力越来越大，希特勒担忧的不仅仅是队伍的士气，时间的流逝也使局面变得越发凶险。因为被压制太久，不满的革命情绪已在爆发的边缘。与此同时，保卫鲁尔区的战斗结束，左翼的失败使得局势转向正常状态。连通货膨胀似乎也开始得到控制，革命的精神随着危机的解除似乎也开始消退。毫无疑问，希特勒的效率是和国家的灾难息息相关的，如果现在犹豫畏缩，结果将是致命的，哪怕他之前曾许下的承诺挡住了他的去路：与他的原则相反的是，他必须在没有获得巴伐利亚州长首肯的情况下开始他的革命冒险。

　　尽管如此，他仍然希望自己的大胆能迫使首相同意甚至参与到这次行动中来。"我们深信只有在意志的支撑下，行动才能展开"，希特勒后来在法庭上是这么说的。制约行动展开的风险就是可能无法鼓动三巨头参与到此次政变中来，但希特勒对这一危险并不担忧，因为他认为他逼迫三巨头所做的不过是他们自己也一直在策划的事情。到最后，整个行动也确实毁在这一点上。这一事件显示出希特勒无法认清现实。他自己当然不接受这种说法，相反，他还总是为自己对现实的鄙夷而自豪。

除了可预测的一些原因外，还有其他理由支持希特勒展开行动。事实是，历史进程表明，从广义上来说希特勒的选择是对的。虽然此次行动以溃败告终，但最后却成为了希特勒登上权力顶峰之路的决定性突破。

第四章　政　变

接下来有一个声音叫喊着，"他们来了，希特勒万岁！"
——1923 年 11 月 9 日一位目击者的陈述

11 月 8 日前的两天里充斥着紧张的活动。每个人都在和其他人谈判，整个慕尼黑都忙着备战，空气中充满了谣言。战斗联盟最初的计划是于 11 月 10 日晚在慕尼黑北部进行一次大的调动，第二天早上他们进城时仍旧装作是普通的阅兵，然后在拿下市中心后宣布实施民族主义独裁政权，然后逼迫卡尔、罗索和赛瑟尔加入他们的行动。正当商讨还在进行中时，有消息传来，卡尔准备在 11 月 8 日晚在贝格勃劳凯勒啤酒馆发表重要演说，内阁、罗索、赛瑟尔以及所有政府机关的头目、企业领导和爱国组织的领导人都在受邀之列。因为担心卡尔会先发制人，希特勒在最后一刻改变了自己的计划，决定在第二天就展开行动。冲锋队和战斗联盟的军队在极其仓促的情况下被调集出来，舞台就此铺开。

会议在晚上 8 点 15 分举行。佩戴着十字勋章、一身黑色装扮的希特勒乘坐着最近刚刚得到的红色奔驰车前往贝格勃劳凯勒啤酒馆。在车中陪同他的有阿尔弗雷德·罗森伯格、乌尔里希·格拉夫和被蒙在鼓里的安东·德雷克斯勒——这也是他最后一次与希特勒的小集团一起出现。出于保密的原因，德雷克斯勒被告知他们将一起开到郊外参加一场会议。当希特勒告诉他将在 8 点 30 分展开进攻时，德雷克斯勒简短而暴躁地回应说祝希特勒好运，但他不想和这件事扯上任何关系。

大批漫无目的的群众汇聚到格勃劳凯勒啤酒馆前，人数之多让希特勒害怕会对他的进攻造成阻碍，于是他命令执勤的警官立即驱散人群。当希特勒现身于啤酒馆的大门口时，卡尔正在演讲。根据目击证人的证词，当时希特勒极为激动。顷刻间几辆载满冲锋队员的卡车呼啸而至，他们一拥而上在整座啤酒馆周围设下警戒线，就如同打仗一般。希特勒用他那标志性的戏剧化姿势高举着一个啤酒杯，接着他身边出现了一架重型机关枪，在夸张地喝下一大口啤酒后，他将啤酒杯猛砸到地上，然后他高举着手枪，率领着全副武装的部队杀到啤酒馆的大厅中央。啤酒杯纷纷坠地，座椅也接连被掀翻，希特勒跃上一张桌子，向天花板放出了一枪以吸引群众的注意力，然后挤过吓呆的人群站到了讲台上。"国民革命已经开始了，"他叫喊着，"这个啤酒馆已经被 600 名全副武装的人团团围住。任何人都不许离开。要是不能马上恢复安静，我将在楼座里架上一挺机关枪。巴伐利亚政府和国民政府已经被推翻，一个临时的国民政府正在成立。帝国国防军和宪兵队的兵营已经被占领，帝国国防军和宪兵队正在归顺到"卐"字旗下。"他接下来用"一种严厉的命令口吻"告诉卡尔、罗索和赛瑟尔跟他到隔壁房间里去。啤酒馆内的人群开始安静下来，间或会有人高喊"演戏"或"南美闹剧"，但冲锋队很快就用他们自己的方式将这些抗议给平息了下来。与此同时，希特勒正试图说服心不甘情不愿的三巨头站到他这一边来。

虽然各种说法之间存在矛盾和模糊的地方，但基本框架还是很明了的。希特勒疯狂地挥舞着手中的枪，威胁三巨头说他们谁也别想活着走出这个房间，但接着又极为礼貌地请他们原谅，他用如此不寻常的方式来制造现在这个既成事实。他只是想制造一个更轻松的环境，让几位先生顺利接受他们的新职位。当然他们唯一的选择就是合作：波尔内将被任命为巴伐利亚的州长并拥有独裁权；卡尔出任州特别专员；他自己则担任新国民政府的主席；鲁登道夫将指挥国民军进军柏林；赛瑟尔则担任警察部长。越来越兴奋的希特勒叫喊着，"我知道迈出这一步对于你们几位绅士来说非常艰难，但是这一步非走不可。我会尽我所能让你们轻松度过这次转变。你们每个人必须接受所分配的职位，如果不合作就等于放弃自己的生存权。你们必须和我一起战斗，和我一起分享胜利——或者和我一起死。如果情况出现差池，我的手枪里面有四颗子弹：三颗是给那些背弃我的同伴，最后一颗则留给我自己。"为了强调他的观点，希特勒还将枪摁在自己的额头上发誓："如果到明天中午我不能取得胜利的话，那我就去死。"

让希特勒震惊的是，这三位阶下囚似乎根本不为他所动。卡尔尤其处变不惊，他丝毫没有掩饰对这出闹剧的厌恶，"希特勒先生，你可以叫人开枪杀了我，也可以亲自动手。我个人已将生死置之度外。" 赛瑟尔斥责希特勒违背诺言。罗索则一言不发。与此同时，希特勒的手下们把守着所有的门窗，并不时用手中的枪发出威胁。

在那一刻，三巨头的冷漠似乎预示着整个行动的末日。与此同时，绍伊博内·里希特飞速驾驶奔驰去接尚未露面的鲁登道夫。此时的希特勒希望能依靠他的威信来扭转局面。因为没能说服三巨头而心绪不宁、紧张万分的希特勒回到了人群中，因为在这里他能够感受到更多的自信。他身着燕尾服站在那里，看上去滑稽可笑，和台下那些温文尔雅、自鸣得意的显贵们比较起来，他简直就像是个侍应生——但随着他娴熟的蛊惑言语从嘴中倾泻出来，"几句简简单单的话就将整个会场的氛围完全扭转了过来。我很少经历这样的场面。当他踏上讲台的时候，台下的喧闹声完全压过了他的声音，于是他开了一枪。我现在仍记得他从后口袋里掏出勃朗宁枪的姿势……他对耽误了大家这么久表示歉意，因为他之前曾许诺说 10 分钟之后大家就可以自由离开了。"他一站到人群前，所有的人就将头扭向他，期待着他能说些什么，喧闹声也逐渐平息下来，他的自信也随之恢复。

　　事实上，他并没有太多东西可以说。他用一种专横独断的语气宣布了一系列新的名称、新的职位和提议——虽然当时这大部分都还是他自己的幻想。"临时德国国民政府的任务是集全省之力，再加上其他德国各州的帮助，进军罪恶的巴比伦——柏林，因为德国人民需要被拯救。我现在问你们一个问题：卡尔、罗索和赛瑟尔。行动的决定让你们的内心激烈挣扎吧？那么你们是否赞同德国问题的这种解决方案？你们可以看到，引领我们的绝不是个人利益或者自负自大，相反，我们希望能在最后危急关头拿起棍棒保卫祖国。我们希望能重建德国，在新的联邦体制下，巴伐利亚州能得到它应有的权利。明天清晨胜负就会见分晓——我们要么建立起一个民族主义的德国政府，要么横尸街头！"希特勒狡猾地暗示卡尔、罗索和赛瑟尔已站在他这边，再加上他的口才，群众的情绪发生了彻底的转变。当希特勒离开大厅时，他得到了大家的赞同和许可，他告诉卡尔如果他愿意加入，所有的集会者都会支持他。

　　与此同时，鲁登道夫已经抵达，他对于希特勒煞费苦心的保密政策，以及没问过他意见就擅自安排职位，让他只有部队指挥权的做法大为光火。他直截了当地强迫三巨头站到政变方这边，他自己虽然也对这次行动大吃一惊，但现在整个行动正处于危急关头。在这位传奇性的民族主义人物面前，三巨头才开始一个接一个地做出妥协。罗索像一名优秀的士兵，将鲁登道夫的建议当作命令来服从；赛瑟尔也随之低头；只有卡尔还在顽抗。当希特勒用"人民将会跪拜在你面前"这样的期许来引诱卡尔时，他冷冰冰地回应说这种东西对他来说一文不值。两者之间的交谈清楚的表现出了他们之间的差别——那就是希特勒对戏剧般胜利的渴望以及一位成熟政客对于权力关系的清醒把握。

　　但最后迫于四周的压力，卡尔还是低头了。他们五人一起回到大厅中，上演了一出兄弟情深的戏给大伙看。团结的表象已足以点燃群众的激情。当观众们爬上椅子给予他们暴风雨一般的掌声时，台上的演员则互相握手示意。根据报告，鲁登道夫和卡尔看起来苍白拘谨，而希特勒则"兴高采烈，容光焕发，为成功地说服卡尔而狂喜不已……"在那短暂珍贵的一瞬间，他似乎完成了长久以来的梦想。他站在这欢呼的中心和焦点，环绕在显贵之中，在经历了维也纳的困难之后，这些人的赞许给予了他无上的满足感。站在他身边有卡尔和鲁登道夫将军，以及其他在这个国家里最有权势的人物。而他，作为即将上任的民族独裁者，还矗立于他们之上——就是他希特勒，一个没有工作一无所成的人。"对于后世来说这将会是一个童话"，对于自己命运的急转直上，他很喜欢用这样的话来形容。事实上，不管这次政变的结局如何，他都可以说，从此他的舞台不再局限于一个州，他已踏上了全国的大舞台。他充满激情地总结道，"现在的我可以实现我在五年前的今天——又瞎又瘸地躺在陆军医院时向自己许下的承诺：我将不眠不休，直到将十一月罪人打倒在地，直到在当前德国废墟上建立起一个自由荣耀伟大强盛的德国。阿门！"

散会后，州长克尼林、在场的部长和警察局长都被逮捕，冲锋队学生连领导鲁道夫·黑斯负责将这些囚犯押送到右翼出版商尤利乌斯·莱曼的别墅中。与此同时，希特勒被叫去处理工程师兵营外的一些小危机。他在约 10 点 30 分的时候离开了会场。他一离开，罗索、卡尔和赛瑟尔便热情地向鲁登道夫道别，然后就消失了。当绍伊博内·里希特和希特勒回来后立即对此事表示了怀疑，但鲁登道夫厉声说他严禁这种质疑德国军人诺言的做法。

这晚对于希特勒来说仍然是非常重要的一晚，因为它集中了所有他热爱的因素：戏剧、欢呼、反抗、由行动带来的欢快和实现了一半梦想的无上狂喜，这种狂喜是任何现实都无法带来的。在后来他举办的周年庆中，他会尝试重温这一晚的重要性。"好日子来了！"在罗姆拥抱他时，他不切实际地说道，"我们将日以继夜地为拯救德国于耻辱和苦难的伟大任务而奋斗。"他向德国人民发布了一个声明，并颁布了两条法例来建立一个特别法庭以审判政治犯，并宣布"那些在 1918 年 11 月 9 日策划了背叛的恶棍们从今天起将被剥夺公民权，不管是死是活，将这些人交到人民国民政府的手中是每位公民的责任"。

与此同时，对手也正在采取对策。罗索会见了他手下的军官。他们语带威胁地说，他们认为罗索和希特勒上演的这场团结一心的秀只不过是故弄玄虚的假象。不管这位摇摆不定的将军的真正立场为何，当他面对这些气冲冲的军官时，他即便真有政变的打算，也立马打消了。之后不久，卡尔发表声明收回他在贝格勃劳凯勒啤酒馆的言论，他声称他是在枪口的威逼下不得不屈从的，他宣布解散纳粹党和战斗联盟。此时还蒙在鼓里并沉迷于自己的角色的希特勒，正在调动他的部队以进军柏林。州特别专员已下令，不允许任何希特勒的拥护者进入慕尼黑。冲锋队的一个突击队被革命热情冲昏了头脑，砸毁了社会民主党的《慕尼黑邮报》报社。其他的部队在街上横冲直撞，抓捕人质，并随意打劫，而罗姆此时则控制了位于斯歇内费尔德大街上的地方军指挥总部。得手之后，没人知道下一步该做什么。此时下起了一场小雪，午夜来临了，而希特勒仍未从卡尔和罗索处得到任何消息。他开始变得焦虑不安。派出去的信使一个也没回来，弗里克似乎被逮捕了，而不知怎么波尔内也不见了踪影。希特勒开始明白他受骗了。

当希特勒发现自己陷入困境和失望时，他那敏感的神经系统又一如往常地崩溃了。这一项计划的失败会导致他其他所有计划的失败。在凌晨时分，施特切尔来到了贝格勃劳凯勒啤酒馆，并力劝希特勒向群众们发表一篇慷慨激昂的演说，将主动权再次夺回。根据施特切尔的说法，希特勒睁大眼睛瞪着他，然后草草地写下一篇声明，将"整个组织"都交到了他的手中，就好像他已完全放弃了一样。接下来，他的情绪开始发生猛烈的波动，先是无动于衷，然后是愤怒的绝望，以及做作的抽搐和暴怒，这在日后将成为他的标志。最后他终于被劝服，下令于第二日举行示威游行。他宣称"如果成功，那么一切将平安无事，如果不能成功，我们将上绞刑架"，而这份声明也昭示着他日后那种从一个极端跳到另一个极端的风格，从全胜到垮台，从征服全世界到自杀。不过他派出去试探民意的一组人给他带回了好消息，于是希特勒立即重燃希望，整个人立马精神活跃起来，再度拾起对煽动力量的信心，"宣传，宣传，"他呼喊着，"现在一切都要靠宣传！"他立即决定要在第二晚举行 14 场群众集会，并计划出席每场集会和担任每场的主演讲人。集会后的一天，在国王广场举行盛大的庆典，让上万民众为这场民族主义起义庆祝。直到破晓时分，他还在命人去印刷这些活动的海报。

这最后的孤注一掷并不仅仅是希特勒式的反应，它代表着希特勒最后仅剩的手段。大多数历史学家的结论都是希特勒在紧要关头时缺乏革命精神，但这种批评忽略了希特勒最根本的假设和目标。他从来就没打算通过革命在慕尼黑掌权，他的打算是在整个慕尼黑的支持下进军柏林。他在这一晚后的顺从态度，要比批评家们所描绘的希特勒来得实际得多。因为他看出，在失去伙伴的情况下，整个行动已变成了不可能完成的任务。他很明显并没有寄希望于游行示威和宣传策划来扭转局势；他所指望的只是靠这种广大群众的支持来免遭报复。在他那晚激烈的情绪波动中，他应该会不时梦想自己最终能将慕尼黑抛在一边，进军柏林。沉醉于这些幻想中的希特勒，计划派巡逻兵到大街小巷去高呼"举起旗帜"！"这样我们就会看到我们究竟能不能调动起民众的激情！"

事实上，"进军柏林"的建议并非不受欢迎。当第二天局势明朗之后，公众的情感明显倒向了希特勒和战斗联盟这一边。很多公寓楼房甚至是市政厅和公共建筑的窗口都飘扬着"卐"字旗，报纸对发生在贝格勃劳凯勒啤酒馆事变的报道也都流露出赞同的口气。很多人来到了战斗联盟在城市各处设立的行动总部，而在兵营中，那些低级军官和应征入伍的士兵们明确表示了对希特勒进军计划的赞同和同情。在那个凄冷的十一月早晨，施特切尔派出去的演说者在古怪狂热的氛围中收获到的是发自内心的掌声。

但在那几个小时中，希特勒是完全脱离群众之外的，完全无法感受到他从人群中获得的刺激和鼓励。因此随着时间一点一点的过去，他开始动摇了；在他政治生涯的早期舞台上，他的信心、能量和勇气的增长和消退看起来是完全依赖于群众的。那天清晨，他就派遣了联络负责人诺因策尔中尉去贝希斯特加登拜见鲁普拉希特皇储，希望他出面调解。现在他正被动地等待诺因策尔带回来的消息。他也害怕示威游行会与武装军人和警察发生冲突，最后导致 5 月 1 日的溃败重演，而且程度还要来得严重得多。最后是鲁登道夫用充满活力的一句"我们应该进军"终结了希特勒的拖延战术。到了中午时分，几千人排好了队站在旗手身后。领导者们和军官们站在队伍的前列：鲁登道夫身着便服；希特勒则在燕尾服外套了一件军用短上衣；在他身边站着乌尔里希·格拉夫和绍伊博内·里希特；然后是韦伯博士、克利贝尔和戈林。"我们在出发时就相信这将为整个行动画上句号，不管是哪一种结局都好"，希特勒后来这么说道。"我记得在我们迈下台阶时有人对我说，'这将是终点'，每个人都秉持着同样的信念。"他们唱着歌出发了。

在伊萨尔河桥上，行进的队伍遭遇到了一支强悍的宪兵分遣队，但戈林恐吓说，如果有人胆敢放出哪怕一枪，那么所有人质就会被立刻处决。警方退让了，他们眼睁睁地看着自己被以 16 个人为一排的行进队伍推搡到一边，并被人群围困、缴械、吐唾沫和掌击。在慕尼黑市政厅前，施特切尔站在台阶高处向大批群众发表演说。这一天对于希特勒的重要性之大可以从他——这位被民众拥为"救世主"的人居然在行进中保持沉默这一事实中看出。他挽着绍伊博内·里希特的胳膊，好像他需要支撑一样，这一古怪的举动与他元首的形象相去甚远。在人群的欢呼声中，行进队伍进入了危险的老城区街道；当他们接近拉塞登茨大街时，领头的部队开始高唱《崇高无上的德意志》。在奥登广场，行进部队再一次遇到了警戒线。

接下来发生了什么很难说清，各种描述众说纷纭，仅在一点上达成了统一：那就是有人放了一枪，引发了双方交火，不过持续时间仅为 60 秒。第一个倒下身亡的是绍伊博内·里希特，在倒下时，他拽住了希特勒的胳膊，致使后者的胳膊脱臼。纳粹党的前副主席奥斯卡·克尔讷也被击中，同样命运的还有首席治安官冯·普福德腾。当一切平息下来，行进队伍中有 14 人倒毙街头，警方也有 3 人；受伤者众多，其中包括戈林。在子弹横飞时，所有人都在受伤倒地或飞奔寻求庇护，只有鲁登道夫挺直胸膛阔步向前，带着愤怒的颤抖冲过了警戒线。如果能有一小队意志坚定的人尾随其后冲过防线，也许结局就会被改写，但没有人跟上去。这种畏缩绝不是因为懦弱，而是右翼分子对政府权威合法代表的一种尊敬。这位将军带着不可一世的傲慢自负就站在那儿，等着指挥官来逮捕他。布鲁克讷、弗里克、德雷克斯勒和韦伯博士同样束手就擒。罗斯巴赫逃回了萨尔茨堡，赫尔曼·埃瑟尔则逃回了捷克斯洛伐克。到了下午时分，恩斯特·罗姆也投降了，之前他曾占领了陆军总部，在一场短暂交火后，战斗联盟方付出了两条生命的代价。在告别游行中，整个连队不携带任何武器静默地走过大街，肩上扛着死去的战友。之后队伍解散，罗姆则被捕了。

在鲁登道夫英勇无畏气度的光芒照射下，精神再度崩溃的希特勒的形象就不那么讨喜欢了。其拥护者的各种描述仅仅在一些小细节上有出入：但他们都记得在情势尚未倒向任何一方的时候，希特勒就手忙脚乱地从人行道上爬起来然后逃之夭夭，根本不顾身后那些死伤的兄弟们。在一片混乱中，他借助一辆救护车逃离了战场。在几年之后，他为自己一手炮制的传奇故事中，他成了从火线中救出了一位孩子的英雄，他甚至还找了那位孩子出来。还没等到希特勒自己放弃这种说法，鲁登道夫身边的人就驳倒了这篇传奇故事。他来到了离慕尼黑35英里的施塔弗尔湖畔乌芬，躲在汉夫施滕格尔的乡间别墅中寻求庇护，疗养他在战斗中扭伤的肩膀。精神崩溃的他不断重复着了结一切的时间已到，要一枪毙了自己，但汉夫施滕格尔一家劝阻了他。两天后，他被逮捕并押送到莱希河畔兰茨贝格的堡垒中。"他脸色苍白布满恐惧，一绺蓬乱的头发垂在额前"。在惨败时仍不忘仪容的希特勒让逮捕他的军官在带走他前将一级铁十字勋章别在他的翻领上。

被关到铁窗之后，他就陷入了彻底沮丧和绝望的境地。开始的时候他坚信"自己会被枪决"，接下来的日子里，阿曼、施特切尔、迪特里希·埃卡特和德雷克斯勒也先后被关了进来。韦伯博士、波尔内、弗里克博士、罗姆和其他人则被分散关押到慕尼黑的其他监狱中。政府没有胆量逮捕鲁登道夫。很明显，希特勒认为他会背黑锅只是因为他活下来了。但不管怎样，他认为他的事业已没救了。

不过，当他得知即将举行普通庭审的消息已变得明朗时，他立刻就精神了。他看到了扮演一个戏剧化角色的机会。日后他称自己在1923年11月9日的失败"也许是我生命中最幸运的一刻"。其中一部分好运他肯定指的是这次庭审给予他的机会，这使得他立刻摆脱了消沉，让他重新扮演起了他最喜爱的角色——赌徒。他再次孤注一掷。这次拙劣的政变惨剧也许能扭转成一场蛊惑人心的胜利。

叛国罪的审判于1924年2月24日在布鲁腾伯格大街上的前步兵学校开庭。在整个审判过程中，各方都默许"在任何情况下都不许提起所讨论事件的'中心事实'"。站在被告席的是希特勒、鲁登道夫、罗姆、弗里克、波尔内、克利贝尔和另外四位参与者，而卡尔、罗索和赛瑟尔则作为证人出席。当年卡普政变参与者在受审时皆辩诉无罪，但希特勒不想步其后尘，希特勒采取了相反的策略，他公开承认了他的意图，但否认自己犯下的是叛国罪。

我无法宣称自己有罪。的确，我承认我的所作所为，但是我不认为我犯下的是叛国罪。这是一项意在推翻1918年背叛祖国行为的行动，其中没有丝毫背叛的成分。另外，无论从哪方面来说，11月8日和9日的行为都不能被称为是叛国，这个词最多只适用于之前几个星期和几个月里的行动。如果我们犯下的是叛国罪，我很奇怪当时和我抱有同样目标的那些人现在却并没有站在我身边。除非他们，这些与我们一起讨论并事无巨细帮助我们进行准备的这些绅士加入到我们的被告席中来，否则我必须否认这一指控。我并不是一个叛国者，相反，我认为我是一个渴望带给德国人民美好生活的人。

被希特勒所攻击的这些人都不知道该怎么应答。根据某个记者的用词，希特勒不仅成功地将审讯转变为一场"政治狂欢节"，还扭转了原告和被告的身份，迫使州检察官不得不出面为前三巨头辩护。庭长对事情的进展似乎并没有不满之意。他没有反对希特勒对"十一月罪人"做出斥责和质问，只有当观众席中的掌声过于热烈的时候，他才会稍微指责一下。甚至当波尔内称德国总统为"艾伯特·弗里茨"并坚称自己不受魏玛共和国的法律约束时，庭长也没有表示任何异议。正如一位巴伐利亚部长在3月4日的内阁会议中所陈述的，"还从没有法庭如此倾向于被告方的情况发生"。

在此情形之下，卡尔和赛瑟尔很快就失去了希望。这位前州特别专员目光呆滞地望向前方，将一切事情的责任都推到希特勒身上。他不断陷入自我矛盾的说辞，而且一点也没有意识到自己这样做正中希特勒的下怀。只有罗索做出了积极的反抗。他一次又一次地斥责对手说谎："无论希特勒先生重复过多少次，谎言还是谎言。"带着他这个阶级特有的傲慢，罗索将纳粹党的元首描述成为一个"毫无战术、目光短浅、无聊透顶，时而残暴野蛮时而多愁善感且毫无疑问低人一等"的人。他找了一位心理学家出庭证明希特勒"自认是德国的墨索里尼，是德国的甘比达，而他那些延承了王朝拜占庭风俗的拥护者则把他捧为救世主"。希特勒间或会怒吼以打断他的说话。但他这种行为并没有被视为"藐视法庭"而予以处罚，因为庭长宣称这种刑罚仅有"微弱的实用价值"，结果希特勒只是被要求控制一下自己。连总检察官在对希特勒进行指控时，也不时夹杂着对后者的称颂，评论其"作为演说家的非凡才华"并坚称"将其视为煽动家是极不公平的"。

这一切都帮助希特勒将这场审判转为己用。不过我们也无法忽略希特勒在面对审讯时的大胆和勇气，尤其是在刚刚经历了惨败之后。他为这场令人遗憾的行动扛起了全责，因此也成功为其行为找到了辩解理由，那就是出于高度的爱国心和责任感。毫无疑问，这是他"最令人惊叹的政治成就之一"。当他声明由他一个人来为整个行动负全责的时候，他就将自己盖过了鲁登道夫，登上了整个人民行动领袖的宝座。随着审判的进行，他又成功地抹去了此次行动的暴徒性质。同样地，对于他在那个游行示威的早上的被动和令人困惑的行为，他也无法进行粉饰。越来越多的事件和迹象表明那是一步经过精心策划，并大胆予以执行的妙招。"11月8日的行动并没有失败。"他在法庭如是说，这样就为将来的传奇打下了基础。在陈述的最后，他预言自己将在政治和历史上取得最终的胜利：

> 我们所训练的军队在一天天地茁壮成长，每个小时都在不停进步。就在此刻，我仍坚守着一个令人骄傲的期望，那就是总有一天这些杂牌军会成长为军营，营变

成团，团变成军，破旧的帽章将会从污泥中被拯救出来，旧日的旗帜将会挥舞向前，在面对上帝的最终审判前我们会达成和解。然后从我们的尸骨和坟墓中将会发出法庭之声来审判我们所有人。因为尊敬的先生们，你们是无法审判我们的；宣读审判的应该是永恒的历史法庭，它将会裁决对我们的控诉是否公正。我已经知道你们会做出怎样的判决。但是另外那个法庭是不会问我们：你们是否犯下了叛国罪？那个法庭将会审判我们，审判前陆军的军需部部长，审判他手下的军官和士兵，就像审判那些希望给予人民和祖国美好生活，并愿意为祖国战斗牺牲的德国人一样。你们可以一千次地宣判我们有罪，但永恒法庭的女神会微笑着将州检察官的摘要和此法庭的判决轻轻撕成两半，因为她会宣判我们无罪。

慕尼黑人民法院宣布的判决与希特勒所援引的"永恒历史法庭"将会做出的判决相去并不远。庭长费尽口舌才说服了三位非专业法官做出有罪的判决，他不得不向他们保证，希特勒在服完刑期之前肯定会获得特赦。判决的宣布成为了慕尼黑社会的头等大事。法庭中人头攒动，观众们已做好准备，向这位在高层有不少朋友的麻烦制造者鼓掌致敬。判决中再次强调了被告者"完全出于爱国和高尚的目的"，但还是宣判他入狱 5 年的最轻刑罚。不过他在 6 个月之后就可以获得假释资格，鲁登道夫也被宣判无罪。根据法律要求，所有肇事的外国人应被遣返回国，但是法院决定对一位"像希特勒这样无论从思想上还是情感上都视自己为德国人的"人网开一面。这个决定引起了现场观众如暴风雨般的掌声。当法官们依次走出法庭后，布鲁克讷大吼一声："现在该我们了！"希特勒站到了法院大楼的一扇窗户前，好让下面欢呼的人群看见自己。在他身后的房间里，花束正如小山般堆积起来。巴伐利亚州再一次成为了失败的一方。

在希特勒不在的日子里，虽然纳粹党进入了巴伐利亚州议会和国会，但却开始四分五裂为嫉妒、饱含敌意的小团体。德雷克斯勒指责希特勒"用他那疯狂的政变毁掉了纳粹党"。纳粹党的力量来源主要是公众的不满，而到了 1923 年底的时候，这种元素出现了紧缺状况。通货膨胀得到了遏制，一直多灾多难的共和国开始过上了"好日子"。11月 9 日的动乱虽然是地方性事件，但从某个方面却代表着整个魏玛共和国的转折点，它表明战后时期的结束。统帅纪念馆前的枪声似乎令人们头脑清醒过来，让整个国家不再将焦点聚在空想和幻想上，而是回到现实中。

不管是对于希特勒来说，还是对他的政党而言，这次失利都是一个转折点，他从中汲取的战术和个人教训为他未来的道路做出了指引。希特勒的名字第一次穿越了巴伐利亚的边界为更多人所知。而纳粹党也拥有了殉道者、传奇和被镇压的忠臣的光环，享有坚定卓绝的声誉。"这一事实是不容置疑的，"在后来的一次纪念演讲中希特勒强调说，"如果我们当时没有采取行动，现在的我就不可能……建立起一个革命运动。人们可以理直气壮地对我说：你说的和别人没什么两样，你的行动也和他们一样少。"

与此同时，统帅纪念馆前上演的一幕——希特勒在政府还未开枪前就已缴械——清晰彻底地揭示了希特勒与政府之间的关系。11 月 23 日的事件让希特勒明白，通过暴力手段来征服现代的政府机构是徒劳无功的。他得出的结论是他要想夺权只能依靠宪法。希特勒摇身一变成为了一个遵纪守法者。这样一来他就获得了政要和权力机构的首肯，他弃用了他早先那种极具侵略性的口气，只有在需要营造震撼效果时才会偶尔使用。他假装自己并不想与政府为敌而是寻求合作。这一姿态骗过了不少观察家，并且一直将他们蒙在鼓里。正如一些与他同时代的人给他起的绰号，"守法的阿道夫"完全可以被看作是一个无趣、极端保守的小资产阶级。

希特勒的新战略使得他和帝国国防军的关系发生了变化。他认为自己在 11 月 9 日的失利，在很大程度上是因为无法控制军队和警察的头目。在慕尼黑法院的结案陈词中，希特勒已经提到了自己未来战略的目标，"帝国国防军站在我们这一边，"他在法庭上怒吼着，"胜利的日子一定会到来。"根据这一目标，他将纳粹党自己的军队降到了副手的位置，但同时他也将冲锋队从军队附属这一位置中解放了出来；冲锋队不再是帝国国防军的一部分，也不会是它的敌人。

在经历了统帅纪念馆门前的失利后，希特勒的战术构思有了明显的长进，他与政治的关系也发生了改变。希特勒似乎现在才开始掌握政治游戏的意义和机会，战术上的躲避，虚假的承诺和为争取时间采用的拖延战术。直到现在，他才超越了他之前与政治之间的那种激情迸发、天真幼稚的"艺术"的关系。被各种事件和自己的冲动反应所左右的煽动家的形象已不见，取而代之的是一个冷静的有条不紊的权力操控技师的形象。11 月 9 日的政变未遂是一个重要的停顿：它意味着希特勒作为政治学徒时代的结束。从严格意义上来说，它事实上代表着希特勒第一次真正踏入了政治圈。

他是一个赌徒和游侠骑士的混合体，对绝境和注定要失败的事业有着天生的偏好。在 1923 年的所有关键时刻中，希特勒都不给自己留下任何战术上的选择，这简直是一种病态的倾向。他似乎总是在给自己寻找一个退无可退的境地，他总是将自己本已无法承受的赌注再加倍，我们可以称这是一种自杀的心态。他常常耻笑那些选择谨慎之路的其他政客，对于那些"不敢承受高压"的人，他总是嗤之以鼻，在这里我们也可以看出他的脾性一直未改变。从 1905 年开始，他就不断威胁说要自杀，但是他一拖再拖直到最后的那一刻，直到他已别无选择，直到柏林总理府的碉堡里只剩下一件沙发。

在 1923 年 11 月 9 日那个局势未明的中午，当游行示威队伍行进到奥登广场附近时，一位路人问道，那位站在行进方阵最前头的人是不是"真的就是从街角出来的那个小伙子"。现在"那个小伙子"已踏上了扬名历史之路。

第三部

漫长的等待

第一章 远 景

他们最好能够明白我们是从历史的角度来看问题的。

——阿道夫·希特勒

　　希特勒挂在兰茨贝格堡垒监狱墙上的月桂花环代表的不止是他打不垮的精神。无论从政治上来说，还是对于他个人而言，这种强制性的、与政治活动的隔离对于希特勒都是有益的。从一方面来说，这使他逃离了 11 月 9 日灾难之后的余波，他能站在一边关注那些痛苦和分散的拥护者们的争吵，与此同时，保持他那民族主义事业殉道者的光辉形象屹立不倒。另一方面，这使他有时间对自己多年来几乎是无知的躁动和兴奋进行反思，他重拾了对自己和自己使命的信心。随着他狂暴的情绪逐渐消退，他发现自己作为右翼民族主义领导人的地位得到了巩固。在最初登上这个位置时，他还是有些犹豫的，但是在审判的过程中他的自信心不断增强，最后他大胆地认为自己就是天定的救世主，唯一的元首。带着这种思想，希特勒成功地将他的这一形象灌输给他的狱友们。从此他便一直背负着这种使命感。这让他戴上了一副万年不变的面具，无论是微笑、帮助还是真情流露都无法软化他。在 11 月政变之前，迪特里希·埃卡特就曾抱怨过希特勒的妄想症和"救世主情结"，现在的希特勒则变本加厉地把自己塑造成一个纪念碑，以接近自己心目中的伟人和元首的形象。

　　所以他的监狱生涯根本没有对他的自我风格的形成构成任何阻碍。在之后的一次审判中，约 40 名政变参与者也被定罪，然后关押到了兰茨贝格，其中包括了"希特勒突击队"成员贝希托尔德、豪克、莫里斯、阿曼、黑斯、海因斯、施雷克和仍是学生的瓦尔特·黑韦尔。这对于希特勒来说相当于有了一队随从。监狱的头目们对这位犯人所提出的特别要求照顾得相当周到。当希特勒在大公共休息室里用餐时，他可以和他的拥护者们坐在一张特殊的桌子旁，他坐在首位，头上悬有"卐"字标的旗帜。打扫和整理希特勒房间的工作被分派给了其他的囚犯，希特勒是不用参与到劳作或者监狱锻炼中去的。希特勒的拥护者在抵达这所监狱后，"不做任何停顿马上向元首报告"，这被当作是理所当然的事情。不仅如此，他们每天早上 10 点都会来"与元首开每日例会"。希特勒将大部分的时间都用在了数量庞大的信件上。其中有一封奉承信来自于一位刚刚拿到哲学博士学位的人，名叫约瑟夫·戈培尔，他在信中对希特勒在审判时所做的结案陈词是如此评价的："您在那儿所做的陈述，是当今这个正在崩塌的世俗化的世界中诞生的新政治信条的真理性问答……一定是神赋予您这样的巧舌来倾诉我们的苦难。您将我们的痛苦转化为言语，而从您的言语中我们看到了救赎的希望。"当他在所谓的同志晚间聚会上发言时，据说"堡垒里所有的官员都会静静地聚在外面的楼梯间里聆听"。似乎被他的失败所触动，希特勒会滔滔不绝地描绘其传奇和他对未来的展望，并为这个他仍然期望成为其独裁者的国家制定实际的计划。据推测，修建高速公路的计划和建立大众公司的想法都可以追溯到这一时期。尽管监狱规定一周的探访时间为 6 个小时，但希特勒每天接见探访者的时间就长达 6 个小时——其中有拥护者、请愿者和友好的政客，他们构成了兰茨贝格监狱的朝圣团。审判结束后不久，希特勒就迎来了自己的 35 岁生日，当天这位著名的囚犯收到的鲜花和包裹足足塞满了几个房间。

但希特勒主要将时间用来对过去进行评估。他试图为他那混杂的情绪找到一个理性的说辞，并将零散的早期读到的东西，和不成熟的想法与他最近一点点收集到的知识，结合成一个有条理的思想体系。"这段时间让我有机会对之前只是凭直觉去理解的某些概念，有一个更清楚的了解"。

希特勒读了些什么书，我们只能从其他人的嘴里得知一二，因为他自己很少提及书或是喜爱的作家；像很多自学成才的人一样，他害怕别人说他的观念是抄来的。他唯一经常提起的作家是叔本华，希特勒曾说过，他上前线时都带着叔本华的书，而且他也能大段大段地引用后者的文字。他还提到过尼采、席勒和莱辛。在 1921 年撰写的自传草稿中，他坚称在年轻时"对经济理论和所有当时能看到的反犹太文献进行了彻底的研究"，他说："从我 22 岁起，我就对军事和政治书籍抱有浓厚的兴趣，而且对于世界通史我也从未停止探究。"但对于这些领域里的著作，他却连一本的名字也叫不上来。他总是希望让人们相信他无所不通，同样他也总是提到他所背负的艺术史、文化史、建筑史和"政治问题"的沉重责任。但是在他入狱之前，希特勒在这些领域里的学识很有可能只是从二手或者三手的摘要中获得的。汉斯·弗兰克提到希特勒正是在兰茨贝格服刑这一时期阅读了尼采、张伯伦、兰克、特赖奇克、马克思和俾斯麦的著作以及德国和协约国政治家对战争的回忆录。但他仍然从伪科学的二流作品中吸取养分来建筑他的世界观：种族理论的传单、反犹太的小册子以及关于条顿人、种族神秘论和优生学的专著论文等等。

关于希特勒读过的书众说纷纭，但其中有一个细节听起来真实可靠，那就是他对各种知识的渴望和他投入的程度。库比泽克曾说在林茨的时候，年轻的希特勒就在三家不同的图书馆办有借书卡。从希特勒的词汇量就可以看出他的确涉猎甚广，但是从他的演讲、文章和席间闲谈以及其随从的回忆录中都可以看出，他对知识和文学问题很明显不感兴趣。在他200多次席间闲谈的滔滔不绝中，只有2到3部德国经典作品会被随意提起，《我的奋斗》中提到歌德和叔本华的次数仅为一次，而且还是因为涉及到庸俗的反犹太内容。事实是，知识对于希特勒来说一文不值，获取知识的愉悦或者奋斗于他而言犹如陌路，知识只不过是一件有帮助的工具。

7月来临，希特勒带着他在读书中所表现出来的那种毫无节制的精神，开始投入《我的奋斗》的创作。第一部分的完工花了三个半月。他后来自己评价说当时他"必须要一吐为快"。"夜深人静时仍旧可以听到敲打打字机键盘以及希特勒向黑斯进行口授的声音，从希特勒的小房间里传来。到了星期六的晚上……他通常会将已完成的段落读给他的狱友们听，而他们就像信徒一样围坐在他的身边。"这本书开始的构思是对于"四年半的奋斗日子"的记述和评价，但是逐渐演变成了自传、意识形态的短文和战术理论的混合体，这也成为了元首传奇的一部分。在希特勒对自我形象的神秘化过程中，对其进入政治圈之前的惨淡岁月的描述中添加了穷困、唯美和孤独等要素，以表现其内心的成长和准备，可以说是一段在沙漠中的短暂逗留。

希特勒的传记作者康拉德·海登相信，希特勒与当局达成了某种协议，关于最近发生的阴谋在他的书中不要透露太多。这有可能是事实，也有可能不是。但不管怎么说，可以肯定的是，希特勒对于这本书的野心要比阿曼所设想的来得高。希特勒认为这是一个机会，来展现他身兼政治家和理论家两者的特质，来证明他是这个国家唯一的救世主。

整本书中不断暗示希特勒是一位奇才。垂死英雄可以被理解为给最近的挫败披上一层崇高悲剧的外衣。希特勒对这份工作的勤力付出实为罕见。这给他提供了一个机会来证明，即使他受教育程度不高，即使他被美术学院拒收，即使他在收容所有着不堪回首的过去，但现在的他已经攀登到了资产阶级文化的高层。也许看上去他什么也没做，但是这些年来他一直在努力思考，这使他不仅能诠释过去，还能为未来提出规划。正是带着这样的自命不凡，希特勒开始了《我的奋斗》的创作。

在这些大胆文字的背后，隐藏的是一个半瓶水的作者的焦虑——担心读者会质疑他的学识。为了让文字显得气势宏伟，他大量使用名词，其中很多都是形容词和动词转化而来的，空洞而又造作。从整体来看，其语言呆板僵硬，极不自然。

希特勒的几位拥护者费尽心思对这本书进行修改，但他们无法剔除掉其风格上的差错和不适当的语言，因为那是希特勒冗长的假学究风格中重要的一部分。因此我们经常可以在文中看到诸如"从政治上毒害了我们国家的鼠辈"或者"从战争的子宫里孕育出的帝国旗帜"之类的言语。鲁道夫·奥尔登就曾指出希特勒那造作的文风中有很多荒谬之处，比如下面这个就是典型的希特勒式的暗喻。在提到贫困时，他说："从未经受过勒喉的毒蛇利爪的人是绝不会明白其毒牙的厉害的。"奥尔登对这段话的评价是："这一句话中包含的错误要比一整篇文章来得还要多。首先毒蛇没有利爪，其次缠绕在人身上的蛇是没有毒牙的。而且如果一个人是被蛇勒死的，他当然不会知道它毒牙的厉害。"

尽管这本书冗长晦涩，但从中传达出的作者形象却相当真实——作者一直惧怕其面具被人掀开，但最后掀开的却是他自己。大概是意识到了这本书揭露了自己的本质，后来希特勒尝试与这本书划清界限，称其只是一本为《人民观察家》写的各种社论的合集，并将之斥为"铁窗后的幻想"。"如果在 1924 年的时候我就想到将来我会当上总理，我就决不会写这本书了。"但同时他又暗示他的保留纯粹是出于策略和文风的考虑，"我并不想改变一丝一毫的内容。"

《我的奋斗》可能晦涩难懂，但通过支离破碎的方式，它列出了纳粹主义思想体系的所有元素。希特勒在这里阐明了他的目标，即便其同代人无法认同。当你开始将这些稀散的部分组织到一起，并明白了其内在的逻辑之后，你就会发现"一条让人惊讶的如此连贯的思路"。民族主义、反布尔什维克主义和反犹太主义再加上达尔文的奋斗理论，构建起了他的世界观的主要支柱。

希特勒的世界观并不包含关于社会福祉的任何新展望或新概念，而是希特勒那"如海绵般的记忆"在早年狼吞虎咽下的知识的综合体。希特勒的原创性表现在他能将如此天差地别的元素整合到一起的能力，并使这些拼凑起来的信条看起来真实可靠有条理。你可以说他的脑袋并不能孕育出任何思想，但它的确能生产出能量。尤其值得注意的是，希特勒对所有事物的认知都是从权力的角度出发。这与之前右翼运动的发言人形象相反——其失败很大程度上就是因为他们过于纠缠思想的微妙之处，希特勒认为想法本身"只是理论"而已，而且他只选择那些在实际应用中有功效的思想理论。

实际上，他在为长期处于防守状态的资产阶级建立一个拼死抵抗的思想体系；他采用了其信仰，将之稀释并使之粗糙，再赋予其行动的侵略性和意图性。他的世界观是资产阶级所有的梦魇和知识风潮的混合体：其中有对左翼革命的恐惧，这一威胁从 1789 年起就在整个欧洲阴魂不散，而且最近在俄罗斯变成了现实，在德国也曾短暂成真。这位德国人对外国人的泛滥有着神经质的担忧，这表现为他对种族和生理问题的痴迷。接下来是右翼的恐惧，担心笨拙心不在焉的德国会在国家竞赛中败下阵来，其表现形式就是民族主义的情绪。最后是资产阶级的历史性担忧，他们恐惧他们的伟大时代即将终结，他们的安全感也在一步步被侵蚀。"没有什么是安全的，"希特勒宣称，"没有什么是深深扎根于我们之中的。所有的东西都是流于表面的，从我们身边飞快溜走。我们的人民的思想变得不安和草率。生活中的一切都变得支离破碎……"

希特勒自己早已浸淫在这种焦虑不安的心态中，再加上他喜欢走极端的个性，他觉得人类的命运已危如累卵。"这个世界已到了尽头！"他相信国家和文明都会坠落。他的这种历史巨变观与其自己对救世主形象的认命感结合在了一起。这一时期的研究者会惊讶于他执行摧毁犹太人计划的决心，他一直坚持到战争的最后一刻，根本不理会这从军事上来说有没有必要的。这种决心绝不仅仅是一种固执，而是因为希特勒坚信他正身处一场异常庞大的战争中，其意义超越一切。他认为自己就是为了拯救宇宙，将邪恶"扔回给撒旦"的"另一种力量"。

这些思想、这种生存竞争意识和适者生存理论结合起来，得出了一种末世论的达尔文主义。希特勒很喜欢说，"这个地球就像是一个手手相传的酒杯，它向我们解释了为什么它最后总是会传到最强壮的人手里。"他从一切事物的殊死搏斗中看到了宇宙中最基本的法则：

> 自然……将生物放在这个星球之上，然后看着力量的自由发挥。然后她将统治权教给她最宠爱的孩子，最勇敢也是最勤奋的……只有生来就是弱者的人才会认为这是一种残酷，但他终究不过是一个孱弱和受限的人；因为如果这条法则不占据统治地位，那么有机生物就别想有任何发展。……最后，只有自卫本能才能战胜一切。在它面前，所谓的人性、愚蠢、懦弱和自负的混合体都不堪一击。人类只有在永恒的争斗中才能变得伟大，永恒的和平只会让其消亡。

这一"自然铁则"代表着他所有的冥思苦想的开始和终结。希特勒试图将这一法则也应用到公正和道德的概念中去。他吹嘘说他进军欧洲的意图是为了帮助金发碧眼的白人"散播自己的血脉"并因此获得统治地位。在这种全面争斗的哲学系统中，顺从远比智力更受重视，随时准备行动要比洞察力重要，而疯狂的盲目则成为了最高尚的品德。

在他对"生存的神圣法则……的无条件崇敬"中，我们可以再清楚不过地看到希特勒对于他人权利以及他人追求幸福的权利的完全无视，和他道德感的完全缺失。这种信条也为希特勒冷冰冰没有情感的个性提供了高尚的理由。他可以将争斗、谋杀和"血祭"转变为对神圣指令的服从。"我对犹太人的行为只是在为主服务"，他在《我的奋斗》中这样写道，而差不多20年后，在战争和屠杀中他自鸣得意地说道，"我的良心一直是清白的。"

这是人类再一次面对这种危险。与古老的伟大王国的终结不同的是，现在面临的威胁不仅仅是一个文化的灭绝，还有所有高尚的为人资格的终结。希特勒警告说，"这个地球上的日耳曼的血统正在逐渐走向灭绝。"他看到黑暗势力从各方袭来，"我为整个欧洲而颤抖！"他在一次演讲中疾呼，并试图在人们心中营造出旧大陆"沉入鲜血和悲伤的海洋中"的景象。

在这里不难看出戈宾诺的影响。在他关于种族的不平等理论中，他第一个将对现代社会种族融合的焦虑明确表达出来。他的观点是所有文化的堕落都可以追溯到种族之间的杂交。这位法国贵族的种族情结，对于"暴民的污血"的厌恶，很明显是源自一个没落统治阶层的愤慨。值得注意的是，希特勒简化了戈宾诺的理论，使它具有煽动性，并能为当代社会所有的不满、焦虑和危机提供一套似乎有道理的解释。

希特勒牢记着将精力集中在一个对手上的理论，因此他将犹太人作为所有可以想象的罪恶和恐怖的化身，"将一切都推到他们身上"。

当然，希特勒也从未忘记反犹太主义的宣传价值。他曾谈道，"如果犹太人根本不存在，那我们就必须造一个出来。我们需要的是一个看得见的敌人。"但与此同时，犹太人的确是他情绪的焦点，是一种病态的狂热，他脑中犹太人的形象与他创造出来的魔鬼形象相差无几。犹太人是希特勒所痛恨的一切怪诞的代表。当然，他所宣扬的犹太人企图掌控世界的理论在宣传上很有效果，但除了不择手段达到目的之外，他是真的相信这一理论，认为这是所有现象的关键所在。他越来越坚守其"赎罪方案"，坚信通过这个方案，他能理解这个只有他能解决的时代危机的本质。在 1924 年 7 月底的时候，一位来自捷克斯洛伐克的纳粹党员来到兰茨贝格监狱对元首进行访问，他问希特勒在入狱之后对犹太主义的态度是否有所转变。他回答说，"是的，我改变了如何与犹太主义斗争的想法。我发现我之前的做法实在太温和了。在写书的过程中我意识到如果在未来的斗争中想获得胜利，我们就必须采取更加严厉的措施。我确信这是一个至关重要的问题，这不仅仅对我们的民族是这样，对所有的民族也是如此。因为犹太人就是这个世界的瘟疫。"

希特勒对犹太人的疯狂仇恨，远远超过了其对于国家宏大未来的关注。"如果我们的人民和国家成为了那些嗜血和贪婪的犹太暴政的牺牲品，那么整个地球将沦陷到这条丑陋章鱼的陷阱之中。"只要将这世界的邪恶之源铲除掉，混沌将消失，秩序将重建，人们会团结起来，主人和奴仆将各自归位，在英明的领导下，"世界的核心民族"将会互相尊重和平共处。

这种理念虽有长足的发展，但一直未能形成一个清晰的体系，不过正是这一理念赋予希特勒的政治生涯一种他喜欢称之为"梦游般的确定性"。也许形势目前看起来很乐观，但他绝不会让自己对世界形势的看法以及自己正身处殊死搏斗的观念有所改变。正是这种阐释和情绪让他的政治观点拥有野蛮的连贯性。他的犹疑不决——他的所有同事都指出过他这一点——通常是因为涉及到战术的选择，但在原则问题上他是毫不犹豫的。而且虽然他喜欢拖延应付，但他迈向最终的大决战时却毫不畏惧。一位与他较为亲密的拥护者曾说希特勒他自己就是"所有人之中最激进的纳粹党人"。

这些理论对他外交政策的形成有着尤其大的影响，在《我的奋斗》一书中，他对这些政策进行了详细阐述，并一直奉行到底。但没人意识到他在书中所规划的，这些看起来近乎疯狂的目标是他真实的具体政治计划。这计划的理论基础就是德国目前的困境是种族因素造成的，要想获得救赎只有恢复其种族的纯洁完整性。他认为："如果德国人民在历史的发展中能拥有和其他民族一样的牧群般的团结力，那么现在的日耳曼帝国将毫无疑问是这个星球的主宰。"

他脑中模糊的革命概念其实也有着强烈的精英主义和生物选择的意味。他认为革命的目标不仅仅是建立新的统治秩序和机构，同时还要创造新人类。在他的很多演讲和宣言中他都赞美新人类的出现为"名副其实的黄金时代"的曙光。他一再强调的观点之一就是："以为纳粹主义只是一项政治运动的人其实是一无所知。它比宗教的内涵更丰富，它是新的创世纪。"因此新的国家机构的首要任务之一就是停止"进一步的杂交"，"将婚姻从种族通婚的泥潭中拯救出来"。通过"回归性交配"可以恢复高贵纯洁的雅利安血脉。通过这种生物和教育步骤，日耳曼人民将回归原始的纯真。

他一而再再而三提到的生存空间，并不仅仅指的是为过剩的人口提供食物，保护他们不受"饥寒交迫"，收留那些在商贸工业的威胁下苟延残喘的农民，而更多的是作为征服世界计划的一个序曲。所有野心勃勃的国家都需要更大的疆域，这样才能不依赖于某个特定时期的政治结盟。历史上的伟大王朝都是和地理上的扩张紧密联系在一起的。希特勒哪怕到了最后一刻对于这一点也一直深信不疑。

对于未来人口过剩的威胁，他在早期认为有四种解决方法。其中三条——控制生育、内部殖民化和海外殖民政策——被他认为是畏手畏脚、不值一提的做法。他特别引用美国为例，指出唯一可以接受的道路就是一场征服大陆的战争。"通过和平方法无法解决的，就用暴力手段来夺取。"他在兰茨贝格监狱中如此写道。他毫不掩饰脑中的想法："如果想在欧洲获得土地，那么总体来说只能拿俄罗斯开刀，这意味着新的帝国必须再次踏上古条顿骑士的征途。"

他的心中无时无刻都怀有一种恐惧，害怕在瓜分世界时德国再次迟到。在他考虑有可能在未来与德国争夺霸权的国家时，他总是想到俄罗斯。种族、政治、地理和历史的各种迹象在这里重叠：所有的一切都指向东方。

希特勒在最初是一个修正主义者，他要求废除《凡尔赛和约》，恢复到1914年的国土疆域，如果有必要的话不惜采取武力，将所有的日耳曼民族统一到一个强大的国家下。这种流派的想法视法国为最主要的敌人，认为德国最大的机会在于利用法国的困境。但希特勒并没有一直坚持这种看法。鉴于他凡事都往大了想的作风，很快希特勒就开始将整个欧洲大陆作为一个整体来考虑，用区域政治来代替边界政治。

他思想的核心是德国无论在军事、政治和地理上来说都处于受威胁的中间地带，"只有无情地将强权政治退到前台"才能生存下来。在威廉大帝时代，希特勒在一次关于德国外交政策的讨论中就坚称：德国要么放弃海上贸易和殖民地，与英国结盟对抗俄国；要么为了海上霸权和世界贸易，与俄国结盟对抗英国。在 20 年代初期，希特勒更希望选择后一条道路。他视英国为帝国的主要对手之一，因此有很明显的亲俄倾向。直到 1923 年初，大概是因为看到苏联政权稳定下来，他才开始考虑另一条完全相反的道路，与英国结盟对抗俄国。根据资料显示，希特勒在这个问题上足足权衡了一年多，苦苦思考其后果和实现的可能性。最后他思考的结果呈现在了《我的奋斗》中著名的第四章里，他在其中提到要为生存空间而向俄罗斯开战。

在呈现这一计划时，希特勒当然也没忘了向法国开战的想法。这一直是他外交政策中的一个基本点，即便是在碉堡中的最后日子里也没有发生任何改变。但现在它有了不同的性质，其对法国的战争是为了能让德国在东方腾出手来。当他在 1925 年撰写《我的奋斗》的第二卷时，希特勒对修正主义的做法进行了强烈的抨击，他认为修正主义的做法是为了恢复毫无逻辑的、纯粹出于偶然的、过于死板的疆界，这些从军事地理上来看毫无意义。更糟糕的是，这种做法会激怒德国在之前战争时期的所有对手，导致他们之间本已接近崩塌的联盟重新恢复。"要求恢复到 1914 年的疆域版图在政治上的荒谬性和后果足以让它看上去是一种犯罪"，希特勒在书中特意用斜体字对此进行强调。而纳粹主义的目标是保卫德国人民的疆土。"上帝和日耳曼子孙为证，只有这样的行动才能为所有的流血牺牲提供正当的理由"。因此，攻打俄罗斯的想法，在"古日耳曼人在东方控制的领域内"建立起一个广阔的欧洲大陆帝国，成为了希特勒的外交政策的宗旨。他赋予其划时代的重要性：

> 因此我们这些纳粹党人自觉地与战前时期的外交政策划清了界限。我们继承的是 600 年前被中断的事业。我们日耳曼民族不再向南和西扩张，而要将目光投向东方。我们终于摆脱了战前时期的殖民和商业政策而改为未来的土地政策。

他是如何得出这一符合逻辑且令人震惊的理论并不重要。其中有部分是他的原创，有一些则是对现有理论的扩展。生存空间的理念似乎是从鲁道夫·黑斯处借鉴而来，后者靠着他对希特勒的揶揄奉承，逐渐在兰茨贝格的团体中获得了重要的一席之地。尤其是他替代了莫里斯，当上了希特勒的秘书。而且他还引见希特勒认识了他的老师卡尔·霍肖菲尔，后者将政治地理学打造成了一种帝国扩张的思想体系。

希特勒在 19 世纪 20 年代的中期建立起了后来付诸实施的外交政策的要点：在早期

试图与英国结盟，加入罗马—柏林的轴线，对抗法国，并在东方展开灭绝性的战争以征服和占领世界的"心脏地带"。在这些计划中，道德的考虑被完全抛在一边。在《我的奋斗》中，希特勒宣称："一个联盟的目标中如果不包含战争的计划，那是愚蠢和毫无价值的。国家的边界是由人决定的，也是由人来改变的。"只有对毫无头脑的白痴来说，"它们才是不可更改的"，征服者的力量就是他权力的证明。这些都是他的座右铭。不管他的计划、他的历史理论、扭曲的生物观和对时势的分析如何夸张，其亢奋的激进性也比温和的修正主义者们提出的归还西普鲁士或是南蒂罗尔的要求的成功希望大得多。与其他民族主义伙伴们不同，希特勒意识到，在现有的世界政治秩序下，德国是没有机会的，要想赢得这场游戏，只能首先拒绝参与其中。在转变方向视苏联为敌人后，德国就和其他也认为苏联是一个巨大威胁的国家结成了同盟，这使得德国"具有了强大的潜力……征服一个帝国将比仅仅只是收回布隆姆堡和科尼格斯舒特要来得容易得多"。他更有机会攻下莫斯科而不是斯特拉斯堡或博岑（博尔扎诺的旧称）。

当希特勒于 1933 年将其计划付诸实施时，其直截了当十分令人吃惊。他的面前只有两个选择，世界霸权或者世界末日。1930 年在一次向埃尔兰根大学的教授和学生们进行的演讲中，他说道，"每个人都在奋力扩张，而每个国家都在努力争取统治世界。"他认为这一理论来自于自然的高贵法则——无论在何处，胜利的都是强者，而弱者则被灭绝或无条件投降。对于这一观点他一直坚信到底，在他看到自己将彻底失败，末日即将来临时，他向阿尔贝特·施佩尔说的一番话令后者极为震惊："如果这场战争输了，人民也就输了。根本没必要为德国人民的基本生存需求而担忧……因为这证明这个国家是弱者，而未来只属于更强大的东方国家。"

到了 1924 年底，在被监禁约一年后，被希特勒讽刺地称为"国家出钱让他上大学"的监狱岁月终于完结了。根据州检察官的要求，监狱长莱博尔德在 1924 年的 9 月 15 日起草了一份报告，使假释变得势在必行。

我们也许会觉得奇怪，这位已经违反过一次假释条例的纳粹领导人，多年来煽动了不少的暴动和会厅斗殴，曾经废黜了国民政府，逮捕过内阁部长，是多项杀戮背后的主使，居然由于政府官员的干预，再一次逃脱了惩罚，能够提前释放。事实上，州检察官办公室发出的一封抗议信在当时还延缓了法院的行动。但是州政府当局倾向于赦免这位违法者，因为他们有着相同的利益。因此，他们对于遣送希特勒回国一事也没有上心。慕尼黑警察局长办公室于 1924 年 9 月 22 日写给内政部的信中指出，驱逐出境是"必须执行"的，新巴伐利亚政府首脑赫尔德也曾派人去奥地利，试探他们是否愿意接收希特勒回国，但事情也就到此为止。希特勒自己倒是万分担心，因此他想尽方法来证明他的温顺。当格雷戈尔·斯特拉瑟在兰茨贝格监狱里站出来斥责说，对希特勒的继续关押是巴伐利亚之耻，并激动地抨击这个国家的统治阶级是"一群猪，一群低贱令人作呕的猪"

时，希特勒很是愤怒。对于罗姆的地下活动，他也极为不满。

但事态再一次向着有利于希特勒的方向发展。在 12 月 7 日举行的国会选举中，右翼运动只获得了百分之三的选票。之前他们在国会有 33 个代表席位，在选举之后仅剩下了 14 席。这一结果似乎表明激进右翼气数已尽。很明显，巴伐利亚的高等法院也是这么想的，因为尽管州检察官提出了抗议，他们仍然同意了低等法院关于批准希特勒假释的裁决。12 月 20 日，当兰茨贝格监狱的狱友们已经开始准备迎接圣诞节的时候，监狱收到了一份来自慕尼黑的电报，命令立即释放希特勒和克利贝尔。

事先得知此消息的几位朋友和拥护者开着车在监狱大门处等候着，人数少得让人失望。运动已分崩离析，赫尔曼·埃瑟尔和尤里乌斯·施特切尔则在希特勒慕尼黑的公寓中等候。没有什么盛大的场面，更没有什么凯旋。体重有所增加的希特勒看上去紧张而不安。他在当晚就去见了恩斯特·汉夫施滕格尔，并要求他"放《特里斯坦和伊索尔德》中的《爱之死》选段给我听"。即便是在兰茨贝格监狱里，这种忧伤的情绪也从未离开他。《世界舞台》则写了一篇讽刺的讣告，宣告希特勒的英年早逝，并补充说，毫无疑问日耳曼的神祇们实在是太钟爱他了。

第二章　危机和抵抗

希特勒就要没油了！

——巴伐利亚内政部长卡尔·斯蒂策尔于 1925 年

当希特勒从兰茨贝格监狱回来时，局势并不乐观。事态转变的缘由可以追溯到通货的稳定。从一方面来说，人民再一次感觉社会有了一个可靠的根基。而另一方面，通货膨胀的结束对于那些职业骚乱制造者来说日子就不那么好过了——因为自由兵团和准军事组织一直依靠外国货币，在通货膨胀的情况下，很小的数额就能支撑很长一段时间。政府也逐渐恢复了团结和威信。1924 年 2 月底的时候，政府取消了从 11 月 9 日开始执行的紧急状态。同年，外交部长斯特拉塞曼的调和政策开始收效。这表明德国国内的整体心理态势开始好转。战争时代的仇恨和愤慨逐渐消退。道威斯计划为解决赔款问题带来了一线曙光。法国方面也表现出主动撤出鲁尔区的迹象。眼下正在讨论安全条约，甚至德国加入国联的问题。随着美国资本的涌入，经济开始复苏，失业率大幅度下降，这使得排队等面包和救济金的人数明显减少。局势的好转也反映在了选举结果中。1924年 5 月，激进势力还取得了一次胜利，但到了同年 12 月份的选举，他们遭到了严重的挫败。仅在巴伐利亚，种族主义——民族主义的团体就失去了将近百分之七十的拥护者。民主中间派的势力得到巩固，这也许不能立即反映出这种转变，但在经过多年的危机、衰退和动荡的威胁后，德国终于开始回归正常的状态。

就像其他众多失业的职业政客一样，希特勒自己似乎也走到了10 年不规则生活的尽头，即将再次面对他在青年时代就极为恐惧的法律和秩序以及"国内的平静"。从清醒的角度来看，他目前的状况简直毫无希望可言。虽然在审判的过程中他给自己戴上了荣耀的光环，但之后他却渐渐沦落成一个失败的可怜角色，一个几乎被遗忘的政客。纳粹党和其所有的组织都被取缔，《人民观察家》也被查封。帝国国防军和运动的大多数私人资助者都不再对其予以资助，喧嚣过后，他们又回到了日常生活的老一套中。回首当年，很多人都对 1923 年持轻蔑的态度，那是一段疯狂糟糕的时期。迪特里希·埃卡特和绍伊博内·里希特已经去世，戈林被流放，而克利贝尔即将踏上流亡旅程。与希特勒较为亲近的大多数拥护者不是在坐牢，就是互相争吵以致分崩离析。在被捕后不久，希特勒曾给阿尔弗雷德·罗森伯格写了一封潦草的短笺："亲爱的罗森伯格，从现在开始运动就要靠你来领导了。" 罗森伯格采用了化名罗尔夫·埃德霍特（将阿道夫·希特勒的字母顺序颠倒而构成），试图将希特勒拥护者的残余部分团结在一起，并用伟大德国人民社团（GVG）作为掩护。冲锋队则在各种体育俱乐部、合唱团和射击俱乐部的演示下继续存在。但罗森伯格没有领袖的才华，他领导下的运动很快变成了各种派系间的互相争斗。施特切尔在班贝格建立了一个巴伐利亚种族—民族主义联盟，并要求独立。最后，埃瑟尔、施特切尔和一位来自图林根州用小说宣扬疯狂的种族主义的阿图尔·丁特尔博士夺去了 GVG 的领导权，而鲁登道夫与冯·格拉埃夫、格雷戈尔·斯特拉瑟（不久罗姆也参与进来）则组织起了纳粹主义自由党，作为民族主义和种族主义团体的一个统一战线。因此在希特勒入狱的这段时间里，有希望登上领导之位的人纷纷利用这个机会，来提高自己在民族主义运动中的地位，甚至趁机将希特勒从明星宝座上赶下来，逼他回到原来的"鼓手"角色。

而希特勒面对现实并没有觉得灰心丧气，他反而认为这是个大好机会。罗森伯格后来承认，当希特勒任命他为临时领导时他惊讶不已，甚至怀疑过希特勒之所以选他是出于某些他自己不可告人的秘密。也许希特勒已经准备好了让整个运动土崩瓦解，只要这能巩固他的领导地位，因为命运赋予他的使命是无法委托给下级的。在宗教里，也从来没有所谓的副救世主一说。

带着出奇的冷静，希特勒看着罗森伯格、施特切尔、埃瑟尔、波尔内、罗姆、阿曼、斯特拉瑟和鲁登道夫之间的争吵，如他的一位拥护者所说的，"连小指头都没有抬一抬"。还在监狱的时候，他就尽力不做任何决策，不建立任何权力中心，也不要求任何领导权。出于同样的原因，他反对民族主义运动参与国会选举，虽然这种参与是符合他新的合法夺权政策的。理由是任何党员只要获得了议员豁免权或者开始领立法委员的薪水，他们就在一定程度上摆脱了他的掌控。因此当他知道纳粹主义自由党在 1924 年 5 月的国会选举中获得了 472 个席位中的 32 席时，他没有丝毫开心的感觉。不久之后，希特勒在一封公开信中辞去了纳粹党的领导之位，收回了他之前所做的各项任命，并拒绝任何政治意图的探访。鲁道夫·黑斯在兰茨贝格监狱中装模作样地写文章评论纳粹党拥护者的"愚蠢"。希特勒这次的赌博被证明是一次聪明的选择。当他从监狱出来的时候，发现纳粹党已只剩下断壁残垣；但从另一方面来说，他也不再有任何值得害怕的对手。他的现身对于民族主义——种族主义运动来说，就像是渴盼已久的救世主。在这样的基础上，希特勒能够马上建立威信，而且不久之后就无人可以质疑。他后来坦率地承认："如果当时局面不是这样，这一切就不会成为可能。当时（从监狱释放出来后）我能向党内的每个成员说：现在我们可以用我想要的方式来打这场战争。"

尽管如此，踏出牢笼的希特勒发现自己需要面对的，是人们高涨的希望和一盘散沙的拥护者们互相抵触的期望和要求。他的政治未来取决于他是否能从所有这些小派别中成功脱身，同时在这群雄并争的右翼圈子里，为他的政党建立起清晰明确的个性——但性格又不能太过鲜明，这样才能吸引不同的志向。很多右翼分子希望他能和鲁登道夫携手建立一个种族主义——民族主义团结运动，但他意识到只有站在某种超自然的顶峰上的超凡卓绝的领导人才能发挥超强的凝聚力。因此他现在对于仓促的结盟并不感兴趣，他感兴趣的是划分界限，树立起他个人的专制权。他在接下来几周的行为就是出于这些考虑。

在他释放仅仅几天之后，希特勒接受了波尔内的建议，向巴伐利亚的新州长赫尔德提出会谈的请求。赫尔德是巴伐利亚人民党的主席，是一个坚定的罗马天主教徒和联邦制拥护者，希特勒及其同事一直对他抱有很深的敌意。为了轻描淡写这次会见的重要性，希特勒假装他唯一的目的，就是请求释放那些仍然因禁在兰茨贝格监狱的同志。右翼阵营的批评家谴责他"与罗马讲和"，事实上他是想与政府讲和。他指出他和鲁登道夫不同，他可不能在杀死对手前先告诉对方自己的真实意图，他可承担不起这样做的后果。

他的个人命运和这项运动的未来都取决于这一步是否成功。他的野心并没有任何改变：那就是夺权。要想达到目标，他必须建立起一个独裁军事政党，但同时他必须赢得权力集团和机构的信任。就是说，他必须既是一个革命者又是一个现有环境的保卫者，既激进又中庸；他必须既对这个体制构成威胁，同时又扮演其保护者；他必须违犯法律同时又担任其护卫者。我们无法确定希特勒是否有意识地制定了如此自我矛盾的战略，但是他在实际中所做的一切几乎都是为了从战术上实现这些矛盾。在他和赫尔德的交谈中，他向首相保证他会绝对忠诚。他许诺说他在未来只会寻求合法的手段，11月9日的政变是一个错误，从那以后他明白了必须尊重州政府当局，他自己作为一个资产阶级的爱国者，已做好准备竭尽全力为这一目标做出贡献。不过，他需要他的政党和《人民观察家》才能发挥出最大的效力。

赫尔德以一种有所保留的姿态听完了这些无稽之谈。他说他很高兴听到希特勒终于决定尊重政府当局，但是他尊重政府与否其实根本无关紧要。他赫尔德作为州长的职责就是维护政府的权威，不管对手是谁，他绝不会容忍巴伐利亚州像11月9日之前一样的混乱。

尽管如此，在他的好朋友居特纳博士的劝说下——这位博士同时也是希特勒的赞助人之一，赫尔德最终同意解除对纳粹党和其报纸的禁令。因为他从和希特勒的会谈中得到的印象是"野兽已经被驯服了"。

几天之后，希特勒出现在了州议会立法部门的民族主义政党派系的会议上。在民族主义运动已经处于低谷的状况之下，他还在同伴间制造了新的不和。在进入州议会大楼时，他摆弄着手上的皮鞭——这已成为他的固定配饰，议员们则以严肃的气氛聚在一起来欢迎他。但会议才刚刚开了个头，他就开始攻击议员们缺乏领导和理念。对于他们拒绝赫尔德州长提供给他们的，参与到政府工作的机会这件事情，他尤其愤怒。沮丧的议员们回击说，对于一个重名誉的人来说有些原则是不能放弃的，一个人不能先攻击一个敌对政党背叛德国人民，然后又和他们合作建立政府。随着争吵的继续，其中一个成员指出，希特勒希望合作的一个理由是因为他的假释是靠贿赂而来的。希特勒尖刻的回击说他的释放对于这项运动的重要性要比两打民族主义议员的所有原则加起来还要大得多。

看起来他的意图是要将那些不肯屈服于他的人赶出他的阵营。他曾讽刺地提到纳粹党成员在 1923 年"如通货膨胀般的"飞速增长，他觉得过快的增长导致了危机来临时会缺乏坚强意志。他现在要做的就是去芜存菁。其他民族主义团体的领导很快就开始抱怨，希特勒不肯和他们合作，他们总是提起他们在统帅纪念馆前一起洒下的热血。但这种多愁善感在希特勒身上不起作用。相反，他会想起在 1923 年的时候他是如何依赖别人的力量，他是如何不得不顺从其他民族主义者的意愿。他从中获得的教训就是：所有的合作关系都会束手束脚。所以他现在只有在涉及到政府和掌权者的时候才会装出一副顺从的样子，但是在运动内部，他在执行自己的意志时是绝对的专制。他愿意接受这样做的后果：在 24 位保守议员中，最后只有 6 位经受住了考验，其余的人都倒向了其他政党。

这也不是他们之间的最后一次战役。希特勒不耐烦地开始了新一轮的争吵，并对已在不断萎缩的运动进行精简。他极为重视纳粹党与其他种族主义、民族主义和激进右翼团体的区别，并拒绝与他们合作。到目前为止他已经疏远了国会的几乎所有议员，除了四个之外。即便这四位也显出了抵触情绪，希望他能和赫尔曼·埃瑟尔和尤利乌斯·施特切尔这样背景模糊声名狼藉的人划清界限。这种口角延续了数月。但希特勒比对手更清楚地知道目前濒临险境的不是党的纯洁性，而是它的控制权，因此他寸步不让。

与此同时，他也在准备和鲁登道夫分道扬镳。这位将军已经开始成为一种负担，尤其是他在德国南部卷入了无休止的争斗。他与罗马天主教为敌，他为荣誉问题向巴伐利亚的王储挑起毫无必要的争吵，他和军官团也吵个不停。鲁登道夫在他的第二任妻子马蒂尔德·科姆尼茨博士的影响下变得越来越不可理喻。希特勒对鲁登道夫的态度中也掺杂着嫉妒的成分。他清楚地明白一个前一等兵在面对一位将军时所处的劣势——尤其是在这样一个尚武的国家里。最后当鲁登道夫通过军令将希特勒的私人副官乌尔里希·格拉夫从他身边调走时，希特勒将这一举动视为一种个人的挑衅。希特勒在释放后与这位将军的第一次谈话中就此事大做文章。与此同时，希特勒决定与德国北部的纳粹主义运动的领导人兵戎相见，就好像受了魔鬼的驱使一样。这些领导人——冯·格拉埃夫和冯·雷文特罗伯爵，曾公开宣称不能让希特勒重新掌权，说他是一个天才的煽动家但不是一个政治家。希特勒对此的回信不仅仅是一封挑战书，更是他全新自信的象征。在过去，希特勒说他一直是个"鼓手"而且也愿意再次担任这个角色，但只是为了德国而绝不是为了格拉埃夫和他的同党们，"所以请上帝助我一臂之力！"

1925 年 2 月 26 日，《人民观察家》发行了政变后的第一期，宣布德国纳粹主义工人党将于翌日在贝格勃劳凯勒啤酒馆——政变失败之地——重新成立。在他的社论《新的起点》以及一篇关于党的组织的"基本指令"中，希特勒都在维护自己的领导权，他拒绝做出任何让步。在瞟了一眼对埃瑟尔和施特切尔的指控后，他宣称党的领导与其拥护者的道德没有任何关系，就像和教条主义的口角无关一样，其职责就是从事政治。希特勒称那些指指点点的人为"政治儿童"。事实证明，他这样强烈的话语正是人们所需要的，之后全国各地都纷纷涌现出效忠的宣言。

从战略上来说，他在第二天的亮相是经过精心策划的。为了吸引更多目光，希特勒已经有两个月没有在公共场合发言了，其支持者的期望和对手的神经紧张度都被提升到了一个高得不能再高的地步。他不接见任何人，连国外的代表团也断然拒绝，并放出风声他将所有的政治函件"看都不看就扔到了垃圾桶中"。虽然这场会议要到晚上 8 点才开始，但第一位听众在下午刚刚开始的时候就入场了。到了 6 点钟的时候，警方不得不关闭会厅，因为已经有约 4000 名追随者涌入其中。

在场的很多人都在互相推搡，但希特勒一出现在大厅，人们就纷纷献上他们疯狂的敬意，而这在后来成了家常便饭。人们爬上桌子，欢呼喝彩，挥舞着啤酒杯，或者兴高采烈地相互拥抱。希特勒那长达两个小时的演讲是针对所有的党员，不管是犹豫不决的、怀疑的还是固执的。演讲的开始他谈的都是一些笼统的东西，称赞雅利安人作为文化创造者的成就，讨论外交政策，对推翻和约和赔款侃侃而谈，但即便如此，德国最终仍将毁于犹太人的血统侵蚀。希特勒着重向其听众灌输这样的一个画面，那就是柏林的弗里德里希大街上的每个犹太人怀里都搂着一位金发白肤的德国女孩。他接着抨击鲁登道夫四处树敌的行为，批评他没有意识到嘴上说的敌人和实际的敌人可以是两回事。最后他谈到了其论点的核心：

> 如果有人来找我并跟我提条件，我会这样告诉他：我的朋友，你先别急着给我提条件，听听我给你提的条件。你要知道我绝不是在哗众取宠。一年以后，我的同

志们，你们可以自己当评判。如果我有做的不对的，那么我将把我手头的权力都交到你们的手上。但在那之前得遵守我的规则：我，并且只有我，将领导这项运动，只要是由我个人承担责任，没人能跟我提条件。而另一方面来说我将对运动中发生的所有事情负责。

最后，大厅中的人们都激动得面红耳赤。希特勒号召听众中的党员们放弃前嫌，既往不咎，结束这场运动中的内部纷争。他并没有要求大家服从命令，也没有给大家讨价还价的空间；他的要求很简单，要么顺从，要么走人。结束时，疯狂的欢呼声更加坚定了他要将纳粹党打造成一个由他一个人领导的严密组织的决心。突然间，所有的老对手都涌到台前：施特切尔、埃瑟尔、费德尔、弗里克、图林根分部的领导丁特尔和巴伐利亚党派的领导人巴特曼。在数千名叫喊着、挥舞着并爬上桌子和椅子的群众面前，这些人夸张地互相握手。施特切尔在咕哝着关于"天赐"的东西，而巴特曼——就在最近他还和希特勒在州议会党派会议上针锋相对——说他在抵达会场时所抱有的一切疑虑，"在元首开口讲话时都烟消云散了"。鲁登道夫的威信未能做到的，格拉埃夫、斯特拉瑟、罗森伯格和罗姆各自或一起也未能做到的，希特勒轻轻松松就做到了。这次经历进一步巩固了他的自信和威信。从那天起，希特勒成为了毫无争议的唯一"元首"。

希特勒一拿回纳粹党的掌控权，就马上着手实现他的第二个目标：将纳粹党打造成为一个能屈能伸且强健有力的工具，以完成他的战术目标。

但这一程序的进展比希特勒所想象的要来得缓慢和辛苦得多，而且一路伴随着挫折、障碍和冲突。不幸的是，最初的几次严重挫败责任都在希特勒自己身上。巴伐利亚政府对他所说的嘴上说的"敌人和实际的敌人可以是两回事"这番言论格外留心，并对这种说法有他们自己的解读——而且也符合这种说法的真实意图——那就是证明他对宪法仍怀有根深蒂固的敌意。对于希特勒的另一言论——不是敌人踩着他的尸体就是他踩着敌人的尸体——政府同样非常痛恨。"我的愿望是，"希特勒还接着说，"如果在下一次的战斗中我不幸倒地，包裹我尸体的能是'卐'旗。"这样的言论不禁让人怀疑他向巴伐利亚当局所做的"要当守法公民"的承诺，随后不久，德国的大多数其他州都禁止他进行公开演讲。他的假释身份，随时将他遣送回国的威胁和总体局势的改变，再加上这条禁令似乎让他的前景看上去一片黯淡。这一突然打击似乎使他和政府合作的想法搁浅。

然而希特勒看上去泰然自若。如果是在一年半前的 1923 年的夏天，这样的挫折会使他惊慌失措，把他打回无精打采懦弱无能的青年时代，但现在的他不为所动。他甚至看起来根本不在乎对他的公开演讲的禁令给他个人带来的后果：这让他失去了个人收入的主要来源。他转而依赖为纳粹党的新闻媒介撰写社论的稿费。此外，他还经常在他朋友的家中，布鲁赫曼家举行小型的演讲，听众为40到60人不等，由于人数较少且没有酒精饮料，这种全新的气氛需要使用另一种风格的宣传。当代的观察家都发现了希特勒在服刑期间似乎经历了一些改变，他那沉着自若的面容上更添了许多严厉和苛刻。"那瘦小、苍白、孱弱，总是看起来空无一物的脸上现在变得更加沉着有力；轮廓更加分明；之前给人的感觉也许是多愁善感，但现在已变成了一种无可置疑的强硬气质。"

他身上还多了一种傲慢的固执，这一品质将帮助他走过困苦，熬过僵局，坚持到19世纪30年代初的胜利。在1925年的夏天，当他的希望落到谷底时，党内领导举行的一场会议上对是否为他指派一位副手的建议进行了讨论；他坚决反对，其愤怒的依据就是这项运动要与他共存亡。

毫无疑问，任何观察过他最亲近的随从的人都不得不同意他是对的。在经过了几个月的蓄意冲突和分裂后，很自然的，最后留在他身边的支持者大部分都只是平庸之辈。他的随员构成再次回到那群牛贩子、司机、保镖和曾经的职业军人，而他从建党之初开始就和这些人建立了一种奇特的富有感情和人性的关系。希特勒不在意这些随从的声名狼藉以及他们的粗俗作风。他留这样一群人在身边，首先说明他已远远脱离了他曾经的资产阶级审美观。偶尔有人对此提出批评，他会略带羞愧地回答说他也是会犯错误的，人非圣贤，不可能万无一失。即便如此，到他成为总理，这些人仍然是他最喜爱的同事，在那些漫长、无事可做的夜晚，他们总是在希特勒的身边，当希特勒在曾属于俾斯麦的房内看电影或是闲聊时，他可以在他们面前大大咧咧地松开衣服的纽扣，窝在椅子中，将两条腿随意地叉开。这些没有背景、没有家庭或职业的人，在性格上或事业中多多少少有些缺陷的人，让这位前收容所的居民产生了一种认同感。这些人能给他的只有毫无保留的仰慕和真心奉献。当希特勒和他们一起坐在意大利餐馆或者咖啡馆里，开始他那滔滔不绝的长篇大论时，他们是全神贯注的听众。也许他们毫无保留的奉献对希特勒来说是大众热情的一个替代品，对于现阶段的他来说，这像药物一样不可或缺。

希特勒在这段低潮期内取得的屈指可数的胜利之一就是拉拢了格雷戈尔·斯特拉瑟。在11月政变失败之前，格雷戈尔·斯特拉瑟是兰茨胡特的一位药剂师和下巴伐利亚的分部领导，"前线的经历"使他进入了政治圈，但怎么看也不是一位重要人物。但他利用了希特勒不在这一时机向上爬，为纳粹在德国北部和鲁尔区赢得了大量的拥护者。纳粹主义自由运动是他的个人手段。这位身材高大却敏感纤细的人会在酒馆闹事但也会读希腊原文的荷马著作。他是一个杰出的演说家，而且他有一位重要的盟友，就是他的弟弟奥托·斯特拉瑟，同时也是一位厉害的记者。

斯特拉瑟没有参加重建纳粹党的会议。1925年3月，为了补偿斯特拉瑟退出纳粹主义自由运动的损失，希特勒请他担任纳粹党在整个德国北部的领导人，这一职位享有很大的独立权。斯特拉瑟接受了，同时骄傲地提出他不是以追随者的身份加入希特勒的组织，而是一位同等的战士。他仍然持有道德上的顾虑和疑惑，但是他觉得预示着崭新未来的根基事业要高于一切。"这就是为什么我向希特勒先生提出合作。"

在这样一员大将加入希特勒阵营的同时，他们也遭受了巨大的损失。当斯特拉瑟施展浑身解数在德国北部建立党的组织，并在很短的时间内就在石勒苏益格—荷尔斯泰因州、波美拉尼亚和下萨克森之间建立起了7个新的分部时，希特勒则执着于不惜一切代价树立威信。当时的他与恩斯特·罗姆处于决裂关系。在罗姆与慕尼黑人民法院的冲突后（他被宣判有罪但是没有处以刑期），这位前陆军上尉立即联合旧日自由军团和战斗联盟的同志们组建了一个新的组织，叫作"前线战士"，而这些"战士"除了军队生活一无所知，完全无法适应越来越正常的环境。

还在兰茨贝格监狱服刑的时候，希特勒对于罗姆的行为就很不满，因为他做的每一件事情都对希特勒的假释、民族主义运动内的权力和新的战术构成了威胁。十一月政变的教训之一就是必须彻底地与军事组织的狂妄作风和阴谋游戏划清界限。希特勒决定纳粹党现在需要的是一个组建在准军事线路上，并完全服从于政治领导也就是隶属于他的政党力量，而罗姆仍然死抱着原来那种地下后备军能帮助帝国国防军推翻《凡尔赛和约》条款的想法。他甚至想让冲锋队完全独立于纳粹党之外，并将其转变成他的"前线战士"的一个附属单位。

从根本上来说，这是过去关于冲锋队的职能和领导地位的旧争端的新版本。和思维迟钝的罗姆比起来，希特勒在那段间歇期有了新的想法。他没有原谅罗索和其手下的军官在11月8日和9日的背叛行为，但同时他从那晚的事件中明白了大多数的军官会受到他们所发的誓言和他们对法律尊重的道德约束。

在4月的上半月里，两人间的争吵变得公开化。罗姆对希特勒有强烈的情感依附；他是一个直率、随和的人，对朋友和自己的观点有一种顽固的忠诚。当然，希特勒没有忘记他从踏进政治圈以来亏欠罗姆的一切，但他同时意识到时代已经改变了。在过去，他可以指望这位曾经的风云人物为他筹集资金和机关枪，或者随时为他拉来会员，但现在罗姆已经成为了一位固执难以伺候的朋友，很难适应希特勒正在试图创立的更加坚固的组织。

尽管如此，一段时间以来，希特勒对罗姆的催促既不说好也不说不，但最后他还是下定决心表明立场。在4月中的一次谈话里，罗姆再一次要求将冲锋队和纳粹党严格分离开来，而且他还要求他领导的部队是完全非政治性的私人军队，不涉及任何党派之争和当前的问题，随之就爆发了激烈的争论。希特勒尤其愤怒，因为罗姆的建议再一次把他贬低到运动的"鼓手"角色，而且这会迫使他再一次回到1923年夏天的从属地位，为别人的目标而服务。感觉深受伤害的希特勒指控罗姆背叛了他们的友谊，于是罗姆中断了这次谈话。第二天，他以书面形式正式辞去了他在冲锋队的领导职位，希特勒没有做出回答。到了 4 月底，在罗姆也辞去了"前线战士"的领导之位后，他给希特勒又写了一封信，在信的结尾他说道："作为对我们共同度过的伟大和艰难时光的怀念，我想借此机会感谢你给予我的同志之情，并希望你不要剥夺我作为你私人朋友的权利。"但希特勒仍然没有回应。第二天，当他向民族主义报纸发出一封辞职信时，《人民观察家》只是将其文字刊登了出来，未加任何评论。

就在这段时间里，还发生了另外一件事情，让希特勒明白前景是如何黯淡，而且他与鲁登道夫分道扬镳的选择是多么明智，尽管他主要是出于私人原因而与后者决裂的。1925 年的 2 月底，德国社会民主党主席弗里德里希·艾伯特去世了。民族主义——种族主义团体推举鲁登道夫为候选人，而资产阶级右翼团体的候选人是一位有能力但是完全不知名的亚拉斯博士。尽管声名远扬，鲁登道夫将军却在这场选举中一败涂地，仅仅获得了百分之一多一点的选票。希特勒既严肃又满足地关注着这一结果。

选举结束后没过几天，希特勒剩下的唯一值得信任的重要伙伴波尔内博士在一场意外中丧生。看起来，希特勒的政治生涯是真的走到尽头了。慕尼黑的党员仅剩下 700 人。安东·德雷克斯勒退出了纳粹党，心灰意冷地建立起一个更适合他的没那么激进的党派。但是希特勒的打手们不肯放过这些前党员，将他们一个个找出来痛殴。他们通过这种方式来打击对手。其他相同性质的团体也有着同样的遭遇。希特勒通常会亲自手持皮鞭冲进他们的会场。由于不能在公共场合发言，他便登上讲台向群众示意，微笑招手。在总统选举第二轮投票开始前，他号召其支持者给当时被提名的陆军元帅冯·兴登堡投票。这被一些作家认为是一项有远见的政治投机。不过从当时的情形来看，他并没有这样做的理由；而且他所能控制的票数寥寥无几，对结果根本无法构成影响。重要的是，他通过这种招摇方式表明自己是和维护秩序的政党站在同一战线。

一连串的挫败使得希特勒在党内的地位不可避免地遭到削弱。在图林根、萨克森和符腾堡州，他的领导地位都受到了挑战，而格雷戈尔·斯特拉瑟则在德国北部继续为纳粹党开疆辟土。斯特拉瑟马不停蹄，大部分的晚上他都是在火车和候车室中度过，而白天他则四处拜访支持者，建立分部，会见官员，参加会议。在 1925 年到 1926 年间，他以主讲者的身份出席了约 100 场会议，而此时的希特勒却陷于无法开口的境地。这一事实使得在一段时间内看起来，纳粹党的中心正在向北方迁移。多亏了斯特拉瑟的忠诚，希特勒的领导地位才基本上得以维系。

总部位于埃伯菲尔德的北莱茵区分部的业务经理是一位年轻的学者，在他成为一位民族主义——种族主义政客的秘书，接触纳粹党并认识格雷戈尔·斯特拉瑟之前，他曾从事过记者、作家和股票交易所的公告员等职业。他的名字叫作保罗·戈培尔。促使他来到斯特拉瑟身边的主要原因是他自身的激进主义，关于这一点他在各种各样的文学作品和日记中进行了详细的论述，并对自己的个性惊叹不已。"我是最激进的、属于新类型的革命者。"他的风格变化，有时尖锐有时狂热，而这在当时是为社会所接受的。他的激进主义是一种民族主义和社会革命思想的混合体，看上去是其导师言论的简缩尖锐版。和冷酷的希特勒相比，充满激情的格雷戈尔·斯特拉瑟更为战后时期人民的悲惨遭遇所打动。

1925 年 9 月 10 日，于哈根组建的一个委员会清楚地表现出了德国北部纳粹党的特殊脾性。戈培尔和格雷戈尔·斯特拉瑟很快就掌控了这个委员会。虽然其参与者一直说他们不反对慕尼黑总部，但他们在提到自己时总自称为"西部集团"，并说要对"已经僵化的慕尼黑大腕们"进行"反攻"。他们还批评党的领导者们对章程的兴趣寥寥。格雷戈尔·斯特拉瑟也对《人民观察家》的"骇人听闻的地下品位"深表痛惜。但值得一提的是，所有这些谴责都不是针对希特勒本人或者其行为的。事实上，这些批评者希望能巩固而不是削弱他的地位。他们反对的是"总部懒散、恶劣的行事方式"，以及埃瑟尔和施特切尔的自以为是。这群完全没有搞清楚状况的人希望能将希特勒从"腐败的慕尼黑派系"和"埃瑟尔独裁"中解放出来，将他拉拢到自己的阵营中。在这里你可以看到在日后广为流传的一种观念，那就是"元首"是一位脆弱通人情的人，但他周围都是一些糟糕的顾问，是这些人害得他无法实现自己真实的意图。

斯特拉瑟集团的纲领刊登在一份双周刊《国家社会主义函件》中。这份毫不招摇的杂志的主编是戈培尔，其主要关注的是如何逃离怀旧的、向后看的中产阶级理念，使运动能着眼于现在。在这本杂志中，几乎所有"被慕尼黑视为神圣的理念都曾被质疑或者直接推翻"。而且它经常强调巴伐利亚和北方的社会环境的不同。这本杂志明白无误的反资产阶级立场与德国北部的都市化、无产阶级社会结构相呼应。戈培尔一点也不反对阶级斗争的概念。他声称俄罗斯的倒塌会"永远埋葬我们建立一个纳粹主义德国的梦想"。不仅如此，他还对希特勒关于犹太人是全世界的敌人这一理论提出了质疑，认为犹太人的问题从总体上来说"要比想象中来得复杂得多"。

在外交政策的问题上，斯特拉瑟集团与慕尼黑的领导者们的观点也大为不同。他们视这个世界为压迫者和被压迫者两个阶级，对于希特勒在《我的奋斗》一书中斥责为"政治胡说"的修正主义也持支持态度。当希特勒视苏联为征服的对象，罗森伯格将其描述为"犹太刽子手的殖民地"时，戈培尔却对其乌托邦式的推动力流露出深深的尊敬，斯特拉瑟甚至提出要与莫斯科结盟以"对抗法国的军国主义，英国的帝国主义和华尔街的资本主义"。

到了 1 月底的时候，在鲁斯特的公寓里举行了一次会议，戈培尔在会上要求组织直接将希特勒最近派来当观察员的戈特弗雷德·费德尔赶出门。如果消息属实的话，事情并没有到此为止，接下来戈培尔还提出动议要求"将小资产阶级阿道夫·希特勒驱逐出纳粹党"。

对希特勒威信的挑战在不断增长。12月的时候，在没有通知总部的情况下，斯特拉瑟将他的纲领草案分发给了党员。这份纲领旨在代替很早以前随意拼凑在一起的25条章程，并推翻纳粹党仅仅只代表小资产阶级利益的形象。据说希特勒对这一自作主张的行为大发雷霆，但没人注意到费德尔提出的抗议。事实上，斯特拉瑟集团拒绝让费德尔参与到任何会议的投票中。参与讨论的25人中，只有被称为是"白痴并且很有可能是阴谋家"的科隆分部领导罗伯特·莱公开支持希特勒。

此时，德国公众正在热烈讨论是否应该没收皇室和公爵家族的财产，还是将1918年没收的他们的财产归还给他们。希特勒出于战术考虑不得不站在德国皇室和有产阶级这边。斯特拉瑟集团则和左翼政党一样支持没收财产，不给予其任何补偿。在没有得到慕尼黑授权的情况下，他们还创立了一份名叫《纳粹主义者》的新报纸，并用格雷戈尔·斯特拉瑟用他在兰茨胡特的药店抵押而得来的资金建立了一个名为战斗的出版社。它很快就引起了广泛的关注，因为它发行了6份周报，其业绩一度超过了慕尼黑总部的埃那出版社。不仅如此，根据康拉德·海登的说法，战斗出版社的刊物比慕尼黑的出版社在"思想多样性和诚实性"上要来得优秀得多。

当格雷戈尔·斯特拉瑟号召纳粹党放弃其怯生生的守法诺言，采取"灾难性政治路线"，并准备承受最糟糕的意外时，这无疑是汉诺威方面对希特勒提出的最赤裸裸的挑战。斯特拉瑟宣告了他使用正面进攻来夺取权力的决心，并认可任何能够摧毁政府和破坏公共秩序的手段：政变、炸弹、罢工、街头巷战或斗殴。

尽管斯特拉瑟集团正在建立的权力中心有成为党内第二个权力支配委员会的可能，尽管在德国的北部格雷戈尔·斯特拉瑟的名字比希特勒自己的名字来得几乎更加响亮，但到目前为止，希特勒一直对其行动保持沉默。"所有人都对慕尼黑丧失了信心，"戈培尔欢欣鼓舞地在自己的日记中写道，"埃伯菲尔德将成为德国社会主义的圣地。"

希特勒待在乡间的藏身处，无动于衷地看着德国北部集团的纲领讨论。他的沉默并不完全是出于他在采取行动上的标志性犹豫，这同时也是由于他作为政客对理论的不感兴趣和对观念的鄙视。而且他很有可能暗自希望能重演兰茨贝格监狱的一幕——鼓动对手，煽动敌对情绪，通过放权来增进自己的威信。

但斯特拉瑟的"灾难性政治路线"使得局势陡然发生了变化。希特勒有理由将这一举动视为对他自己的挑战，就像罗姆的行为威胁到了他的假释进而威胁到了整个政治前途一样。于是他马上展开了攻势，迫不及待地打击反叛者以恢复自己的威信。

现在回过头来看，在纳粹党大踏步前进时，似乎是希特勒专横和缺乏耐心的个性将其击沉。他的攻击对象是以前所有的同伴，包括安东·德雷克斯勒，当时希特勒控告他诽谤。在审讯过程中，一位希特勒的前支持者出庭为德雷克斯勒作证。在法庭上他向希特勒疾呼，如果使用他的方法，从长远看纳粹党一定会失败。这位证人当时丢下一句预言，"你的结局将会很悲惨。"

在这一连串的失败面前，似乎只有希特勒不为所动。在他构想《我的奋斗》时逐步建立起来的信心再加上他的固执，使他能抵抗住所有的危机而没有一丝气馁或退缩。看起来他似乎又一次任由事态发展到戏剧的最高潮，而且这一次还带着满意的神情。他似乎丝毫不受困扰而埋头于他的绘画中——在明信片和写生簿上描绘那些巴洛克建筑，胜利的拱门和华丽的圆顶——简而言之，他画的是他始终不肯放弃的统治世界的计划以及他奢华的千禧展望。

第三章　战斗部署

如果我们想要建立一个权力机构，就必须具备团结、威信和操练等条件。我们的目的不是创造出一堆政客，而是拥有新思想的士兵队伍。

——阿道夫·希特勒于 1925 年

希特勒的地位看起来已岌岌可危。当他从兰茨贝格监狱回来时，身上是带着救世主的光环，这在一定程度上给他的古怪行为、侮辱言论和分裂行为提供了通行证。但在一年之后，他的光环已逐渐变得暗淡，而纳粹党很明显也无法再承受一次这样的清洗行动了。为了收复失地，希特勒必须在粉碎对手的同时将其成员纳入自己的麾下。希特勒的战术灵活性，操纵人的艺术和他的催眠才能在这次行动中得到了最高的体现。

皇室没收财产的问题成为了希特勒的杠杆。社会主义政党所提议的公民投票在全国卷起了一股风暴，使得矛盾更加激烈。工人阶级和中产阶级，小储户和小资产持有者，甚至是最可信赖的党员都怒不可遏地意识到，偿还给皇室的钱都来自于他们的口袋。人们开始了激烈的抗议和争论，在汉诺威也不例外。

希特勒看出这是一个反败为胜的机会。他在 1926 年 2 月 14 日于班贝格召集整个纳粹党的领导开会。希特勒特别关照在会场布置旗帜和巨型海报，并宣布举行盛大游行示威，想给北部的领导人一个下马威。靠临时通知以及操控参与者的名单，希特勒确保其拥护者在参会者中占大多数。希特勒亲自为会议讨论开场，而这场讨论持续了整整一天。希特勒称那些支持没收财产的人为骗子，因为他们放过了那些犹太银行家和股票交易所的财产。前任统治者们的确不应该获得不属于他们的东西，但是属于他们的东西也不应该被剥夺：纳粹党保卫的是私人财产和正义。他的这番讲话获得了德国南方集团的喝彩，少数北方集团的成员虽然犹豫但也鼓起了掌。于是，希特勒开始不断猛烈抨击斯特拉瑟集团的纲领，将之与 1920 年的党章进行对比：这是"我们的宗教，我们的思想的基本宪章，任何对这一章程的背离都代表着对那些忠诚于我们的理念并为之献身的前辈的背叛"。戈培尔的一篇日记可以反映出当时北方代表的失望情绪："我感觉被人重击了一拳。这个希特勒究竟是什么？低端保守的反动派吗？他是如此的笨拙和缺乏安全感。俄国问题，他所说的完全不着边际。意大利和英国是我们的天然盟友：太可怕了！我们必须追随俄罗斯！一亿八千万人口！！！偿还那些王子们！……太可怕了！党章已经很完善了。费德尔在点头。雷在点头。施特切尔在点头。埃瑟尔也在点头。看到你在这群人中简直让我的灵魂痛苦万分。接下来是简短讨论，然后是斯特拉瑟发言，他支支吾吾、浑身发抖，笨拙不堪，诚实的老好人斯特拉瑟。哦，上帝，到这里来和这群猪打交道我们的准备实在太不足了。我一句话也说不出来！我已目瞪口呆。"

即便如此，斯特拉瑟也没有放弃。他坚称反布尔什维克主义是极其不明智的，这是资本主义体制给对手造成困扰并哄骗民族主义力量为其剥削利益服务的伎俩的一个明证。但斯特拉瑟最后还是完败了。他的弟弟奥托后来指出希特勒狡猾地将会议召开时间定在非周末的时间，使得德国北部分在党内兼职的部头目无法前来，希望能粉饰这次羞辱。根据奥托·斯特拉瑟的说法，当时只有格雷戈尔·斯特拉瑟和戈培尔出席了在班贝格的会议。

事实是 1926 年 2 月 14 日是个星期天，而斯特拉瑟集团的主要发言人几乎都在场：石勒苏益格—荷尔斯泰因州的欣里希·洛塞、波美拉尼亚的特奥多尔·瓦赫伦、汉诺威的鲁斯特、汉堡的克兰特。但是没有一个人站起来捍卫左翼国家社会主义的理念。他们只能尴尬地望向约瑟夫·戈培尔——他们中最有天赋口才的人，他们和戈培尔一样都已目瞪口呆。戈培尔被希特勒的魔力，其精心策划的华丽登场和慕尼黑总部的组织能力和财力展示所震慑。格雷戈尔·斯特拉瑟也臣服在希特勒的诱惑才能之下，至少在那一刻如此。希特勒猛烈抨击"叛徒们"的话音刚落，他就突然起身走向斯特拉瑟并揽住了他的肩。虽然这一姿态并没能感化斯特拉瑟，但却令在场的其他领导人印象深刻，迫使他们不得不采取调和的态度。德国北部和西部的省分部的工作委员会实际上被解散了，其纲领草案连被拿出来讨论的机会都没有，纳粹党便决定了其立场为反对剥夺皇室的财产。三周之后，格雷戈尔·斯特拉瑟在 3 月 5 日向党内领导人发了一封通函，要求他们将纲领草案全部归还，因为他已向希特勒先生许诺他会确保收回这份草案的全部副本。

看起来希特勒这次激烈的干预更多的是针对斯特拉瑟集团的左翼思想，而不是这份左翼纲领。最令希特勒愤怒的是，斯特拉瑟集团所培养的纳粹党是一个永远忙于讨论问题，喜欢提出疑问并且从思想上解决问题的政党。在希特勒看来，这对运动是致命的威胁，会让之前曾摧毁过民族主义运动的派别斗争死灰复燃。因为对他来说，所有关于理念的争论就等同于宗派主义。虽然他喜欢而且有时候还会在其支持者中煽动争执，但他痛恨理念分歧。他认为这只会白白消耗精力，削弱运动的力量。实际上，几个星期之后希特勒利用机会宣布旧的党章尽管有明显的缺陷，却是"不可更改的"。其目的不是为了回答问题或者设定目标，而是为了吸引注意力。希特勒称：对党章的解释和澄清只会带来分裂，信仰才是一切。正如他的一位支持者所概括的："我们的党章用一个名字就可以概括，那就是：阿道夫·希特勒。"

班贝格会议以及随之对斯特拉瑟的羞辱意味着左翼国家社会主义开始走上末路。从那场会议开始，纳粹党就越来越被塑造成一个军事化管理、以领导为核心的政党。从那时开始一直到最后，纳粹党再没有任何关于原则和理念的争端；剩下的就是争夺权位和宠信。"我们的运动有着巨大的同化力量。"希特勒不久后这样评价道。但在纳粹党内则没有这样的问题，反希特勒集团卑躬屈膝的认输方式越发助长了对顺从的热情。很多斯特拉瑟的支持者现在都致力于"将这项运动转变为元首手中便利且毫无瑕疵的工具"。从此以后希特勒就在实际上登上了党内至高无上的地位，哪怕是最高级别的纳粹党领导人也要在他面前低头。他宣称一个可以被称颂为"优秀的纳粹党人"的人"是那种可以在任何时候为元首献身的人"。根据纳粹党的党章，党员大会必须选希特勒为党的第一主席，但是从此这一动议就不过是走形式而已。正如戈林日后所宣称的，在希特勒那势不可挡的威严面前"我们所有人都变得无关紧要，他的重要性就和我们脚下的石头一样"。

虽然通常在胜利过后都会大肆庆祝，但这次希特勒在班贝格取得胜利后却采取了和好的姿态。格雷戈尔·斯特拉瑟在一场车祸中受伤后，希特勒带着"一大束花"出现在他的病床前，而且根据病人自己的一封信中的描述，希特勒"非常友好"。对戈培尔他也采取了同样的策略，尽管后者作为斯特拉瑟集团发言人在慕尼黑总部享有最恶劣的声誉。戈培尔突然发现自己成了希特勒热烈追求的对象，他被邀请在慕尼黑啤酒馆举行的会议上担任主讲人，而且在演讲的最后希特勒满含热泪地拥抱了他。戈培尔说，"他对我们好得简直令人尴尬"，他被深深打动了。与此同时，希特勒开始建立机制来保卫他刚刚获得的威信。

1926 年 5 月 22 日纳粹党的党员大会在慕尼黑举行，会上所订立的纳粹党的新规章制度毫不掩饰就是为了希特勒的个人需求而量身定制的。慕尼黑的德国纳粹主义工人俱乐部将成为整个党的奠基石，其领导者同时也是纳粹党在整个德国的领导人。第一主席还是需要选举——这是协会的相关法律的规定——但是构成整个党的选举团的成员将是慕尼黑分部的数千名成员，因此其他党员就被完全剥夺了选举权。不仅如此，慕尼黑分部独家享有审查第一主席账务的权利——而这一审查的程序是极其复杂的。因此从实际上来说，希特勒对整个纳粹党的完全掌控得到了确保。从此以后，即便是分部领导也不能由当地政党开会选出，委员会主席的选举也是如此。因此纳粹党内不再有出现党派分裂的可能，哪怕是微不足道的派别也不可能。

为了进一步巩固这一体制，纳粹党还建立了一个调查和调解委员会，相当于一个党内的特别法庭，其唯一的重要性就在于它有权将个人甚至一整个分部踢出纳粹党。第一任主席由前中将海涅曼担任，但他误解了这个委员会的宗旨，以为它是打击党内腐败和不道德行为的工具。因此希特勒马上用更温顺的瓦尔特·布赫上尉代替了他，而副裁判官的职位则给了乌尔里希·格拉夫和一位名叫汉斯·弗兰克的律师。

六周之后，希特勒于 6 月初在魏玛举行的纳粹党集会上庆祝了他的胜利。所有批评性的——或者用希特勒轻蔑的说法——"有独创性"的看法，所有"不成熟的模糊的概念"统统都被压了下来。只有那些"由第一主席签字认可"了的动议才能拿出来讨论。这种做法是第一次，但在日后成为了纳粹党集会的惯例。纳粹党呈现给公众的形象不再是一个为章程争斗不休的政党，而是一个"完美地融合在一起并得到进一步巩固的领导集体"。

国家剧院的集会结束之后，希特勒身着束有皮带的短袍和绑腿，检阅了 5000 名支持者的游行队伍，并且第一次用意大利法西斯的手势——将手臂伸直——向他们敬礼。戈培尔欢欣鼓舞地看着整齐划一的冲锋队员的方阵，觉得自己看到了第三帝国的曙光和德国的觉醒。但是其他同时代的观察家则觉得这次纳粹党集会无趣之极，缺乏自发性。到场的嘉宾中的确有钢盔党的领袖特奥多尔·杜施特堡，奥古斯特·威廉王子也在列，他后来加入了冲锋队。站在后排的还有格雷戈尔·斯特拉瑟，有人听到他郁闷地嘟哝说纳粹主义已经完蛋了。

最后一个不安和反叛的因素是冲锋队，斯特拉瑟集团的激进口号对他们造成了深远的影响。因此在罗姆辞职之后，希特勒将冲锋队领导的位置空置了一年，才任命了曾担任上尉的弗兰茨·普菲费尔·冯·所罗门，后者曾参与自由兵团和民兵的各种事物，最近刚刚成为威斯特伐利亚的分部领导。希特勒与普菲费尔联手，试图解决一直以来冲锋队的定位问题，不要将其打造成一个辅助军事组织，一个秘密团体，亦或是当地党领导的野蛮保镖，而要成为党总部的严格控制下用来宣传和恐吓大众的一个特制武器。"冲锋队的训练，"希特勒在一封给普菲费尔的信中命令道，"必须以党的需要为指引，而不是从军事观点的角度出发。"他接着说，过去的军事组织虽然强大但缺乏基本的教义，所以才会失败。而另一方面，秘密组织和恐怖组织则没有意识到敌人操纵的是人们的大脑和灵魂，因此暗杀个别发言人不会起到任何作用。

在一系列的规定和基本指令的基础上，普菲费尔进一步勾勒出冲锋队的特性。他的规定通常听起来像大众心理学技巧的教程。他会说："冲锋队出现在公众面前时只能是以团队的形式。这是宣传的最有效方式之一。一队无论是内在还是外在都具有纪律性的人，会给德国民众留下最深刻的印象，这比任何文章、演说或是逻辑更具有说服力。镇静自若、实事求是的态度会给人们留下强而有力的印象——这就是行进方阵的力量。"

但是将冲锋队改造成一个没有武装的宣传部队，摒除军队的傲慢作风的同时保有其魅力的尝试，总体来说还是失败了。尽管费尽心思，希特勒一直未能成功地将冲锋队打造成为实现他政治目的而服务的顺从工具。一部分原因是这些士兵们本身那种喜欢争斗的气质和其雇佣军的性质，另一个原因是这个国家的传统给予军人一种特殊的道德特权，不像平民和政治当局。普菲费尔的再教育口号怎么也无法改变冲锋队员认为其是"战斗运动"而不是政治组织的想法。他们认为政治组织仅仅只是党的言论分部，通常对其抱着轻视的态度。同时冲锋队员视自己为"我们组织中的皇冠"，带着对"国会型"政党的尖刻态度，冲锋队的发言人宣称："他们无法从我们这儿复制的就是我们的冲锋队员。"不久希特勒和普菲费尔之间就开始了争吵。事实证明，后者比罗姆更棘手，因为他没有罗姆的多愁善感。他不太瞧得起希特勒，这从他对希特勒的称呼"那个肌肉松弛的奥地利人"中就可见一斑，毕竟普菲费尔是一个普鲁士枢密院官员的儿子。

柏林冲锋队的风格来得格外反叛。其下属单位自行其是，经常从事犯罪和帮派活动。柏林分部领导施兰格博士根本无法控制冲锋队们。事实上，柏林分部政治组织的领导人和冲锋队之间还互相抡过拳头，其造成的骚动程度其实和纳粹党柏林分部的规模并不成正比。其党员人数不足一千，直到斯特拉瑟兄弟于 1926 年夏初在这座城市创办报纸开始它才逐渐引人注目。根据 1926 年 10 月份的一份报告，"这个月党的局势不妙。事情已经发展到了整个柏林分部组织都有可能被摧毁的地步。此分部的悲剧就在于它从来没有一位真正的领导人。"

在这一关键时刻，希特勒决定对不堪一击的柏林局势展开清扫行动。其手法极为高超，因为他利用此危机让当地的整个纳粹党组织都摆脱了格雷戈尔·斯特拉瑟的影响。他还偷走了斯特拉瑟最得力的支持者约瑟夫·戈培尔，他任命后者为首都分部的新领导。早在 7 月的时候，野心勃勃的戈培尔在收到慕尼黑和贝希特斯加登宽宏大量的邀请后，就对自己的激进左翼思想产生了怀疑。之前他曾多次痛斥希特勒，但现在他却在日记中将希特勒描述为"一个天才……是完成神圣使命的天然的具有创造力的工具"。他坦承："我被他深深打动了。他就是这样的一个人：像个孩子，可爱、善良又慈悲；又像一只猫，狡猾、慎重而灵活；他还像一头狮子，怒吼出威严。真是一个了不起的人……他像宠小孩子一样宠溺我。我亲切的朋友和主人！"

希特勒知道如何将戈培尔拉入他的麾下。他给予戈培尔特殊的权力，不仅能帮助后者巩固他作为新分部领导的地位，还能制造其与斯特拉瑟的摩擦。举例来说，希特勒明确安排戈培尔将不再是斯特拉瑟的下属，同时将冲锋队交给戈培尔管理，尽管其他地方的冲锋队正在极力维护其不受分部领导管理的自主权。为了安抚斯特拉瑟，或者是为了软化其抵触情绪，希特勒提升其为纳粹党的帝国宣传领导人。但为了使戈培尔和斯特拉瑟之间的矛盾持续下去，他又给予戈培尔在宣传方面的自主权。戈培尔之前的朋友和同志因此指控其行为是无耻的背叛——但不论早晚，所有的左翼纳粹党人最后都做出了同样的背叛行为——除非，他们像斯特拉瑟兄弟一样选择驱逐、流亡或者死亡的道路。

戈培尔担任了柏林分部领导后，德国北部左翼分子本已支离破碎的局面每况愈下。毫无戒心的斯特拉瑟认为戈培尔仍是自己的盟友，因此，他对后者的任命持支持态度，而慕尼黑集团的显要人物黑斯和罗森伯格则持反对意见。戈培尔似乎对希特勒的秘密意图了如指掌，上任不久，他便公开向之前的盟友们开战。他策划斗殴并创办了一份名为《进攻》的敌对报纸，矛头直指斯特拉瑟兄弟。他甚至散布谣言说他们兄弟二人实际上是犹太后裔，早已为金钱所收买。后来当格雷戈尔·斯特拉瑟想起自己是如何被戈培尔所欺骗时，忍不住称自己为"被麻醉的超级大白痴"。

在这一时期，纳粹党开始建立一个影子政府。被任命为帝国组织领导人的斯特拉瑟不久后开始负责这个项目，并投入了十分的热忱。在《我的奋斗》中，希特勒已经呼吁运动要为不久即将到来的颠覆做好准备，因为它"自身已包含了未来的政府"，并可以"将其完美的政府机制"交由国家使用。影子政府的各个部门都是对照着州政府的设置而建立的，因此纳粹党有外交部、司法部和国防部。其他的部门则负责处理纳粹最热衷的问题：公共卫生和种族、宣传、重新安置和农业政策。他们还进行提案和立法草案，虽然是业余水平却毫不怯场，以此来演练他们在新政府中的角色。

不仅如此，从1926年开始，纳粹党还建立了一系列的附属组织：纳粹党医生联盟、律师联盟、学生联盟、教师联盟和公务员联盟。甚至连园艺和家禽饲养在纳粹党的机构和下属组织中也占有一席之地。1927年时曾考虑过成立一个女子冲锋队，但很快被否决了。但次年成立的纳粹红十字招收了大量具有尖锐政治思想的女性，日后它成为了纳粹的女性组织。

与其他独裁政党相比，纳粹党的夺权准备的确做得完善得多。其全国领袖和分部领导早在1933年前就是一副内阁成员的气派。在公共场合，冲锋队根本不请示就直接篡夺了警察的职能。作为"反对政府"的领导人，希特勒通常都会派一位私人观察家作为他的代表出席国际会议。纳粹党标志出现在各种场合，其"卐"字标记被认为是真实的光荣的德国的标识。《霍斯特·威塞尔之歌》（又名《旗帜高扬》）成为了这个影子政府的国歌，其褐色衬衫、奖章和徽章以及纳粹党的纪念日在那些对现有政府怀有不可调和的敌意的人心中激起了一种归属感。

尽管纳粹党对于官僚体制有一种狂热，但纳粹党的政府实际上是高度个人化的。在重大关头，行政裁决和官方渠道都毫无作用，最后做决定的仍然是主观因素。党内的等级并不是由实际的头衔而是由其支持度所决定的，同样，所有的规定都可以因为一时兴起而随意更改。在所有的事物之上还矗立着"元首的意志"——所有章程的最基本事实，其地位至高无上，不容置疑。他可以随意任命和开除纳粹党内次要的领导人和员工，决定候选人名单，规定下属的收入水平甚至监控他们的私人生活。

从原则上来说，元首的绝对权力不受任何限制。在 1928 年的时候，汉堡的分部领导阿尔贝特·克莱布斯因为和分部的其他同志有分歧而递交了辞呈。希特勒一开始拒绝接受他的辞职，他在一份极其详实的报告中强调党员没有给予或废除党内某个职务的权力，这只能由元首来决定，只有他一个人有权奖惩升谪。在向克莱布斯做了详尽的阐述之后，希特勒才接受了他的辞呈。

但是这个影子政府及其臃肿的官僚机制只是一种对未来克制不住的冲动，一种对现实的语气。纳粹党举行了无数的集会，根据希特勒的统计，仅在 1925 年纳粹党就举行了约 2400 次游行示威。但是公众对此兴趣缺乏。所有的噪音、斗殴和报纸头条的争斗都收效甚微。在魏玛共和国逐渐巩固的那几年中，用戈培尔的话来说就是纳粹党甚至连对手的仇恨都无法激起，希特勒自己有时也对最终能否取得胜利产生了怀疑。

与此同时，政府延续了从 1923 年到 1924 年间的稳定局面。新赔款协议的签订、《洛迦诺公约》、德国被接受入国联、《凯洛格-白里安和平公约》、德国和法国之间终于出现了一些缓和的局面——所有的因素都表明时代潮流的走向是紧张形势的缓和，与纳粹的紧张激进主义正好相反。大量的美国贷款意味着德国的债务上升，但同时也为经济的合理化和现代化带来了大量的投资。在 1923 年到 1928 年之间，德国的生产指数的涨幅在每个经济领域中都超过了其他所有欧洲国家。不仅如此，德国在损失疆域的情况下，其生产的总值超过了战前的业绩。1928 年，德国的国民收入比 1913 年高出了 12 个百分点；社会环境的改善显著；而失业人口则下降到了约 40 万人。

1927 年春，萨克森和巴伐利亚的州政府觉得没有必要再为纳粹党而紧张，遂取消了对纳粹党领导人在公开场合演讲的禁令。对于政府要他做出保证不再致力于非法事业或使用非法手段的要求，他欣然接受了。醒目的大红海报宣告着 3 月 9 日晚 8 点希特勒将自禁令后第一次在科龙马戏团向慕尼黑的人民做公开演讲。从警方的报告中我们可以看出当晚的一切给这位告密者留下了多么深刻的印象：

> 7 点过 10 分马戏团的帐篷内就已坐了过半。舞台上挂着红色的"卐"字旗，舞台是留给重要的纳粹党成员和发言人的。包厢中的位置看起来也是留给一些特殊的党员的，因为其分配都是由着褐色衬衫的人负责。平台上已经有一支乐队。看不见有任何其他的装饰。

> 坐在板凳上的群众兴奋且充满期待。他们讨论着希特勒和他之前在科龙马戏团靠演讲获得的胜利。在场的女性人数不少，看起来仍然对他怀有极高的热情……在炙热乏味

的空气中弥漫着一种对震撼的渴望。台上的乐队演奏着振奋人心的进行曲，而人群则在不断地涌入。有人叫卖着《人民观察家》。在售票处，每位观众都领到了一份纳粹主义工人党的章程，而在入口处，每个人手里都被塞了一张小条子，上面提醒大家严禁对煽动做出回应并随时保持秩序。

大部分的观众属于下层经济群体，工人，小手工艺人，小商人。很多年轻人穿着防风夹克和半筒袜。几乎看不到激进工人阶级的代表。人们着装得体，有些人甚至穿了晚礼服。现在观众几乎已将整个马戏团塞满，估计约有 7000 人。

现在是八点半。从入口处传来了"万岁"的叫喊声。乐队开始演奏，人群热烈欢呼。希特勒身着棕色的雨衣，在其随从的护卫下，轻快地走进了场内，登上了舞台。人们兴奋不已地打手势和挥手，不断地叫着"万岁"，他们站在板凳上，跺脚声如雷鸣一般。接着传来一声犀利的号声，就像在剧院里一样。整个人群便突然安静下来。

在观众的欢迎呼喊声中，褐衫军在两排鼓手和旗帜的引领下列队进入会场。这些人手臂向前伸直，以法西斯的方式敬礼。人群为他们欢呼。舞台上的希特勒也同样将手臂伸直敬礼。音乐激昂，闪闪发光的旗帜上绘有"卐"字标记和老鹰，这是依照古罗马的军旗而制的。行进队列约有 200 人，他们立正站好，而旗手们则站在舞台上。

希特勒轻快地站到了舞台的前面。他演讲时没有使用手稿，开始的语调缓慢而有力；接着语句就从他口中喷薄而出，有时情绪夸张使得他的声音变得尖细，让人无法听懂。他用胳膊和手做出各种手势，激动地跳来跳去，专心于如何让数千名观众为他神魂颠倒——而他们也都竖着耳朵聆听着他的每一句话。当他被掌声打断时，他会戏剧化地举起他的手。这一举动在他演讲的后半部分频繁出现，带着一种做作的意味，而且玩过头了。演讲就其本身而言……并无值得可书之处。

希特勒再次获得演讲的权利并不能解决纳粹党的种种困难。不过对希特勒本人而言，这次禁令对他似乎是塞翁失马焉知非福。他安然度过了群众兴趣缺失的时期。他很快就明白了这一点并相应地做出了行动。1927 年他公开演讲了 56 次，两年后他将公开露面的次数降到了 29 次。有迹象表明，他在这一时期开始明白远离群众神化自己的好处。失败的累积使得党内批评声高涨。其矛头指向的是他的领导风格和严格执行的合法路线。即便是对希特勒毕恭毕敬，并且是元首信徒团队中的预言家之一的戈培尔，也曾在 1927 年的一本小册子中攻击了纳粹党的严格合法路线。如果纳粹党没能获得多数票该怎么应对，戈培尔的回答是："到时该怎么办？到时我们就咬紧牙关做好准备。然后我们将向政府进军；然后我们将为德国进行最后一次的伟大政变；口头上的革命者将会成为行动的革命者。然后我们将带来革命！"

希特勒的个人行为也受到了指责，尤其是他对待久经考验和忠诚的党员的傲慢态度。有一位老党员对"希特勒先生周围那堵倍遭非议的墙"颇有微词。对于希特勒对党的事务不管不顾党内也议论纷纷。对希特勒"无条件忠诚的"调查和调解委员会主席布赫最后也不得不向他表示："希特勒先生，您现在正在陷入一种厌世的情绪中，这让我十分担忧。"

1928 年的 5 月 20 日选举出了新一届的国会。纳粹党排名第九，获得了 2 6%的选票和 12 个席位。这些代表中有格雷戈尔·斯特拉瑟、戈特弗雷德·费德尔、戈培尔、弗里克和赫尔曼·戈林——从瑞典返回的他不仅带回了美丽的娇妻，还有广阔的人脉。而"没有国籍"的希特勒是不能成为候选人的。但他有着化劣势为优势的出众能力，利用这次机会进一步巩固了他独一无二的领导人形象——一个拒绝向可鄙的国会体制让步的领导人，远离日常的纷争、交易和贪婪。

尽管如此，纳粹党仍然只是一个行为乖张的小党派。但希特勒对自己的立场和干部们对行动的准备深信不疑，冷静地等待着人民群众的再一次激进化。一旦这一刻到来，他就能将他的追随者们转化为一个大众政党。国会的选举的确揭示出资产阶级核心正在上演某种程度的分裂，其迹象就是众多小党派的崛起。而纳粹党的党员现在已达到了 15 万。但在 1929 年初，伯恩的社会学家约瑟夫·熊彼特在谈到"我们社会令人吃惊的稳定性"时总结道，"在任何领域或方向都没有发生暴乱、动荡和灾难的可能。"

但希特勒对局势的把握更加透彻。在共和国历史上的这段短暂幸福时光中，希特勒曾在一次演讲中对德国人的心理做出评价："我们有第三种价值：那就是我们的战斗精神。它没有消失，只不过被埋藏在一堆外国的理论和教条下了。势力强大的政党会排除万难来证明并非如此，直到一支普通的军乐队突然间出现并开始演奏，接着迷路者将会从昏睡中醒来，他马上就会感觉到自己是行进队伍中的一员，并加入他们的队伍。这就是今天的情况。我们只需要向我们的人民指出这条更好的道路——然后你将会看见我们踏上行进的道路。"

他在等待登场的提示。问题在于，经过这么长一段时间后，纳粹党的动力和希望，其目标的理念和其领袖的形象能否坚持下来。在 1928 年 5 月的一份分析中，奥托·斯特拉瑟抱怨说"纳粹党的救赎信息"根本没能传达到大众的耳中，纳粹党在打入无产阶级圈子上也未能有任何进展。事实上，纳粹党的支持者主要是由低层次的白领工人、手工艺人、一些农业团体和喜欢浪漫性示威抗议的年轻人组成——正好是那些特别容易被"一支普通的军乐队"的激励乐曲所打动的人。

仅仅在几个月之后，整个局势就发生了彻底的改变。

第四部

斗争的年代

第一章　从地方走向全国

> 我们使用老方法再一次开始战斗并呐喊着：进攻！进攻！
> 永远向前攻！如果有人说我们无法再做一次尝试，请他记住我
> 不仅仅还能再做一次攻击，我还能再做十次。
>
> ——阿道夫·希特勒

1929 年夏天，希特勒向共和国的坚固体制发起了第一次的大规模进攻。他一直在寻找一句能调动起所有人民的口号。当时的古斯塔夫·施特雷泽曼的外交政策为他提供了一个渗透的机会，让他可以全力发挥宣传的功能。关于赔款的争论再次爆发，而希特勒则集中全力让纳粹党摆脱目前孤立的宗派主义政党形象，成为全国政治的焦点。他的这一活动很幸运地撞上了全球经济大萧条，这给了他机会在这场序曲中来检验自己的力量、组织和战术。这场战斗围绕着赔款问题，其带来的危机将纠缠这个共和国到底。这一危机正是由希特勒发动并煽动起来的，直到共和国土崩瓦解。

严格来说，事件始于 1929 年 10 月初古斯塔夫·施特雷泽曼的去世。这位德国外长为了成功推行他的外交政策而精疲力竭。这套被谴责为"顺从政策"的策略的真正意图是为了逐步废除《凡尔赛和约》。就在他去世前不久，施特雷泽曼还对由美国银行家欧文·杨领导下的专家委员会所起草的赔款协议存有不少疑虑，但仍然表示了支持态度。杨的方案是对现有条件的巨大改进。而且多亏了施特雷泽曼的顽固和外交灵活性，协约国的占领军还同意在和约规定的日期之前就从莱茵区撤军。

尽管如此，此协议仍然在德国内部遭到了激烈的反对，甚至那些对帝国境遇有清醒看法的人也深感失望。对于目前手头上可以支配的资金尚不足以支付最初几年赔款的德国来说，让它背负起长达 60 年的赔款实在是一种冷酷的嘲笑。来自经济、科学和政治界的多

达 220 位名人发布了一份公开声明以表达他们深深的忧虑。现在看起来之前那么多的安抚性姿态不过是个幌子，战争结束 11 年后，杨的方案再次暴露了胜利者对战败者毫不怜悯的态度。不仅如此，这一方案又提到了《凡尔赛和约》的第 231 条战争罪状条款，这等于再一次揭德国人的伤疤。根据杨的方案，赔款要一直延续到 1988 年，这从根本上来说是不现实的，于是激进的民族主义团体对之加以利用。

1929 年 7 月 9 日，激进右翼联合在一起组成了一个全国委员会来呼吁举行全名公投否决杨方案。委员会的主席由 63 岁的枢密院官员阿尔弗雷德·胡根贝格担任。他是一位野心勃勃、思想狭隘并不择手段的人，曾担任过东部的安置委员和克虏伯公司的总裁，最后建立起了一个错综复杂覆盖广阔的新闻帝国。除了众多的报纸，他还掌管着一家通讯社和一家电影公司。而作为重工业的政治联络人，他手头可支配的资金相当可观。

1928 年的秋天胡根贝格以黑马姿态杀出，获得了德国民族主义人民党的领导权。本来在缓慢地靠近共和国的右翼；在胡根贝格的掌管下，所有这种修好的迹象都顿时消失不见。在领导方法和章程上，德国民族主义人民党都在仿效希特勒的政党，不过它最多也就是资产阶级对其漫画似的模仿而已。尽管如此，胡根贝格在反对其痛恨的共和国方面打破了所有的限制。此时的德国刚刚开始感受到全世界范围的经济萧条；胡根贝格却在关于杨方案的风暴中用一封通函警告 3000 位美国的商人，不许他们向德国提供贷款。在这样一位领导人的带领下，德国民族主义的成员瞬间流失过半。但胡根贝格丝毫不为所动，他满不在乎地宣布比起一大块软绵绵的果肉，他更喜欢小而结实的砖头。

这次行动让胡根贝格有机会领导分散的右翼力量，其主要成员是钢盔党、泛日耳曼党、农业联盟和纳粹党。他主要的目标是为老的上层阶级夺回一些主动权。1918 年的革命并没有让这个阶级丧失权力、地位和财产，却失去了人民的信任。带着"上流社会一员"面对乌合之众一员的傲慢，胡根贝格认为他可以利用希特勒。他盘算着，希特勒的煽动能力早已得到证明，可以靠他带领群众回归到保守主义。当那一刻到来时，他知道该如何让希特勒回到自己应有的位置上去。

希特勒自己的想法远没有那么狡猾。当国会代表欣里希·洛塞得知联盟一事时，他忧心忡忡地说道："希望元首知道如何欺骗胡根贝格。"但希特勒考虑的不是如何欺骗。从一开始他就带着一种显而易见的优越感。他丝毫不掩藏他对胡根贝格、资产阶级反对派和所有那些被戈培尔称为"吃蛾子的灰色老鹰们"的轻蔑。对于胡根贝格要他做出让步的要求他干脆地拒绝了——由于纳粹党内的左翼一直怀疑地审视着整个过程，他越发有理由这么做。最后的结果是希特勒允许那些新的支持者帮助他发展事业，但是条件要由他来决定。一开始他提议各自进军，不过最后在劝诱下同意组成联盟，但是他要求在宣传方面完全独立并获得相当大一部分的提供资金。接下来他似乎一心想让他的新盟友们难堪，指派了纳粹党中最著名的反资本主义者格雷戈尔·斯特拉瑟为他在联合融资委员会中的代表。

这次联盟是他一系列非凡策略中的第一个胜利，这使得他处于遥遥领先的地位并最终达到了他的目标。他对于局势的洞察力，看透层层利益、发现弱点并建立起临时联盟的能耐，或者简而言之，他的战术直觉对于他的崛起起到了相当大的作用，同样重要的因素还有他的口才、军队、实业和法院的支持以及他手下褐衫军的恐怖主义。坚持说希特勒的夺权是靠其魔力、阴谋和残忍很明显是对事实进程了解不足。而且这种说法会让纳粹党领袖仅仅是一个宣传家或者工具的错误看法延续下去。事实是希特勒的政治手段近乎完美。

在对这一段进行评价时我们不能忽略德国民族主义保守派盲目的权力欲。通过像寄生虫一样攫获纳粹运动的力量和活力，联合他们内心鄙视但同时又崇拜的暴发户希特勒，他们试图先发制人，阻止德国民族主义保守派退出历史的舞台，虽然这是早已决定好的谢幕。尽管如此，希特勒的成功仍然很了不起。在长达四年半的时间里他一直在等待，做着准备，并遵循卡尔·卢埃格尔的教义与那些掌握着政治和社会影响力的"权势机构"建立联盟。当他最终收到邀请时，他可以冷静而坚定地提出他的条件。多年来阿道夫·希特勒作为一个不起眼的极端政党的领袖一直是被人忽视或嘲讽，只有了解这一点我们才能明白与胡根贝格联手对他的意义有多么重大。这使他洗净了身上疯狂的革命者和暴动者的恶臭，他可以进入令人敬仰具有影响力的大人物圈子里并共享他们的美誉。之前他曾有过这么一次机会却被他给糟蹋了，现在他表示会谨慎行事。

缔结联盟之后，纳粹党第一次获得了足够的资金来组建其优秀的宣传机器，它马上向公众所展示的宣传具有前所未见的激进和冲击力。胡根贝格和联盟中的其他保守者被纳粹的野性煽动所迷倒，瞪大眼睛看着这股由他们自己发起的巨大波浪。他们给予鼓励并不断助以一臂之力，带着对他们天生的领导力的盲目自信，他们在被这股波涛所淹没的时候还自以为一切尽在掌控之中。

在这样的情况下，这次行动是否成功对于希特勒来说并不重要。在公民投票中，"反对奴役德国人民的法律"的草案只获得了 10%的支持票，刚刚够格提交给国会进行讨论。但在国会上，这份提案仅仅得到了 82 位代表的支持，反对票则有 318 张。行动的第三阶段是 1929 年 12 月 22 日举行的全民公投，同样以失败告终。

不过这次行动对希特勒来说意味着他最终突出重围，进入了全国的政治圈。多亏了胡根贝格旗下众多发行刊物的支持，他在全国声名大噪，并证明自己在分崩离析、毫无方向的右翼中是最有活力最有目的性的力量。

与胡根贝格结盟还让希特勒有机会结交很多企业家，总的来说这些人多年一直支持施特雷泽曼的外交政策，但现在都对杨的方案持激烈反对的态度。之前希特勒所获得的物质支持主要来自小工厂的所有者。由于公开演讲的禁令还没取消，希特勒在德国的工业区域——主要在鲁尔区——进行了的巡游，在不对外开放的集会上向几百位心存疑虑的商人进行演说。

这些新的援助和资金帮助纳粹党在 1929 年的地区选举中获得了重大的胜利。在前一年的春天，纳粹党在萨克森和梅克伦堡、什未林获得了将近 5% 的选票，在普鲁士地区的选举中其进步更加明显。在科堡他们当选了市长，在图林根则诞生了第一位纳粹州部长，威廉·弗里克。当弗里克要求学校举行纳粹祈祷时，当地引起了很大的震动——尽管总体上来说他一直尽力展示他的政党具有能力与他人携手合作。

一贯喜欢在公众前露脸的希特勒开始着手为他新获得的胜利建立一个辉煌的背景。而这一背景又为未来的胜利打下了铺垫。从 1925 年开始，慕尼黑总部一直设在舍林大街上一座朴素实用的建筑里。现在手头有了足够的资金——其中大部分是由弗里茨·蒂森资助，希特勒买下了慕尼黑布林纳大街上的巴洛宫，将其改造为“褐屋”。希特勒花了大量的时间与建筑家保罗·特罗斯特一起为其内部装修进行规划，似乎又回到了年青时富丽堂皇的豪宅梦想中。

在反对杨方案的行动远未终结时，希特勒再一次在政治上做出了一个大胆的举动。他戏剧性地与胡根贝格的保守党派们断绝关系，理由是他们的三心二意和资产积极的软弱性导致了全民公投的失败。他在做出断交决定时极为坦然，丝毫不为共同目标或者共同奋斗等想法而犹疑，这再次帮了他自己的大忙。因为这次突然的转变让党内一直对他和“资产阶级猪猡胡根贝格”联盟而多有抱怨的人闭上了嘴，而且这一举动让他洗脱了与这次失败的干系，这样他仍然是反共和国右翼中唯一有活力的力量。

考虑到纳粹党目前仍属于小党派，这一大胆举动就越发令人刮目相看了。但希特勒已经认识到了最重要的在于能让人们对这场运动的兴趣保持下去——而这一兴趣正是由他成功煽动起来的。在他阻止了纳粹党参与到更具有攻击性的任务中之后，他开始对总部进行重组。格雷戈尔·斯特拉瑟负责组织一部（政治组织），曾任上校的康斯坦丁·希尔负责组织二部（国家社会主义政府；影子政府），戈培尔则主管宣传。

在与胡根贝格决裂之后，希特勒并没有停下来喘口气，而是继续用几乎丝毫未被削弱的暴力来推行对抗共和国的行动。只不过现在这是纳粹党自己的行动了。在之前的一年中，由当时的宣传部长希姆莱签署并由纳粹党总部颁布的指令号召党员进行一系列的“宣传活动”，要区别于以往的政治活动艺术，展现出新的面貌。他们对一个地区进行猛攻，不放过这个区域任何一个最偏远的村庄。在一个星期的时间里，党内最顶尖的演说家被召集到这个地区，在数百场的集会中进行演讲，他们把其能力“发挥到极致”。在这段时期内，所有的城镇都受到海报、横幅和传单的轰炸——通常是由希特勒亲自为这些设计和标语拍板。纳粹党还举办“招募夜”，冲锋队员——根据指令规定——“利用其资源展示其能力，包括：竞技活动、活人造型、戏剧、歌唱、冲锋队员的讲座以及放映展示纳粹党群众集会的影片．"在 1930 年 6 月萨克森的州议会选举举行之前的那段时期里，纳粹党举办的类似活动不少于 1300 次。

除了这些地区活动之外，纳粹党仍继续努力在特定社会团体中寻求立足点，尤其是拉拢一些白领工人和郊区的居民。在进行了一系列紧锣密鼓的推广之后，纳粹党征服了合作社、同业公会和职业组织的领导者们。在有些极其贫困的地区：例如在石勒苏益格—荷尔斯泰因州农民举着黑色的横幅进行抗议活动。根据纳粹党的培训指令，"必须将这种情绪煽动到怒火中烧的地步"。与此同时，纳粹党面对白领工人的宣传利用了战争结果、城市化以及社会机构改变的压力给这个阶层带来的普遍危机感。就目前来说，工厂的工人们对纳粹党的态度仍然很冷淡。但是从 1929 年开始公司职员和农业工人的涌入使得纳粹党自封为"所有劳苦大众的政党"的说法看上去颇有道理。全国上下开始涌现出大量的小基层组织和基地，这为将来的突破铺平了道路。

希特勒不断推动纳粹党向前进，刚刚开始席卷全球的经济大萧条助了他一臂之力。1929 年初德国就开始出现明显的迹象表明危机到来，当时失业人口总数第一次超过了300 万。这年春季，企业倒闭数量的增长速度令人担忧。到了 11 月，仅在柏林每天就有55 起破产，500 到 700 名债务人宣誓自己无法偿还债务。这些数据是对 1929 年 10 月 24日——纽约证券交易所股价崩盘的著名黑色星期五——所产生的经济和心理后果的部分反映。

人们很快就感受到了其灾难性的效应，德国尤其如此。忧心忡忡的债权人收回了其给予德国的外国贷款，其中大部分为短期，而这些贷款是这个国家的经济复苏的基本保障。世界贸易的突然衰退同时也摧毁了弥补所有损失的一切希望，至少暂时如此。随着全球经济的波动，农业也陷入了危机，很快农场只能靠补贴维持，而这又相应加重了公众的负担。一切如同典型的连锁反应，一个灾难引发下一个灾难。德国的股价同样狂跌，失业人口数飞涨，工厂纷纷倒闭，新的当铺却接踵而来。报纸上大片的版面都是关于受迫性拍卖的通告。随之而来的是其对政治的影响。1928 年的选举之后，这个国家就由多党联合政府执政，其内部矛盾众多，都想各自为政。时任总理的是社会民主党人赫尔曼·穆勒。当税收下降导致他们不得不勒紧裤腰带过日子时，随之而来就是政府内部资产阶级和左翼团体之间如顽疾一般的争斗，双方都想将大萧条的责任推给对方。

事实上，到了现在局势已经很清楚——没人可以幸免。德国的经济大萧条的最重要的特点是其全面性。虽然说英国的——尤其是美国的——附带经济和社会后果并不比德国的影响面小，但在这些国家里经济大萧条并不会导致全国性的心理危机，并摧毁掉所有的政治、道德和思想标准，进而摧毁对现有世界秩序的信心。德国的局势变化仅从客观经济条件方面来衡量是绝对不够的。因为这不仅仅是一次经济滑坡，这是一次心理上的休克。人民面对无休止的困难早已筋疲力尽，其心理抵抗力被战争、失败和通货膨胀几乎磨光，对民主派不断呼吁人们保持理性和清醒的言论也已厌倦，于是他们的情绪一股脑儿地倾泻了出来。

在这样的困境中，人们将目光盲目地投向那些看起来目标远大并要为他们的生活寻回其已失落的意义的人物。希特勒那出众的直觉让他能够把握住人们的渴望，并知道如何让自己成为他们想要的人物。不管从哪个层面上来说这都是他大显身手的时刻。在过去的几年中，他一直处于一种冷漠的状态，脱离社会，只关注自己的个人世界。但现在这一切都结束了。很长一段时间他都找不到能够激起他能量的因素，道威斯计划、占领军带来的苦恼或者施特雷泽曼的外交政策都无法为他所用。但现在的全国性灾难为他的煽动才华提供了完美的背景。当然，他宣传的主要内容仍然一如既往：《凡尔赛和约》和施特雷泽曼的外交政策、国会制度和法国的占领军、资本主义、马克思主义以及最重要的一点，那就是犹太人的世界阴谋。但现在其中任意一点都可以轻松地与每个人所感受到的困苦联系起来。

在赋予个人愿望和大众的绝望以政治决策色彩的方面，以及通过旁敲侧击让自己的目的渗入到与自己分歧最大的人的观点中的能力上，希特勒超越了其所有的对手。其他政党的发言人在面对大众时，虽然他们努力想获得人民的支持，但他们信心的不足显而易见。对于灾难他们也毫无解决之策，只能依赖底层人民的齐心协力。而希特勒在这个问题上则更为乐观和主动，他展示出对未来的信心并积累起心中的憎恨。他宣称"在我生命中从未有过比那段日子更让我身心满足的时光"。

希特勒呼吁的对象是那些为失去社会地位的可能而感到害怕的困惑人群，是那些感觉同时受到左翼和右翼威胁的人们，是那些谴责现有制度让他们失望的人们。希特勒所勾勒的章程对一切都持否定态度：他既反资本主义又反无产阶级，革命同时又复辟；在给人们描述未来的恐怖景象的同时不断勾起人们对往昔的美好回忆。这种矛盾的革命态度否决当前的事物，旨在让一切恢复原状。希特勒刻意地站在所有传统战线的对立面。虽然他的激进立场远在"体制"之外，他却不断宣称目前德国的悲惨境地与他丝毫关系也没有，而且正好证明了他谴责现有事态的正确性。

就像是为了证明他的指控似的，共和国的议会机构没能经受住对它们的第一次严肃考验。1930年的春季在经济大萧条尚未到达顶峰之前，多党联合政府就已土崩瓦解。其终结是民众放弃共和国的一个讯号。促使联合政府分崩离析的原因是一个由来已久但从根本上来说很琐碎的小问题，那就是各党在失业保险费用分配问题上的分歧。这表明共和国的根基有多么薄弱，对其的忠诚度是多么低。在之前的几年里魏玛共和国获得了不小的成就；但其能力总是显得暗淡无光，因此即便在它表现最好的时候也还是让人们觉得无趣。共和国的政治家们用他们的辛勤劳力和普通的效率所未能发掘或利用的源泉将留待希特勒来打开。这包括：对乌托邦和超个人目标的渴望；包括了慷慨和牺牲精神的理想主义；领导人努力探求将不透明的现代权力运作程序公开化；以及要求将人们目前承受的苦难解释为天将降大任的考验。

对于迷失的大众来说，阐述"精神"选择的口号远比模棱两可的经济承诺更能将他们吸引到纳粹党的麾下。希特勒也将自己对群众性政党的保留意见放到了一边。其负责的组织结构的灵活性第一次得到了验证。纳粹党可以毫不费力地吸收最不同的元素，因为它并不限于某一个阶层，也不因为一个死板的章程而束手束脚。他为各种背景、年龄和动机的人们都提供了空间。其党员构成尤其显得毫无组织，任何严格的阶级分析对其都不适用。

小商人、农民、实业家和消费者对于纳粹党来说都是不可或缺的，这些团体之间的各种复杂矛盾使得它无法构成一个阶级，每个政党迟早都会遇到这层看上去是无法逾越的障碍。在严重的经济和社会困境下，靠空头支票是绝对无法征服这道障碍的。那些关注物质问题的政客只能靠高工资和低价格、更高的红利和更低的税收、更高的退休金、更高的关税、支付农民更高的价格以及给予消费者更低的价格等许诺来吸引大众。希特勒的高明之处就在于他跳过了经济矛盾问题而代之以夸夸其谈的原则问题。如果他谈到物质利益，那主要是为了展现他和对手之间的鲜明对比。"我不会像其他人那样许诺给你们带来幸福和财富，"他偶尔会这样宣告，"我能说的只有这个：我们想要成为国家社会主义者；我们要明白的是，我们不能在数百万人食不果腹衣不蔽体时，高喊着'德意志高于一切'并称自己为民族主义者。"

尽管如此，纳粹党还是从中产阶级中赢得了不少的支持，后者一直以来都紧抱着其政治理念的根基，希望在严格而不复杂的社会秩序体制下寻求庇护。在他们碰到希特勒时，毫无疑问地拜倒在其煽动能力的脚下。但同时他们也被他们与希特勒之间相同的命运所吸引：他毫无疑问也是资产阶级，和他们一样有着对丧失社会地位的恐惧，从在平民生活中郁郁不得志直到进入政治圈，这一选择不仅解放了他，还提高了他的社会地位。希特勒的命运看起来正是他们的终极梦想。

随着经济大萧条的延续，纳粹党开始在工人中获得他们的第一次胜利。格雷戈尔·斯特拉瑟甚至试图在每个店铺中建立一个党的基层组织以对抗"店铺纳粹主义"（这个词由戈培尔所创，"让每个店铺中都有一个纳粹的基层组织"）。仅存的纳粹左翼拼命想保住其社会——革命工人党，使其不致堕落为一个反犹太者和小资产阶级的团体。"一打大人物的宣誓效忠都比不上赢得一个工人的支持的价值来得大。"虽然从总体上来说，格雷戈尔·斯特拉瑟的努力未能成功，但长期以来纳粹党一直未能在阶级意识鲜明的无产阶级中取得的成就，他们现在从不断增长的失业大众身上得到了。冲锋队被证明是一个理想的聚水盆。在汉堡的 4500 名冲锋队员中有 2600 名是失业人口——差不多占了60%。忠实的纳粹党员会站在救济所的门外向那些必须每周来此报道两次的失业群众发送他们的宣传传单《失业的人们》。他们会刻意地与这些人攀谈，向他们传达纳粹的信条。

柏林正在逐渐成为纳粹夺权策略的中心。这座城市从传统上来说属于左翼，马克思主义政党在力量上比其他所有对手都要强大，也正是因为这一点柏林成为了非攻下不可的堡垒。而分部头目戈培尔正好具有这种魄力率领他那薄弱的力量向他们发起攻击。戈培尔仿效希特勒的路线，通过学习对手的方法来制定自己的战术。口号小队、游行团队在工作时进行政治活动，街道基层组织的体制，大型群众示威游行，……，戈培尔还在纳粹党的外省风格里加入了一些思想和都市的魅惑力，这样可以提升其对见多识广人士的吸引力。戈培尔的机智、老到和愤世嫉俗给公众留下了极深刻的印象。其对手称他为"柏林的土匪头子"，而他则把这种侮辱当作自己的荣誉头衔。

戈培尔最有效的战术之一就是让街斗中身负重伤、缠满绷带躺在担架上的人和演讲者一起出现在讲台上。迪特马尔森事件证明了死者和伤者在宣传上的价值，而纳粹党的领导人则看出几个血淋淋的受害者是一笔不错的投资。根据警方的报告，那次事件之后，纳粹党的党员注册人数猛涨了 30%。报告中说在那次战斗之后，"朴素的老农妇也在她们蓝色的工作服上佩戴起了纳粹'卐'字标记。在和这样的老母亲交谈时，你能马上感觉到她们其实对纳粹党的目标和意图一无所知。但他们坚信现在德国所有诚实的人民都在遭受剥削，政府无能……只有纳粹党能将这个国家从苦难中拯救出来。"

纳粹党在年轻人中的发展是最为显著的。它比其他任何政党都更会利用年轻一代的思想状态。属于 18 岁到 30 岁之间这个年龄层的人在经济大萧条中所受的打击尤其大，他们想证明自己的雄心壮志却因为大规模失业而无法实现。年轻一代观点激进，同时又在寻找逃离现实的途径，这使得他们成为具有强大攻击潜力的团体。他们鄙视他们所在的环境、父母的家、他们的教育者以及一心只想恢复老资产阶级秩序的传统权威。

他们对传统政党也毫无兴趣，因为它们无法满足他们对社团的"有机"形式的渴望——战前的青年运动就已唤醒了这种渴望，而战争的经历进一步加强了这种渴望。他们憎恶"老人的统治"，一想到那种狭隘自以为是的寻常政党领导人形象就会怒发冲冠。

这些想法促使大部分年轻人，尤其是学生都站在了纳粹党这边。对于他们来说，这是一个很自然的选择。虽然纳粹宣传的理念涵盖了所有领域，但他们主要听到的是其革命的音调。他们在寻找纪律性和英雄主义，纳粹党踩着法律边缘行事并允许过界行为的风格对他们有着浪漫的吸引力。对他们来说纳粹党不像是一个政党，倒更像是一个战士联盟，用呼唤新秩序的战斗口号来回应这个脆弱岌岌可危的世界。

随着年轻党员的涌入，纳粹党——尤其是在大众成群结队涌入之前——在一段时间内成为了一种新类型的青年运动。以汉堡为例，1925 年时约三分之二的党员年龄在 30 岁以下；在哈勒更是高达 86%；在其他地区此比例也相差无几。1931 年时，柏林冲锋队员中 70% 的年龄在 30 岁以下，而整个纳粹党里面约 40% 的人属于这个年龄层。社会民主党中的年轻人人数不到纳粹党的一半。社会民主党国会代表中只有 10% 的人年龄在 40 岁以下；而在纳粹党中这个数字为 60%。希特勒对年轻人的招纳被证明是一项精明的政策，而且他还聪明地将重要职位交到他们手中。戈培尔成为分部头目时只有 28 岁，卡尔·卡夫曼为 25 岁，巴尔杜尔·席拉希在担任帝国青年领导人时为 26 岁，希姆莱被提升为党卫军领袖时也不过 28 岁。他们中的一员后来回忆说，这些年轻领导人的奉献和信仰，他们"纯粹的身体能量和战斗精神"，"为纳粹党注入了一种动力，这是其他资产阶级政党拍马也赶不上的"。

这支队伍的领导人、领衔主演和组织者就是希特勒自己。从魏玛的一次群众集会开始，他开始不知疲倦地巡回演讲，无论是坐车、坐火车还是坐飞机。他每次出场都能将群众发动起来。尽管他并没有计划，对经济大萧条以及如何应对也说不出什么看法，但他知道应该把矛头指向谁：协约国、体制下腐败的政客、马克思主义者和犹太人，而且他有他自己的解决人民苦难的方法：决心、信心和重新夺回权力。希特勒的观点可以轻易地转化为口号，而这些口号一旦进入群众的脑袋，就会逐渐渗入到其思想的深层，在那里扎根成长。在选举活动进行的那几周里，他收获的不仅仅有大量的组织经验，还有两年后他发动更大型更猛烈的运动时所需要的高端心理技巧。

在纳粹党煽动起的巨大能量和噪音的对比下，其章程的苍白无力让很多人都低估了其实力。在一些有学识的当代人看来，这个政党只是这个吵闹并有些疯狂的年代里一个喧闹、令人讨厌并略带疯狂的现象。因此，政治讽刺家库尔特·杜乔斯基曾俏皮地说希特勒"这个人根本就不存在，他只不过是他所制造出来的噪音"。与此同时，从一个更严肃的层面来说，很少有人注意到帝国内政部在一份备忘录中揭露了纳粹党反宪法的本质，其正式的守法声明不过是其薄弱的伪装。那些对保卫共和国给予最多关注的人们则认为纳粹党内部被压抑的爆炸性力量发展得太快，其内部矛盾会将自己引爆，其领导团体的平庸学识、不成熟和战争野心也一定会引领纳粹党走向毁灭之路。

1930 年夏天于纳粹党内部发生的动荡似乎证实了这一判断。只有等一切完结之后我们回头再看才发现这是一次整肃行动，它巩固了纳粹党的纪律，加强了其推动力。首先在希特勒的威逼下，与党内左翼间一拖再拖的冲突终于摆到了台前，而后者的立场很明显与希特勒之间的抵触已越来越大。只要纳粹党仍是一个边缘小党，它就可以制造出相当大的喧嚣却不用把这些观点实践到立法或行政的程序中去，那么其内部的思想分歧就很容易被遮掩。但随着纳粹党最近在地方选举上获得的胜利，它不得不选择一个鲜明的立场。奥托·斯特拉瑟及其支持者顽固地坚持着他们的老原则：他们提倡攻击性的"灾难性战术"，宣扬严酷的反资本主义，支持工业大面积国有化并与苏联结盟，而且他们违抗党的路线，支持当地的罢工运动。最后这项举动必然会使纳粹党与工业界新建立起的非常有利可图的联盟带来紧张。不仅如此，他们讨论问题的轻率作风也会造成麻烦，因为希特勒总是喜欢避开这些问题，使自己保有更多的选择余地。

早在 1930 年 1 月，纳粹党的元首就要求奥托·斯特拉瑟将出版社转交给他。狡猾的希特勒恩威并用，再加上贿赂，他向这位顽固的同志许诺将慕尼黑总部新闻主管的位置留给他，并提出向出版社支付约 8 万马克。他以一个老战士和老纳粹党员的身份恳请奥托·斯特拉瑟同意，但视自己为真正的纳粹智囊的斯特拉瑟对希特勒所有的开价都予以了拒绝。1930 年 5 月 21 日晚在当时希特勒的柏林总部——位于林克大街上的无忧宫饭店里，双方最后摊牌了。当时在场的还有马克斯·阿曼、鲁道夫·黑斯和奥托·斯特拉瑟的哥哥格雷戈尔。双方陷入了一场激烈的辩论，历时长达 7 小时，在这期间两边的分歧得到了完整的体现。

在这场争论中，希特勒只能从等级来理解人际关系的理念被展露无遗。不管是什么反对意见或想法，他都会强迫性地将其回答兜回到权力的问题上来：该由谁来下命令？谁是下属？所有事物都被他无情地简化到主人和奴仆之间的对立；现有的一切就是未开化、未定型的大众和操纵这些群众的伟大人物。

争论越来越激烈，之后斯特拉瑟向他提出了一个关键问题：如果纳粹党掌权，生产资料是否会维持不变？希特勒的回答是："当然是这样的。你以为我疯了要摧毁整个经济吗？只有当雇主的行为与国家的利益相抵触时政府才会干预。但即便如此也没有必要没收其财产，工人也不需要在此决策中有发言权。"事实上他应该说只存在一个体制：上级承担责任，下级接受管理。数千年来一直如此，没有其他可行的方式。

但奥托·斯特拉瑟对希特勒立场前后不一致的谴责还是给予他重挫。他悻悻然回到慕尼黑，并且一如往常地一连几个星期内都对此事保持沉默，这让斯特拉瑟捉摸不定他的想法。事实上，直到斯特拉瑟出版了一本名为《舒适的部长座椅还是革命》的小册子，使争议再次浮出水面并指控纳粹党领导人背叛了他们共同事业中的核心后，希特勒才进行反击。这个时候希特勒给他的柏林分部头目发了一封信，命令他将斯特拉瑟及其支持者驱逐出党。

6 月 30 日，戈培尔召集分部党员在柏林的哈森海德召开党员会议。"那些不愿意融进来的人就滚蛋！"他怒吼着。本来想为自己的观点争辩的奥托·斯特拉瑟及其支持者被冲锋队员们强行赶出了会厅。随后斯特拉瑟集团提到"纯粹的斯大林主义"并考虑对纳粹党领导人进行"社会主义者的迫害"，但事实是斯特拉瑟兄弟及其支持者已经越来越处于守势。7 月 1 日格雷戈尔·斯特拉瑟辞去了他在战斗出版社报纸编辑的职位并表示与其弟弟的观点脱离干系，冯·雷文特罗和党内其他重要左翼成员也放弃了造反者的路线。其中有些人这样做是出于经济原因，因为他们的职位、生活和代表席位都是拜希特勒所赐。但大多数人这么做是出于对希特勒"近乎变态的个人忠诚"，尽管后者曾做出无数背叛的行为，他们的效忠却一如既往。

奥托·斯特拉瑟建立了一个新政党，最初的名称为革命国家社会主义者，后来改为黑色前线，但都没能摆脱教条主义的桎梏。希特勒严禁其支持者阅读战斗出版社的出版物，但这些刊物喋喋不休讨论的话题不久之后也无法再引起人们的兴趣。当这个政党正在响应历史的召唤并与覆盖全球的灾难勇敢战斗时，谁还会在乎揭露出来的那些秘密。人民群众认定希特勒为他们救赎的希望，而不是他的章程。

奥托·斯特拉瑟的离开一次性解决了纳粹党内部关于原则问题的争端。它同时意味着格雷戈尔·斯特拉瑟在党内地位的大幅度下降，此后的他没有了掌管大权的职位也没有了报纸的平台。他仍然继续担任纳粹党的组织领导，但居住在慕尼黑的他与其他党员和公众之间越来越疏远。仅仅就在六个月之前一份政治刊物还预言"在不远的将来他将会让希特勒相形见绌并成为党内的掌权者"。但现在这一切都不可能了。

斯特拉瑟危机的后遗症中，值得一提的是柏林冲锋队在前警察队长瓦尔特·斯滕尼斯的带领下发动的叛乱。冲锋队员的不满主要针对的是此起彼伏的关于领袖控制政党和偏袒的传闻，以及在选举活动期间繁重工作的微薄回报。当冲锋队员们日以继夜地在户外执勤直到筋疲力尽时，政治部的人员却舒适地躺在他们豪华的宫殿里。事态越来越失控，于是戈培尔向希特勒和党卫军求救。在他发出请求的几天后，柏林的反对派冲锋队员就闯入了柏林分部位于黑德曼大街上的总部，与希姆莱的黑衫精英护卫展开了一场血拼。但希特勒现身之后，反叛就平息了下来，这证明了他的威信。值得一提的是，他坚持拒绝与斯滕尼斯进行开诚布公的讨论，而是尽力争取普通的冲锋队员的支持。在武装的党卫军的护卫下，他亲自拜访一个又一个啤酒馆，寻找冲锋队员们常用的桌子和警卫室。他向他们恳求，有时甚至声泪俱下，他提到即将取得的胜利以及他们这些革命的士兵会因此获得的丰厚回报。他当时向他们许诺会给予他们法律服务和更好的待遇：这些福利的资金将从每个党员身上特别征收 20 芬尼而来。而党卫军这边，希特勒对他们在这个关键时刻的贡献的奖励只有一句标语："忠诚是你们的荣誉！"

平息反叛意味着普菲费尔·所罗门的离任。这位冲锋队的领导人看着政治部的权力日益膨胀，而冲锋队却日渐衰落，其对宿命论的信仰也越来越强。做出这一人事变动的原因之一是希特勒自己心理要求的改变。在群众的欢呼声中他的使命感日益增强，他渴望受到崇敬，而政治部的小资产阶级公务员要比冲锋队英勇的领导人们更能满足他这一要求。因此纳粹党有限的资金中的大部分都拨给了政治部，在起草代表名单以及接受其它资助时他们也明显占优。除此之外，希特勒和普菲费尔·所罗门性格上的不合也是原因之一。

到了 8 月底希特勒解除了普菲费尔的职务，自己担任了冲锋队至高领导人的职务，当时在玻利维亚担任军事教官的恩斯特·罗姆被召回来接管冲锋队领导人的日常事务。在成为冲锋队最高元首之后，希特勒终于让自己成为了整个运动的主宰。之前普菲费尔获得的所有特权现在都转移到了希特勒的身上。在担任这一职务仅几天后，希特勒就下了一道命令要求每个冲锋队的领导人都对他个人进行"无条件宣誓效忠"，之后每个冲锋队员也要这么做。

这些程式中所暗含的完全服从的要求并未受到任何抵抗，这一点极为重要。这说明其成员无论从制度上还是心理上都已做好准备融入极权主义的框架。事实上，希特勒在6月时向几位精心挑选出来的纳粹党记者透露了他的极权主义的未来展望。对于将分部头目比为主教，将未来的参议员比为红衣主教的说法，希特勒并不回避，他大胆地将宗教里的威信、服从和信仰的概念转化到了世俗中。

第二章　压倒性胜利

在正确的时刻必须使用正确的武器。第一步是刺探对手，第二步是准备，第三步就是攻击。

——阿道夫·希特勒

1930 年 9 月 14 日成为了魏玛共和国历史上的转折点之一。它代表着民主党派统治的终结，同时宣告了共和国临死前痛苦挣扎的开始。到凌晨约三点选举的结果出炉时，一切都已发生改变。仅用了一步，纳粹党就迈入了权力殿堂的接待室，而之前一直为人们奚落或盲目崇拜的领导人，"鼓手"希特勒，成为了政治界里的一位关键人物。纳粹的新闻媒体欢欣鼓舞地宣称共和国败局已定，现在可以开始清扫行动了。

为德国纳粹党的宣传所折服的选民占到了 18%；与两年前的上次选举相比，其票数从 81 万涨到了 640 万；其在国会中的席位从 12 个上升到了 107 个，是仅排在社会民主党之后的第二大党。在德国政党的历史上，其成长和进展速度是无与伦比的。在资产阶级政党中，只有天主教中央党保住了其地位，其他的则损失惨重。四个中央党加在一起只有 72 个席位。胡根贝格的德国民族主义人民党的席位减半，从原来的 14.3% 降到 7%。其与更为激进的纳粹党的联盟被证明是一种自毁前程的行为。现在在国会中仅剩下 41 席的他们只能沦为纳粹党的附属，希特勒对右翼势力的领导权看起来得到了进一步的巩固。

从总体上来说，大多数的观察家都意识到了这一刻的历史重要性。他们认为造成这种结果的原因是政党制度的深层危机，或者是人民普遍对自由和资本主义体制缺乏信心，再加上希望所有生活条件都能发生根本改变的渴望。此刻有必要再次回顾十年前共和国诞生时的情况：其出生真是爹不疼娘不爱，人民对它的态度往好了说也只是容忍，而很多人似乎认为它仅仅只是一个过渡阶段，用奥斯瓦尔德·斯宾格勒的话来说，它无法带来"任何鼓舞人心的东西"，"没有大胆的犯罪"，"也没能让人记住的口号和伟人"。希特勒曾多次指出这个共和国是用来讨好德国敌人的甜点，是《凡尔赛和约》最恐怖的镣铐，这一观点得到了广泛的认同。

有趣的是很多国外媒体，尤其是英美的杂志，也持类似的观点，认为选举结果是对严酷的和约条款和胜利方的伪善行为的一种反应。从总体来说，只有法国对此结果表示愤慨，虽然她其实也偷偷希望极端右翼势力的抬头，使它能为她提供一个借口对这位莱茵河对岸的邻居实施更严厉的政策。1930 年 9 月 24 日的《每日邮报》上，罗德米尔勋爵指出不应该视希特勒的胜利为一种威胁，应该看到此人具有各种优势，他是在建立一座堡垒，阻止苏联对欧洲文化的影响蔓延到德国。

纳粹党的胜利很大程度上要归功于他们对通常并不参与投票的年轻人和非政治因素的调动。与 1928 年相比，总投票数增长了 450 多万，投票人数达到了全体选民的80.2%。对于这次大规模的胜利纳粹党明显准备不足，以至于他们都未能拟好 107 个候选人的名单，而且无法找到马上就能走马上任的人。而希特勒由于没有德国国籍所以无法竞选。

"一旦人民大众欢呼着向我们涌过来，我们就头脑发晕了。"希特勒在 1928 年的慕尼黑领导会议上就曾指出这一点。而戈培尔也经常说他"很怀念那些旧日的美好时光，那时他们只不过是帝国里的一个小党派，在首都纳粹党支持者还没有一个面包师傅的一打忠实顾客多。"

他们所担忧的是毫无原则的大众会湮没掉纳粹党，腐化掉其革命意志，而在受到一次挫败之后就会马上弃之不顾，一如 1923 年的"蜂拥而入的新党员"。选举结束五天后发布的一份备忘录中指出，"我们绝不能被堕落的资产阶级尸体所拖累。"但与这种担心相反的是，纳粹党不费吹灰之力就吸纳了大批新成员"加入到纳粹理念的大熔炉中"并将他们融化。乘胜追击是希特勒的信条，因此在 9 月 14 日之后他又策划了一系列的活动并获得了更多新的胜利。在 11 月 30 日不莱梅的市长选举中，纳粹党获得的票数比例比国会选举时又翻了一倍。他们赢得了市议会中超过 25% 的席位，其他所有政党的票数都有所流失。但泽、巴登和梅克伦堡的情况类似。陶醉在胜利中的希特勒有时看起来似乎相信"可以通过投票推翻"现有政权，而不需要任何外部的援助。

希特勒从 1923 年的事件中所吸取并一直牢记在心的教训就是一个体制就算再岌岌可危，街头混混们的攻击仍然无法撼动它分毫。党内有不少不切实际头脑爱发热的人，他们认为没有硝烟的革命是无法想象的，在 9 月 14 日取得胜利后他们便开始叫嚣着要进军柏林，发动最后的战争。而希特勒则坚守其合法路线，丝毫不动摇，虽然他也丝毫不隐瞒这样做的真正原因："从原则上来说我们不是一个议会型政党，"他在慕尼黑宣告着，"因为那与我们的整体展望相抵触；我们是被迫成为一个议会型政党，而逼迫我们的就是宪法……我们刚刚所获得的胜利只不过是赢得了一件战斗的新武器。"

希特勒的谨慎部分出于他对军队的提防。他后来承认他之所以放弃政变的想法是因为考虑到帝国国防军。因为公共秩序土崩瓦解得越厉害，帝国国防军的权力和影响力就越能左右事态。1923年的政变以及随后禁止军队与新成立的冲锋队之间建立联系的命令极大地阻碍了两者间相互的关系。早在1929年3月，希特勒就试探性地向国家军方势力的代表做出示好的姿态。在一次言辞尖锐的演讲中他对冯·西克特将军制定的"非政治性士兵"的概念提出了质疑，成功地打动了部队的年轻军官。

9月选举结束几天之后，莱比锡的联邦高级法庭对乌尔姆守备部队的三名军官进行审判。他们被指控因与纳粹党建立联系并在帝国国防军内部劝诱其他人加入纳粹党而违反了帝国国防部的法令。在其律师汉斯·弗兰克的要求下，希特勒受邀出庭作证。这一引人注目的审判给希特勒提供了机会公开向军方示好并展示其政治意图。庭审的第三天，也就是1930年9月25日，希特勒带着一个刚刚取得胜利的政党领袖的自信出庭作证，确信自己一定会取得最后的胜利。

在被问到他对合法性的看法时，希特勒向法庭打包票说纳粹党不需要暴力，"再经过两到三次选举，纳粹党就将在国会中成为占多数的大党，到那时我们将会进行国民革命。"

他用革命的概念来对抗外部世界，但却隐藏了他对国内政策的规划。当庭长问他这种对抗外部世界的革命是否会使用到非法手段时，希特勒的回答非常坦白："所有的手段，包括那些被认为是非法的手段。"当被问到他对所谓国内的叛徒做出的威胁时，希特勒回答说：

> 我站在这里向上帝宣誓。我告诉你如果我能通过合法手段掌权，那么我会在我的合法政府内建立起一个国家裁判所，赋予其权利根据法律来审判那些为我们的国家带来不幸的人。很有可能到时会有不少人头依法落地。

旁听席传来的掌声表明了法庭内民众的情绪。内政部的抗辩虽提供了充足的证据证明纳粹党的反宪法行径，但最后都被置之不理。希特勒接下来说他只有在争夺权力的进程中才感觉受到宪法的束缚，一旦他获得宪法赋予的权利，他就将废除或者更换宪法。而庭长在听他这番言论时一直保持着平静。通过合法途径可以废除宪法。继尔希特勒就可以毫无障碍地穿过这扇大门，击败所有的抵抗势力，将政府置于自己的掌控之下，让整个国家听从自己的意志。

希特勒坦白承认自己放弃暴力只是暂时的措施，直到他能用合法的手段将它遮掩起来，但这并不是他会宣誓效忠宪法的唯一原因。希特勒在这一段时期的合法路线中始终掺杂着一种令人不安的模棱两可。虽然他宣称他"对于合法路线的立场坚定的犹如磐石"，但他同时鼓励其支持者发表轻率的带有暴力色彩的演说："我们就像狼冲入羊群……"戈培尔在与莱比锡审判的三位年轻军官中的舍林格尔中尉（最后被判定有罪）交谈时泄露了天机。他开玩笑地说："我认为（希特勒的）宣誓是这盘棋中的一出妙招。现在在他们能拿我们怎么办？他们只能等待攻击的机会。而我们正处于上升阶段。"

希特勒意图的不稳定性，他在宣誓效忠宪法与推翻宪法的威胁两个极端之间的摇摆——而这正是他的本意，其实从很多方面对他的事业都有所助益。对于那些把守着权力之门的人，尤其是兴登堡和军队，希特勒一边提出联盟，另一边却警告对方他们最好向他做出妥协。他的模棱两可还针对那些仍然期盼着进军柏林的支持者。对于这些人来说，希特勒似乎在向他们暗示元首知道该如何哄骗所有能想象到的对手。从以上角度看来，希特勒在莱比锡法庭上宣誓后所做的证词效果惊人。

从总体上来看，希特勒这种摇摆的战术不仅仅只是精明的算计。这暴露了他的性格，这种战术符合他根深蒂固的优柔寡断的个性。这其中也有矛盾，因为这种战术所承担的风险也是极大的，需要有极其敏锐的平衡感，因此这也能满足他对冒险的渴望。

冲锋队就是希特勒这种战术理念一个活生生的例子。根据希特勒那复杂的原则，纳粹党的褐衫军既要尊重法律，同时又要具备叛乱的浪漫主义，他们在发誓放弃武器的同时还要保持武装斗争的精神。普菲费尔无法领导队员贯彻这种矛盾的方针。1931 年初，恩斯特·罗姆成为了冲锋队的参谋长之后马上着手按军队模式整顿冲锋队。整个帝国的疆域被分为 5 个超级团队和 18 个团队。冲锋队分队——与军团对应——则被分配了前帝国军团的编号，并建立空中冲锋队、海上冲锋队、工程和医疗冲锋队，进一步强调了其军事架构。在罗姆的领导下，冲锋队发展为一支大规模的军队。多亏了这位新参谋长杰出的组织能力，到了 1932 年底他的军队已壮大到 50 万人。

罗姆最初的举措之一就是撤掉了普菲费尔的前线联盟军官，任命他的心腹下属，而这些人建立起了一个规模不小、臭名昭著的小集团，于是流言四起，说罗姆"正在私家军的内部建立一支私家军"。不久之后抗议声四起。希特勒对这件事情的回应非常著名。他用锋利的言辞从根本上否定了那些对冲锋队至高领导人不道德行为的非议。他宣称冲锋队是"一个有政治宗旨的协会，而不是一个用来教育淑女的道德机构"。重要的是这个人有没有完成他的职责。"他的个人生活只有在与纳粹理念的基本原则相抵触的情况下才应该受到审查。"这一思想可以说为冲锋队的不法行为颁发了许可证。

但这些冲锋队的暴徒们在担当起游击队员的角色时，往往都是狂热而不计回报的。这从一位 34 岁的冲锋队分队队长写给格雷戈尔·斯特拉瑟的信中可见一斑：

> 在我为纳粹党工作的这些年里我上庭超过 30 次，其中有 8 次因为人身伤害、反

抗警官和其他种种不法行为而被定罪，而这些行为对于一个纳粹党员来说是再自然不过了。到现在我还在支付这些罚款的分期，而且还要接受其他的审判。不仅如此，我大大小小的受伤不下 20 次，在我的脑后、左肩、下唇、右颊、上唇的左边和右臂上都有刀疤。我从未因此向党要过或从党这里得到一分钱，但我却为运动牺牲了自己大量的时间，以至于无法打理从父亲那儿继承的好生意。现在的我在经济问题上面临着灭顶之灾……

在这样的狂热精神面前共和国能做的实在不多。在希特勒的运动获得突破并成为一个群众政党之后，共和国也没有足够的力量在不引发内战的情况下与纳粹对决。共和国的保卫者坚守着他们的信念，希望靠论证的力量来对抗反理性主义的攻击。他们相信民主机构的教育力量。这些观念中仍然残存着古老的 19 世纪对进步的信仰。但是到了 30 年代初，他们应该能认清形势，发现这种理论是错误的，因为其前提是理性和分辨对错的能力，而事实上当时的状况就好似一张混杂着焦虑、恐慌和攻击的错综复杂的网，除此之外什么也不剩了。总的来说纳粹的宣传人员们都是一些无知的人，他们对于经济大萧条也提供不了真正的解决方案，只能一次又一次地借助于他们的反犹太人口号。也许在专家眼里他们不过是一群笨蛋，但却无法阻止他们继续上升的势头。

与此同时，纳粹党在国会中越来越娴熟地同时扮演着毁灭者和"体制"审判者的双面角色。由于力量强大，他们可以让立法的工作陷入瘫痪，这些名副其实的"噪音制造者"用混乱的嘘声来搅乱整个局面。任何维护稳定的尝试都会遭到他们的反对，因为他们认为任何对现有环境的改善都只是为"妥协政治"服务的。他们坚称从这个政府要求人民所做的每一项牺牲都是叛国罪行。

除了辩论，纳粹党还通过喧闹、程序问题的辩论或者当对手发言时集体退场等方式来扰乱国会。根据日程委员会的一份报告，107 位纳粹代表因为其无法无天的行为总共收到过 400 份谴责动议。1931 年 2 月通过的一项法律对国会成员的豁免权设定了限制。纳粹党因此退出了国会。戈培尔对那些留在国会中的代表嗤之以鼻，称他们为"屁股党"，并指出当他们与无能的立法机构交谈，他在此仅四天的时间里就拥有了 5 万听众。

纳粹党在国会上演大撤离是有逻辑可循的。毕竟纳粹党自己就已殚精竭虑使立法工作陷入瘫痪，败坏其名声，现在这里已不再是政治决策的场所了。即便是在 1930 年的 9 月选举之前，布吕宁总理也会在某些情况下援引魏玛宪法第 48 条中所规定的总统在紧急情况下的权力，在未获得四分五裂的国会同意的情况下自作决断。纳粹党离开国会的举动只表明他们在一贯性上比其他政党要做得好，而他们崛起的"秘诀"之一就是他们的一贯性。

政府在国内和国外事务上的失败使得人民对民主的怒气愈发膨胀。布吕宁的紧缩政策没能解决财政困难和需求下降，或者让庞大的失业大军找到工作。在赔款和裁军的问题上政府也未能有所建树，尤其是对 9 月选举结果有所警觉的法国拒绝做出任何让步。

现在所有人都能看出民主党派的体制已到了山穷水尽的地步，无论是从理论上还是从现实上来说都是如此。修改宪法的提议层出不穷，这其中夹杂着对议会制民主的无能的鄙视和对左右两翼的极端分子的极权主义倾向的担忧。保守派的记者提出建立"新国家"或者"宪法制独裁"的模糊方案，希望用较为温和的选择来阻止希特勒更激进的方案。

考虑到人民对民主手段的厌倦，帝国总统的幕僚们开始就独裁制宪法恢复革命前体制的观点进行讨论。对这种逐步复辟王朝的方案的主要支持者包括布吕宁总理自己，国防部长格勒讷以及格勒讷与其他政府部门进行联络的联络官，新成立的部长局的局长，库尔特·施莱歇——由于其与兴登堡的关系密切，所以即便没有强大的背景也成为了政治界里的一位重要人物。

在任命布吕宁为总理的过程中施莱歇就让人们意识到了他的重要性，其势力不断扩张，没有得到他的许可不能任命或开除总理或内阁成员。他喜欢搞地下活动和错综复杂的阴谋诡计，这为他赢得了"灰色地带大师"的名号；他愤世嫉俗，和所有高度敏感的人一样，冲动、公平、谨慎；他甚至会利用军队的情报部门来侦察他的朋友和邻居；他轻浮却又有责任感，还爱搞阴谋诡计，这使得他成为一个非常难打交道的人。

施莱歇的理论是一个像希特勒这样影响广泛的人民运动是不能用政府的权力工具来镇压的。当那些军官们突然发现他们对抗的是黑压压的群众时，这让那些更具有开明思想的帝国国防军领导们坚信军队无论如何不能和人民对着干。虽然施莱歇并不太看得起这位纳粹党的领袖，称他是"一个空想家和愚蠢的偶像"，但对于希特勒拥有如此多的支持者这样一个事实他是给予承认和尊重的。只要兴登堡还活着，军队的运转也还正常，施莱歇认为他可以将希特勒纳入政治核心集团，以此来"驯服"希特勒。与此同时，只要《凡尔赛和约》仍然有效，希特勒的庞大追随者们可以被用来巩固德国的"保卫姿态"。因此施莱歇谨慎地通过恩斯特·罗姆和格雷戈尔·斯特拉瑟与希特勒进行接触。

其他的保守派领导同样热切地希望能参与到打磨这位可造之材的行动中来，尤其当这位人才正好是集会方面的大师；这其中就有阿尔弗雷德·胡根贝格。1931 年的夏天，兴登堡总统向胡根贝格抱怨希特勒手下那帮"恶徒"并说他并不认为纳粹党是一个"可靠的民族主义政党"。而胡根贝格的回答是这更有理由与其结盟，他认为他在纳粹党的政治教育方面已贡献良多。他补充说，尽管过去有不愉快的经历，他也在试图与希特勒重修旧好。

各方之所以伸出橄榄枝是因为烦恼的纳粹党领袖的势力正在不断壮大。他烦恼是因为他在 9 月获得的胜利还没有为他带来任何益处。选举的结果的确让他成为了政治舞台上的主演之一，但只要他仍然处于孤立的状态他就不得不继续当哑剧演员。1931 年，纳粹党的胜利步伐的确没有停止下来：5月初纳粹党在绍姆堡-利普州的州议会和立法机构获得了 26.9%的选票；两周后在奥尔登堡其票数达到了 37.2%，使他们第一次成为了州议会的第一大党。但这些胜利只不过是纳粹党之前在 9 月取得的全国性政治胜利在地方上的重演。当纳粹党在广场或小巷里游行并齐声高喊着"希特勒已到达城下！"时，这听起来更像是他们想要把他送到城下，而不像他们所吹嘘的他已到达城下。立法机构纳粹党也一事无成，因为他们还是在奉行其瘫痪政策。因此他们只剩下不断上升的党员人数、越来越多打破记录的集会或者越来越多的殉道者可以拿来吹嘘了——他们在宣扬最后这一点时总是带着一种假圣洁的虚伪。对于事态的不满在 1931 年的春天再次爆发了。柏林的冲锋队在瓦尔特·斯滕尼斯领导下发动了叛乱。但这位冲锋队领导人还没来得及组织好这次对纳粹党的公开背叛并将摇摆的戈培尔拉到自己的阵营这边来，希特勒罢免斯滕尼斯的命令就已到达。其他的判乱者立马浪子回头，对希特勒重建信心并再度宣誓效忠。

虽然希特勒吹嘘说靠一系列的选举他就能打垮这个"体制"，但希特勒已越来越清楚地明白仅靠大众的支持他永远都无法获得政府的权力。宪法的第 48 条款将行政权力赋予总统及其幕僚，这既削弱了国会的权力也降低了选举胜利的重要性。总理的职位不再是靠票数而取决于总统的意愿。因此从某种意义上来说，将自己推荐给兴登堡要比赢得多数票更重要。

希特勒与以往一样展开多点进攻。他在莱比锡出庭时所做的守法宣言已经隐含了遵纪守法和合作的意向。1931 年初他得到了施莱歇的暗示：禁止纳粹参与到边界卫士的命令被撤消了，作为回报，希特勒指示冲锋队不要参加街头战斗。他甚至还解散了卡塞尔的冲锋队，因为后者拥有违禁武器。

1931 年 7 月初，希特勒与胡根贝格终于在柏林会面了。之后他与准军事老兵组织钢盔党的领导人弗兰茨·塞尔特和特奥多尔·杜斯特伯格进行了交谈，后者再次想与他结盟；接着他会见了冯·施莱歇将军和军队总指挥冯·哈默施泰因将军；他还与布吕宁、格勒讷并再次与施莱歇举行了会谈。所有这些谈话的目的是为了试探希特勒的意图，但同时也是为了拉拢他进入这个从原则上他一直在对抗的体制。他们的算盘是想通过战术联盟将他困住，用格勒讷将军的话来说，就是"将他五花大绑绑到守法的桩子上"。但这些大人物对于希特勒的强硬和不妥协都没有丝毫概念。而他们似乎也没考虑到希特勒装糊涂的本事。因此最后的结果是希特勒成为了胜利者，这位纳粹党的领袖终于脱离了孤立的状态，其社会地位连升了好几级。这些会见和谈话鼓舞了希特勒的追随者，使他的对手觉得困惑，让选民们钦佩不已。当希特勒受召去柏林会见布吕宁总理时，从其反应中可以看出他对这次事态的转变有多么渴望。当希特勒收到电报时，黑斯、罗森伯格和罗森伯格的副手威廉·维斯也在场。希特勒匆忙地浏览了一下，然后将电报递给他们。

他高呼着，"现在他们终于在我的手掌心了！他们承认我是谈判中一个平等的伙伴了。"他终于成功地获得了入场券。

在施莱歇的安排下，希特勒与兴登堡在10月10日举行了会谈，但却以失败告终。总统的幕僚持强烈的保留态度；事实上，兴登堡的儿子奥斯卡曾讥讽希特勒想要会谈的请求，"我想他是想要杯免费的饮料。"戈林陪同希特勒出席了这次会谈。在会议中他看起来很紧张；当总统提议说鉴于目前整个国家的困境，他应该支持行政当局，希特勒则离题万里地说起了纳粹党的目标。在因为其支持者日渐嚣张的暴力行为而受到责备时，希特勒啰里啰嗦的保证很明显并不能让总统满意。之后从总统幕僚那里透出来的风声说总统最多只会将邮政部长的位子交给这位"波西米亚的将军"，总理是绝对不可能的。

会见结束之后希特勒去了巴特哈尔茨堡，因为第二天在那里民族主义反对力量要用一场盛大的游行示威来庆祝其联盟。胡根贝格再次将右翼中有权、有钱或有名的人集中在了一起：纳粹党和德国民族主义党的领导人、国会和普鲁士州议会中的右翼、德国人民党的代表、经济党、钢盔党和全国农村联盟。除此之外他还请来了多位赞助者、前统治阶级的成员、反日耳曼运动的领袖以及工商业界的多位要人。共和国的敌人都聚集在此：这是一支由心怀不满的人们组成的杂牌军，将他们团结在一起的不是共同的目标而是共同的敌人。

希特勒的心情糟得不能再糟了，他本来就是在极不情愿的情况下同意参与这次活动的，而与兴登堡的会谈失败愈发使他的愠怒加剧。在会议刚刚开始后不久，希特勒就先和自己的追随者们开了一个内部会议。与此同时，"民族主义联盟战线"在疗养院大厅焦急地等待着希特勒出现。

对于胡根贝格来说，他在筹备阶段就已对纳粹党的领导人做出了各种让步，而这次延误并不是这次会议中他所受到的最后一次侮辱。希特勒故意践踏着这些颇具影响力的拍档的感受。他压根就没有出席共同编委会的会议，声称其工作不过是浪费时间。而在最后本该是整个活动的高潮的游行检阅仪式上，希特勒在冲锋队的方阵刚刚走过而钢盔党的方阵即将入场时便招摇地离开了看台。

对于"哈尔茨堡前线"众说纷纭。那些喜欢从阴谋论和幕后操纵的角度来看历史的人认为哈尔茨堡的会议证明了他们所说的希特勒不过是金融资本的工具的理论。希特勒并没有服从于那些自称为操控者们的计划，相反他用羞辱的方式对待他们，让他们所有的期望都落了空。因此可能更正确的说法应该是哈尔茨堡证明了希特勒是独立于这些利益之外的。

不可否认的是纳粹党的领袖和一些重要的商人之间肯定是存在一张关系网的，而纳粹党也的确从这些关系中获得了相当多的资金和名望。但是并不能把纳粹党票数的增长归功于这些富有的赞助者。到了1932年4月，希特勒不安地发现德国人民党从工业家处获得的资金要比他的政党多。当瓦尔特·芬克在 1932 年底去鲁尔区进行捐献游说时，他最后仅仅带回来一笔约 2 万马克的捐款。此类捐助的总额通常被过高估计了。如果说到 1933 年 1 月 30 日前工业界向纳粹党捐赠的数额约为 600 万马克，那么会是一个较为实际的数字。希特勒和大资本家之间的亲密实用主义联盟理论也无法解释党员人数的暴涨和工业资金的注入之间的时间差。到希特勒在杜塞尔多夫进行他那篇著名的演讲时，纳粹党员人数已超过了 80 万，可以控制 650 万到 1300 万选票。

说纳粹主义和工业界之间是彻底的阴谋关系是一回事，但说纳粹主义被围绕在一种"偏袒"或者同情的氛围下又是另外一回事。工业界内的很多因素都坦率支持希特勒成为总理，即便他们本身并不愿意这么做。而很多并不准备向纳粹党提供物质支持的人对他的章程给予了某种程度的赞成。他们并不指望能从中获得任何具体的经济或政治回报，对于他们中的很多人来说希特勒关于法律和秩序的许诺意味着更大规模的企业、更多的税收特权和对工会更多的限制。如果我们要将纳粹党的崛起怪罪在"资本"头上，这并不是因为两者有共同的目标，更不用说有什么黑暗的阴谋，而是他们都有着反民主的精神，从大企业中散发出来的一种对"体制"的积怨。

准军事组织之间的恶意冲突是这个国家已经四分五裂的政权的进一步表现。街头的混乱和一连串的血腥暴行已成了家常便饭。在这种高度紧张的氛围下，当局害怕如果镇压希特勒会让他走向极端。1931 年 11 月底，黑森州的州议会选举结束 10 天后——纳粹党在这次州议会选举中获得了 38.5% 的席位，成为了州立法机构中的第一大党，一位纳粹党的叛徒向法兰克福的警察局长提供了一份纳粹拟定的如果共产党发动暴动该如何行动的计划。这份"博克斯海姆文件"——根据纳粹领导人举行秘密会议的地点而命名——是关于冲锋队和类似组织的夺权方式的梗概。文件中提到要采取"无情的措施"来对"大众实行最严格的管制"。任何反抗或者甚至不服从的行为都可能招致死刑，在某些情况下可以"不经审判就地处决"。个人财产和所有的利息支付都暂缓，粮食按公社分配，每个人都必须工作。而犹太人则不被允许工作或者获得食物。

这份计划的曝光引起了很大的骚动。希特勒否认参与了此次事件，但是对这个计划的作者也没有采取任何纪律处分。

博克斯海姆文件的作者毫发无损，这本身就表明了整个政府机构守法概念的堕落。到了现在，人们也许会问警方或者司法部门采取措施是否能阻止这场运动，或者采取这样的措施和行动是否会反被纳粹所利用。不管怎么说，1931 年的 12 月，普鲁士内政部长泽韦林将一份提议逮捕并遣返希特勒的计划束之高阁。而同一时间，在力促采取强硬手段对付纳粹党的意见面前，冯·施莱歇将军的回应是："我们已不再强大。如果我们这么做，我们会被清扫出局的！"

"可怜的体制！"戈培尔在他的日记中讽刺地写道。

第三章　站在权力的城门下

投票，投票！拉拢人民！我们都非常快乐。
——约瑟夫·戈培尔

推动希特勒直上青云的不仅仅是他的煽动天赋、战术才能和激进活力，非理性力量本身似乎也助了他一臂之力。1932 年里举行的 5 次大型选举在很大程度上来说都事出偶然，而希特勒则在其中充分发挥了他独有的煽动才能。

帝国总统的任期到春天就将届满。为了避免竞选活动的风险和激进化效应，布吕宁早前曾提议通过宪法修正案让兴登堡成为终身总统。布吕宁的整个策略旨在争取时间。这个冬天经济衰退到了一个令人无法想象的地步。1932 年 2 月，失业人口数超过了 600 万。但布吕宁死抱着自己的路线不放，他指望的是最终能够取消赔款、裁军会议上能取得一些胜利以及德国能获得平等的权利。从短期效应来看，他希望随着春天的到来他的紧缩政策能够被证明有效。

布吕宁争取时间的举措完全取决于总统的支持。但令他吃惊的是兴登堡自己并没有任何留任的想法。此时的兴登堡已 84 岁高龄，对这一切他早已厌倦，他也预见到了此计划会带来的吵闹以及右翼中已经对他失望的朋友们的攻击。因此他只同意将任期延长两年——而这还是经过多方劝说之后他才点头的。但整个事情看下来，老总统明白了布吕宁是所有这些鼓动力量背后的始作俑者，对他已失去了信心。在用障眼法来推行自己的策略的同时，这位总理实际上已经失去了他所希冀的东西。

接下来布吕宁必须和各个党派交涉，希望他们能支持宪法修正案。在这个时候，希特勒成为了一个关键人物，同时受到吹捧和控告。这对他的声望当然大有益处，但这也同时将一个危险的抉择摆到了他的面前。现在他要么和"体制的中流砥柱"结盟，进而巩固布吕宁的地位而否定他自己的激进主义，要么参与竞选，与白发苍苍的老总统为敌，而后者是万人崇敬的对象，是德国人忠诚的化身，这个国家的代理皇帝。与兴登堡作对可能会给这项运动带来巨大的伤害，并且是对总统个人的一种挑衅。考虑到总统手中握有的裁决权，选择这样一条道路可能会给希特勒的夺权之路带来致命的后果。

格雷戈尔·斯特拉瑟认为应该接受布吕宁的建议。而罗姆，尤其是戈培尔则强烈反对。"这里涉及的不仅仅是总统本身，"戈培尔在日记中写道，"布吕宁先生急着稳固他自己及其内阁在未来的地位。元首要求给他时间考虑。目前的局势必须要在所有方面都挑明……这场权力的棋局已开始。也许它会持续一整年。下这盘棋必须要有动力、谨慎而且在一定程度上还需要狡猾，最重要的是我们必须保持坚强决不妥协。"

希特勒在这个问题上犹豫了很长一段时间。当胡根贝格迅即且直截了当地否决了这个建议时，希特勒却保持着沉默。他最后给予的答复反映出了他的疑虑和谨慎。两个人的不同反应显示出了他们不同的性格。胡根贝格是在模仿希特勒的激进主义，气喘吁吁地想要超越他，但结果却只显示出了他低下的战术理解。而希特勒则是将他的激进主义作为一个工具，与他的机灵相得益彰。他虽然拒绝了这一建议，但是他在其中加了无数的"如果"和"但是"，给人感觉他希望进行进一步的协商。他已经察觉到了兴登堡和布吕宁之间越来越疏远的关系，并竭尽可能来扩大这一裂痕。

但从根本上来说，他的回答意味着希特勒已经做好决定要与兴登堡竞选。但他在宣布此决定之前又踌躇了几个星期，因为他一直梦想着能够带着总统的祝福开始掌权上台，而不是作为总统的对手。他比其周围的人更清楚地意识到挑战兴登堡这位传奇所带来的危险，因此在戈培尔和其他人不断敦促他宣布自己参选的时候他始终表现得无动于衷。不过，他接受了通过布伦斯维克的内政部长，本身也是一名纳粹党员的克拉格斯的影响力先获得德国公民身份的建议。这不过是希特勒那奇妙的优柔寡断的性格的再次展现。他相信宿命论，希望凡事顺其自然，总是拖延到最后一刻才做决定。要知道严格来讲，这一决定很早之前就已定下了。

戈培尔将在1932年2月22日晚于柏林运动场举行一次党员大会，这是他在1月25日被禁止在公众场合发言以来第一次在公开场合露面。现在离选举开始仅剩下三个星期，而希特勒还在举棋不定。当天戈培尔前往皇冠大酒店向希特勒就演讲内容做了一个简报。当他再一次提起参选的问题时，他出乎意料地得到了他渴望已久的希特勒的许可：去宣布希特勒决定参选的消息。"感谢上帝！"戈培尔在日记中写道。他接着说："运动场挤满了人。从一开始人们就爆发出如雷鸣般的欢呼。在一个小时的开场白之后我在公众面前宣布了元首决定参选的消息，其所激发的狂热风暴持续了差不多十分钟。人们站起来欢呼吼叫，屋顶都快掀翻了。"

最后这句话流露出了在过去的这几周里在面对希特勒软弱的领导力时一直折磨着

戈培尔的疑虑。但是其后续发展正是希特勒的典型心理模式：只要做出决定，就头也不回地带着新迸发的能量投入到战斗中。2月26日在皇宫大酒店举行的庆典上，希特勒被任命为布伦斯维克的行政专员，任职一个星期，这样他就获得了德国公民身份。第二天在运动场举行的一场会议中，他向他的对手呼喊着："我知道你们的口号！你们说：'我们将不惜任何代价留下来。'那我来告诉你：不管怎样我们都会打倒你们！……不管结果如何，能和我的同志们一起并肩作战，这让我欣喜若狂。"与此同时，他极力地摆脱布吕宁强加于他的兴登堡的敌人这一不受欢迎的形象。相反，他觉得他有义务告诉这位陆军元帅——其"名字在德国人民心中永远等同于战斗的领袖"——"敬爱的老人，我们对您极为崇敬，所以无法容忍那些躲在您身后对您不利的人。因此虽然我们深感遗憾，因为他们想和我们斗而我们也想和他们较个高下。"按捺不住喜悦之情的戈培尔记录说元首"再一次成为了形势的主宰"。

希特勒和纳粹党对政治局势的统治程度从一开始就表现地很明显。虽然兴登堡、共产党的候选人恩斯特·台尔曼和保守党人特奥多尔·杜施特堡已经参选，但直到希特勒加入角逐竞选大幕才算真正开启。纳粹党马上开始像秋风扫落叶一般扫荡着挡在他们前面的任何障碍。2月份，戈培尔将纳粹党的全国宣传总部移到了柏林，并用他夸夸其谈的口吻预示着将有一个"这个世界上前所未见的"宣传活动。党内最优秀的演讲者都被号召起来。希特勒自己则从3月1日开始到11日乘车在德国各地进行演讲，如果《人民观察家》的数据可以采信的话，其听众达到了约50万人。纳粹党发放了5万张唱片，制作了有声电影，并向电影院经营人施加压力，让他们在放正片前播放他们的影片。他们还发行了一本专门用来宣传此次竞选的图册，并开展了被戈培尔称为"海报和横幅战争"的活动，在一夜之间将整座城市或城市的某个区域变成一片红色的海洋。他们会一连数天派出长龙般的卡车在大街小巷穿行。冲锋队站在挥舞的横幅下，高声唱着或呼喊着："德国，觉醒！"不间断的标语轰炸很快就在党内激起了一种自我暗示的胜利情绪，使得希姆莱不得不控制胜利庆典上的饮酒量以对之进行控制。

结果是这次大选完全变成了兴登堡和希特勒两人之间的对决。在3月13日结果揭晓的前夜，柏林的《进攻》自信的宣布："明天希特勒将成为帝国的总统。"

在如此高的期望下，最后的真实结果是一个令人震惊的严厉打击。兴登堡获得了49.6%的选票，远远超过了希特勒（30.1%）。奥托·斯特拉瑟得意洋洋地派人在街上粘贴海报，用从莫斯科撤退的拿破仑来比喻希特勒。下面配的文字是："大军已被歼灭。皇帝陛下身体无恙。"保守党候选人杜施特堡被彻底击败，只获得了6.8%的选票。因此民族主义阵营内的竞争已经定论，希特勒为胜方。共产党人台尔曼则获得了13.2%的选票。

不过，兴登堡并没能获得绝对多数票，因此大选必须重头再来一次。当整个党内情绪低落，一些党员认为再次参选没有任何意义时，希特勒没有表现出丝毫的消极情绪。

就在 3 月 13 日当晚他向党内、冲锋队、党卫军、希特勒青年团和纳粹党运输兵团发布了一系列声明，号召他们重整旗鼓继续战斗："第一次竞选活动已经落下帷幕；第二次则从今天就开始了。我将亲自领导这次活动。"

但是正如之前所预测的，兴登堡毫不费力地就获得了所需要的绝对多数票，他总共得到约 2000 万张选票，占总票数的 53%。但希特勒所获票数的涨幅要比总统大人来得高，他总共获约 1350 万张，占 36.7%。杜施特堡没有参加第二次选举，而共产党人台尔曼只获得了 10% 多一点的选票。

就在选举的当天，希特勒带着一种混杂着疲惫、狂热的兴奋和成功的陶醉心情，发布了普鲁士、安哈尔特、符腾堡、巴伐利亚和汉堡各州的州立法机构选举的命令，这再次涉及到了整个国家以及五分之四的人口。戈培尔记录下了希特勒的命令："我们片刻也不休息，我们已经开始在做决定。"希特勒再次出发乘飞机巡游德国，用 8 天的时间在 25 个城市进行演讲。他的随从吹嘘说这在会见人数方面将是一个"世界纪录"。但这一点没有成为事实。希特勒的个性似乎泯灭在毫无休止的活动中，好像在运作的仅仅只是一个活力十足的原则："现在我们的全部生活就是疯狂追逐成功和权力。"

1931 年的 9 月 18 日，这场遍布德国的疯狂追逐才刚刚开始，而当希特勒正往汉堡进行竞选活动的时候，他得知他的侄女格莉·劳巴尔在他们合住的位于慕尼黑普林兹雷根腾大街上的公寓里自杀了。各种描述都指出：希特勒被惊呆了，他马上赶了回来。除非所有的迹象都具有欺骗性，否则我们可以相信，在他一生中没有任何一件其他的事情对他的影响有如此之深。一连几个星期他似乎都处于一种近乎精神崩溃的状态，并不断发誓说要放弃政治。在他情绪发作时他也提到要自杀。这种精神忧郁症证明了他的生活一直高度紧张，需要不断地用意志力来支撑自己成为他表现出来的那个样子。他所散发出来的那种能量并不是一个活力充沛者的旺盛精力，而是神经压迫下的产物。希特勒认为伟大的人必须没有感情，因此一连几天他都躲在南巴伐利亚的泰根湖上的一幢房子里。根据与他比较亲密的人的描述，在之后的岁月里当谈到他的侄女时，泪水仍然会涌入他的眼眶；而且他有个不成文的规定，那就是除了他之外，任何人不能提起他侄女的名字。他对她的回忆几乎带有一种迷信的色彩。她在贝格霍夫的房间一直保持着原样；在发现她尸体的普林兹雷根腾大街上树立起了一座她的半身雕像；而每年在她的忌日那天，希特勒会把自己锁在房间里独自沉思上数小时。

希特勒对其侄女去世的反应有一种奇怪、夸张、类似偶像崇拜的特质——与他平时的冷漠以及无法与人沟通形成了鲜明的对比。我们有理由相信他并不是在演戏，事实上这是他个人生活中的重大事件之一。这似乎为他和女性之间本已够奇怪的关系定下了一个永恒的基调。

如果我们所获得的证据是可信的，那么在希特勒的母亲去世后的一段时间内，女性在他的生命中只扮演着极为边缘的角色。收容所、慕尼黑的啤酒馆、防空洞、军营、政治和纳粹党的男人圈子——这就是他的世界了。能够起到补充作用的通常是妓院，而希特勒对这种地方和这种随便的关系是持鄙视态度的——由于他那种古板固执的性格使得他很难与人建立起这种关系。他对女性害羞拘谨的态度从他在年少时对斯蒂芬妮的迷恋中就已表现出来。他的战友们认为他是一个"仇恨女人者"。虽然日后他经常需要在社交场合周旋，身边总是围绕着一大堆女人，但很奇怪，在他的传记中几乎看不到那些人的存在。根据他的一位随从的说法，他对于不庄重态度的恐惧中就包括他总是担忧"他的名字会和一位女性联系在一起"。

当格莉·劳巴尔带着她那种充满柔情并且在最初颇有点幼稚的对"阿道夫叔叔"的喜爱进入到他的生活中时，他的这种情结似乎有所缓解。这也许是因为他在与一个和自己有血缘关系的人相处时会更放松。事实上，他对格莉的感情也许也是基于这种带有乱伦意味的因素。在他的直系家庭中就有此先例。他的父亲当年就将自己16岁的侄女接到家中，让她做自己的情人。在希特勒生命中出现的众多女人中——从他第一任司机的妹妹珍妮·豪格，到恩斯特·汉夫施滕格尔的第一任妻子海伦娜·汉夫施滕格尔，莱妮·里芬施塔尔直到爱娃·布劳恩——她们的重要性都不及格莉·劳巴尔。虽然听上去不恰当，但她是希特勒的挚爱，一种特里斯坦和伊索尔德似的悲剧性禁忌之爱。

这位侄女很享受她舅舅的名气带来的乐趣，并天真地参与到他的名望中。但他们之间的关系，多年以来一直靠两人的共同爱好所支撑——歌剧、咖啡馆和乡间出游，后来便逐渐向难以忍受的方向发展。希特勒的侄女不得不生活在他沉重的阴影之下。他总是因为嫉妒而暴怒，并向她提出过分的要求。虽然她天资平凡也毫无野心，但希特勒坚持将她送到著名的歌唱教师那里以让她成为瓦格纳剧中的女主角。他的随从说在他出发去汉堡前，因为格莉想去维也纳呆一段时间导致两人之间大闹一场。有可能这些情绪加在一起，以及看起来毫无希望的局面将这个女孩逼上了绝路。

在他恢复镇定之后，他立即动身继续完成他的汉堡之旅。在数千人的欢呼声中，他充满激情的演讲让全体观众进入了一种集体狂欢的状态，所有人都在紧张地等待着释放的那一刻，用一种狂野的呼喊来表现其高潮。两者之间的相似点太过明显以至于无法被忽略；我们可以看出希特勒在演讲上获得的胜利是一种找不到发泄对象的备受煎熬的性行为的替代品。希特勒经常将群众比喻为"女人"，毫无疑问这是有深层次意义的。我们只需要看看《我的奋斗》中相对应的内容，群众的形象在他体内激发的全然性欲的亢奋，就能明白当他高高站在讲台上面对挤满会场的群众时所寻找和找到的是什么——他的群众。孤独而无法与人沟通的他越来越渴望这种集体的聚会。有一次他曾将群众比喻成为他"唯一的新娘"（如果消息来源可信的话）。他在演说时的释放多数都是出于本能，而被漫长的苦难折磨得垂头丧气并对生活仅存一些基本要求的观众们，则用同样波长的本能对他做出了回应。

头顶着伟大演说家的光环，希特勒已越来越不受具体内容和理念的限制了。他不断取得的胜利证明纳粹主义是一个有感召力的运动，而不是一个关于思想体系的运动，它要的不是一个具体的章程而是一个领袖。他的个人魅力为松散杂乱的理念勾勒出了一个轮廓，给予其一贯性。人们所追随的只不过是音调，一个具有催眠效应的声音。

希特勒将他所有宣传的矛头都指向现状，这种简单性在他看来是成功的要素之一。"所有的宣传必须是面向大众的，必须要让观众中智力最低下的人也能听得懂。"

用变化的重复了上千次的控诉模式，用模棱两可的方式唤起人们对祖国、荣誉、伟大、权力和复仇的向往，希特勒就是这样调动起群众的。他要保证这种狂暴的情绪能将他用尖刻的语言所描述的这种混乱局面延续下去。他将他的希望寄托在所有能够摧毁现有状况或者至少可以制造紊乱的事情上，因为任何运动都必须站在现有体制之外。德国人民的绝望使他们不惜孤注一掷，哈罗德·尼克尔森在 1932 年初访问柏林时在日记中写道："他们愿意接受任何一个看上去像其他选择的东西。"

希特勒用词的模糊使他能够将社会冲突和社会矛盾隐藏在他的长篇大论中。希特勒在柏林的弗里德里希海因区进行完一次午夜演讲后，戈培尔记录说："这就是小人物的所在。他们被元首的演说深深打动。"但是那些大人物的感动也并不会少分毫，而处于中间阶层的也不例外。一位名叫布尔梅斯特的教授推荐希特勒为"德国艺术家的候选人"并说"其演讲能捉住人心，有着暖人心房的语调"。希特勒不断地要求从他的观众那里得到这种毫不质疑的回应，因为"一个人是不可能和怀疑论者一起征服世界的，和他们在一起既无法攻下天国也无法拿下人间的城池"。他的口号是一堆古怪的大杂烩，带有一些折中主义的思想，并能巧妙地玩弄人们的情绪，这样所有人都能在其中找到自己想要的。惊吓的资产阶级可以得到恢复秩序和社会地位的承诺；有革命思想的年轻人可以找到一个崭新浪漫社会的框架；士气低迷的工人们可以找到安全感和面包；十万大军可以看到事业和精良制服的希望；而知识分子则可以发现一个大胆且具有生命力的信条——与目前流行的鄙视理性和崇拜"生命"的态度正好吻合。所有这些模棱两可之下隐藏的与其说是一种欺骗，不如说是一种用非政治态度打动人们最基本渴望的才能。就像拿破仑一样，希特勒也可以说所有人都落入了他的网中，到他掌权的那一天，没有任何一个团体会不将希望寄托在他身上的。

从总体来说，1932 年毫无疑问是希特勒演讲上达到最高峰的一年。虽然他的一些随从会回忆起他早年的演讲更加丰富更具有说服力，但在他当上总理之后，在高度仪式化的群众集会上他的听众更多，令人无法置信的多。在这样一个因为苦难而情绪激昂的时代背景下，希特勒对救赎的渴望、对他自身魅力的意识、全神贯注于一个目标以及对自己作为天选之子的信仰在"炼丹炉"中被融为了一体，这在他生命中也是绝无仅有的。

对希特勒自己而言，他生命中的这段时光是他重要的经历之一，他从中获取的教训帮助并影响着他的决定。在"奋斗年代"的传说中，这段时间被誉为是"英雄史诗时代"，是"从地狱中杀出的一条血路"，是"一场人格的泰坦之战"。

但希特勒制造的这些骚乱并不能使他直接上台。普鲁士州议会的选举中，纳粹党获得了36.3%的选票，终结了社会民主党和中央党派联盟在数量上的优势。但他们并没有获得期望中的绝对多数票，在三个月之后，1932年7月31日举行的国会选举中他们也同样没能拿到绝对多数。即便如此，纳粹党的席位还是比之前翻了一倍，达到了230席，成为了国会中目前最大的党。很多迹象表明希特勒的扩张已到了极限。的确他消灭或者完全吸收了中心和右翼党派中的资产阶级政党。但他在社会民主党和共产党方面并没有太多的进展。庞大的宣传攻势无休止的群众集会、游行、海报和传单发放、党内演说家竭尽全力，甚至希特勒第三次"飞游德国"，在15天的时间里在50个城市进行演讲——所有这些不过让纳粹党的得票率比之前在普鲁士州议会的战绩提高了一个百分点而已。戈培尔对此结果的评价是："现在必须要发生点什么。我们必须在不远的将来成为掌权者。要不然我们会因为要赢下选举而性命不保。"

令人担忧的是，这一险恶未来的最初迹象开始浮现了。兴登堡总统现在主要靠使用紧急法令来管理国家，而且在再次当选之后越发如此，这使得他的执政变得越来越以个人意志为导向，愈发顽固地将自己的意愿与国家的福祉之间画上等号。有一帮不负责任的顾问对他这种固执己见的行为予以支持。其中之一就是他的儿子奥斯卡，他在政府中所担任的角色，借用当时流行的讽刺说法就是"宪法中未有立项的职位"。其他的人包括国务卿梅斯内尔、施莱歇将军、年轻的保守党代表格雷克，一些普鲁士的巨头等，后来加入其中的还有弗兰茨·巴本。

接下来的几个月里则充斥着这些人在背后的运作。他们怀着怎样不同的动机和利益，这一点很难确定。希特勒作为一股巨大而又令人烦恼的力量出现在政坛上，他们这伙人的基本思想是想让他成为他们的一员，束缚住他，同时利用他来威胁左翼的力量。这是传统领导者在他们那痴心妄想的傲慢思想引导下做出的最后一搏了，希望能让旧式的德国夺回其已经被历史没收的角色。

讽刺的是，这个群体中的第一个牺牲者就是布吕宁自己。这位总理满以为总统会做他的后盾，结果招致了一些"大机构"的敌意，而这正是他的对手希特勒坚持不懈并且成功地煽动起来的。他总是拒绝考虑来自工业界的要求。现在他惹恼了兴登堡那些拥有土地阶层的同辈人。他们希望国家能给予他们补贴，但布吕宁则要对他们所提及的不动产的盈利能力进行检验，并以此为条件看是否给予财政补助。负债累累的房产将被用来安置一些在那片土地上的失业人员。

地主们被震惊？他们对这一提议进行了猛烈抨击。鉴于总统已届高龄、判断力低下，我们很难说他是否在这样的压力下思想产生了动摇。但毫无疑问的是，这肯定促使他决定罢免布吕宁。不仅如此，对于总理引导他在错误的战线上为再次当选进行战斗的事情，他还是心怀怨恨的。他身边的随从也没有让他忘记这件痛苦的事情。布吕宁在失去了施莱歇的信任之后就气数已尽，而后者则宣称他是代表军方发言的。

5月12日，兴登堡离开柏林去自己的诺伊德克庄园过圣灵降临节。布吕宁请求觐见，但被总统大人生气地拒绝了。当兴登堡于5月底回到柏林时，他已下定决心要与他的总理分道扬镳。布吕宁以为自己即将在外交上取得胜利。5月30日的清晨，就在他起身去见兴登堡之前，他获知在裁军问题上将会出现意义重大的转变。但他根本没有时间向总统来汇报这一好消息。仅在一年之前，兴登堡还信誓旦旦地对布吕宁说他将是他的最后一任总理，他将与他同舟共济。而现在布吕宁发现自己被一次侮辱性的简单会面给草草打发了。总统的日程表上只拨出来了几分钟给他，因为兴登堡不想错过纪念日德兰半岛战役的海军游行活动。与决定共和国命运的行动相比，对战争时代的缅怀和一个小型的军事表演居然来得重要得多。

冯·施莱歇将军提名接任布吕宁的人选，在政治上最多只能算是个半吊子。那就是弗兰茨·巴本，他来自威斯特伐利亚的一个贵族家庭，之前曾在容克（乡绅）骑兵团里服役。巴本被认为是一个愚蠢、冲动的人，没人把他当回事。"如果他在一件事情上取得成功，他会非常开心；如果他失败了，他也不太在意。"

但正是巴本的这种骑士特质吸引到了施莱歇。因为后者很明显越来越多地将心思放在废除国会体制并用某种"温和的"独裁体制取而代之上。巴本也许正是能为他实施这一计划的人。施莱歇虽然雄心勃勃，却厌倦抛头露面，他所需要的正是巴本这种没有经验，注重外在，为头衔而心满意足的人。当施莱歇的朋友无法相信他的选择，向他抗议说巴本是一个没有头脑的人时，施莱歇回答说："我要的不是一个脑袋，而是一顶帽子。"

但如果施莱歇以为巴本靠自己广阔的人脉就能建立起一个联合政府，或者赢得国会的批准建立一个包纳了所有党派的内阁的话，他很快就会发现自己大错特错了。这位新的总理没有任何政治根基。被布吕宁的背叛而激怒的中央党派，对巴本持强烈的反对态度。而发现自己再一次被人忽略的胡根贝格也为此义愤填膺。公众对巴本抱有很大的敌意。虽然他乘机利用了布吕宁的成功谈判结果，从洛桑大会上带回了赔款问题得到解决的好消息，但这并未能帮他获得民众的支持。无论是从民主还是从专业技能上来看，他的内阁根本无法成为德国的众多问题的合法解决方案，因为其成员全部来自显贵家庭：七个贵族，两个公司总裁，其中还包括了希特勒在慕尼黑时的保护人弗兰茨·古特讷以及一位将军。内阁中连一位中产阶级或者工人阶级的代表都没有。这个内阁很快就获得了"男爵内阁"的外号，其支持完全来自于兴登堡的权威和军队的力量。

政府如此不受人民欢迎，这使得希特勒采取了一种谨慎的克制态度。在与施莱歇进行交涉时，希特勒同意承认新政府，前提是要举行新的选举，撤销对冲锋队的禁令并给予纳粹党完全的自由进行煽动活动。在布吕宁被免职几小时之后，当总统问他是否同意对巴本的任命时，他的回答是肯定的。很快在 6 月 4 日这位新总理解散了国会，并表示很快将解除对冲锋队的禁令，开始了一系列带来灾难性结果的让步。

6 月 16 日，冲锋队的禁令被解除。巴本在最后一刻的妥协举动很明显是为了换取纳粹党帮助建立政府的承诺。从战术上来说，他做出这一提议的时间太迟了；但这同时也表明他对希特勒对权力欲望的紧迫性一无所知。希特勒冷静地敷衍着他，在国会选举结束后再来考虑他的提议不迟。

巴本拒绝承认他的让步使得纳粹党变本加厉。7 月 20 日上午，巴本传召普鲁士政府的三位成员来总理府，并毫无预兆地告诉他们，根据紧急法令，他刚刚罢免了普鲁士的州长布劳恩和内政部长泽韦林，他自己将以帝国专员的身份承担起普鲁士州长的职责。

泽韦林宣称他只向武力低头。与此同时，巴本利用准备好的第二条紧急法令，宣布柏林和勃兰登堡进入军事紧急状态，将警局的权力都揽到了自己的手中。晚上三位警官来到了这位内政部长的面前并要求他离开。泽韦林回答说他现在是屈服于武力，随后走出了自己的办公室，进入了隔壁的一间公寓中。到了第二天下午，令人敬畏的普鲁士警方头领们就这样毫不抵抗地"缴械投降"了。普鲁士政府可以调动的装备精良的警察部队多达 9 万人，以及准军事组织帝国旗帜、共和国政党的拥护者、工会以及握在手中的所有的重要职位的支持。但出于对内战的恐惧、对宪法的尊重、在如此多人失业的情况下举行大罢工的疑虑以及其他多种类似的考虑最终让他们打消了抵抗的念头。巴本夺下了"共和国最坚强的堡垒"的政权，而抵挡它的只有对手眼中痛苦和顺从的神色。

8 月 5 日，希特勒在柏林附近的梅克伦堡的菲尔斯滕贝格与施莱歇见面，并第一次提出了获得所有权力的要求：给予他自己总理的职位，内政、司法、农业和空中运输的部长职位，并创建一个新的宣传部。同时根据 7 月 20 日的政变，他坚持将普鲁士州长和内政部长的职位也给予纳粹党。不仅如此，他还要求法律给予他不受限制的权力进行政令统治。

当希特勒离开施莱歇的时候，他深信自己离权力仅一步之遥了。他开心地提议在菲尔斯滕贝格的房屋上挂上一块牌匾以纪念这次会面。冲锋队员们则已离开他们工作的地方，为胜利之日大肆庆祝而做准备。但整个德国，尤其是在西里西亚和东普鲁士，血腥的冲突次数仍在上升。因此，8 月 9 日颁布了一项法令，威胁将对"因为所从事的政治斗争的激情、愤怒和仇恨，而给予对手致命攻击"的人处以死刑。就在第二天的晚上，在上西里西亚一个名叫波坦帕的村庄中，5 名身穿制服的冲锋队员闯进一个共产主义工人的公寓，将他从床上拖下来，在他母亲的面前把他活活踩死了。

这些事件很明显导致权力大门再一次没能向纳粹党敞开，但影响程度有多大还无法明确。8 月 13 日在与纳粹党的领导人进行的又一轮谈判中，兴登堡和巴本拒绝了希特勒获得所有权利的要求，只同意让他在目前的内阁中担任副总理。暴怒的希特勒拒绝了这一提议，即便巴本许诺说在"互相信任并富有成效的合作"阶段过去之后他将会辞去总理之位将宝座让给希特勒时，他也仍然坚持拒绝的立场。当他受到兴登堡的召见于当天下午和后者见面时，他起先也是采取拒绝的态度，只有在总统府明确保证事情并未成定局的情况下，他的心中才重燃希望之火。但结果兴登堡只是问他是否愿意支持现有的政府，希特勒的回答是不。这次会面以警告和"冷冰冰的告别语"为终结。在门厅里希特勒激动地预言着总统统治的终结。

　　纳粹党于是全身心地投入到愤怒的还击中。8 月 22 日，根据新颁布的反对政治恐怖主义的法律，波坦帕那五名将共产党人踩死的冲锋队员被判为死刑，纳粹党在法庭内进行了疯狂的抗议，许诺说冲锋队员很快就会被释放。现在的他撕掉了两年来一直处心积虑维护的行为检点的面具，就像他早年的时候，他再一次表明自己与杀人犯是休戚与共的。

　　9 月 2 日，在经历了 10 天的混乱之后，巴本最终还是做出了让步，牺牲了自己仅存的那点微弱尊严：他向总统提议将那五人改判为终生监禁——而事实是他们几个月后即被释放了，而且被尊为光荣的斗士。

　　当一位美联社的记者在这一时期问希特勒他是否会像墨索里尼进军罗马那样，最终进军柏林时，希特勒模棱两可地回答说："我为什么要进军柏林？要知道我已经在那儿了。"

第四章　站在门前

正如你所见的，共和国，元老院，我们根本无尊严可言。

——西塞罗对他的兄弟昆图斯说

　　从 8 月 13 日起,巴本很明显就已下定决心不再向希特勒做出让步。他为何会选择这一强硬路线是一个谜,因为他自身的说法听上去并不真实。这也许是因为他终于明白了纳粹的诡计,看穿了他们的装模作样——事后戈培尔准确地将这种姿态形容为"假温和"。他同时也意识到纳粹党主要依赖于不断地取得一系列的胜利,其内部危机四伏,根本无法面对真正的严厉措施。在纳粹党的压力下,政府的确做出了让步,对波坦帕的 5 名凶手做出了改判。但最后被挫败的仍然是希特勒,他那封发给凶手们的电报暴露了他自己。之后不久他又犯下了另一个严重的错误。

　　巴本召集的国会于 9 月 12 日展开第一次工作会议。一心想要报复巴本的希特勒将其他一切都置之不顾。戈林当时被选为国会议长,在他的帮助下希特勒给予了总理德国国会历史上最沉重的一击——不信任投票的结果为 512 比 42。在会议召开之前,巴本就已经拿到了解散议会的法令,他根据传统做法将这份命令放在红色的公文夹中好让所有人都能看到,但在不信任投票结束之前,戈林故意对其不予理会。巴本得到了他的报应,但结果是这个刚刚选出来的立法机构仅仅在行使了一个小时的职权之后就被解散了。新的选举被定在了 11 月 6 日。

　　11 月初,在选举开始的几天前,柏林的交通运输工人展开了一场大罢工。幕后领导者是共产党,让所有人大跌眼镜的是纳粹党也支持这次的罢工工人们。冲锋队和红色战线携起手来让公共交通瘫痪了整整五天。这次联合行动一致被认为是左翼和右翼激进主义的一次致命联手。但事实是纳粹党此时已别无选择,即便这一举动会疏远其众多的资产阶级投票者并耗尽其所有的财政捐款。戈培尔写道，这次罢工涉及的是有轨电车工人的基本权利，如果我们撤回对此次行动的支持，那我们在劳动人民中的稳固地位将被动摇。这样一来，随着选举的来临，我们可以再一次向公众展示我们反对反动派的路线是出自真心的。这是一个好机会。

上天做出了自 1930 年以来第一次极其不利于纳粹党夺权之路的决定。他们失去了200 万张选票和 34 个国会的席位。社会民主党也失去了一些席位，而德国民族主义党的席位增长了 11 个，共产党则增长了 14 个。从总体来看，资产阶级中央党派多年来的稳步下滑似乎得以终结。值得注意的，纳粹党的流失选票在全国各地的分布很均匀，因此不能被看作是在某些地方受到了挫败。这反映出人们对纳粹的宣传口号已感到厌倦。纳粹党通往胜利的道路似乎终于被打断了，虽然它仍然可以被称作是一个大党，但它已不再是一个神话。现在的问题在于它是否能作为一个普通的政党继续存在下去，还是说其生存取决于它是否是一个神话。

巴本对选举的结果尤其感到满意。他意识到这对他个人来说是一次了不起的胜利，于是向希特勒建议他们抛弃前嫌，再一次共同努力将所有的民族主义力量团结在一起。纳粹党元首的回应是离开柏林，一连几天都让人找不到他。巴本不得不向他发出了第二封官方函件，希特勒在故意延误了几天之后，在回信中列出了一堆不可能实现的要求，拒绝了总理的请求。而后者在其他民族主义政党处得到的是同样冷冰冰的回应。

当巴本正在筹划建立那种"不会沦为政治或者社会力量手中玩物而是凌驾于两者之上"的政府时，他突然遇到了一个意想不到的阻力，那就是施莱歇。这位将军起初选择巴本，是想让他充当一个听话又顺手的工具来驯服希特勒的政党，融入到民族主义联合政府的框架内，但结果却是巴本陷入了一场和希特勒的无意义的争执中。随着巴本在兴登堡心中的位置逐渐巩固，他在这位不喜欢抛头露面的将军面前也就没有那么温顺了。施莱歇根本不打算让军队帮助巴本与纳粹党和共产党对抗，后两者拥有 1800 万选民，可调动的武装力量也过百万。不过施莱歇改变战线还有另外一个因素，而且很有可能是具有决定性意义的。他当时发现或者以为他发现了如何驯服以及逐步削弱纳粹党力量的方法，他所需要的只是另一群人而已。

于是施莱歇建议巴本辞职，让兴登堡亲自与各政党领袖进行协商，以建立一个"民族主义为核心的内阁"。11 月 17 日，巴本听从了这一建议，但他暗自希望这些会谈以失败告终，使得总统再次传召他担任总理。两天后，在匆忙聚集在一起的民众的欢呼声中，希特勒从皇宫大酒店出发驱车前往总统府。但是与兴登堡的两次会谈都毫无成效。希特勒顽固地坚持建立一个有特权的总统内阁，而在巴本的幕后指导下，兴登堡根本听不进去希特勒的意见。他指出，如果这个国家仍然要靠特别政令来管理，那根本就没有必要罢免巴本。总统说希特勒想成为总理只能靠获得议会多数票，而这一点纳粹的领袖很明显无法做到。

　　尽管巴本指望着协商失败自己重回总理府，但事情的走向并不如他的预期。因为与此同时施莱歇正通过格雷戈尔·斯特拉瑟与纳粹党接触，探寻让纳粹党加入他所领导的内阁的可能性，12月1日晚，施莱歇与巴本一同受召前往总统府。兴登堡问巴本是什么立场。后者简要地描述了其宪法改革的方案，其中涉及到武装政变性质的步骤。由于这些事项之前已公开讨论过数月，总统的同意不过是走个形式而已；但巴本还未说完就被施莱歇打断了。他称巴本的计划多余且危险，并指出有引发内战的危险。他的建议是：让斯特拉瑟集团与纳粹党脱离开来，团结从钢盔党到工会直到社会民主党的所有建设性力量，建立一个他领导下的多党派内阁。

　　但兴登堡连研究一下这个方案的兴趣都没有就挥手否决了。不过施莱歇拒绝接受失败。当巴本于当晚问他帝国国防军是否愿意支持他的行动时，施莱歇直接拒绝给予他任何这样的保证，不仅如此，施莱歇还表达了使用军队这一无党派工具来完成巴本所策划的"复辟"的疑虑。

　　施莱歇的观点打动了内阁。愤慨的巴本跑到总统面前哭诉自己被人出卖了，甚至要求撤换施莱歇，任命一位更具有合作精神的新军事部长。但到了这一刻，兴登堡也不得不打退堂鼓了。巴本是这么描述当时的动情场面的：

　　"他转向我，用一种听起来几乎是备受折磨的声音对我说：'我亲爱的巴本，你一定认为现在转变立场的我是一个无赖。但我的年龄实在是太大了，承担不起内战的责任。我们现在唯一能做的就是让冯·施莱歇先生试试他的运气了。'"

　　虽然巴本觉得自己遭到了挫败，但是想到他的敌人已不能躲在羽翼下谨慎行事而必须面对公众，而他自己则取代了施莱歇原来作为总统的心腹密友的地位，这还是给了他不少安慰。而且他虽然离职，但其公寓与兴登堡的住所之间仅隔了一条小径。再加上住在一起的国务卿梅斯内尔和奥斯卡·兴登堡，这四个人一起鄙夷地看着施莱歇将军如何出牌，尽可能地对其进行阻扰，最终心满意足地看着他倒台——尽管代价很高。

　　纳粹党的未来笼罩在一片疑云之下，希特勒的整体思路也遭到了质疑。他一次又一次地拒绝了获得部分权力的提议，但却始终未能将所有的权力揽入怀中。施莱歇的任职仪式意味着他的策略再一次流产。他现在害怕的是施莱歇会再一次解散国会，重新选举。纳粹党现在无论从财政还是心理上来说都无法再承担一次竞选活动了。

　　12月5日，在图林根州昂贵的选举结束之后，纳粹党的领导层在皇宫大酒店召开了一场会议。会议期间发生了激烈的争执，很明显已被弗里克抛弃且被希特勒的口才击败的斯特拉瑟发现自己陷入了孤立无援的境地。两天后他在同一地点再次与希特勒对峙。这次他被指责背地里耍阴谋诡计背信弃义。也许会议的气氛让斯特拉瑟感觉他再怎么努力也无济于事了。在一片喧闹暴怒中，他收拾起自己的东西默默地离开了房间，没有向任何一个人说道别。在他自己的酒店房间里，他向希特勒写了一封很长的信回顾了这么多年以来两人之间的关系。他对于戈培尔和戈林施加给纳粹党的影响深感痛心，批评希特勒缺乏原则，并预言希特勒走上了一条"暴力之路，将使德国变成一片断壁残垣"。在最后他向希特勒提出辞呈，辞去了党内的所有职务。

这封信立即让纳粹党陷入了一片恐慌——尤其是斯特拉瑟并未在信中透露其下一步棋会怎么走。斯特拉瑟的追随者们很明显在等待他的信号，而希特勒似乎也十分紧张，准备在一次公开讨论中平息这次争吵。当谁都找不到斯特拉瑟的时候这种不安愈发强烈了。

但这位让大家四处寻找并十分敬畏的斯特拉瑟，本来在这历史性的一刻似乎将整个运动的命运握在了手中的斯特拉瑟，却一下午和朋友在灌啤酒以发泄胸中的积郁。然后他乘火车去慕尼黑带上一家人去意大利度假了。被他抛在身后的那一群支持者都傻了眼，他们都无法相信他就用这种方式完全放弃了战场。第二天，就在斯特拉瑟离去的消息公开之后，希特勒马上着手开始摧毁其组织。他接管了斯特拉瑟的全国组织领导人职位，并指派罗伯特·莱为他的参谋长，他还任命其私人秘书鲁道夫·黑斯为政治中央秘书，之前处理农业和教育的分部也被转化为独立的部门，然后交给达雷和戈培尔管理。

然后希特勒将纳粹党的官员和代表们召集到戈林的国会议长办公室里开会。政治戏剧开始上演。希特勒宣布他自己一直对斯特拉瑟保持忠诚，但后者却一次又一次地失信，将本已到达胜利边缘的党推到了悬崖边。希特勒让斯特拉瑟的旧日支持者公开表示对其臣服。"所有的人都和他握手并保证……无论发生什么，哪怕要他们付出生命的代价，他们也将继续战斗，绝不偏离伟大的航线。斯特拉瑟现在已被完全孤立。"

希特勒再次成功扭转了其生涯中的重大危机之一，展示了他能让崩溃和分散转化为新的力量来源的才能。希特勒与布吕宁、斯特拉瑟以及胡根贝格这些人不同的地方就是他对权力有热烈的渴望。对那些人来说，危机就等同于失败，而对于希特勒而言，这是战斗的机会以及新的必然性的跳板。希特勒确信失败和崩溃只是胜利的前奏。

与此同时，出乎所有人的意料，时局突然发生了改变。虽然施莱歇上任时看起来吉星高照，但他很快就发现自己哪一方都讨好不了。他上任时称自己为一个"关心社会的将军"。但是他对工人的让步并没能让他拉拢社会民主党，反而还激怒了那些雇主们。小农对于工人们受到的优惠待遇心生怨恨，而大地主们则反对他所提议的土地安置计划。施莱歇的药下得太猛，而且这位以玩阴谋诡计出名的将军也无法让人对其给予信任。不管他做什么，人们都持怀疑和抵抗的态度。他所表现出来的乐观是基于他认为其众多对手无法联手对抗他的想法。

挫败施莱歇这一想法并给了纳粹党一个意想不到的机会的不是别人，正是弗兰茨·巴本。施莱歇的对手们终于发现了巴本这个"共同的经纪人"。

在施莱歇将军就任总理仅仅两周之后，巴本就告诉库尔特·施罗德，一位科隆的银行家，他希望与纳粹党的领导人见见面。凑巧的是，此时正值斯特拉瑟垮台。这一最新的事态发展可以被看作是党内的革命和反资本主义倾向得到了镇压或者至少被削弱的信号。

1933 年 1 月 4 日，双方在极其秘密的情况下展开了这次会谈。巴本提议由德国民主主义党和纳粹党建立一个联合政府，由他和希特勒共同领导。希特勒接下来开始了一通"长篇大论"——正如冯·施罗德在纽伦堡审判中所供述的——"其中他宣称如果他被任命为总理，他绝不会放弃一人独占首脑地位的权力。"不过巴本的人可以成为他所领导的政府中的部长，只要他们对将改变很多事物的政策持合作态度。他所暗示的改变包括将社会民主党和犹太人从德国社会的各个首脑地位上赶下来，以及恢复公共生活的秩序。巴本和希特勒在原则上达成了一致。在谈话的过程中，希特勒还从巴本处获得了极其宝贵的信息，那就是施莱歇上尉获得解散议会的授权令，这样纳粹党目前就不需要为新的选举而害怕了。

这次会面有充分的理由可以被称作是"第三帝国的诞生时刻"，因为它与 1933 年 1 月 30 日的事件有直接的因果关系，联合政府的实现也第一次在科隆得到了规划，而且这次会谈极大地改进了纳粹党现有的财政状况。蒂森曾说过"相当可观的现金从重工业企业流入到了纳粹党的金库中"。虽然希特勒激烈地否认了他曾向商业界做出让步——他曾说这样的谈话完全是"胡编乱造和谎言"——但他没有否认与这些工业的联系。

意识到威胁正在不断上升的施莱歇立即通知了媒体，并去兴登堡面前抗议巴本的行为。但当他恳请总统不要在他不在场的时候与巴本见面，总统却顾左右而言他时，他第一次明白了他要面对的是什么。

于是巴本被传召前来面见总统。他骗总统说希特勒最后终于被软化了，已不再要求独揽大权。兴登堡不仅没有谴责巴本擅自行事，反而说他"当时一眼就看出（施莱歇的）说法并不正确"。他甚至命令巴本与希特勒保持联系——私下接触并严格保密。最后他还指示其助手，国务卿梅斯内尔不要将巴本的这一任务告诉施莱歇。这样一来，总统自己也加入了推翻自己总理的阴谋中来。

狡猾的总理很快就意识到自己陷入了一个僵局。他采取的措施大有前途，但他发现自己并不是执行者的人选。他的就业计划惹怒了雇主们，其安置计划惹怒了农业者，他的出身不为社会民主党人所喜，而他和斯特拉瑟的勾搭又令纳粹党不满，他的宪法改革与其所取代的体制一样不可行。施莱歇现在还能安坐在自己的办公室里只是因为其对手还未能组建起一个新的内阁。

希特勒为了增加自己讨价还价的筹码，并维持纳粹党夺权的实力，将所有的精力都集中在利珀州的州议会选举上。巨大的投入让他获得了自 7 月选举以来的第一次胜利。但即便如此，纳粹党所获得的 39.5% 的选票仍然低于其在 7 月份获得的份额。而且民主党派，尤其是社会民主党所获得的票数增长完全超过了希特勒的政党。但与 11 月选举的结果相比，利珀州的结果还似乎很不错的。公众认为希特勒的运动恢复了其不可抵挡的动力，甚至连政府的领导也持同样的观点。而希特勒的自信也开始逐步上升。

1 月 18 日，希特勒与弗兰茨·巴本在约阿希姆·里宾特洛甫——一位刚刚加入到希特勒的运动中的酒商在柏林的公寓中会面。在这次会面中，希特勒要求被任命为总理。巴本说他还不足以影响总统做出这样的决定。这一拒绝几乎让协商就此中断，直到突然迸发的让兴登堡的儿子参与进来的想法的提出，才使得谈判进展下去。这一会议几天后才举行，并采取了严密的措施以保证不泄露风声。希特勒和他的团队在夜色的掩盖下从公园的这一边进入了冯·里宾特洛甫的公寓；与此同时，奥斯卡·兴登堡与国务卿梅斯内尔先招摇地出现在歌剧院，在中场休息后不久，他们悄悄溜出了自己的包厢；而巴本则乘坐里宾特洛甫的车来到了会议地点。

所有人一到齐，希特勒便请这位总统的儿子和他到另外一个房间去。本来坚持要由梅斯内尔陪同的奥斯卡·兴登堡突然发现自己不得不和希特勒单独面对面。到今天也没有人知道在那两个小时的私人谈话中他们究竟说了些什么。希特勒肯定恐吓和贿赂双管齐下，试图将总统之子拉拢到自己这边来，另外他的个人魔力也一定给总统的这位机会主义者儿子留下了深刻的印象。参加会议时还对希特勒带着偏见的奥斯卡，在回去的路上对梅斯内尔说，除了让希特勒当总理之外别无选择——尤其是现在巴本已同意担任副总理。

此刻施莱歇似乎才第一次明白了他们在酝酿着什么。1 月 23 日，他拜访了兴登堡，希望总统给予他权利解散议会，宣布进入紧急状态，并取缔纳粹党和共产党。而兴登堡则提醒施莱歇他们在 12 月 2 日的争执。当时巴本提议的解决方案与此类似，但施莱歇却让其无法付诸实施。总理回答说现在时局改变了。但他这一说法对老人无法起到丝毫作用；在与梅斯内尔就此事进行商讨后，他否决了施莱歇的请求。

一如预期，私人顾问团让公众很快得知了施莱歇解散议会和政令统治的想法。民众中发出一片强烈抗议声。总理大人也失去了他在民主中央党派中仅存的那点威望。民众一致的反应让兴登堡印象深刻，也许正是这点让他对希特勒领导组建内阁的计划开始垂青了。1 月 27 日，戈林在总统府拜见了梅斯内尔，并请他向"尊敬的陆军元帅"转达希特勒和施莱歇不一样，他决无违犯法律以致让总统大人良心受谴责的意图，他会严格且忠诚地遵守宪法。

心力憔悴的兴登堡很明显此时仍然考虑的是让巴本担任总理，希特勒出任副总理，并以此来组成内阁。1 月 26 日的早上，当陆军总司令冯·哈默施泰因将军拜访兴登堡并表达自己对事态发展的忧虑时，兴登堡对他说"他根本没打算让那个奥地利一等兵成为国防部长或是总理"。但是第二天巴本拜访了总统，并向他报告说现在由他自己来领导组建内阁已不可行。现在兴登堡在阻止希特勒成为总理的路上成了孤家寡人。

兴登堡与各党派的领导人再一次进行了磋商，他们对施莱歇将军也持反对态度。但他们并不同意再给巴本一次机会。相反他们表明，在做好周全的保障后，是时候让希特勒上台了，让他来承受他们都曾经历过的责任的磨练。共和国真正走到了穷途末路。

1月28日上午，施莱歇为夺回控制权做出了最后一次努力。他通过媒体告诉公众，他将请求兴登堡给予他解散议会的权力，要不然他将递上辞呈。接近中午时分他起身前往总统府。此时的他很明显对希特勒即将登上总理之位毫不知情——这也是他未能掌握局势的表现。相反，他似乎将最后的一切都指望在兴登堡的支持上。他就任时总统曾向他保证可以随时给予他解散议会的权力，但现在总统却直截了当地拒绝了他。据说被击到痛处的施莱歇生气地回应道：“总统先生，我承认您有权力对我执政的方式感到不满意，虽然您在四周前曾以书面方式向我做出过保证。我承认您有罢免我的权力，但我不承认您有权力在您亲自任命的总理背后与其他人偷偷结盟。这是背信弃义。”兴登堡沉吟片刻，回答说自己已是一只脚踏进坟墓的人了，不知道到时候在天国是否会为这一决定感到后悔。而施莱歇不客气地回敬说：“大人，在您这次背信弃义之后，我不那么确定您是否还能进天国。”

施莱歇前脚刚走，巴本就与奥斯卡·兴登堡和梅斯内尔就开始敦促总统任命希特勒为总理。仍在摇摆中的兴登堡最后一次尝试摆脱做此决定的责任，因此他没有按传统方式亲自请希特勒组建一个新政府，而是任命巴本为他的代表，“通过与各党派协商来澄清政治局势并决定有哪些可能性”。

当天下午，巴本在向胡根贝格许诺两个内阁席位后获得了他的支持。之后他就和希特勒联系。在之前的初步会谈中他们就已达成协议由希特勒的人来掌管内政部和民用空中运输部，后者是特意为戈林新创立的部门。现在希特勒坚持还要得到帝国驻普鲁士专员和普鲁士内政部长的职位，这样他就能控制住普鲁士的警力。另外他还提出要进行新的选举。

在得知希特勒的新要求后，兴登堡胸中涌起一股不祥的预感。在希特勒向他做出保证——用词极其模棱两可——“这将是最后的选举”后，他才平静了下来。最后这位总统决定任事态自然发展，除了帝国驻普鲁士专员的职位——这个是留给巴本自己的——所有希特勒的要求都得到了满足。

1月29日下午有谣言传出，说施莱歇和哈默施泰因将军让波茨坦的守备部队进入警戒状态，准备挟持总统宣布紧急，并在军队的帮助下夺取政权。造谣者一直未能查明，但是其受益者却是显而易见的。巴本利用这一可能发生的军事独裁威胁来推动他自己的计划。布隆贝格将军被从日内瓦召回，1月30日上午巴本在其他内阁成员面前宣誓就任国防部长。胡根贝格一直坚决反对希特勒提出进行新的选举的要求，而巴本在1月30日早上7点钟召见胡根贝格，“激动地”恳请他改变想法。“如果在11点钟之前无法组建起一个新政府，军队就会杀进来了！"但胡根贝格比巴本来得更加敏锐，他已看穿了希特勒的计划——纳粹党希望改变 11 月 6 日的选举结果。一旦国家的权利和无限的资金落入他们的手中，他们毫无疑问就会这么做。因此胡根贝格坚持不同意进行新的选举。

他的顽固似乎再一次将整个协议推上了失败的边缘。十点差一刻的时候，巴本带着未来的政府成员，穿过被白雪覆盖的部长花园来到总统府，并进入了梅斯内尔的办公室，在那里他正式恭贺希特勒成为了新总理。希特勒一边表达谢意，一边仍然宣称"现在德国人民必须对这一组建完毕的内阁进行确认"。而胡根贝格则坚决反对，于是，两人之间爆发了激烈的争论。希特勒最后走到他的对手面前并"庄严地以他的名誉起誓"新的选举绝不会改变目前内阁组成的分毫。

虽已被逼进墙角，而且对手恳请他与之合作，胡根贝格仍然没有松口。与此同时，隔壁的房间里总统派国务卿梅斯内尔过来查问延迟的原因。"看看手中的表，"梅斯内尔对争论者们说，"先生们，总统将宣誓就职的时间定在了 11 点整。现在是 11 点 15 分。你们不能再让总统等下去了。"结果无论是胡根贝格的保守派朋友的鼎力相劝、希特勒的连哄带骗还是巴本的苦苦哀求都无法做到的事情，马上就得到了轻松的解决——只因为言语中提及了这位传奇的陆军元帅——不过也是共和国临终苦痛中的最后一次了。几分钟之后，整个内阁宣誓就职。

巴本似乎认为他完成了一个政治壮举，他在报复了施莱歇的同时还使用了后者驯服希特勒的点子。他的雄心得到了满足——再一次入阁，让希特勒承担起责任的同时却并没有把整个政府的掌控权交给他，因为纳粹党的领袖还不是总统内阁的总理，他必须获得议会多数票才行。希特勒也不是兴登堡的心腹；他弗兰茨·巴本仍然和老总统维持着特殊的关系。最后，巴本仍然是副总理和普鲁士的州长。内阁中的纳粹党只控制着内政部，所以无法掌控联邦警力。而为戈林的虚荣心建立起的空头部门根本无任何实权。虽然戈林还是普鲁士的内政部长，但在普鲁士这个部门并不掌管警力。而且外交、财政、经济、劳工和农业掌握在内阁经验丰富的保守派手中，而对军队的指挥仍然属于总统的特权。在巴本看来这是一出高明的策划，让惹是生非的希特勒先生不得不为雇主们、大地主们和巴本自己建立一个独裁新政府的计划而服务。

毫无疑问希特勒自己从一开始就已看穿了这一策略。他提出进行新选举的要求就是一个直接的反击，在选举中取得史无前例的胜利他就能摆脱巴本对他的围困和傀儡总理的角色。他当然不会让廉价的诺言挡了他的道。

与此同时，威廉大街上挤满了由戈培尔集合在一起的沉默的人群。希特勒的随从们在广场对面的皇宫大酒店中等待着，"心中同时充满着疑虑和希望，快乐和沮丧。"恩斯特·罗姆紧张地用望远镜侦察着总理府入口的动静。第一个现身的是戈林，他大声地将消息传达给等待的民众。马上，希特勒的车出现在了车道，希特勒站在车上接受人群的喝彩。

当晚纳粹党举行了盛大的火炬游行。政府区内的所有限制都被取消了，兴奋和嘈杂的旁观者们挤满了人行道。"今晚的柏林处于真正的节日气氛中。"从晚上 7 点直到午夜，25000 名身着制服的希特勒支持者与钢盔党成员，游行经过勃兰登堡门和总理府门口。从亮着灯的窗口人们可以看见希特勒那紧张昂首阔步的身影。戈培尔不顾电台负责人的抗议，坚持要帝国的电台对此次游行进行广播。只有慕尼黑的电台坚决不同意，这让希特勒很恼火。

纳粹党的所谓夺权很快就被歌颂为"奇迹"和"童话"。戈培尔创造的奇迹说法直到今天仍在流传。它为所有的希特勒恶魔论的分析添油加醋，这些理论将他的成功视为无名力量背后阴谋的结果，或是说巴本和他的阴谋诡计起到了重要的作用。其中心思想就是其夺权是一个历史偶然。

的确希特勒的夺权之路在最后的时刻仍然可能被封堵掉，这些机会因为意外、轻浮和霉运而丧失掉了。即便如此，历史并没有改变其合法的道路。真正的奇迹应该是抵挡住纳粹主义。从布吕宁被罢免开始，挡在共和国和希特勒之间的就只剩下年迈总统的奇思异想、施莱歇的阴谋诡计和弗兰茨·巴本盲目简单的头脑。因此背后的阴谋、不同利益集团的策划以及手腕高明的诡计相对而言都不太重要了，这些因素只能让共和国这艘航船搁浅，但并不能导致其失事。

但这并不是说哪怕对手再坚定，希特勒也会取胜。在现代的政治历史上还很少看到个人因素，一个小集团的异想天开、偏见和感情能对时局造成如此大的影响，也很少看到一个国家的机构在如此重要的时刻变得如此透明。如果没有总统身边的私人顾问团，希特勒上台根本就是一件无法想象的事情。1932 年的夏天虽然他离权利巅峰仅仅一步之遥，但那一步也是完全不受他自己掌控的。他的对手让这一切成为了可能；他们鼓捣起一次又一次的竞选活动；他们开创了削弱宪法力量的先河。每当他们中间有一个人站起来反对纳粹，那么就会有另一个站起来挫败其行为。从总体上来说，直到最后另一边的力量仍然比希特勒的强大。但是由于他们自相残杀，所以力量被抵消了。不难看出纳粹主义是所有人的敌人，但是这些团体是如此盲目和懦弱，以至于很少有人能看到那个再明显不过的结论：他们应该联起手来对抗他们共同的敌人。

这是获得压倒性胜利的一天。但这并不是希特勒的目标：这只不过是道路上的一个阶段而已。虽然我们并没有那天晚上他那冗长的独白的全文本，但很明显他的思想都沉浸在他一再宣称即将来临的革命中。就像所有真正的革命家，他也相信随着自己的上台，历史将展开新的一页。

值得注意的是，他表达这一理念的时候用的是消极的语言："我们将是最后创造德国历史的人"，他当时说道。

1938 年进入维也纳
希特勒在霍夫堡的阳台上发表演说

上：人民围聚在尤金王子纪念碑前

下：党卫军笔试犹太公民用手清理人行道

1938年5月希特勒在佛罗伦萨拜访墨索里尼

从左到右：墨索里尼、希姆莱、里宾特洛甫、齐亚诺、希特勒和黑斯

下：1938年9月苏台德危机时张伯伦首相在奥巴萨尔兹堡

1939年8月23日在签署了德苏互不侵犯条约后里宾特洛甫厢希特勒汇报

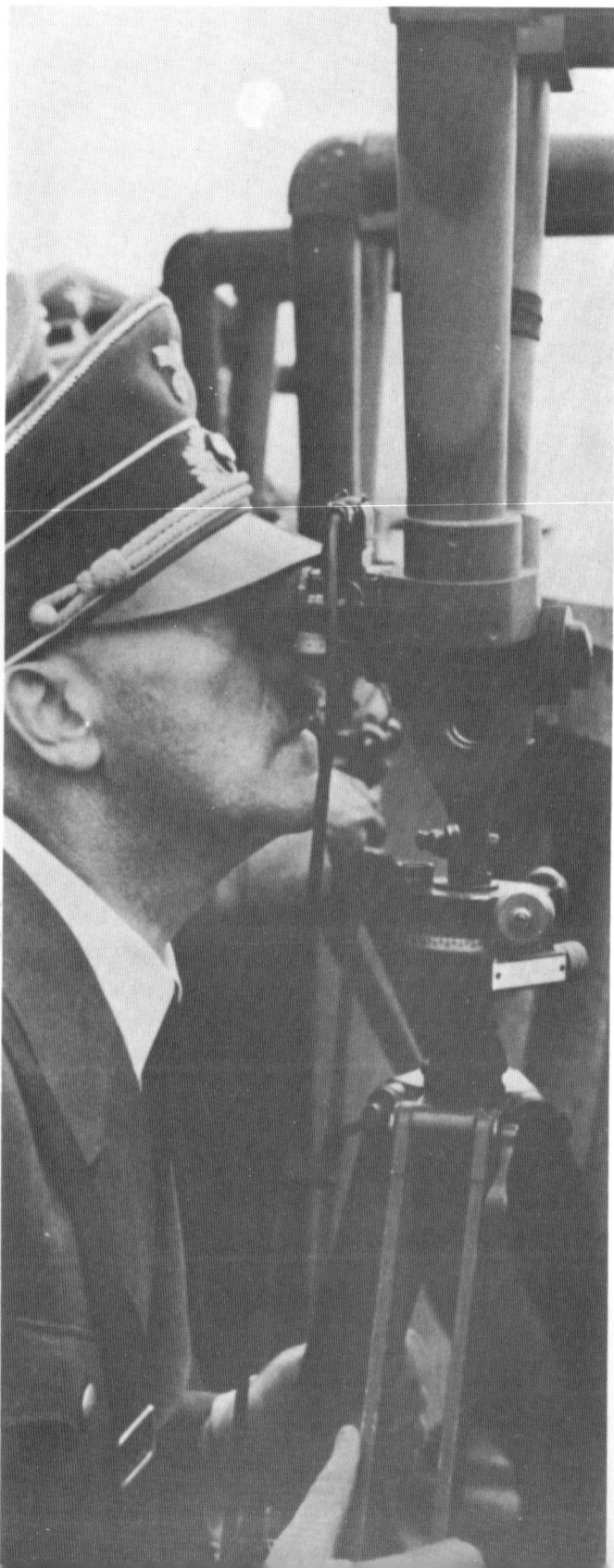

左：希特勒透过炮兵连长的望远镜观看被战火燃烧的华沙
上：燃烧中的华沙
下：波兰的骑兵攻击

左：1940 年 6 月希特勒在得知法国提出停火要求之后的反应的电影胶片镜头

右：1940 年 7 月 24 日巴黎，希特勒离开荣军院

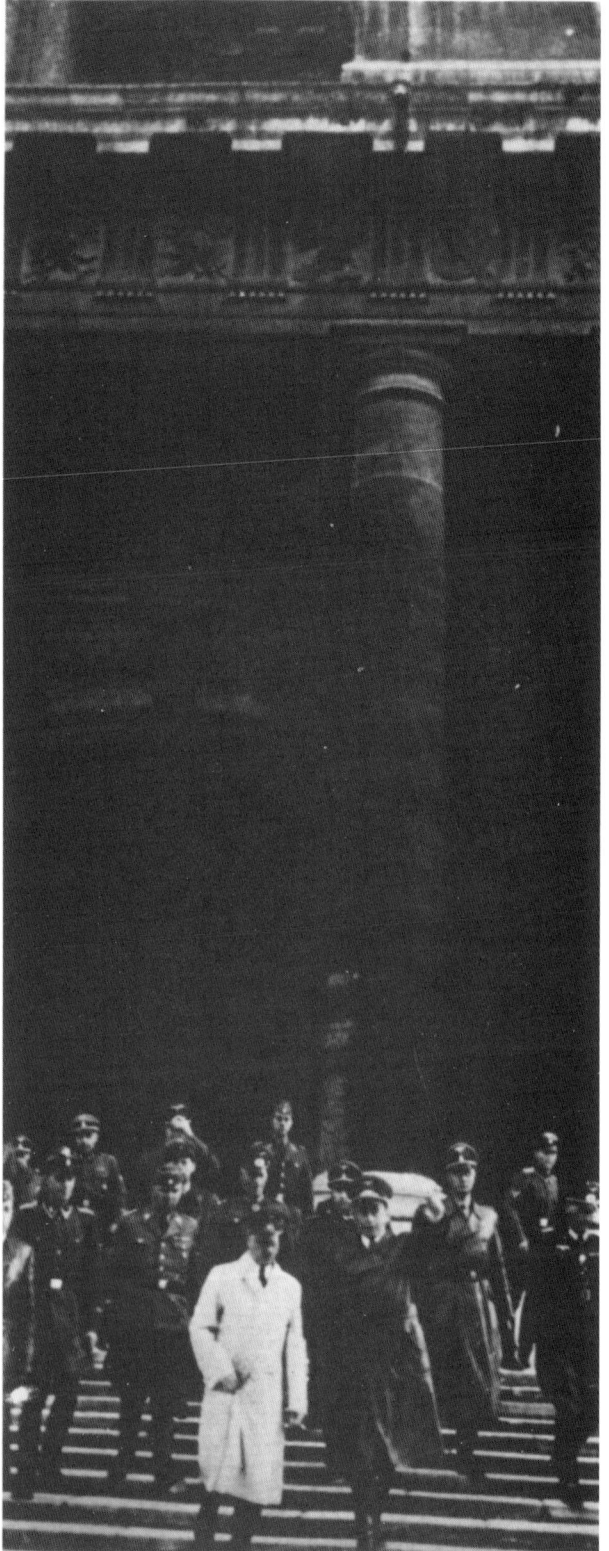

里宾特洛甫，希特勒，鲍曼在指挥总部

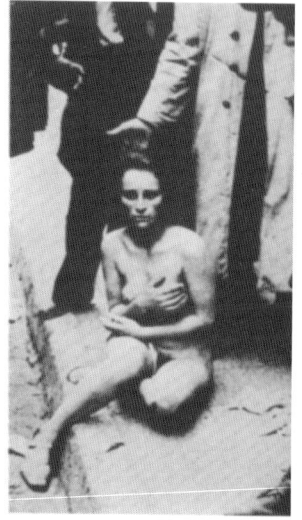

1942 年在东方的大
屠杀和清算

1942—1943 年的灾难性冬天

上：步兵在维帖布斯克南部挖战壕

中：1943 年 2 月在斯大林格勒战役失利之后，德军将领在苏联的朱可夫将军的碉堡里接受审问

下：斯大林格勒雪中掩埋的死去的德军士兵

上：1944年，希特勒和国防军头目聆听凯特尔的报告。
下右：希特勒和他的医生莫雷尔。
下左："狼穴"的大餐厅

1944 年 7 月

左上：希特勒在元首总部欢迎施陶芬贝格

接受人民法庭审判的密谋者：

左下：冯·哈泽和冯·维茨勒本

右边从上到下：尤利乌斯·勒伯尔、赫尔穆特·
施蒂夫将军、冯·毛奇少将和卡尔·格德勒

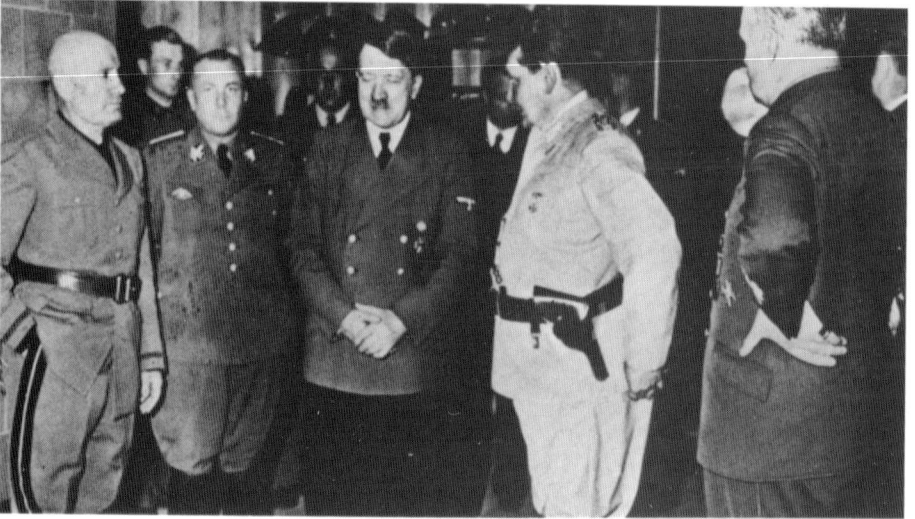

1944 年 7 月 20 日下午

中：希特勒与墨索里尼、鲍曼、戈林和里宾特洛甫

同谋者：

上排：维尔讷·冯·海夫顿、路德维希·贝克和约克·冯·瓦尔登伯格

下排：冯·特雷斯科、卡纳里斯元帅和冯·奥斯特

希特勒总理府花园下的
碉堡，尽头为一个圆形的混
凝土塔，用作紧急出口

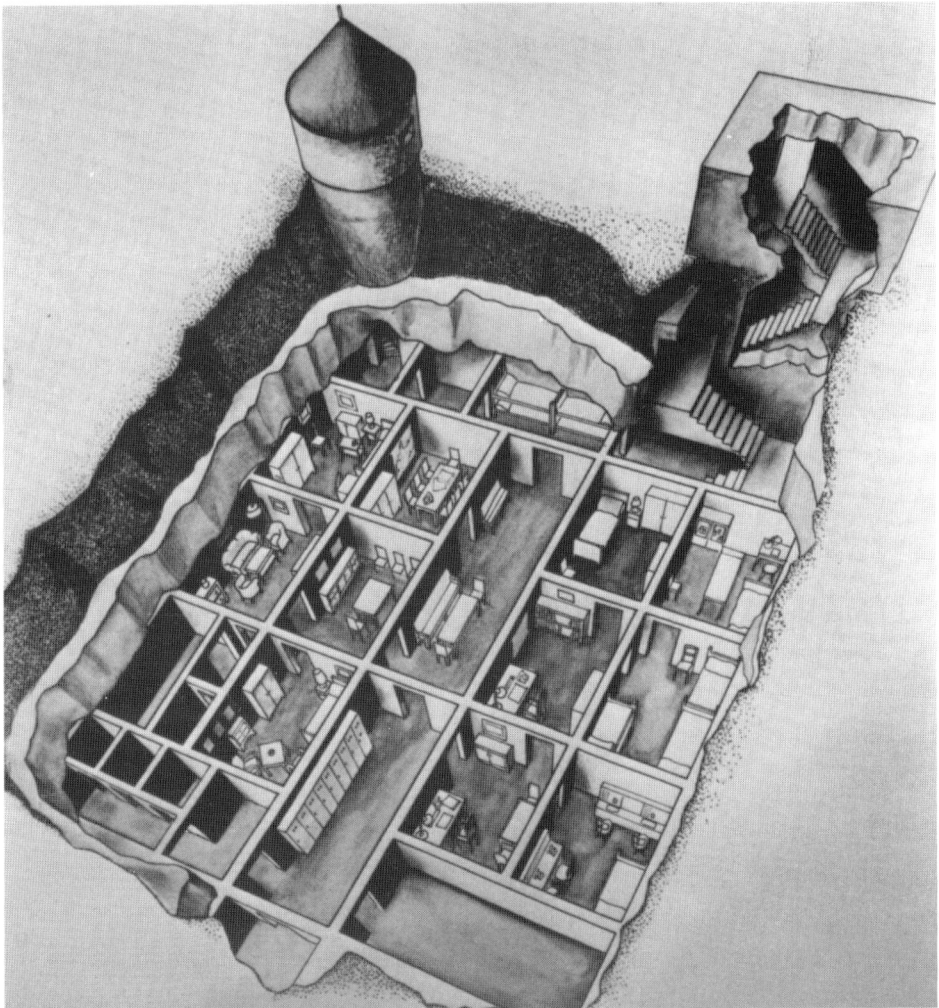

上：1945 年 4 月 20 日，希特勒的最后一个生日。他在接见一个希特勒青年团并向他们授予军事勋章

下：总理府废墟上希特勒的最后一张照片

第五部

夺权

第一章　合法革命

于是他达成了自己的目标！

　　　　——莱因霍尔德·汉尼施于 1933 年

这不是胜利，因为没有敌手。

　　　　——奥斯瓦尔德·斯宾格勒

　　急风暴雨般的过程持续了几个月，希特勒在这区区几个月时间里不仅掌握了权力，还让人们接受了他的大部分影响广泛的极权主义论调。从媒体在他就任时发表的冷嘲热讽的评论来看，他在总理的位置上待不了太久。人们普遍存有错觉，从中央党派一直到社会民主党和共产党都认为他是兴登堡的"囚徒"。表示怀疑的预言非常多。希特勒可能联手兴登堡和军队，利用大众的抵抗，利用德国复杂多样、困难棘手的经济问题，对抗保守派伙伴的势力；或者可能有外国的介入；或者他最终会暴露出自己是个外行。不过希特勒用几乎史无前例的夺权过程攻破了所有预言。当然，希特勒的行动并不像有时一些事后诸葛亮认为的那样，每个细节都是事先精心筹划好的。但他一刻都不会忘记他要追求的目标，那就是他要在 85 岁的兴登堡总统死后立刻将所有权力集中在自己的手中。而且他知道要如何达成这个目标，也就是说他要继续使用在过去几年时间里被成功验证的那些合法手段。

　　在 1 月 30 日希特勒宣誓就职前不久，兴登堡勉强同意进行重新选举，希特勒在 1933 年 2 月 2 日召开内阁会议，会议的主要内容是为选举做准备。在举行了就职仪式后，希特勒假装和中央党派进行谈判，双方没能达成任何一致意见，他立刻借此为选举找到了一个理由。这是他修补在去年 11 月遭受失利的机会。如果选举结果对他有利，加上他控制着政府机构，那么最后他一定能摆脱德国国民党这个合作伙伴的控制。希特勒的老朋友威廉·弗里克现在是内政部长，他建议政府为竞选活动划拨 100 万马克。这个建议遭到财政部长冯·科洛希克的反对。不过希特勒的背后有国家权力撑腰，他不再需要这种额外的助力来完成戈培尔在一篇日记中所预言的"宣传煽动的杰作"了。

自此以后，他的每一步棋都是在为将要在 3 月 5 日举行的选举做准备，而且每一步都很高明，这是他的典型做法。2 月 1 日晚上较晚的时候，希特勒在广播里亲自宣读了《告德国人民书》，这表明选举活动已经开始。这份公告已经给所有内阁成员看过并征得了他们的同意，它采用的是政治家在大多数公告中常用的温和语气。希特勒在开始说到，在 1918 年 11 月的叛国活动爆发之后，"上帝收回了对德意志人民的庇佑"。党派纷争、仇恨和混乱让国家的团结转变成"交杂在一起的政治舆论、个人观点、经济利益以及思想分歧"。从那以后，德国"呈现出一派分崩离析的景象，令人心碎"。他概括地对德国国内的衰败、困苦、饥饿、缺乏尊严等情况以及近来发生的灾难表示痛心。

他宣布，新政府将把"在德意志民族内部复兴团结和合作精神"视为主要任务。他发誓要"将基督教构筑成我们民族道德的基石，把家庭打造成种族和政治生活的基础"。他承诺要消除阶级斗争，恢复对传统的尊崇。政府将通过两个大型的"四年规划"重建经济。在外交政策方面，希特勒表示德国有生存的权利，但他用安抚性的公式化语言向外国列强保证德国是渴望和解的。他在最后说到，他的政府"决心在 4 年时间里矫正 14 年来积累的顽疾"。但他明确表示他的政府不会受宪法审查的限制："不能将重建工作的决定权交给那些需要为德国的崩溃负责的人。马克思主义党派和他们的领导人有 14 年的时间证明他们的能力，但他们带来的是一片废墟。"随后，希特勒虔诚地祈求上帝保佑他们顺利完成他们的目标。

总体而言，这篇讲话表现出了希特勒的控制能力。不过仅仅两天后，在陆军总司令冯·哈默施泰因将军的官邸会见国防军指挥官的时候，希特勒就将这种控制能力抛在了脑后。尽管非常忙碌，他还是迫不及待地组织了这次会面。这不仅因为军队在他的夺权计划中占有非常重要的地位，也因为在刚刚就职的兴奋情绪中他希望把自己的宏伟蓝图告诉给其他的人——尽管平常他非常热衷于保守秘密。在这种情绪的主导下，希特勒异常坦白地将他的计划向陆军指挥官们和盘托出。

据其中一名参加会议的人说，"冯·哈默施泰因显得有些居高临下，'亲切'地向大家介绍'帝国总理'；将军们的回应客气而冷淡；希特勒谦逊、笨拙地向周围鞠躬，在轮到他发表晚宴后的长篇演讲之前，他一直局促不安。"陆军是唯一一拥有武器的团体，他向陆军保证会有一段稳定的发展期，他在演讲一开始就表明他将以国内政治为重。新政府最紧迫的目标是把权力夺取回来，要"完全扭转当前的民主政治形势"，毫不留情地消灭和平主义，在广泛的范围内为进攻和防御做好准备。这个目标将通过"严格的独裁统治"实现。只有这么做，再加上机警的外交政策，才能让德国在对抗《凡尔赛和约》

的过程中处于有利地位。随后德国将集中力量在东部征服新的居住空间，并毫不留情地将所征服的空间德意志化。

此时，以军事地理和获取食物来源的需求，作为扩张领土的理由已经不能让希特勒满足了。除了这些，他现在又把经济萧条列为一条理由，他称经济萧条的原因是缺乏生存空间，这个问题的对策就是占领生存空间。根据他对当前局势的分析，唯一有问题的地方似乎是接下来的几年时间，在这几年中德国要隐蔽地重建政治和军队；在这段时间里，他们要彻底搞清法国是否控制了各国政要。据一名与会者回忆，希特勒说："如果是这样，它不会给我们时间，它会对我们采取行动（很可能是利用东欧的附庸国）。"

这篇演讲再次反映出希特勒喜欢对完全不同的想法进行全新的组合。他的思考模式是，每个现象都只不过是进一步证明了很久以前就已经确定的想法，尽管这种思考模式可能导致他对现象的本质产生十分荒诞的错误理解，比如他对经济萧条的理解。与以往一样，他唯一认可的解决方式就是使用暴力。同时，这篇演讲也体现了希特勒在思想上的连续性。

尽管希特勒大量借鉴了法西斯主义者行之有效的政变套路，但他在巩固自己刚刚获得的权力方面也具有很高的独创性。

首先要让前几个月的恐怖主义行径适应新的形势，这一点很重要。因此，在继续指派他的褐色军团进行革命暴乱的同时，他也允许用法律手段对少数"过激行为"进行处罚。很难说正义在哪个案子里得到了声张，但这些举措让人们产生的印象是纳粹党正在维持秩序。令人信服的合法外衣隐藏了纳粹政府的真正本质。

同样，很多旧制度在表面上仍然完好无损。在它们的掩护下，根本性的剧变在各种条件下、各种关系中毫无阻碍地进行，直到最后人们再也搞不清体制的运行是否公正，无法再在忠诚和反对之间做出抉择。因此合法革命这个矛盾概念远远不只是"宣传手腕"，这是希特勒巩固自己地位的全盘计划的根本所在。希特勒后来自己也说，当时德国渴望秩序，因此他不得不避免公开使用武力。希特勒在 1 月的最后几天里处在失望的情绪之中，他在回顾过去所有的错误和疏忽时狠狠声讨了德国人对法律和秩序的渴望。德国人有信奉律法的癖好，对混乱极度厌恶，这使得 1918 年的革命不够坚决彻底，但这也造成了他自己 1923 年慕尼黑政变的失败。他责备自己一直和其他所有德国人一样做事不彻底、妥协中庸、不愿实施血腥的突袭行动，"如果我们做了应该做的事，那时可能会死几千人。……只有事情过后人们才后悔自己当时太好心了。"

不可否认，把革命包装在法律框架内的策略在当时是非常成功的。2 月底之前的 3 道法令决定了未来局势的整个发展进程——而它们的合法性似乎也在资产阶级伙伴对希特勒的支持、兴登堡的签字和民族主义口号的迷惑下得到了保证。2 月 4 日，政府颁发了"保护德意志人民"法令。凭借该法令，政府哪怕只有最含糊的理由也可以禁止政治集会，取缔敌对党派的报纸和出版物。政府几乎立刻采取行动打击各种各样与纳粹观点相异的政治观点。一个左翼知识分子和艺术家代表大会刚刚开幕就被勒令停止了，据说是因为一些与会代表发表了无神论方面的言论。两天后政府又实施了另一项紧急措施，政府下令解散普鲁士州议会，这类似于第二次政变。又过了两天，希特勒在对德国记者发表讲话时指出，某些报纸对理查德·瓦格纳的批评言论的错误性，为2月4日的紧急法令辩护；他说他的目的是"防止今天的媒体犯同样的错误"。除此之外，他还威胁要采取严厉措施打击所有"想要故意伤害德国"的人。与此同时，大众看到的是经过精心筹划的新闻报道，这些报道描绘了新任总理人性化的一面。2月5日，纳粹党的帝国通讯社报道，阿道夫·希特勒"个人非常热爱慕尼黑"，他保留了慕尼黑的公寓，并且决定不拿总理的薪酬。

日子一天天地过去，纳粹党人越来越深地渗透到行政机构内部。在希特勒给合法革命编制的脚本中，戈林扮演了一个特殊的角色。根据新的人事安排，冯·巴本在普鲁士主持政府事务，但权力实际上是掌握在戈林手中的。副总理巴本仍然希望他"在内阁里的教育工作"能够获得成功，而同时戈林在普鲁士内政部安插了很多所谓的荣誉专员。党卫军全国总指挥库尔特·达吕格等一批人立刻在这个德国最大的行政机构里扎下根来。通过大批的人员更迭、解职和任命，"体制内的大人物被一个接一个地踢了出去"。如当时的一篇报道所述，"一场毫不留情的肃清运动正在进行之中，上至高级官员，下至门卫。"

戈林尤其关注警察局长这个职位，在很短的时间里，他用冲锋队的高级领袖替换了大部分警察局长。2月17日，他发布了一道法令，要求警察"和民族主义组织（冲锋队、党卫军和钢盔党）建立绝对和睦的关系"，但是对付左派的时候，警察"在任何必要的时候都可以任意使用武器"。这些命令在他后来的一次讲话中得到了明确证实："现在从警察手枪枪管里射出的每一粒子弹都是我的子弹。如果这被称为谋杀，那么就是我犯了谋杀罪，因为是我下令这么做的，我会对此负责。"

柏林警察总局有一个负责监控反宪法行动的小部门，戈林开始在这个不起眼的部门基础上建立"国家秘密警察"组织，很快这个组织就以"盖世太保"的名字闻名于世了。在4年时间里，这个组织的预算增加了40倍；该组织仅在柏林就有4000人。为了"减轻普通警察在特殊案件中的压力"，2月22日，戈林建立了一支约5万人的辅助警察队伍，这支队伍主要由冲锋队和党卫军的成员组成。此举撕破了让警察队伍保持中立的谎言，相当于公开承认纳粹党内的好战分子是与维护法律及秩序的队伍有关联的。纳粹党的"过激行为"于是变成了政府行为。戈林夸口说："我不会因为任何法律方面的顾虑而手软，我不会因为任何官僚风气而手软。我的工作不是主持正义，我的工作是消灭和根除，就是这样！"

他的这个挑衅主要是针对共产党人的。共产党人不仅是纳粹党的主要敌人，而且在下一届国民议会中的地位举足轻重。由于共产党号召人们举行大罢工和示威，内阁成立仅3天，戈林就禁止在普鲁士举行一切共产党集会。

纳粹党加紧宣传，这次的竞选活动在这些年来的所有竞选中声势最浩大、气氛最热烈。纳粹党又一次利用了各种传播媒介，不过这次借助了政府的威信和支持。整个国家淹没在呼声、标语、游行队伍和横幅之中。希特勒又一次乘坐飞机穿梭于德国各地。戈培尔又发现了一种新的宣传工具——广播。"我们的对手不知道能用它来做些什么，"戈培尔写道，"因此我们反而必须更好地学会如何利用它。"希特勒每到一个城市，当地的广播电台都会报道他的到来。"我们会在人群中间进行转播，这样就能让听众如临其境地感受到集会现场的气氛。我会亲自介绍元首的每次演讲，这么做是想要向听众传递我们群众集会的魅力和氛围。"

2月20日，戈林邀请了很多知名商人参加一个在国会议长官邸举行的活动，竞选活动的相当一部分开销是在这次活动上筹得的。活动的参与者包括亚尔马·沙赫特、克虏伯·伯伦、联合钢铁的阿尔贝特·沃格勒、法本公司的格奥尔格·施尼茨勒、银行家库尔特·施罗德以及其他重工业、矿业和银行业的代表。希特勒在对这些知名人士发表演讲时再次强调了资本家们的专制主义思想和民主立宪制之间的差别，他嘲笑民主立宪制是软弱和堕落在政治领域内的代名词。兴登堡和德国国民党只会拖他的后腿。要彻底消灭敌人，他必须控制整个国家。他在讲话中甚至丢弃了合法行动的虚伪外衣，他呼吁听众提供资金支持："我们现在正面临最后的选举。不论结果如何，没有后路可退。……无论如何，如果选举无法解决，就必须通过另一种途径解决。"沙赫特于是转身对人群说："那么，先生们，出钱吧！"他建议建立一个"选举基金"，而且他立刻在顶尖的工业企业中筹集到了至少300万马克，实际的钱数很可能更多。

合法革命的一个策略是，不公开打压对手，而是激怒对手，让他们采取暴力行动，这样他们自己就为纳粹政府提供了实施合法镇压措施的借口。

但是希特勒觉得德国的共产党可能无力进行全面激烈的革命活动。事实上，纳粹必须通过积极宣传才能创造出足够可怕的借口。帮助实现纳粹的这个目标的除了媒体报道的在共产党总部发现的几吨重的煽动性材料，还有很多谣言，这些谣言显然是纳粹党自己在2月中旬开始散播的。

而1933年2月28日发生的戏剧性的国会纵火案则为纳粹党陷害共产党提供了一个绝好的机会，共产党人一直强烈表示与纵火案没有任何联系，事实上他们也确实没有作案动机。出于这个原因，人们很可能认为纳粹党应该对此次纵火案负责是一个令人信服的结论，因为纵火案完全符合希特勒的战略布局。尽管相关细节一直不为人知，但长久以来几乎没有人质疑是纳粹党自己纵的火！

20世纪60年代初，弗里茨·托比亚斯出版了一本关于国会纵火案的专著，这本书分析了各派别围绕国会纵火案提出的很多粗劣的假说和传说。托比亚斯得出的结论是纳粹党没有在国会放火，放火的实际上是在火灾现场被抓获的荷兰人马里努斯·卢贝，他当时身体半裸，大汗淋漓，炫耀地胡乱喊着："抗议！抗议！"托比亚斯收集了很多令人信服的证据证明他的理论。但是疑问仍然很多，争论也仍旧继续。我们对这件事无须深究，因为具体是哪个人放的火只是一个犯罪学问题，与我们对政治趋势的理解关系并不大。纳粹党立刻利用纵火案推动他们的独裁计划，这件事成了他们自己的事，但也显示出他们卷入此事跟"谁是纵火案主犯"的问题无关。戈林在纽伦堡承认，那一轮的逮捕和迫害无论如何都会进行，国会纵火案只是加快了这些措施的实施。

纳粹党几乎在现场就立刻采取了第一轮措施。2月27日晚上，希特勒在总理广场，在戈培尔的公寓里。汉夫施滕格尔打电话通知戈培尔国会起火了。起初戈培尔认为这个消息是"不着边际的荒诞想象"，没有告诉希特勒；但没过多久消息就得到了证实，于是他告诉了希特勒。希特勒本能地惊呼："有了！"这表示他打算在宣传上巧妙地利用此事。随后，两人立刻"以60英里的时速"迅速驾车赶到国会。他们从消防水龙上"爬过"后终于抵达国会大厅。他们在这里遇见了先到一步的戈林，戈林正在"大展拳脚"。他已经明确表示这是共产党采取的有组织的政治行动，他的这些言论立刻让政界、新闻界和犯罪学界产生了先入为主的偏见。

同时，戈林下令警察队伍全部实施最高级别的紧急状态。这天晚上，约4000名公职人员被捕，其中大部分是共产党员，但也包含一部分纳粹党不喜欢的作家、医生和律师，其中包括卡尔·奥西埃茨基、路德维希·雷恩、埃里希·米萨姆、埃贡·基希等人。社会民主党的几个总部和报社被占领。戈培尔威胁说："如果遭遇抵抗，就疏散街上的行人，把冲锋队调去。"大多数人都是被从床上抓走的，而且国会的共产党代表领导人恩斯特·托格勒为了表明对共产党的指控站不住脚，他是主动跟警察走的。但2月27日当天发布的第一份官方报道却捕风捉影地称：

> 国会遭人纵火是爆发血腥暴动和内战的信号。周二凌晨4点，柏林城内将爆发大规模抢掠活动。现已确定，恐怖主义活动将从今天开始在德国境内各地展开，其目标是知名人士、私有财产、爱好和平的民众的生命和安全，全面内战即将爆发……

第二天上午，希特勒和巴本一起拜见总统。希特勒对此次事件大肆渲染了一番，然后拿出了一份准备好的紧急法令让兴登堡签字。这份法令充分利用纵火案这个借口，废除了所有重要的公民基本权利，扩大了适用于死刑的罪名范围，为中央政府提供了很多控制州政府的手段。当时有人说："人们像是被吓蒙了。"人们害怕发生劫掠活动，在公寓楼里组织警卫加以防范；农民担心有人在泉眼和水井下毒，组织人员加以看守。政府和纳粹党的宣传机构让人们的担心进一步放大，于是希特勒可以在这个时候为所欲为，他非常镇定地充分利用这个机会。然而让人不能理解的是巴本和他的保守派伙伴竟然批准了一道将所有权力从他们手上夺走的法令，这道法令让纳粹主义革命冲破一切障碍，全面爆发。

起决定性作用的一个因素是保守派没有努力维护人身保护权。这个"可怕的漏洞"意味着从此以后国家将不会限制任何暴行。警察可以任意"实施逮捕，并无限期地延长拘留时间。他们可以不告诉被捕人员的亲属逮捕被捕人员的理由以及被捕人员将受到什么样的处置；他们可以阻止律师或其他人员探望被捕人员或者查看案卷……他们可以让囚犯从事沉重的劳动，只给囚犯提供最差的食物和住宿，强迫囚犯重复他们厌恶的口号或者强迫他们唱歌；他们可以拷打囚犯……法庭不会在卷宗里发现相关案件。即使法官通过非官方的渠道得知这些案件，法院也无权干预"。

同一天发布的还有一项"保护人民和国家"的紧急法令，外加一项"反对背叛德意志人民和叛国阴谋"的法令，事实证明，这为纳粹统治提供了具有决定性意义的法律基础，这无疑是第三帝国发布的最重要的法律。这道法令用永久性的紧急状态取代了立宪政府。有人一针见血地指出，为纳粹政权提供法律基础的是这道法令，而不是几周后通过的《授权法案》。这道法令在1945年之前一直有效；到1944年7月20日之前，这道法令一直为纳粹党开展迫害活动、实施极权恐怖主义和镇压德国抵抗活动提供合法的外衣。同时，这道法令的一个副作用是纳粹政权树立威信的前提是共产党制造了国会纵火案。后来的审判只能证明范·卢贝有罪，这绝对是纳粹政权的重大失败。国会纵火案的重要历史意义在于这些方面，而不在于犯罪的细节上。当伦敦《每日快讯》记者塞夫顿·德尔默问希特勒，德国国内反对派人士将要遭到屠杀的传言是否属实时，希特勒讥讽地回答道："亲爱的德尔默，我不需要圣巴托洛缪之夜。我们根据合法发布的法案委任了法官，他们会遵照法律审判国家的敌人，合法地处置他们，终止他们的阴谋。"2月28日的法令发布后的两周时间里，仅在普鲁士估计就有1万余人被捕。事情的进展让戈培尔欣喜若狂，他评论道："活着又变成了一件让人高兴的事！"

戈培尔宣布3月5日为选举日，这天将是"民族觉醒日"。所有群众集会现在都以此为目标。纳粹党的宣传活动势头猛烈，但几乎将他们的德国民族主义盟友彻底排除在外。其他党派受到追捕和恐吓，警察却冷眼旁观。到了选举日当天，纳粹党的敌对党派中共有51人死亡、数百人受伤；纳粹党有18人死亡。《人民观察报》将纳粹党的宣传和鼓动比做"重锤出击"，这个比喻相当恰当。

选举前夜，在柯尼斯堡举行了盛大的庆祝活动。希特勒发表演讲，他在演讲末尾向德国人民发出号令："现在再次骄傲地高昂起你们的头吧！在上帝仁慈的援助下……如今你们不再被奴役，不再被束缚；如今你们重获自由。"

但他们在 3 月 5 日晚选举结果公布的时候相当失望。有将近 89% 的选民参与了投票，纳粹党赢得 288 个席位，他们的民族主义盟友赢得 52 个席位，中央党派保住了他们的 73 个席位，社会民主党保住了自己的 120 个席位，共产党也只丢掉了 100 个席位中的 19 个席位。纳粹党只在德国南部的符腾堡州和巴伐利亚州取得了真正的胜利，因为他们之前在这两个州的代表人数低于全国的平均值。纳粹党赢得了 43.9% 的选票，距离他们希望获得的票数相差将近 40%。因此，希特勒至少仍然要在形式上依靠巴本和胡根贝格的支持，加上他们得到的选票，他就能确保 51.9% 的多数票，占据略微优势。希特勒是在戈林的公寓里听到投票结果的，他低声地抱怨说，只要兴登堡还活着，他们就摆脱不了"这伙人"，"这伙人"是指联盟中的民族主义盟友。但是戈培尔大声说道："现在数字有什么要紧？在帝国，在普鲁士，我们就是主宰。"

只想成功，只看表面，甚至把最严重的挫败当作胜利来庆祝，这是纳粹党夺权的方式，也是纳粹党的普遍心理。因此，纳粹党人虽然失望，但仍然假装选举结果是一次压倒性的胜利，并将这个臆想中的胜利当成完成一项历史使命的基础——他们要"对传播马克思主义的人实施裁决"。中央党派在选举之后立刻提出抗议，反对在公共建筑悬挂"卐"字旗。戈林傲慢地回答道，"大多数德国人民"已经在 3 月 5 日表明他们愿意对"卐"字旗效忠。他接着说："我的责任是满足大多数德国人民的意愿，而不是那部分显然无法看清时局的人的希望。"

在 3 月 7 日的内阁会议上，希特勒傲慢地宣布这次选举就是一场"革命"。在接下来的 4 天里，他采取了类似于政变的行动，夺取了各州的控制权。冲锋队队员们穿过大街小巷，包围政府机关，要求革除市长和警察局长的职务，解散州政府。在汉堡、不莱梅、吕贝克等自由市和黑森、巴登—符腾堡和萨克森等州，他们通过同样的行动迫使政府解散，为建立"民族主义"内阁扫清道路。

3 月 12 日上午，希特勒通过广播宣布废除魏玛共和国的黑红金三色旗，从此以后，黑白红三色旗和"卐"字旗将共同构成德国的标志。同时，为了庆祝民族主义力量的胜利，他下令让旗帜连续展示 3 天。他宣布现在"斗争的第一阶段"结束了，他还说，"各州政治的意愿已经与国家的意愿一体化了。"

事实上，一体化是纳粹革命的特有形式。希特勒脑海中的革命不是暴乱，是在指挥下制造混乱；不是无政府状态，是通过有秩序的暴力获取胜利。因此在说到群情激昂的冲锋队，在选举后立刻实施了恐怖行动时，他显然并不高兴。这些行动之所以让他感到不安，不是因为它们是暴力行动，而是因为它们不受控制。在萨克森州的开姆尼茨，两天内有 5 名共产党人遭到谋杀，社会民主党的一份报纸的主编遭到枪杀；在格莱维茨，一枚手榴弹被扔进一名中央党派代表的住所；在杜塞尔多夫，武装冲锋队队员强行闯入市长主持的一场会议，鞭打一名与会者；在德累斯顿，冲锋队打断了指挥家弗里茨·布施的一场音乐会；在基尔，他们杀死了一名社会民主党的律师。他们骚扰犹太人的企业，把纳粹党党徒从监狱里释放出来，占领银行，强迫在政治上与他们意见相左的官员解职。最初几个月里，估计有500-600人死亡，约有10万人被驱逐到集中营——弗里克在3月8日宣布建立集中营。

与以往一样，纳粹革命的动力是由交缠在一起的政治因素、私人怨恨和令人胆寒的算计构成的。从被害者的名单可以明显地看出这一点。在被谋杀的人中，除了诗人埃里希·米萨姆，还有演员经纪人罗特和他的夫人、把博克斯海姆文件交给当局的前纳粹党代表舍弗尔、职业巫师哈努森、1923年11月9日在贝格勒劳凯勒啤酒馆反对过希特勒的巴伐利亚警察局的洪格林格少校、前党卫军领导人埃哈德·海登和杀死霍斯特·威塞尔的阿里·赫勒。

然而当他的资产阶级盟友谴责"街头统治"日益增多的时候，希特勒装出一副犀利、受伤的腔调。他对巴本说，他实际上十分钦佩冲锋队和党卫军"惊人的自制力"。"坚决"要求巴本"从此以后不要再发出类似的抱怨了"。

不过希特勒在3月10日让冲锋队和党卫军"确保1933年的民族主义革命绝不要成为1918年的斯巴达克斯党同盟革命"。

冲锋队很不情愿地接受了这些限制。他们一直以为他们在掌权后就可以公开使用武力，无需对任何人做出解释了。事实上，他们施暴的部分目的是"还革命以本色"。多年来他们得到的承诺是，取得胜利后德国是属于他们的。

冲锋队的失望成了资产阶级的希望。资产阶级期待褐色卫队恢复秩序，而不是实施过激行为、杀戮、建造邪恶的集中营，让局面越来越恶化。因此当看到冲锋队开始拿着募捐箱四下奔走或者成群结队地参加教堂礼拜时，他们非常高兴。希特勒披上了温和的虚伪外衣——他是法律和秩序的守卫者，一直试图抑制积极的追随者们。这件虚伪的外衣对他在这段时期建立好名声来说是非常必要的。

另外，纳粹党的宣传铸就了"神奇的第二阶段"，这个阶段大幅推进了合法革命的进程。这就是"民族崛起"的阶段。它可以为纳粹党最厚颜无耻的行为提供伪装，为大量暴力行为提供掩护；另外，它还对仍被民族自卑情绪折磨着的德国提出了一个极具影响力的口号。通过对语言的这种创造性运用，纳粹党实现了他们的目标，麻痹了一大批公众，上至内阁的保守派同僚，下至普通的资产阶级。他们没有遭到任何抵抗。相反，他们的掌权被认为是"超党派"的突破，受到了一致的欢呼。

这种思维模式和情感模式在整个德国盛行开来，而且自此之后没人能摆脱这种模式。在这种模式中占据中心位置的是"人民总理"的概念，这个概念是宣传部门创造出来的，"人民总理"远离党派纷争、不掺杂丝毫私人利益、只关心法制和国家利益。戈培尔亲自负责建立和培育这个形象。3月13日，兴登堡签署了一项议案，任命戈培尔为国民启蒙和宣传部部长，这个职位一开始就是为戈培尔度身定制的，不过由于联盟中其他盟友需要时间考虑，任命的事情一直拖延到现在。建立宣传部后，希特勒开始任意践踏不改变内阁构成的承诺。

希特勒必须向内阁其他成员说明建立这个新部门的必要性。十分讽刺的是，他提出的都是相当无稽的理由。例如，他指出需要让人民了解石油和油脂能做什么。然而他的解释被毫无异议地接受了。希特勒的老练和魅力得到了充分证实，经过了几周时间，保守派已经完全忘记了"驯服"希特勒的打算。巴本表现出的是卑躬屈膝的配合；布隆贝格在希特勒的魔力之下很轻易地屈服了；胡根贝格低声嘀咕了几句，但也只是如此而已。其他人几乎可以忽略不计。

共产党代表和社会民主党代表受到恐吓，其中很多人遭到逮捕，与此同时，希特勒极为招摇地拉拢资本主义党派。他在这个时期摆出的民族主义姿态、宣扬的基督教道德、对传统的致敬以及他表现出的文明有礼、政治家气度和克制容忍都是他的伪装。在波茨坦日，他对资产阶级的拉拢达到了顶峰。

这天也是对新上任的宣传部长的第一次考验，戈培尔出色地通过了考验。就像之前宣布3月5日的选举日为"民族觉醒日"一样，现在他宣布3月21日为"民族崛起日"，第三帝国的第一次国会会议将在这天召开。这项神圣的国家职能将在波茨坦驻军教堂、在腓特烈大帝墓前实施，这也标志着国会的开幕。

戈培尔亲自导演仪式的每个阶段，所有细节都经过了希特勒的批准认可。仪式场面看起来气势宏大、非常感人——秩序井然的行进队伍，手捧鲜花站在路边的孩子，鸣放的礼炮，参加过1864年、1866年、1871年战争的白胡子老兵的身影，展示武器的部队，管风琴演奏的乐曲——精确紧凑的安排和肆意流淌的情感强行交织在一起，所有这一切都是由冷静的计划和追求戏剧效果的冲动创造出来的。

值得注意的是，这天的庆典是从在新教教堂尼古拉教堂内进行礼拜开始的。10点刚过，第一批从柏林赶来的车队缓缓驶过挤满人群的街道，车上坐着兴登堡、戈林、巴本、弗里克、国会代表、冲锋队头领、将军——新老德国人集聚一堂。沿路的建筑物正面悬挂着花环和鲜艳的挂毯；到处都悬挂着彩旗，黑白红三色旗和"卐"字旗交替出现，显眼地象征着新秩序。兴登堡身穿从前的陆军元帅服走进教堂——与黑色燕尾服相比，他现在越来越喜欢军装。中央党派代表在圣彼得与圣保罗教堂参加了天主教礼拜。"因为天主教主教不友好的态度"，希特勒和戈培尔没有参加。没有参加这个"庆祝国家统一的人民庆典"的人之中还包括共产党人和社会民主党人，其中一些人被关在集中营里。弗里克在3月14日厚颜地宣布，他们留在集中营是因为"集中营里的……紧急且更有益的工作"。

快到 12 点的时候，兴登堡和希特勒在驻军教堂的台阶上会合并互相握手，后来这幅画面被印在了上百万张明信片和海报上。这象征着国家对和谐一致的渴望。兴登堡的讲话很简短。他指出他和人民对新政权有信心，因此"新政权的运行是有宪法基础的"。他呼吁代表支持政府渡过难关，祈求"这座圣殿的古老精神"抵制"自私和党派冲突……祈求上帝为团结一心、自由骄傲的德国赐福"。希特勒的讲话同样温和，而且让人深感肃穆。他回顾了德意志民族的兴衰，随后表示他相信德意志民族的历史和文化传统是德意志民族生存下去的"永恒基础"。他为兴登堡献上了一番激动人心的颂词，他说是兴登堡的"勇敢决定"让"老一辈的丰功伟绩和新一辈的力量"结合在一起，随后他请求上帝"赐予我们在这个神圣的地方感受到的勇气和坚韧。"

这些场景对代表、士兵、外交使节、外国观察员和民众等所有参与仪式的人都产生了极大的影响。事实证明，这个波茨坦日确实是历史的转折点。

"波茨坦这幕动情的闹剧"似乎表明激进的纳粹领袖终于落入了民族主义保守派的陷阱。年轻、轻信、恭敬的希特勒向以兴登堡为代表的传统势力低头致敬。只有极少数参与仪式的人没有完全上当。很多曾经在 3 月 5 日投票反对希特勒的人现在显然开始动摇了。

两天后，新政权和希特勒展现出了不同的一面。3 月 23 日下午 2 点左右，国会在临时驻地克罗尔歌剧院召开会议。党卫军部队负责这栋建筑的警戒任务——这是党卫军首次承担重要的公共职能。歌剧院内站着成排的身穿褐色衬衫的冲锋队队员。在内阁成员和国会官员就座的舞台后方挂着一面巨大的"卐"字旗。

会议开始，戈林带头发表讲话，随后同样身穿褐色衬衫的希特勒走上讲台，发表他的第一篇国会演讲。他在演讲的开头再次全面回顾了 1918 年 11 月之后的这段黑暗时期以及德国陷入的困苦和危难。随后他概括地介绍了政府的计划。他接着说道：

> 为了让政府能够执行我拟定的任务，纳粹党和德国民族主义党提交了《授权法案》……如果政府的每项措施都需要和国会协商并请求国会同意，则有违民族崛起的本意并且会妨碍原定目标的实现。政府提出这项请求没有任何废除国会的意思，相反，国会在将来仍保有随时了解政府措施的权力……政府只打算在实施极为必要的措施时才动用该法案。国会和参议会的存在都不会受到威胁；总统的地位和权力也不会受到影响……各州将继续存在……

尽管有这么多安定人心的保证，但《授权法案》的 5 个条款实际上"彻底粉碎了德国宪法的根本"。第一条把立法权从国会转移给政府；第二条赋予政府修改宪法的权力；第三条将总统起草法律的权力转移给总理；第四条规定在与外国签订条约时该法案也适用；第五条限制该法案的有效期为 4 年，并且在本届政府任期内有效。然后希特勒语气一转，在演讲末尾发出战争的挑战：

> 既然绝大多数人支持政府，那么肯定只有极少数情况需要诉诸于该法案。但政府担负着民族崛起任务，因此反而更加主张通过该法案。政府需要在所有情况下都拥有绝对的决定权。政府为国会各党派提供了让德国和平发展的机会，以及将由此产生的和谐氛围。但政府已经下定决心，也准备好迎接一切拒绝的声音，政府将把拒绝的声音视为反对的表示。代表们，你们必须做出决定，是要和平还是要战争。

代表们像是在对他们未来的角色进行预演，他们对希特勒的演讲报以热烈的掌声，只有极少数可敬的人例外。随后所有与会人员站起来高唱《德意志高于一切》。到处都是冲锋队和党卫军的卫兵，整个会场像是被包围了，各党派议会代表在这样的氛围下退场，在 3 个小时的休会时间里各自进行商议。在歌剧院外，希特勒手下身穿制服的士兵们开始高喊："我们需要《授权法案》——否则麻烦就大了。"

一切都取决于中央党派的表现。如果他们投赞成票，政府就会得到修宪所需的多数票。希特勒在和中央党派领袖卡斯谈判的时候给出了诸多保证。最重要的一条是他承诺签署一份协定。他还表示会写一封信，"撤销国会纵火案法令中损害公民和政治自由权的内容"，以此"作为对中央党派投赞成票的报答"；他还会在这封信里保证该法令只会在特定情况下使用。胡根贝格和布吕宁在 3 月 21 日晚召开会议，同意只要有保证公民和政治自由权的条款，中央党派就会投赞成票。会议决定德国民族主义党的国会代表将提出由布吕宁拟定的动议。

但是在休会期间，布吕宁得知德国民族主义党的国会代表对预先计划的动议提出了反对意见，他们将不会提出该动议。左右为难的局面又一次出现，中央党派的国会代表开始考虑该怎么办。大多数人主张投赞成票，但布吕宁对这种做法表示强烈反对。他大喊道，宁可荣耀地倒下，也不能卑劣地苟活。但是最后大家还是同意投票支持大多数人的意见。

一直到休会结束，他们还是没有收到希特勒承诺的那封信。在布吕宁的强烈要求下，卡斯去见希特勒。卡斯回来后说，希特勒解释说信已经签署完毕并交到了内政部，将由内政部转送给国会；信会在投票的时候送到。

与此同时，社会民主党主席奥托·威尔斯沉默地走上讲台。在解释社会民主党代表拒绝支持该法案的理由时，他最后一次公开宣称他们对民主的信念。对于希特勒之前关于外交政策的声明，他说社会民主党也一直认为德国和其他国家是平等的，反对任何有损德国荣誉的行为。但是他表示不设防不意味着没有荣誉。国内政策和国外政策都是如此。选举让执政党得到了多数票，让他们有机会依照宪法管理国家。因为有机会，所以也有义务。批评是有益的，对提出批评的人加以迫害没有任何好处。他在演讲的最后呼吁人民的正义感并向他的朋友和受到迫害的人们致意。

希特勒被这番温和、威严的反驳激怒了。他用力推开想要拦住他的巴本，第二次登上讲台。他在发言的开头直指社会民主党的领袖："您来晚了，但您还是来了！①代表先生，您刚刚在这里提出的这些动人的理论现在才传达给世界历史有点太晚了。"希特勒越来越激动，他称社会民主党没有民族荣誉感，没有正义感。在随后的发言中他越来越激情洋溢，他的讲话屡次被热烈的掌声打断：

> 您谈到迫害。我想这里只有少数人没有在你们的监狱中受过迫害……您似乎完全忘记了，多年以来，因为不喜欢我们衬衣的颜色，你们不断把它们从我们身上撕掉……我们已经强大起来了，不会再受你们的迫害！
>
> 您还说批评是有益的。在这件事上，您的洞见确实来得太晚了，代表先生，您应该在我们还是反对党的时候就认识到批评的好处……在那段时间里，我们的报刊连续数年屡次遭禁，我们不能集会，我们被禁止发言，我被禁止发言，可现在您说：批评是有益的！

希特勒最后转身面对社会民主党代表高喊：

> 我的感觉是，你们不支持这项法案是因为按照你们的心理特质，你们是无法理解我们要求实施该法案的意图的……我只能告诉你们：我不需要你们投票支持这项法案！德国应该获得自由，但不是通过你们！

备忘录记录道，在希特勒说完了这些话后，"纳粹党代表的席位上和旁观席上的汹涌的欢呼声和热烈的掌声持续了很久。德国民族主义党代表的席位上也有掌声。暴风雨般的热烈掌声和欢呼声反复响起。"

人们普遍认为希特勒的这篇回应讲话证明他拥有非凡的即兴演讲才能。但我们有必要知道，奥托·威尔斯的演讲事先已经在报纸上发表过了，显然希特勒熟读过他的这篇演讲。

希特勒发言后的热烈掌声渐渐平息下来，其他党派的代表上台发言，他们接连说明

----

① 引自席勒的戏剧作品《皮柯洛米尼父子》，第一幕第一场。

了自己投赞成票的理由。法案必须经过三读，但这个程序只花了几分钟时间。投票结果是 441 票对 94 票，同一天晚上，参议会全票通过该法案。而希特勒承诺的那封信没有送到任何中央党派成员的手上。

《授权法案》通过后，国会再也没有在德国政治中起到任何积极作用，政府赢得了无限的行动自由。如果说 2 月 28 日的法令代表魏玛共和国在现实中的衰落，那么《授权法案》就意味着魏玛共和国在精神上的崩塌。

夺权道路的第一阶段以《授权法案》的通过告终。这部法案让希特勒不用再依赖他的保守派盟友。法案本身也让其他派别再也没有机会用有组织的权力斗争反对新政权。

希特勒实际上只用了不到 3 个月的时间就战胜了他的盟友，并几乎把所有反对势力都将死了。要知道，意大利的墨索里尼花了 7 年时间才积累了同样多的权力，由此可见希特勒的夺权过程是多么的迅速。希特勒果断坚决，具有政治家的气质，这些特质从一开始就给兴登堡留下了很深的印象，很快兴登堡就打消了之前的疑虑。现在国会的投票结果让他进一步转变态度。年迈的兴登堡冷酷无情、只考虑自己，他完全无视很多从前的支持者受到的迫害。兴登堡觉得他终于又站在了正确的阵营当中。

希特勒被任命为总理两天后，鲁登道夫就给兴登堡写信，谴责他"把国家交给了有史以来最蛊惑民心的政客之一"。但兴登堡似乎对自己的决定很满意，他已经"越过了那道障碍，他在相当长的一段时间都会心安理得地度过"。他打算从政府事务中解脱出来，为此他让国务卿梅斯内尔在讨论《授权法案》的内阁会议上说，《授权法案》中有关在法律颁布时需要总统合作的规定"没有必要"。他很高兴卸下长期以来一直压在他身上的重担。

巴本坚决要求参加总统和总理之间的一切会议，但他的要求很快遭到了拒绝。兴登堡亲自要求巴本"不要无礼地对待"希特勒。当巴伐利亚州长赫尔德到总统官邸抗议纳粹的恐怖主义行为和违反宪法的行为时，兴登堡让他去跟希特勒本人说。戈培尔写道，在内阁里，"元首的权威现在已经完全建立起来了。不会再有投票了，元首具有绝对的决定权。一切进行得如此迅速，这是我们没想到的。"

目前，纳粹的口号和公开挑衅几乎全都指向马克思主义者，但矛头也同样瞄准政府内的德国国民党盟友。巴本、胡根贝格和他们的部下目光短浅，满腔热情地打击左派，他们完全没有注意到，如果左派被消灭，希特勒也将掌握对他们进行清算的手段。

但是希特勒从《授权法案》中得到的好处，并不仅仅是收获了对付左派和右派的杠杆。凭借这部法案，整个政府官僚机构都处在了希特勒的支配之下，其中包括司法机构，这对他的长期计划来说是必不可少的。该法案让官僚们的良心和安全感得到了满足。大多数政府官员高兴地发现这次革命具有了合法性，尽管仍有很多单独的违法行为发生，但跟 1918 年的混乱状态比起来还是好多了。他们愿意因为这种合法性而合作，这个合作的理由甚至比行政机关的反民主传统还有力。政府还颁布了另一道特殊法令，根据该法令，那些不合作的公务人员将会受到惩罚，而且抵抗行为将等同于违法行为。

至今为止仍然有人认为德国的议会制共和国是逐渐转变成极权主义的独裁统治的，其间没有明显的突变。但对所有事实的研究显示，在合法革命的过程中革命元素远远超过合法元素。打个比方，这就像在舞台幕布没有放下时改换了场景，这个漂亮的花招蒙骗了大众。但是真正戏剧化的地方在于《授权法案》保证纳粹党的革命夺权。根据该法案自身的规定，法案的有效期在 1937 年、1941 年和 1943 年延长了三次。但该法案仍然属于紧急状态下颁布的紧急措施。政权本身的言论也无意隐瞒法案的革命意图。即使在有关《授权法案》的讲话中，希特勒也常常提到"民族革命"，他本可以使用"民族崛起"这个更安全的委婉说法。两周后，戈林在一次演讲中直接用"纳粹主义革命"的概念取代了"民族崛起"的说法。

在几周时间里，各州中央集权的一体化过程完成了。《授权法案》和一体化过程一前一后彻底消灭了所有政治团体和社团。随后纳粹党把矛头转向工会。在 3 月初，工会已经暴露出了他们的慌张和软弱。他们似乎认为他们靠一系列和解姿态就能避免即将到来的灭顶之灾。尽管全国各地有越来越多的工会领袖遭到骚扰和逮捕，而且冲锋队正准备对地方工会的办公场所实施一系列突袭，但劳工联合会执行委员会还是在 3 月 20 日发表了一份向希特勒表忠心的声明。声明表示，"不论政权性质如何"，工会从事的纯粹是社会工作。希特勒实现了工人运动从前提出的一项要求，宣布 5 月 1 日是全国劳动节，工会领导层号召民众参与游行。参与游行的工人们不是滋味地听着纳粹官员的演讲，还被迫鼓掌。5 月 2 日，冲锋队和党卫军占领了全国各地的工会总部，逮捕了工会领袖，并把他们之中的大部分人送进了集中营。工会脸面尽失地走入覆灭。

社会民主党也是以波澜不惊的方式走入终结的。从 1 月 30 日起，社会民主党一直高举已经被纳粹党破坏的宪法，社会民主党成员不断承诺社会民主党绝不会背离宪法的坚实基础。他们坚持认为纳粹主义是"保守势力的最后一张牌"，按照历史决定论的规律，纳粹主义是绝不会取得胜利的。因此，社会民主党领导层用"有备无患"的口号作为他们不采取行动的理由。党内的很多下级机构极力主张采取行动，但领导层的消极态度严重影响了他们的士气。

5 月 10 日，根据戈林的命令，社会民主党和帝国旗帜的所有总部、报纸和资产都被没收，他们没有表现出一丝抵抗的迹象。社会民主党领导层内部出现了严重分歧，求和派占了上风，他们认为他们可以通过安抚策略迫使政府克制其行为。社会民主党的国会代表也有同样的逻辑，他们决定支持希特勒在 5 月 17 日发表的有关外交政策的声明，不过他们会在一个独立的特殊声明中表达他们的支持。但这样的立场对希特勒来说太微不足道了，他已经决定彻底消灭社会民主党了。弗里克威胁说要杀死关押在集中营内的社会民主党党员，于是社会民主党急忙无条件地对政府的声明投了赞成票。6月22日，社会民主党最终被取缔，其国会席位也被废除。

其他所有政治团体现在同样也被"一体化"了——被吸入"一体化"的漩涡之中。报纸几乎每天都在报道整肃清算或自愿解散的消息。钢盔党和德国民族主义党的民兵队率先解散（6月21日），接下来是余下的所有雇主和雇员组织（6月22日）；然后是德国国家人民党，虽然该党是纳粹党在民族崛起运动中的同盟军，但他们也没能保住生存下去的权利，国家人民党党员搞不懂，长久以来一直是他们带着猎狗追捕兔子，可是为什么现在他们必须和兔子一起逃跑；接下来解散的是国家党（6月28日）、德意志民族阵线（6月28日）、中央联盟（7月1日）、德意志青年会（7月3日）、巴伐利亚人民党（7月4日）、德国人民党（7月4日）；最后中央党派也解散了——纳粹党首先通过谈判巧妙地使其麻痹，然后迫使其屈服（7月5日）。

政治和议会团体解散的同时，各类工业、商业、手工业和农业协会也被"一体化"了，然而没有任何一个团体表现出抵抗举动。

6月27日，胡根贝格被迫辞职，可是他的保守派朋友全部袖手旁观。胡根贝格在帝国和普鲁士都担任了内阁职务，现在这些职务被空了出来。两天后，希特勒任命安联保险公司总经理库尔特·施密特为经济部长，瓦尔特·达雷为食品和农业部长。同时，他下令赋予"副元首"鲁道夫·黑斯参与内阁会议的永久权利。4月，老兵组织的领袖弗朗兹·塞尔特加入了纳粹党，这意味着内阁中纳粹党与德国民族主义党的人数比例几乎倒转过来（8比5）。由于德国民族主义党的部长们不再有党派力量的支持，他们基本上沦为没有任何政治影响力的纯业务人员。7月14日，政府又颁发了一系列法令，进一步巩固了已经获得的权力。其中最重要的一项法令是宣布纳粹党为唯一合法的政党。

事实上，各种政党和组织纷纷不光彩地垮台，这昭示着德国正在从本质上告别魏玛共和国。人们在希特勒进入政府时隐约感觉到会出现巨大的变革，这是一种满怀希望的期待，现在这种感觉正俘获越来越多的民众。希特勒已经迅速从蛊惑民心的政客转变成受人尊重的政治家。很快越来越多的人希望加入胜利者的行列，只有极少数人还在抗拒这种渴望，他们的人数越来越少而且显然正在遭到孤立。他们隐藏了自己的苦涩和厌恶。过去已不在。未来似乎是属于纳粹政府的，他们拥有越来越多的追随者，受到各地人民的欢呼，而且突然间振振有词起来。从属于左派的库尔特·图霍尔斯基仓促辞职，他写道："你是抵挡不了大海的。"

宿命论情绪和文化界人士的辞职加速了纳粹主义的成功。只有极少数人能够抵抗得住纳粹主义胜利事业的滚滚洪流。人们并不是没有注意到恐怖主义和不公正的行为，但越来越多的人开始偏向看上去占了上风的一边。纳粹政权已经征服了权力，现在准备征服人民了。

第二章　通往元首制国家之路

我做总理不是为了违反 14 年来我一直倡导的理念。
——阿道夫·希特勒，1933 年 11 月 1 日

　　在夺权的第一阶段过渡到第二阶段时没有出现任何停顿，也没有出现任何失去控制的迹象。1933 年夏，民主立宪的议会制国家还没有彻底终结，就已经开始被打造成极权主义的元首制国家了。7 月 9 日，希特勒在向冲锋队简要介绍未来的工作时说："我们拥有权力，如今没人能反抗我们。但是现在我们必须让德国人了解这个新的国家。我们即将实施一个庞大的计划。"

　　希特勒对建立单纯的专制并不感兴趣。通过研究历史，尤其是研究他所处时代的历史，他明白掌握具体的权力控制工具并不足以保证政权的持久。只有"堪比俄国大革命"那样的社会变革才能产生实现这个目标所需的庞大推动力。

　　和以往一样，他主要还是从心理角度和宣传角度思考如何完成这个任务。他从来不曾像这次这样对民众感到如此依赖，他焦急地关注着民众的反应。他担心民众反复无常，这并不是因为他正处在民主时代的初期，而是因为他个人渴望得到认同和喝彩。他表示："我不是独裁者，而且也永远不会成为独裁者。"然后他又相当轻蔑地表示："如果独裁，连小丑都可以统治国家。"他承认他废除了民主选举的原则，但这绝不意味着他可以为所欲为；严格地说，独裁统治是不存在的，表达"公共意志"有很多不同的方式。他向听众们郑重承诺："民主在议会制度下已经衰落了，纳粹主义才会真正实现民主……我们已经废除了过时的制度，因为它们对全体民众不再有利，因为它们带来无所事事的闲聊，带来厚颜无耻的欺骗。"

　　对节奏的适当把握是构成希特勒敏锐的战术意识的一部分。1933 年的初夏紧张而忙碌，他不止一次担心时局可能会脱离他的控制。在这段时间里，他多次在演讲中告诫他的追随者要有耐心。和他的追随者们不同，他没有被激动人心的成功冲昏头脑，他时刻准备让情绪服从于下一步的权力目标。因此在经历了最初的几个月后，他强烈反对更进一步地占据政府机构。本能告诉他要放慢脚步。纳粹党在多年的等待中建立了影子政府，影子政府的部门首脑们恐怕要再多等些时候了。

希特勒拒绝将政府移交给纳粹党是基于两点考虑。如果他表现得紧张不安，就能在人民中间制造出一种他正在治愈国家伤痛的感觉，这样他的地位就会更加牢固。希特勒在 1933 年夏天反复警告他的追随者，"要进行多年的准备，为很长的时间跨度做打算"。他对他们说，如果教条地匆忙行事，到处张望，看是否还有什么别的可以革命的，那么他们将什么也得不到，他们必须"谨慎行事"。

另一方面，他开始把政府当作牵制纳粹党的工具。这里牵涉到了权术的问题。他在党内一直鼓励各机构和下级领导之间互相竞争，这样他就能高踞他们的分歧和争吵之上，让他的无上权威更加无人质疑，因此现在他在一个更加复杂、更加不择手段的游戏里把不同的政府执行部门作为筹码，这样他就可以进一步加强自己的控制。随着时间的推移，他甚至增加了这些部门的数量。有两个秘书处接受他的独立支配，在兴登堡死后则增加到三个：汉斯·拉默斯博士领导下的帝国秘书处，黑斯和鲍曼领导下的元首秘书处，最后一个是梅斯内尔领导下的总统秘书处，梅斯内尔在艾伯特和兴登堡死后继续留任国务卿。外交政策、教育、新闻、艺术、经济等每个领域内都分别有三四个力量相当的部门相互厮杀，战争的硝烟一直持续到纳粹政权终结的时候，这种游击战式的领地之争甚至渗透到了最底层的官僚机构。1942 年，除了 58 个帝国最高委员会，还有很多政府管辖之外的办公署，他们下达相互交错的命令。可以说第三帝国处在独裁统治下的无政府状态中，这个说法是有一定的合理性的。内阁部长、专员、特使、党内机构官员、行政官员、地方长官，他们中很多人的职责故意被界定得很模糊，这样相互制约的权力之间就形成了一个解不开的结，而希特勒实际上主宰着一切，他可以独自监控、平衡和支配一切。

人们普遍认为独裁制度在执行方面会表现得更为果断、更有力度，事实上比起其他政府组织形式来，独裁体制中的混乱状况更加普遍。纷乱的"命令"很大程度上是为了隐藏故意制造出来的混乱。党卫军头目瓦尔特·施伦伯格在战争期间抱怨说，命令至少要下达两次，而且部门之间不断进行无谓的竞争。希特勒用他非常喜爱的伪科学术语对这类重复进行辩护："必须允许人们产生相互的摩擦，摩擦会产生热情，而热情就是能量。"但是希特勒的真正发现是这样的摩擦有助于消耗能量，否则这些能量可能对他造成威胁。

希特勒并没有把政府作为战利品移交给纳粹党，这让他的追随者非常失望。尽管他们拥有很多思想上的推动力，但支撑他们行动最重要的推动力仍然是物质动力。600 万或更多失业者代表着革命能量的一个庞大来源：这些人渴望工作，渴望得到战利品，希望迅速就业。纳粹党的胜利只让人数很少的官员阶层进入立法机构和市政厅，让部分人顶替了被解职官员的职位。现在那些双手空空、仍然怀着前些年那种反资本主义情绪的人们开始挤进规模更大而且有利可图的贸易和工业领域。早年加入纳粹党的"老战士们"希望成为经理、商会主席、董事，或者凭借武力威胁或勒索成为合伙人。他们庞大的野心使得时局显现出了大变革的倾向。

希特勒意识到需要抑制这些不受控制的激进能量。他在 7 月初发表了三次演讲，目的就是为了给这股变革的热情踩刹车。他说，"要将释放出来的革命洪流引导到安全演变的河床中去"，这一点决定了一切。然而他也需要给这股洪流提供更大的推动力。当前凝滞不前的状态同样也很危险。因为要求变革的热情过高，或者因为不停地有新成员加入，这个拥有数百万人的党派会让其难以操纵，情况可能很容易就将陷入停滞。因此，希特勒一方面仍旧号召他的追随者保持自律，一方面也担心出现"资产阶级化"的趋势。3 个月内有 150 万人加入纳粹党，这让 85 万"老同志"成了少数派。希特勒在这个时候下令停止接纳新人入党。为了昭示天下，他还大张旗鼓地将一些党员开除出党，原因是这些人没有经过批准就袭击了商会和商号。一些人被送进集中营，以儆效尤。

在既要推进革命又要让革命保持稳定、既要控制革命又要让革命更进一步的双重目标下，希特勒再次遵循了他的屡试不爽的座右铭："只要能让群众不再无动于衷，我就能引导群众，"他说，"只有狂热的群众才有可塑性。冷漠、迟钝的群众对任何社会都是最大的威胁。"

唤醒大众，"使他们成为实施政策的工具"，这件事现在成了重中之重。在国会纵火案时激起人们对共产主义的恐惧、游行、募捐、制造新的词义、推行领袖崇拜，简而言之，希特勒巧妙地利用欺骗和恐怖主义让国民按照政府设置的单一模式思考。值得注意的是，就在这个实验看起来即将取得成功的时候，长久以来一直被压抑的偏执思想又再次抬头。犹太人作为罪恶的本源和永久的威胁再次成为公众关注的焦点。

早在 1933 年 3 月冲锋队就按照命令实施了第一次反犹太人的暴力行动。其他国家提出强烈抗议，戈培尔和尤利乌斯·施特切尔劝希特勒公开施加更大的压力，钳制批评言论。他们本来希望让希特勒允许他的追随者以犹太商号以及犹太老板、律师和官员为目标上演一场恐怖的狂欢，希特勒没有同意，不过他下令进行为期一天的联合抵制。4 月 1 日，星期六，冲锋队的武装部队守在犹太人企业和犹太人办公室的门口，向来访者和顾客大喊，让他们不要进入。商店橱窗上贴着号召支持联合抵制的海报，上面写着："日耳曼人，不要在犹太人的商店里买东西！"还有一些海报上的语言很简洁："犹太人滚出去！"但是此时对秩序的崇尚开始让德国人反对政府的行为。政府的这次行动看起来过于专制而且非常无耻，行动并没有达到预期的效果。后来一篇关于德国西部民众情绪的报道称，民众"倾向于同情犹太人……犹太商号的销售额，特别是在乡村地区，没有丝毫下降。"

于是政府采取了一系列措施，用较不显眼的方式将犹太人从公共生活中驱逐了出去，迫使犹太人失去了自己的社会地位，没过多久，犹太人也失去了自己的商业地位。

实现"德国的团结统一"意味着要不断将真正的国民和犹太人等国民区分开来，但更重要的是需要赢得国民的掌声。联合抵制的失败让希特勒明白，在这个问题上，公众的态度不可能那么容易转变。但是如果说事实证明4月1日让大众产生了负面情绪，那么5月1日劳动节和10月1日农民节都获得了巨大的成功。

5月1日上午，包括工人、政府官员、管理人员、手工艺人、教授、影星、职员等在内的150万各阶层人民在柏林列队游行。希特勒在前一天晚上召集起了这支队伍，他对他们承诺将消除所有阶级差异，他还宣布将建立由全体"体力劳动者和脑力劳动者"组成的人民共同体。可以肯定的是，他的战斗口号采用了一种传教士的语气，这种模仿几乎显得有些滑稽："我们希望积极行动，希望彼此像兄弟般一同工作、和睦相处，希望共同奋斗，这样终有一天，我们可以站在上帝面前，我们会有权请求他：主，您看，我们已经改变了；日耳曼民族不再是耻辱的民族，不再是羞愧的民族，不再是自我伤害的民族，不再是怯懦胆小、没有信念的民族；不，主，日耳曼民族已经再次建立起坚强的精神、坚强的意志，能够坚强地坚持下去，坚强地承受一切牺牲。主，我们不会背离您，现在请您为我们的斗争祈祷吧。"

这些带有宗教色彩的训导和所有仪式性的活动产生了作用，它们让很多德国人恢复了他们丢失的归属感和集体主义同志情谊。

希特勒有一种激发历史狂热感的能力。他有很多出色的即兴演讲，特别是在这个时期。然而仅仅一天后，突袭工会就暴露出了希特勒惯用的两手准备的另一面。同样，在5月10日，"艺术政治家阿道夫·希特勒"领导下的政权一边还谈论着有关新奥古斯都时代的话题，一边却公然实施敌视知识分子的野蛮行径——焚烧书籍。在冲锋队和党卫军乐队演奏的"爱国乐曲"伴奏下，在火把游行和所谓的"火诫"后，将近2万部"反德作品"在大学城的公共广场上焚毁。

纳粹党最初实施的控制国民心理的措施往往漫无目的、杂乱无章，但它们很快就形成了体系，而且也有了管理框架。约瑟夫·戈培尔在争夺这件政府利器控制权的隐蔽斗争中赢得了胜利。他的宣传部很快控制了整个知识文化界。宣传部分成了宣传、广播、新闻、电影、戏剧、音乐和美术等7个部门。宣传部还建立了帝国文化协会，它也有7个独立的分支，囊括了从事艺术和宣传活动的各类人员。这些文化组织的目的是让其成员政治化并对其成员进行监督。如果一个人不允许入会或者被开除会籍，意味着这个人将被禁止从事他的专业或职业。警察很快根据很多指控告发开展调查，追踪非法艺术家的作品，或者通过检查确保黑名单上的作品没有违规出现。1933年12月，至少21个部门总共禁止出版了1000多部书籍和部分作家的完成作品，其中部分部门之间是相互竞争的关系。到第二年，被禁出版物已经超过了4000种。同时，身为纳粹帝国宣传部长的戈培尔在全国范围内铺开了一个密集的宣传办事机构网络——办事机构的总数达到41个。这些办事机构在几年后都被升级成了联邦办公署。

1933年春，对广播业的"一体化"大体完成，相关工作人员和主题都被"一体化"了。报业紧随其后。德国约有3000种报纸。很多报纸（主要是地方报纸）在国家施加的经济压力下垮掉了；有些报纸被没收了；只有少数大报被留了下来，因为它们的声望可以让它们变成有用的工具；其中一些报纸，比如《法兰克福报》，到战争年代都还一直存在。不过纳粹党还在夺权的最初阶段就已经开始对这些报纸实施严格的限制了。每天的帝国新闻发布会上都会发布大批指令和"语言限制"，它们对报纸形成了严格的政治控制，让报纸失去了一切字里行间的自由。

纵观全景，我们必须承认，文化界对"一体化"过程没有进行任何抵抗。文化界没有出现一丝有效反抗的迹象。只有基督教新教教会集体抵制纳粹党对他们权力的公然剥夺，不过抵制的代价是他们遭到了解体。天主教的主教们一直用一系列战斗檄文抨击纳粹主义，而且公开谴责纳粹主义，但他们的抵抗意志被政教协约谈判削弱了。先在下层让"人民自发地表达自己的意志"，再由上层实施行政行为，二者相结合的方法被证明非常有效，大学里涌现出来的微弱反抗很快就被这种办法压制下去了。

常有人说，事实证明高级军官或大企业是德国反纳粹力量里最薄弱的一环，但当联想到纳粹政权如此迅速、轻易地制服了知识分子、教授、艺术家和作家以及大学和学院时，这种观点就有些值得商榷了。各地只出现了零星的反抗行动。在最初的几个月，当纳粹政权还在追求认同和虚名的时候，就有大批人不请自来，向纳粹政权表忠心。先是在3月初，后来是在5月，几百名各种政治派别的大学老师公开表示愿意效忠希特勒和新政权。在"德国作家对人民总理阿道夫·希特勒的效忠誓言书"上有鲁道夫·宾丁、瓦尔特·莫罗、约瑟夫·蓬藤等显赫的签名；另一份类似的文件上有名医费迪南德·绍尔布鲁赫、哲学家马丁·海德格尔等名人的签名。

然而在纳粹统治的最初几周里也有250名知名作家和教授离开了德国。其他不少作家和教授受到骚扰或遭到解职，要不就是意识到自己的情况岌岌可危。内政部长宣布把一个又一个作家和学者驱逐出境，其中包括利翁·福伊希特万格、阿尔弗雷德·克尔、海因里希·曼、特奥多尔·普利维埃、安娜·爱因斯坦。然而留下来的人却对被驱逐者的悲惨遭遇漠不关心，他们并不介意在学校里或宴会上占据被驱逐者的位置。

一些人受到纳粹政权邀请，听任其安排，其中包括作曲家理查德·施特劳斯、指挥家威廉·富尔特文格勒、演员维尔纳·克劳斯和古斯塔夫·格林德根斯。这种行为当然不能全然归结为懦弱或机会主义。很多人陷入了民族崛起的情感冲动之中，他们渴望加入集体之中，渴望让自己"一体化"。还有一些人认为他们的使命是在被称为国家社会主义的"伟大的理想主义人民运动"中加强正面的力量，"向纳粹党人说明他们模糊笼统的斗争中究竟包含了哪些内涵，从而创造一个'更好'的纳粹主义"。

但如果没有考虑到这个时代的主导情绪，我们对这个现象的理解就只能是片面的。希特勒大张旗鼓地反知识分子，然而他的运动却在作家、教授和知识分子那里大获成功，他是如何获得成功的？这个问题一直没有定论。不过这个问题在某种程度上可以从这个时代的反知识分子潮流的角度回答。甚至哲学家马克斯·舍勒也在某种程度上认同这一时期的非理性倾向——尽管他表明他并不赞成当时非常流行的贬低知识分子的做法。他在近20世纪末的一次演讲中提到，"在新纪元里，人们系统、本能地反抗……我们父辈过于夸张的理智"，他将这种反抗称为"治愈过程"。希特勒的运动被普遍视为这个治愈过程的政治形式。当然，纳粹主义在政治层面上包含所有逃避现实的伪宗教倾向、对文明的憎恨以及这个时期非常普遍的对知识分子的反感。这就能解释为什么纳粹主义对众多知识分子具有强大的吸引力。这些知识分子被孤立于自己的学科之中，渴望与群众结交，渴望分享普通民众的活力。此外，这种情绪也是整个欧洲的普遍现象。不仅民族保守主义作家埃德加·荣格承认"他尊重人民运动的原始性，尊重获胜的地方长官和冲锋队头目斗志昂扬的活力"，保罗·瓦莱里也发现"纳粹党如此重视知识分子，这一点相当迷人"。

与左派的观点体系不同，纳粹主义似乎只提供集体激情——人群，激动的面孔，赞同的高呼，游行，抬起来敬礼的手臂。但这对长期以来一直对存在绝望的知识分子群体来说正好很有吸引力。纳粹主义凭着人们"无需凭理性行事"的理念从这个时代的众多理论纷争中脱颖而出。人们强烈渴望逃离理性、概念和体系，进入某种简单的归属感之中，正是这种渴望让如此多的人背离了各自原本的事业，加入到纳粹主义的行列中。

为了满足人们的这种渴望，纳粹主义创造了很多全新的社会舞台。希特勒的基本理念之一是人需要有归属感，这是他从年轻时代的孤单寂寞中总结出来的。在纳粹党内的众多组织、政治化的职业协会以及遍布全国的协会、办公署和联盟中只看到高压政治是不对的。如罗伯特·莱所说，根据年龄、职能、甚至休闲娱乐的偏好把每个个体归入群体之中，让人们除了睡觉便没有了自己私人领域，这种做法源于人们参与社会的普遍渴望。

在掌权后的第一个春天，希特勒成功地将已经觉醒的分散动力转变成为目的明确的社会能量——这是他最大的成就之一。他开始进行空前的长途旅行和演讲。他通过一连串无止境的奠基和破土典礼制造出一种全民动员的气氛。他发表了数百篇号召大家投入工作的演讲，发起了劳动运动，很快劳动运动就发展成了劳动战役，最后取得了一系列胜利，在农业战线上实现了突破。战争的比喻让这种模式非常有效，而且也激发了人们的牺牲精神。各式各样的口号进一步推动了这种情绪，不过有时候这些口号几近荒谬，比如有一条口号是："德国妇女再次开始打毛线吧！"

和庆典、游行一样，运用这些修辞手法的目的是让纳粹政权具体化，使其获得大众的拥护。希特勒有一个非凡的诀窍，他可以把现代政治和社会职能关系的抽象特性转变成简明具体的形象。当然，民众已经丧失了他们的政治自主权，他们的权力已经被削减或者废除了。但过去的自由权力几乎没有给他们带来什么好处，而希特勒持续不断的形象建设和迫不及待的公开展示让民众明显地感到他们正亲身参与政府的运行。对很多人而言，在经历了多年的阴郁苦闷之后，他们的工作似乎又一次变得有意义了。如希特勒所说，"作为帝国的公民，清扫大街是一种荣耀"。

考虑到希特勒没有任何具体计划，因此他唤醒民众主动性和自信的能力更显得惊人。正如赫尔曼·劳施宁的理解，希特勒取得政权其实全凭他的自信，他认为自己有能力按照一个简单但有效的座右铭应对各种情况，这个座右铭是：下达命令，这个命令会被完成，也许多少会完成得有些粗糙，但整体而言会推动某些东西前进，同时我们环顾四周，准备进入下一个阶段。

但就目前的情况而言，这个理念被证明具有一种不可思议的魔力，因为它克服了人们普遍的挫折感。这个理念还确保希特勒有足够的运作空间，让他能够调整计划，适应不断改变的需求。他的这种统治风格被恰如其分地称为"永远的即兴发挥"。

纳粹党在崛起期间接纳众多怀有不满情绪和仇恨情绪的人时，也吸引了很多迷你空想家——这些人对新秩序的思想和理念非常痴迷。他们认为希特勒的政党充满活力，能最有力地表达他们的改革期望。不过当这些想法有实现的机会时，大多数想法的不现实甚至是荒唐的特质就暴露了出来，然而希特勒对其他想法兴味索然，因为它们对增强他的权力没有帮助。公司式国家、宪法改革、各州和帝国关系的调整、日耳曼法的设想、托拉斯国有化、土地改革以及由州全权占有生产资料的设想——除了少数几个独立的项目，所有这些想法几乎都无人实施。这些想法也往往相互矛盾，它们的支持者们疯狂地相互倾轧，于是让希特勒再次暂停实施所有的想法。

纳粹主义释放的能量只能勾画出新秩序的开端，但它们不足以破坏旧秩序的社会环境。纳粹政权独具的弱点在最初阶段就已经显露出来了。当然，纳粹政权异常准确地暴露了旧秩序不合时宜的体系和空话。但它永远无法用有建设性的后续行动将其天才的破坏成果合法化；在更大的历史背景下看，它只起到了清除作用。它甚至无法发展出能够容纳其权力政治目标的合理形式；甚至在建立极权主义国家这方面，它在迈出最初的几步后也止步不前了。第三帝国发展出一个特有的未完成的临时形态，是按照自相矛盾的草图拼凑出的一片碎石之地。唯一让它有意义并让它成为一个整体的是希特勒获取权力的庞大意志。

希特勒领导的运动从资产阶级对革命的恐惧中获益，因此他必须避免可能让政权贴近传统革命概念的一切活动。他尤其必须避免出现国有化或者过度的计划经济。但这其实正是他的真正意图，于是他打着"国家社会主义"的旗号让所有人都无条件地在各个层面上与国家一体化。而且所有权力最终都是他赋予的，这意味着在政权存续期间一切私人经济生活都完全被废止了。作为国家干预的补偿，商人获得了强制性的劳资协议、有保障的市场和在此期间大规模扩大国家经济基础的一切模糊的预期。但整个计划只考虑获取短期效益，这是希特勒为自己赢得党羽的伎俩。他在密友中略带讽刺且准确地为这个过程辩护，他说他完全没有打算像苏联那样彻底消灭有产阶级。他用一切能想到的办法推动这个过程，利用其能力加强经济。

希特勒的实用主义非常有效地克服了大量人员失业的问题。政权的命运和他个人的威信无疑都取决于这个问题是否能够得到解决。明显改善正在受苦受难的民众的生存状况是重中之重。长久以来他一直在宣传方面走钢丝，只有依靠这样的奇迹才能实现他的诺言。此外，这也是他安抚那些对他的诸多妥协和调整怨声载道的"老战士们"的唯一方式，在这些老战士看来，他的妥协和调整相当于"对革命的背叛"。

希特勒抓住了经济萧条时期人们的心理，这是所有魏玛共和国的政治家都不曾做到的。世界经济的逐渐复苏无疑也助了他一臂之力。但更重要的是，他认为对世界秩序根深蒂固的悲观质疑催生了忧郁、冷漠和消沉，大众和经济都需要刺激。他在早期阶段表达了很多支持商业的言论，他还不断让经济远离革命动乱，这主要是为了建立人们的信心。在最初的几个月里实施的大多数措施只不过是为了摆出一种强有力的姿态，而非出于经济因素。

德意志帝国银行总裁汉斯·路德博士坚持紧缩信贷政策，拒绝提供大额贷款来增加工作岗位，于是希特勒强迫他辞去了职务。让希特勒的众多追随者生气的是取代路德的竟然是"臭名昭著的资本家"亚尔马·沙赫特。由于急于追求结果而且无所顾忌，希特勒通过各式各样令人惊叹的措施加快生产。在5月1日的演讲中，他呼吁"全体德国人民"，"每位个人……每位企业主、每位房主、每位商人"都有义务在社区不断为提供工作岗位出力。政府也将采取措施，实施一项"庞大"的计划，"庞大"是希特勒最喜欢用的词。希特勒承诺："我们将清除所有障碍，开始大规模地实施这项任务。"政府的住房和道路项目建筑合约以及投资、贷款、税收减免和津贴等一系列公共和私人刺激措施促进了经济的发展。与之相应，政府还提出了越来越多的承诺、口号和宣言。它们不仅帮助这些措施获得成功，还出人意料地印证了希特勒的警句："最会说谎的人也是最聪明的奇才。"

劳动服务团的建立和推广也属于建立人们信心的心理战术。劳动服务团最初由人们自愿加入，确实是聚拢失业青年的有效措施。此外它也反映出了纳粹政权积极乐观的态度。恢复沼泽湿地、植树造林、建造高速公路、治理河道等明显昭示着人们已经取得的成就以及对未来的信心，这一切非常鼓舞人心。同时，劳动服务团有助于克服阶级壁垒，特别是在 1935 年成为强制性制度后。此外劳动服务团还提高了体力劳动者的地位。

　　所有这些因素共同起效，到了 1934 年，虽然仍有 300 万人失业，但技术人员开始出现了明显的短缺。两年后德国才实现充分就业。

　　最初的经济提升也为实施社会政治领域内的有效措施打开了方便之门。罢工当然是严令禁止的，另外还建立了完全由国家控制的工会——德国劳工阵线。但由于担心可能出现的反对情绪，纳粹政权试图用大张旗鼓的亲劳工活动掩盖他们的独裁主义措施。因此他们创办了大型机构，把人民组织起来，让他们参与假期旅行、体育盛会、艺术展览、舞会和培训课程。"欢乐带来力量"、"劳动之美"等组织在完成自己职责的同时也起到了监督和安抚民众的作用。

　　就业确实是第三帝国严厉的社会政策获得成功的关键因素。失去自由和社会自主权、严格的监督、在不断增长的国民产值中劳工分享到的份额明显缩小——所有这一切都没有对工人造成太大的困扰。思想教育口号对工人的作用甚至不及它们对资产阶级的作用。真正起作用的是在经历了多年焦灼和阴郁的痛苦岁月后社会安全感终于得到了恢复。这种安全感驱散了一开始非常普遍的反对倾向。它唤起了工人从事生产的决心，并且对提高社会满意度起到了很大的作用，新统治者可以骄傲地表明：阶级斗争与其说遭到禁止，不如说在很大程度上被人们主动放弃了。

　　这些措施确实打破了陈旧僵化的社会结构，它们切实地改善了很多民众的物质生活条件。然而在这些措施中其实发现不了新的社会政治理念。希特勒唯一关心的就是夺取权力，他对新国家或者新社会没有设想。从根本上讲，他并不想改变，他只想执掌大权。就像纳粹党被他当作征服德国的工具一样，德国现在被他当成了"打开永久统治世界的大门"的工具。我们必须将希特勒的国内政策看作他外交政策的辅助措施。

　　除了利用可用的社会能量，希特勒还利用民族主义情绪鼓动大众。世界大战曾经的胜利者已经在原则上承认德国拥有平等地位，但实际上德国仍然属于下等民族。希特勒掌权让法国深感不安，因此法国表现得最强硬，在前盟友的强迫下陷入矛盾之中的英国有些懊恼。希特勒在掌权后的一年半里巧妙地利用了法国的恐惧、英国的犹豫和德国的愤慨，成功地推翻了整个欧洲同盟体系，让德国全国团结一心，并且为他的"生存空间"政策打下了基础。

　　最初的处境完全不利于希特勒实现他的勃勃野心。他在夺权过程中使用恐怖手段，实施殴打和杀戮，最惨无人道的是，因为血统问题而对社会中一个群体进行彻底的迫害，这些有悖于一切文明的政治行为观念，勾勒出了德国的严酷未来。英国国会下院爆发了著名的濯足节辩论，前英国外交大臣奥斯丁·张伯伦称没有时间再考虑《凡尔赛和约》的修订问题了。他大谈野蛮暴力、种族偏见和铁蹄政策。"希特勒意味着战争"这个口号长久以来一直被当作难民歇斯底里的表现，可是突然间这个口号似乎变得可信了。欧洲各地都在爆发反德活动，波兰大使甚至问法国是否准备实施预防性打击，消灭希特勒政权。1933年夏天，德国在外交领域中几乎被完全孤立了。

在这样的环境下，希特勒发现采取和解姿态并且强调延续温和的魏玛时期外交政策的做法是明智之举。尽管他看不起外交部的人，但他还是几乎完全保留了整个机构和所有外交人员。他对一名追随者说，他必须与欧洲强国维持至少6年的休战状态，他说民族主义者叫嚣着发动战争是错误的。1933年5月17日的"和平演讲"充分体现了他的战略，这篇演讲中既有听起来非常真诚的和解提议，也有反对继续区分战胜国和战败国的激烈言辞，他把二者有机地结合在了一起，他还威胁说如果战胜国继续拒绝给予德国平等的权利，德国将退出裁军大会和国联。不过在当前的形势下，他可以轻而易举地扮演理性和公平倡导者的角色，接受欧洲强国的建议，引用他们的"民族自决"和"正义的和平"的口号。

该政策最显著的成就是英、法、德、意四国在1933年夏天签订了《四国公约》。尽管该公约一直没有获得批准，但它代表列强已经在道德上承认了德国进入了他们的行列。但第一个与德国展开国际和谈的是苏联，苏联匆匆与德国续签了在1931年到期的《柏林条约》。紧随其后的是梵蒂冈，它在7月与德国缔结了一份协定。尽管情况进展顺利，但希特勒还是在秋天突然转变态度，并借此大大改善了他的处境。

希特勒的战场是1932年初开始召开的裁军大会。由于缺乏军事力量，德国在大会上在道德方面拥有尤其强大的影响力。在平等原则的约束下，其他强国如果不裁军就必须允许德国重整军备。希特勒在一篇又一篇演讲、一份又一份声明中强调德国愿意裁军；法国表现得越焦虑，希特勒的争辩就越显得纯洁无邪、令人信服。法国极度不安地注视着德国国内局势的发展，它认为这比希特勒的温和保证更能说明问题。法国最终说服了其他强国。从根本上承认德国拥有平等地位的条件是要有4年的考察期，这样其他国家就可以评估这个从前的敌人是否真心愿意和解，是否已经放弃了所有复仇的想法。

希特勒的反应是勃然大怒。10月14日，英国外交大臣约翰·西蒙爵士陈述了盟国的新意见，希特勒紧接着宣布德国打算退出裁军大会。同时，他还宣布德国要退出国联。

希特勒还把退出国联和另一个措施结合在一起。他决定针对这个议题举行全民公决，这是他的政权举行的第一次全民公决，这也是一次充分展开宣传攻势的全民公决。而这次全民公决又与新一轮的选举结合在了一起。3月5日选举出来的国会在某种程度上仍然不合时宜地呈现魏玛共和国时期盛行的分化模式。

投票结果毋庸置疑。屈辱感多年来一直盘桓在人们心头，人们痛恨让德国在《凡尔赛和约》后一直受到压制的种种诡计——所有这些情绪现在都喷薄而出，甚至政权的批评者们都为希特勒表现出的态度叫好，不过过不了多久，他们就将反过来提出强烈的反对。正如英国大使向伦敦汇报时所说，对国联的众多疏忽进行报复的心理让所有德国人团结在了一起。希特勒对全民公决的议题表达得很笼统，这让他把他的整体政策和退出国联的决议结合在了一起，因此投票者无法在支持他在国联问题上的立场的同时谴责他的国内政策。所以全民公决是希特勒在德国国内巩固自己权力过程中走出的最有效的几步棋中的一步。

希特勒以 10 月 24 日在柏林运动场的一次演讲揭开了此次活动的序幕。他宣布全民公决将在 11 月 12 日举行，也就是在 1918 年停战协议签订 15 周年纪念日的第二天举行。他对着脚蹬靴子、身穿军裤和深色夹克、站在巨型起重机上的西门子·舒克特工厂的工人们说：

> 我们很愿意配合任何国际协定。但我们只会以平等的身份配合。在我的个人生涯中，我从来不曾强迫自己加入任何一个不希望我加入或不平等地看待我的著名团体。我不需要这些人，日耳曼民族也有同样的品质。我们不会像低人一等的擦皮鞋的孩子一样加入任何团体。不，如果不让我们拥有同等的权利，我们不会再参与任何世界会议。

和早年一样，疯狂的"海报战争"再次上演。"我们要求尊严和平等！"在柏林、慕尼黑和法兰克福，坐轮椅的残疾老兵列队游行。老兵们举着的标语上写着："德国的阵亡将士请求您投票！"一系列庞大的示威游行、抗议行动和民众请愿再次席卷全国。在选举几天前，全国人民被要求全体默哀两分钟，纪念阵亡的英雄们。

人们的所有仇恨情绪都表现在了全民公决的投票结果中——但这个结果也显示出了密集宣传的效果。95% 的投票者同意政府退出国联的决定。尽管投票结果受到操纵而且伴有恐怖暴力的拉票行动，但这个结果或多或少还是与大众意愿相符的。在同时举行的国会选举中，4500 万名选民中有 3900 万人投票支持纳粹"联盟"的候选人。

在登上权力宝座的过程中，希特勒在国内战线上证明了一系列意外行动的价值，现在他把同样的策略用在了外交事务上。他与日内瓦关系破裂造成的不安还没有停息，仍有人对他傲慢地使用全名公决的民主原则对抗民主国家感到义愤填膺，但他再次掌握了主动权。他现在的目标是设法在一个新的、对他更有利的平台上与他刚刚冒犯过的列强建立对话。在 12 月中发布的一份备忘录中，他拒绝了裁军的建议，但宣布如果允许德国建立一支 30 万人的部队，他愿意接受全面限制军备，只保留防御性武器。

希特勒对每件事都计算得十分到位，这件事也一样。对于英国人来说，把这些条件作为谈判基础是可以接受的，但对法国人来说就不能接受了。这两个盟友无休无止地开会商议各自愿意做出多少让步，法国的猜疑更延长了商议的过程，与此同时希特勒可以利用他们的分歧，而且由于没有达成任何具有约束力的协议，他可以借此推动他自己的计划。

大约一个月后，即 1934 年 1 月 26 日，希特勒的一个新举措再次猛然改变了整个形势——他与波兰缔结了为期 10 年的互不侵犯条约。要理解这项举措的惊人影响，我们必须回忆德国和波兰两国之间由来已久的紧张关系以及两国之间的宿怨。《凡尔赛和约》中最让德国人难受的内容是：德国的部分领土被纳入波兰；波兰走廊的建立将东普鲁士与德国的其他地方分隔开来；"但泽自由市"的建立。这些地区成了两国争夺的焦点，不断引发危险。

希特勒再次颠覆了大众认为他是激情政治家以及他是冲动和癫狂的受害者的印象。他无疑和全体德国人民一样，对波兰也怀有仇恨，但他没有让这种仇恨影响他的政策。尽管他还没有定义波兰在他庞大的整体东扩设想中占据的地位，但在希特勒预想的欧洲大陆构架中是不存在独立的波兰国的。希特勒曾经在 1933 年 4 月向法国大使弗朗索瓦·庞赛挑明，从长远来看，所有人都不认为德国会接受当前的东部边界。但只要波兰仍是独立国家、拥有强大的军事实力并且得到盟国的保护，他就会以无法改变的局势为行动基础，沉着地扭转局势，让局势变得对他有利。他在 1934 年 1 月 30 日对国会递交的年度报告中称："德国人和波兰人必须要学会接受彼此存在这个现实。"

事实证明希特勒从这个条约中得到了非常大的好处。这个条约在德国国内并不受欢迎，但希特勒可以反复以此向海外甚至对众人皆知的敌人证明他表现出了和解的倾向。

最后，这个条约证明竖立在德国周围的障碍远非人们以为的那样坚固。现在希特勒就能说富于想象力的政治措施可以取得很大的效果了。这个联盟不仅将德国从可能面临法国波兰两条战线的威胁中解脱出来，也给了集体和平承诺体系一个相当大的打击，让这个系统体系再也无法补救了。从根本上讲，日内瓦的实验已经失败了，希特勒的第一次攻击就把它摧毁了。另外，他还运用策略给法国扣上了"国际麻烦制造者"的帽子。魏玛共和国的外交部长们一直拼命想要让强大固执的法国让步，希特勒只是简简单单地暂时拒绝法国，自此以后他就能专心地投入对他的国际关系战略起到重要作用的双边谈判、结盟和密谋中。他只有面对单个对手而不是联合阵线才可能赢得胜利。他曾在国内舞台上游刃有余地参与过的游戏，现在又在开始在国际舞台上重演了。和他同场竞技的选手们已经上场了，第一位在 1934 年 2 月上场，他是英国的掌玺大臣安东尼·艾登。

希特勒行为方式的不可预见性肯定是他的一项基本谈判技巧。和兴登堡、施莱歇、巴本以及众多希特勒身边的人员曾经以为的一样，艾登、约翰·西蒙爵士、安德烈·庞赛和贝尼托·墨索里尼以为他们会见到一位喜怒无常、缺乏创见、气势汹汹的纳粹党党首，不过这个人绝对拥有某种蛊惑人心的天分。这个人显然必须克服他的不起眼，他用胡须、额发和制服创造自己的个性，他在一段时间里成了欧洲人的笑柄。他被描绘成"脚蹬普鲁士皮靴的甘地"或者坐在高高的总理宝座上的愚蠢的查理·卓别林。

因此带着这种成见的谈判者和访问者在见到希特勒的时候越发吃惊。希特勒可以轻松地呈现出训练有素的政治家风范，多年来这一直让谈判者和访问者感到惊讶，这是他们完全没有预料到的。希特勒在和外国来宾的交往中表现得才思敏捷、准备充分；如弗朗索瓦·庞赛在一次与希特勒见面后所说，希特勒还设法给人留下了"充满诚意"的印象。

与此同时，宣传的分贝也升级了，将希特勒描绘成领袖和拯救者的宣传比以往任何时候更甚。5 月 1 日上午，戈培尔故意拖长了他的介绍发言，一直等到太阳冲破云层，这样就能让希特勒在阳光照耀下走到民众的面前。这种象征手法的灵活运用为元首的形象增添了几分神圣感。"领袖"的概念渗透进了整个社会体系，一直普及到社会的最低阶层。大学校长被称为"大学领袖"，实业家被称为"工厂领袖"。每个人都融进了某种"领袖——追随者"的关系之中，所有这些关系又都汇聚到第一领袖希特勒的身上。一名痴迷的图林根教会委员甚至宣称："耶稣基督通过阿道夫·希特勒降临到我们中间。"

这个被上帝选中的孤独伟人驱走了这个国家的苦痛或者说以一己之躯承担了这些苦痛，人们以他的个性和命运为主题创作了一系列元首诗歌、元首电影、元首画像或元首戏剧。除了这些文艺垃圾，世俗文化在很大程度上也被污染了。所有人都投身进来，想要利用此时民众的情绪捞上一笔。有一种鲱鱼罐头的牌子被命名为"优质阿道夫"；存钱罐被做成冲锋队帽子的形状；希特勒的画像出现在领带、手帕、小镜子以及有"卐"字图案装饰的烟灰缸和啤酒杯上。但一些纳粹党官员反而提出警告，他们认为元首的画像被一群唯利是图的伪艺术家利用和亵渎了。

显然过多的殷勤赞颂对希特勒本人也有影响。他知道整件事都是按照他的计划人所操纵的——他称："民众需要偶像。"不过在纳粹党夺权后稍被压抑的"领袖教皇"的身影又再度现身。然而这种领导方式现在从党内扩展到了整个国家。1934 年 2 月 25 日，鲁道夫·黑斯在慕尼黑的国王广场上在礼炮的轰鸣声中发表演讲，他还通过广播对将近100 万名政治首脑、希特勒青年团和劳动服务团的领袖发表讲话，他让听众们宣誓："阿道夫·希特勒就是德国，德国就是阿道夫·希特勒。宣誓效忠希特勒就是宣誓效忠德国。"

希特勒一直在算计，时不时地暗示他与上帝有着特殊的联系。就像控制相信党纲的众多纳粹"老战士"一样，他让但泽的追随者们遵守新的波兰路线。他坚持要求严守纪律，不允许谋取局部利益。他的副官威廉·布吕克纳写道："德国的一切都由此人开始，也都将由此人结束。"

希特勒越是确定自己掌握了权力，他从前放荡不羁的个性就越是鲜明，他开始无精打采、喜怒无常。目前他仍旧保持着正常的工作时间，上午 10 点准时进入办公室，晚上的来访者则能看到他看完的成堆文件。但他一直痛恨日常工作。他常常说："单单一个天才的想法就比一辈子尽职尽责地完成办公室工作更有价值。"因此，担任总理一职的兴奋感还没消失，他就开始放弃它了——就像他在年轻的时候放弃钢琴、学校和绘画一样。事实上，他迟早会放弃一切——最后甚至会放弃政治游戏和他钟爱的演讲。他坚持到底的只有从渴望和野心中生发出来的种种让他着迷的念头。

显然，他的举止很快恢复到了 20 多岁时在施瓦宾地区做投机分子时的样子。他的身后常常跟着由半吊子艺术家、暴力分子和副官等各色人等组成的一大队人马，他总是在总理府、纳粹总部、奥巴萨尔兹堡、拜罗伊特、阅兵场和会议厅之间游走。随着时间一年年过去，四处奔走的需求不断增加。例如 7 月 26 日，他上午到慕尼黑向由 470 人组成的意大利"青年法西斯"代表团发表讲话，下午 2 点到柏林参加海军上将冯·施罗德的葬礼，下午 5 点到拜罗伊特聆听音乐会。7 月 29 日，还是在拜罗伊特，他作为贵宾出席了作曲家瓦格纳的儿媳威妮弗蕾德·瓦格纳举办的一场招待会，第二天他还在瓦格纳的墓前敬献了花圈。这天下午他在斯图加特的德国体操节上发表讲话，随后前往柏林，接着在奥巴萨尔兹堡与纳粹党高级官员开会。8 月 12 日，他在新天鹅堡参加了理查德·瓦格纳音乐节，在发言中他提到自己正在完成国王路德维希二世的计划。随后他返回奥巴萨尔兹堡待了一周。8 月 18 日，他前往纽伦堡视察纳粹党代表大会的准备工作，一天后他前往波恩的巴特戈德斯堡区和冲锋队以及党卫军的首脑讨论工作。在获得成功后，现在他似乎再次开始屈服于早年起伏不定的欲望和兴趣。他常常让自己犹豫不决地随波逐流很长时间，随后会突然爆炸式地爆发出能量——特别是在有关权力的问题上。他在政治领域内表现出的是一种特有的散漫和天才的罕见组合。没过多久，他开始推掉了很多繁重的日常工作，厚着脸皮地出入歌剧院或电影院。在担任总理的最初几个月里，他又读了一遍卡尔·迈所有的探险故事，有将近 70 卷之多——后来他说是这些故事让他放眼世界。对于他的这种非同寻常、不加掩饰的散漫作风，奥斯瓦尔德·斯宾格勒辛辣地评论道，第三帝国是"由逃避工作的人领导的无业者组织"。

如果回顾过去，我们可以发现希特勒在担任总理的第一年里实现了数量惊人的成就。他消灭了魏玛共和国，为建造完全由个人领导的政府采取了若干决定性的措施，将整个民族团结在一起，在政治上将其系统化，并且使其成为他心目中的武器，他也确实把所有东西都视为武器。他启动了经济的回暖，挣脱了国联的束缚，赢得了海外的尊重。在这么短的时间里，拥有多个权力和影响力中心的多元自由社会被烧成了"彻彻底底、完全一致、服服帖帖的灰烬"。正如他自己所说，他已经"挣脱了舆论和制度的世界，并在它的位置上建立了另一个世界"。在被摧毁的反对势力中，只有政治上没有什么分量的无组织团体幸存下来。

戈培尔所谓的"重新锻造这个民族的过程"在不使用武力的情况下确实是无法实现的，但我们不应该高估暴力在纳粹党夺权过程中起到的作用。希特勒提出这是"世界历史上最不血腥的一次革命"。很快这句话就成了纳粹政权很有说服力的口号，而且从核心上看，这确实是实话。然而从戈林在1933年6月22日颁发的"抵制抱怨牢骚和失败主义"的法令可以看出，仅仅表达不满就会被视为"马克思主义煽动行为的延续"，是应该受到惩罚的违法行为。这样的法令表明了纳粹是用什么样的手段加热他们的锻造熔炉的。

在思考民族共同体这个"奇迹"的时候，同样也不能忽略它的虚假特质。这是一个漂亮的外壳，但从很大程度上讲，它只是掩盖了社会矛盾，并没有消除社会矛盾。从纳粹政权掌权之初的一件事可以看出民族"一体化"的过程中间是掺杂了强制和欺骗的。这件事很诡异，但也很能说明问题。按照希特勒的命令，臭名昭著的冲锋队首领汉斯·迈科夫斯基被授予国葬的殊荣。1933年1月3日晚，迈科夫斯基在火把游行后的返程途中遭到暗杀。当晚被杀的另一个名叫曹里茨的警察也同样得到国葬的待遇。尽管教会官员提出了抗议，但这个信奉天主教并且是左派人士的警察和信奉自由思想并且作恶多端的冲锋队队长的棺木还是在"民族共同体"的名义下一起被安放在一座路德派教堂中。前皇储还被派去向两座棺木敬献花圈，以弥补这次强制一体化行动中缺失的一环。

1933年12月1日颁布的一道法令宣布党政合一，但希特勒实际上决心将党政分开。他把纳粹党全国总部留在慕尼黑是有原因的。他显然是不想让党直接影响政府事务。因此他任命了软弱无力、唯命是从的鲁道夫·黑斯担任副元首，因为黑斯没有任何自己的权力根基。纳粹党当然也并没有在政治上居于最高地位。团结统一只体现在希特勒一人身上，他继续培植大量各自为政的权力部门，他只在极少数特殊情况下才允许纳粹党承担政府职责、实施其极权主义主张。

在德国，几乎所有有实力的机构都被倾覆了。兴登堡的意见不再重要。显然，纳粹党领导层在2月25日的集体宣誓中宣誓效忠的是希特勒，而不是总统。年迈的兴登堡在很多时候仍然扮演象征和平和传统的角色，但同时他不只屈服于希特勒，还允许希特勒对他进行腐蚀。

军队是唯一逃过了"一体化"的机构。冲锋队显然迫不及待地想要完成最终的一体化。恩斯特·罗姆的一贯说法是："灰色顽石一定会被褐色大潮淹没。"罗姆和希特勒的意见现在越来越不一致了。罗姆怀疑希特勒出于战略和机会主义的考虑可能会放弃革命。希特勒则认为军队和冲锋队现在是唯一仍然独立的权力单位，他们的自以为是还没有被撼动。他让各种力量相互倾轧，以此解决每个革命领袖都会遇到的问题，这再次表现出了他在战术方面的天才。他让革命最先吞噬了革命最忠诚的子民，他把自己背信弃义的行动作为对历史的一次祭献。

和他一生中的所有决定性时刻一样，他继续犹豫不决，继续用"我们必须等待时机成熟"来回应催促他采取行动的人。但从 1934 年春天起，各股力量通过不同的方式共同作用，加速了事态的发展。1934 年 6 月 30 日，众多不同的利益和推动力同时出现，并且在行刑队的枪口前汇聚在了一起。

第三章　罗姆事件

墨索里尼对奥斯瓦尔德·莫斯利说没人比元首更密切地关注革命了。

——鲁道夫·黑斯，1934 年 6 月 25 日

相对而言希特勒开创的合法革命策略让纳粹不见血腥地夺取了权力，而且避免了每个国家在革命期间都会出现的深深裂痕。但这些策略也有缺点，昔日的领袖可以通过调整适应渗透入革命当中，并且至少从理论上看常常能够对新政权的存亡构成威胁。目前，昔日的统治阶级绝没有被消灭，也绝没有丧失行动能力。同时，曾经为革命而战并在夺权道路上清除障碍的冲锋队的先锋们发现他们受骗了。褐色卫队的成员们讽刺又有些辛酸地看着"反动势力"——资本家、将军、贵族地主、保守派政客和其他敌人——在庆祝民族革命的庆典上登上阅兵看台，他们的黑色燕尾服频频出现在褐色制服中间。如果所有人都加入了纳粹党，革命者还能在哪儿找到敌人？

形势的进展让像罗姆这样守旧、粗暴的直性子禁不住火冒三丈，而且他很早就反复在公开发言中表达了他的不满。1933 年 5 月，他认为应当下达一道命令，警告冲锋队队员抵制所有虚伪的朋友和不实的庆祝活动，提醒他们记住仍未实现的目标："我们已经庆祝得够多了。我希望冲锋队和党卫军从现在开始不再参与无休止的庆祝活动……你们的任务是完成纳粹主义革命，建立纳粹主义帝国。这个目标仍有待实现。"希特勒比罗姆狡诈得多，他将革命视为破坏既有秩序的伪合法手段。它是靠煽动、消耗和欺骗起作用的；武力只是有助于达到胁迫目的的辅助手段。但罗姆无法想象没有起义的革命，他认为应该席卷昔日权力阶层的大本营，最终实施"长刀之夜"的血洗行动。但这些都没有发生，这让罗姆感到深深的失望。

经历了战术策略上的短暂犹疑之后，他试图让冲锋队避免参与

民族大锻造过程。他警告下属不要在新政府中担任任何职务或头衔。当戈林、戈培尔、希姆莱、莱等他的对手通过获取政治权力扩大影响力的时候，罗姆试图反其道而行之。他不断扩充自己的队伍，很快他的队伍就扩展到 350—400 万人，他在为建立冲锋队政府铺路，他相信，总有一天，冲锋队政府会凌驾于现有秩序之上并将其摧毁。

在这样的情况下，冲锋队和政治部之间的宿怨不可避免地再次爆发。好战的革命者对政治部里那些粗脖子而且自私自利的中产阶级抱有天生的仇恨，这些中产阶级往往会在争取闲职和工作的小规模较量中赢得胜利。随着希特勒越来越坚持要求结束革命活动，这种怨恨也更加升级。1933 年 6 月，政府开始关闭冲锋队未经授权建立的众多保护性拘留营。不久后，冲锋队的辅助警察部队也被解散了。罗姆的追随者们历数他们做出的牺牲、他们经历的战斗，但这都是在白费力气。他们感到自己被忽略了。革命尚未完成，他们这些革命者已经被遗忘了。人们越来越多地谈论夺权过程已经结束了，冲锋队的任务已经完成了。罗姆在 1933 年 6 月言辞激烈地驳斥这种论调。他说那些现在呼吁熄灭革命热情的人是在背叛革命；工人、农民和士兵不会考虑"被一体化了的敌人和牢骚满腹的人"，他们会毫不犹豫地完成他们的任务。

这也是"二次革命"这个口号的含义，这个口号从此以后开始在冲锋队的兵营和总部流传开来。同时，冲锋队极度盲目的革命热情也引发了很多民众的担心。罗姆气势汹汹地在全国进行一系列游行、视察和场面浩大的示威，炫耀其强大的武力，没人知道他打算用这样的武力对付谁。他有大张旗鼓地在冲锋队内部复兴从前军队的倾向，也在企业界寻找关系和资金提供者。他建立了一支自己的特遣队，而且还开始建立冲锋队自己的司法制度。该制度对冲锋队未经获准实施的殴打、抢夺、偷窃或武力劫掠等行为制定了严厉的惩罚措施，但制度也规定"在负责处理冲锋队队员被杀案件时，冲锋队首脑最多可以要求刑罚实施谋杀的敌对组织的 12 名成员，以示惩戒"。这句话说得模棱两可，但足以暗示"受到刑罚"就是"处以死刑"。同时，罗姆还要在州政府、学术界和出版界中立足，全方位反映冲锋队的要求。他不断批评纳粹政权以及其外交政策、对工会的打压和对言论自由的抑制。他用最刺耳的语言公开指责戈培尔、戈林、希姆莱和黑斯。至于对希特勒的看法，他个人对元首偏离轨道的做法非常恼火，他在朋友中间大肆宣扬他的不满。

> 阿道夫堕落了。他背叛了我们所有人。他只和反动分子交往。老战友对他来说已经不够好了。因此他结交了那些东普鲁士的将军们。现在他们才是他的朋友。……现在必须采取行动了，明白吗？新的纪律，新的组织原则。将军们都是老顽固，他们绝不会有什么新鲜的想法……

罗姆最想做的是将军队中的低级别成员收入他的褐色大军，从而建立一支纳粹主义民兵部队。他和希特勒对于冲锋队用途的分歧由来已久，希特勒仍然认为褐色大军应该承担政治功能而非军队功能。他们将是一支庞大的"希特勒突击队"，而不是革命军队的骨干。但是他在表面上却装作犹豫不决，他显然是希望在罗姆的野心和军队的要求之间达成某种方案。他肯定和罗姆一样对自大、僵化、戴着单片眼镜的"老顽固们"怀有深切的反感，而且 1923 年的切身经历更加强了这种反感。希姆莱曾经听到过他对军队将军们的评论："他们有一天会毙了我的。"但如果他想要巩固自己的权力，他们的支持又是必不可少的。

军队高层对待希特勒的肯定态度让希特勒既惊又喜。他发现陆军部长冯·布隆贝格和新任参谋长瓦尔特·冯·赖歇瑙上校出于各自不同的原因完全顺从了他的意愿。

布隆贝格性情狂热。他先后支持过民主制、人智说、普鲁士社会主义理念，在访问苏联后还支持过"某种类似于共产主义的思想"，最终他越来越被极权主义思想吸引，直至被希特勒的奉承哄骗俘虏。布隆贝格后来承认，他在 1933 年得到了他梦寐以求的东西：信仰、对某个人的崇敬和对某种思想的全心投入。希特勒的一句赞赏之辞就能让他热泪盈眶；布隆贝格曾经说过，元首的一次亲切握手就能让他不再感到寒冷。

赖歇瑙是另一种人：冷静清醒，不择手段，不会让野心受情绪的控制。他很快认定他可以利用纳粹主义让自己的个人事业和军队的权力更上一层楼。他认为在适当的时候纳粹是可以被征服的。在 1933 年 2 月的一次军队指挥官会议上，他指出只有独裁能阻止全面崩溃。这个理论与希特勒的目的不谋而合，希特勒肯定问过自己为什么要拒绝军队专家的效忠，让讨厌的罗姆坐享其成。赖歇瑙常常在亲信中间嘲笑"罗圈腿的冲锋队队员以为自己是成为军队精英的材料"。

希特勒对付敌人的常用手段是挑拨离间，让他们自己相互争斗，这样他就能坐收渔翁之利。但他在这件事上清楚地坦承了自己支持哪一边。他确实常常刺激冲锋队的战斗积极性。他在 12 月 1 日安排罗姆进入内阁，他在年底给罗姆参谋长的一封热情洋溢的信，在冲锋队内被普遍理解为官方的认可。然而希特勒反复向军队承诺，军队现在是而且将继续是国内唯一的武装力量。他在新年年初做出的在军队框架内重新开始实施义务兵役制的决定，这与罗姆建立强大的民兵部队的所有计划背道而驰。但罗姆仍然相信希特勒和以往一样是在实施某个诡计，其实和过去一样私底下和他意见是一致的。

因此罗姆认为正在妨碍他的是希特勒的顾问们。他已经习惯了通过正面对抗解决一切难题，因此他恶语相向并且大力施压。他称希特勒是一个已经被"愚蠢和危险的家伙"控制的"软弱的人"。但是他罗姆将要"把他从这些镣铐中解放出来"。冲锋队开始在其总部周围设置武装卫队，罗姆送了一份备忘录给陆军部，声称保卫德国是"冲锋队的责任"，军队剩下的唯一任务是军事培训。然而在 1934 年 1 月初，就在热情洋溢地感谢过他的参谋长和亲密战友几天后，希特勒下令让秘密警察局（盖世太保的雏形）局长鲁道夫·迪尔斯搜集证明"罗姆先生和他的朋友们"有罪的证据以及冲锋队从事恐怖活动的证据。他对迪尔斯说："这是你接到过的最重要的任务。"

与此同时，军队也没有闲着。罗姆的备忘录向军队首脑表明不可能有折中道路：希特勒必须在军队和冲锋队之间做出选择。军队显然迎合了纳粹的要求，布隆贝格在2月初下令在军官中实施"雅利安条款"，并且让"卐"字标志成为军队的正式标志。陆军总司令冯·弗里奇认为这项措施是合理的，因为这能"为总理提供必要的推动力，抵制冲锋队"。

1934年2月21日，希特勒向安东尼·艾登透露，他打算削减2/3的冲锋队人员，并保证剩下的人员既不会得到武器，也不会接受军事训练。一周后，他把军队指挥官以及罗姆指挥的冲锋队和希姆莱指挥的党卫军首脑们召集到陆军部。他发表了一篇让军队军官鼓掌叫好、让冲锋队首脑们心惊胆战的演讲，他在演讲中表示要让国防军和冲锋队达成一份协议，他粗略地讲述了协议的要点。冲锋队的职责将受到限制，他们只会执行少数不太重要的军事任务，他们的首要任务是对全国实施政治教育。希特勒恳求冲锋队首脑们不要在这个艰难的时刻拖他的后腿，他还威胁道，他会碾碎任何想要妨碍他的人。

罗姆没有留意这些警告，也可能他只是把这些警告看作说说而已的故弄玄虚。他在当时十分镇静，还邀请在场的所有人享用一顿"一体化的早餐"。但在将军们离开后，他立刻大发雷霆。据说他把希特勒称做"无知的下士"，他坦率地表示他"不打算遵守这份协议"。据说，他还说希特勒"不忠诚，非常需要休个假"。随后冲锋队副总指挥卢策到奥巴萨尔兹堡求见希特勒，并在几个小时的对话中向希特勒汇报了罗姆的侮辱之辞和其中隐藏的威胁。

在整个过程中推动罗姆的除了藐视，还有自大，这种自大来自他背后的部队，他声称在他背后有30个师的兵力。他很清楚，希特勒让他面对的是一个无法接受的选择。让他要么对全国进行政治教育，要么就退出，这无异于解除他的职务。因为没人真正认为"罗圈腿"的冲锋队队员是教导雅利安优等民族的适当人选。

罗姆知道他正面临无望的局面。他似乎曾在3月初拜访过希特勒并向他提出了一个"小小的解决方案"：让军队接纳几千名冲锋队首脑。这至少可以安置罗姆的一部分手下。但兴登堡和军队领导人不愿接受这个提议。罗姆发现，格外愤怒而且越来越不耐烦的下属，和他自己对地位的渴望，正逼着他再次走上起义的道路。

从1934年春天起，二次革命的口号再次流传开来。然而尽管人们谈论起义和反叛，但没有迹象显示有具体的行动计划。罗姆自己考虑辞职，他偶尔想过回玻利维亚，他还曾经对法国大使说他病了。不过他一直试图摆脱这个越收越紧的隔离圈并设法与施莱歇或者其他敌对圈子里的人员接触。他组织了新一波的大规模阅兵并且试图用连续的胜利游行展示冲锋队不可战胜的力量；同时他得到了很多武器，部分是从海外采购的，并且增加了对属下部队的军事培训项目。当然这些可能只是让失望、暴躁、无所事事的冲锋队队员们有事可做。但这却被希特勒和军队领导人视为挑衅。它们为起义爆发提供了令人不安的背景。

到这年春天为止，希特勒似乎停止了与罗姆和平解决争议的努力，他转而寻求诉诸暴力的解决方案。4月17日，希特勒在柏林运动场举办的一场党卫军春季音乐会上最后一次和罗姆同时在公众面前出现。根据迪尔斯后来的证词，当时他的任务增加了，他命令几个党内机构调查关于二次革命的传闻并追踪其来源。这难免让人联想到臭名昭著的党卫军保安处，在迪尔斯开始执行任务的同时，该部门也开始建立，海因里希·希姆莱也在此时接管了东普鲁士的盖世太保。这个时候，司法部门对冲锋队罪行的首次起诉显然也与此相关。达蒙集中营的指挥官西奥多·艾克应该接到了要求他拟定一份"不受欢迎人员"名单的命令。

这些迹象汇聚在一起，罗姆是不可能误解的。他们显然打算打击他。他的首要敌人是政治部的官员们，首当其冲的是戈林、戈培尔和黑斯，他们嫉妒罗姆拥有的庞大权力基础。但他们推测希特勒不会发现剥夺罗姆的权力，因为那实际上是在解除他自己的武装，是在让他自己受制于军队。

民众显然感受到了愈加紧张的氛围。一年来，希特勒的烟火庆典、演讲、呼吁、政变和表演让民众喘不过气来。现在民众和演出者本人似乎都筋疲力尽了。短暂的停顿让全国人民第一次有了思考他们真实处境的机会。民众还没有完全被纳粹的宣传淹没和侵蚀，他们察觉到了强迫、对毫无防备的少数族群的迫害、集中营、与教会的矛盾、鲁莽开支导致了对通货膨胀的恐惧、冲锋队的恐怖行径、世界其他国家对德国越来越强的不信任感。

鉴于此时民众的逐渐觉醒，我们应该再次审视幕后主使1933年1月事件的保守派。事实上，尽管他们现在丧失了一切行动权力，但他们似乎认为应该采取行动。1934年6月，在前往诺伊德克避暑前，兴登堡在向副总理告别时说："巴本，局势正在恶化，想办法让它们回归正轨。"但是让总统亲自干预是不可能的，他的身体显然正在走下坡路，因此保守派动起了复辟君主制的脑筋。希特勒在1934年1月30日的国会讲话中十分明确地否决了这个想法。但现在兴登堡在巴本的劝说下答应在他的遗嘱中增加一段建议恢复君主制的内容。君主制派认为希特勒迫于局势的压力迟早会接受很多他不喜欢的东西。

鉴于兴登堡健康状况报告里的内容，希特勒必须迅速做出决定。他自己的计划是由他接管总统办公室，这会让他获得军队的最高指挥权从而圆满结束夺权的最后一幕。因此他在 6 月 4 日再次与罗姆见面。在持续了 5 个小时左右的讨论中，他恳请罗姆"自愿反对"二次革命的疯狂之举。但罗姆根本不准备让步，他只是按照一贯的做法向希特勒开出了空头支票。

纳粹党的宣传攻势愈发凌厉。除了冲锋队，老派资产阶级、贵族、教会和君主制派等保守派的阵地都进入了戈培尔的宣传部的火力攻击范围。但罗姆显然没有一丝怀疑，仍继续度假。在他下达的一道命令中，他告诉手下，他的风湿病犯了，必须到巴特威斯泽治疗。为了缓和紧张关系，他让冲锋队的大部分队伍在 7 月份休假一个月。

希特勒似乎认为罗姆虽然坚持顽抗，但罗姆并未打算占领首都、夺取政府的控制权并除掉他本人，这与他接下来的所有声明完全相反。

9 天后，希特勒前往威尼斯，这是他第一次出访外国。他身穿浅色雨衣，与意大利的独裁统治者墨索里尼见面的时候，他看起来紧张不安、心烦意乱、情绪恶劣。在这两个人的奇特交往中充斥着相互钦佩和全然的盲目性。但至少在这段时间里，希特勒考虑的是其他事情，不是罗姆的威胁。

但是仍有其他的威胁存在。兴登堡眼看就快不行了，支持弗朗兹·冯·巴本的保守派担心兴登堡的死会毁掉让纳粹政权实施温和路线的最后机会，他们劝说巴本表明立场。6 月 17 日，当希特勒与聚集在格拉的纳粹党首脑们见面的时候，副总理巴本在马尔堡大学发表了一篇演讲。巴本在演讲中极力反对纳粹主义革命的暴力行径和肆无忌惮的激进主义。他谴责一体化的粗暴方式。他抗议"勉强的一体化要求"，抗议平民对脑力工作的轻视。

尽管听到这篇演讲的人很少，但它仍造成了很大的轰动效应。电台原定在当晚转播这次演讲，但被戈培尔硬生生地取消了，他还阻止媒体刊登这篇演讲。希特勒本人显然认为巴本再次浮出水面是针对他个人的挑战，他在纳粹党首脑们面前大发雷霆。当巴本说要辞职时，希特勒退了一步，他建议他们一起去诺伊德克见兴登堡。

事实上希特勒似乎在一时间丧失了对整体局势的把握，误读了各种迹象。肯定有人时不时地告诉他这件事或那件事让总统不高兴。他也明白军队领导层的担心。根据他对巴本的了解，他认为如果不是有军队领导层、总统和仍然具有影响力的保守派人士的联合力量在背后支持，巴本是不会在马尔堡发表那样的演讲的。

6 月 21 日，希特勒前往诺伊德克，但他没有按照两天前的约定邀请巴本一同前往。他此行的目的恰恰是要破坏兴登堡和巴本的同盟。他还想探明总统是否有做出决定的心情和能力。如果副总理同行，只会给这个任务带来负担。甚至在拜访总统之前，希特勒已经从正在诺伊德克的新闻总署负责人瓦尔特·芬克那里听说，兴登堡给出了具有典型军人风格的回答："如果巴本不守规矩，就必须承担相应的后果。"

与兴登堡的谈话似乎让希特勒恢复了信心。然而这件事也让他明白他不能再浪费时间了。他返回后在奥巴萨尔兹堡待了 3 天，彻底思考并总结当前的局势。6 月 26 日，希特勒在返回柏林后立刻下令逮捕埃德加·荣格。当巴本想要提出抗议时，希特勒拒绝与他见面。希特勒一边向隔壁的副总理官邸方向比了一个威胁性的手势，一边对当时正好和他一起在总理府花园的阿尔弗雷德·罗森伯格说："是的，一切将从那里开始。我很快会把政府整个打扫干净的。"

党卫军和党卫军保安处早在 6 月初就接到了密切监视冲锋队的命令，并且进入了行动状态。谣言四处传开，说罗姆与施莱歇和格雷戈尔·斯特拉瑟接触。有人警告前总理布吕宁，说他正面临生命危险，布吕宁偷偷离开了德国。斯特拉瑟也得到了很多类似的警告，他离开了柏林一段时间，但很快又返回了。他的朋友奥特上校建议他们一起去日本。斯特拉瑟拒绝了，他说他不会抛弃自己的祖国。

一个名单被拟定出来，名单上的人将在适当时机到来的时候被逮捕或枪毙。这份名单在戈林、布隆贝格、希姆莱和正崭露头角的希姆莱的副手莱因哈德·海德里希等几人中间传阅。维克多·卢策和希特勒讨论是否只清算最高级别的首脑或"首犯"。而稍后党卫军的凶残行径只能让卢策哀叹，党卫军趁机徇私报复，把最初的 7 名受害者变成了17 名，最后受害者的总数超过了 80 人。

6 月 25 日，一份据称由罗姆向冲锋队下达的战斗密令落到了陆军部反间谍处的手中。这份文件显然是伪造的，因为其收件人名单上有罗姆的两个死对头希姆莱和海德里希。西里西亚的冲锋队地区总队长埃德蒙·海因斯很可能是在同一天听说军队正准备针对冲锋队采取某种行动的。与此同时，布雷斯劳的地区司令冯·克莱斯特也听说"冲锋队正在热火朝天的进行战斗准备"。广播讲话或公示日复一日地向二次革命的发言人和保守派反对势力发出警告。

当冲锋队员们准备休假的时候，罗姆和他的亲信住进了巴特威斯泽的汉斯尔鲍尔酒店。6 月 25 日，德国军官联合会将罗姆除名。

他们通过这种方式撤销了对他的保护，让他听天由命。一天后，希姆莱通知所有党卫军和党卫军保安处最高首脑："冲锋队即将在罗姆的指挥下发动叛乱。"希姆莱还说其他反叛团体也会参与其中。第二天，党卫军柏林警备营司令、地区总队长泽普·迪特里希请求军队组织部部长提供更多武器，完成元首的一项秘密任务。为了更有说服力，迪特里希还向这名部长出示了一份据说是冲锋队拟定的"死刑名单"，名单上就有这名部长的名字。冯·赖歇瑙上校和希姆莱一样利用欺骗、谎言和捏造出来的耸人听闻的假话消除可能出现的怀疑。很快谣言就传开了，说冲锋队扬言要杀死"所有年长的军队军官"。

与此同时，军队上层已经得到有关冲锋队起义的警告，并被告知党卫军是站在军队一边的，因此如有必要，党卫军应该得到武器。贝克中将在 6 月 29 日下达了一道命令，提醒柏林军队总部的所有军官准备好武器。这天，《人民观察报》刊登了陆军部长布隆贝格的一篇文章，文章表明军队是对政权完全效忠的。这也是在以军队的名义要求希特勒采取措施，抑制冲锋队。

现在一切准备就绪。冲锋队仍然蒙在鼓里。党卫军和党卫军保安处在军队的支持下已经做好了行动准备。保守派受到了恐吓，生病且老糊涂的总统则在遥远的诺伊德克。几个巴本的朋友想要最后一搏，他们去见兴登堡并请求他宣布实施紧急状态令，但因为总统的儿子奥斯卡·兴登堡的恐惧和愚蠢，他们的努力失败了。

希特勒自己在 6 月 28 日一早离开柏林，他后来解释说，这么做是为了"给外人留下一片安静的印象，不让叛徒有所警觉"。几个小时后他在埃森出席了省长特尔波文的婚礼。当晚他给罗姆打电话，命令他召集所有冲锋队高级首脑在 6 月 30 日到巴特威斯泽进行一次开诚布公的谈话。两人在电话里的对话显得十分友善，因为希特勒希望消除参谋长的一切怀疑。无论如何，罗姆在回到餐桌旁的朋友们中间的时候看起来"非常满意"。

现在需要的就是叛乱了。事实上冲锋队仍旧保持平静，他们的很多成员分散在各地。党卫军保安处一连几周的调查一无所获，没有找出任何实施流血行动的正当理由。希特勒在 6 月 29 日前往巴特威斯泽，戈林下令让柏林的手下进入全面警戒状态。希姆莱则开始制造目前为止仍没有爆发的冲锋队"叛乱"。慕尼黑的冲锋队成员在匿名的手写短信的召集下突然出现在街头，漫无目的地四下游荡。被叫来的冲锋队首脑们非常吃惊，他们立刻下令让手下回去；但慕尼黑省省长瓦格纳已经可以向巴特威斯泽汇报，所谓反叛的冲锋队队伍现身了。希特勒刚刚在德累斯顿酒店前面参加了一场劳动服务团的仪式。他在午夜过后收到了瓦格纳省长传来的消息。同时，希姆莱也传来消息，柏林的冲锋队正计划在第二天占领政府所在的区域。"在这样的情况下，我只能做出一个决定，"希特勒稍后宣布，"只有无情的血腥干预才有可能制止叛乱的蔓延。"

这两条消息可能真的让希特勒慌了，他也许以为罗姆已经发现发生了什么，准备实施反击。至今人们仍无法证实希特勒本人在多大程度上受到了蒙骗，他是否被希姆莱误导，误导的程度有多大。因为除掉冲锋队的领导显然会让希姆莱的地位更上一层楼。

无论如何，希特勒放弃了在第二天上午飞往慕尼黑的原定计划，决定立刻动身。凌晨 4 点左右，他在戈培尔、奥托·迪特里希和维克多·卢策的陪同下抵达慕尼黑。行动开始了。希特勒在巴伐利亚内政部处理了前一天的"反叛者"全国副总指挥施奈德胡贝尔和地区总队长施密特。他在暴怒中扯掉了他们的肩章，下令把他们送入施塔德海姆监狱。

随后他立刻乘车前往巴特威斯泽，陪同前往的车辆排成了一条长长的车队。他的司机埃里希·肯普卡对当时情景的描述是，希特勒"手持皮鞭，冲进罗姆的卧室，他的身后跟着两名警探，他们的手里拿着子弹上膛的手枪。希特勒脱口大喊：'罗姆，你被捕了！'睡眼蒙眬的罗姆从枕头上抬起头，结结巴巴地说道：'元首万岁！''你被捕了！'希特勒又一次怒喝道，随后他转身离开了房间。"其他已经抵达的冲锋队首脑在被捕时也经历了同样的程序。希特勒在返回慕尼黑的路上拦住了那些仍然在前往巴特威斯泽途中的冲锋队首脑。和他们的战友一样，他们也被送进了施塔德海姆监狱，全国共有约200名冲锋队高级首脑被送进这座监狱。接近上午10点的时候，戈培尔打电话给柏林，说出了事先约定好的密码："蜂鸟。"于是戈林、希姆莱和海德里希也迅速派出了他们的队伍。在那份事先拟定好的名单榜上有名的冲锋队首脑全部被捕并被送入利希特菲尔德军事学院。与慕尼黑的冲锋队战友不同，他们被命令在一堵墙壁前站成一排，被就地执行了枪决。

很多冲锋队首脑一直到最后都没搞清楚到底发生了什么事。他们既没有筹划叛乱也没有筹划阴谋，希特勒从前也从未探讨过他们的道德问题。例如，根据希姆莱发出的消息说，柏林地区冲锋队总队长恩斯特计划在 6 月 30 日下午进攻政府所在地区，然而恩斯特实际上在不莱梅，他正准备出发去度蜜月。他在即将登船的时候被捕。他还以为这不过是一些同事在跟他开新婚玩笑，因此他一边展示着手上的手铐一边大笑，并且在党卫军队员将他从飞机上押送到等候着的警车里的时候还跟他们说笑。机场外销售的报纸号外上已经刊登了他的死讯，但恩斯特仍然没有产生丝毫怀疑。半个小时后，他死在利希特菲尔德军事学院的墙壁前，他到最后一刻仍疑问重重，还稀里糊涂地喊了一句"希特勒万岁"。

希特勒在当晚飞回柏林。他在动身前命令泽普·迪特里希前往施塔德海姆监狱，要求他让一些人自首，然后立刻处决他们。如果巴伐利亚司法部长汉斯·弗兰克所说的话是真的，他对此事进行了干预并且减少了受害者人数。很久以前，罗姆还是正在崛起的希特勒的朋友和支持者时，他曾经在帝国专员冯·易普的参谋部工作过。易普没能说服希特勒放弃血腥行动，但也许他的求情起到了一定作用，让希特勒推迟了对罗姆的裁决。

柏林的滕伯尔霍夫机场被警戒线围住了，一大群人在机场迎接希特勒。焦躁紧张的希特勒甚至还没有离开机场就要求查看被清算人员的名单。戈林和希姆莱处决的人远远超出了"罗姆叛乱"成员的范围。巴本仅仅因为与兴登堡关系密切才逃过一死。然而他们无视他的副总理身份，不理睬他的抗议，并将他软禁在家中。他的两名亲信，私人秘书冯·博塞和影子写手埃德加·荣格被枪毙，还有另外两名亲信被捕。交通部副部长、"天主教行动"领袖埃里希·克劳森纳在自己的办公桌旁被一支小队杀死。格雷戈尔·斯特拉瑟在一个药厂被另一支小队抓获，随后被带到了阿尔布雷希特王子街的盖世太保总部，并在这幢大楼的地下室里被枪毙。一支杀手小队在中午时分闯入施莱歇在新巴贝尔斯堡区的家，询问坐在书桌旁的施莱歇是否是冯·施莱歇将军，他们甚至没有等他回答就开枪了。冯·施莱歇太太也被杀害。

显然受害者都是在办公室、家里或街上被当场残忍、随便地击毙的。很多尸体直到数周后才在树林或河流里被发现。

　　我们不知道在这些任意处决中有多少是经过了希特勒的批准的。这次肃清象征着他打破了严格按照法律办事的戒律，每多一个受害者就意味着这道戒律被进一步打破。多年来，希特勒竭尽所能伪装自己，他已经摆脱了过去狂放不羁的形象，为自己精心塑造了稳健克制的政治家形象。如今距离完全掌权的目标只有一步之遥，他却开始冒险实施这个会让他自我暴露的行动，这很可能会破坏他苦心经营起来的声誉。他和他的亲信突然间扔掉了伪装，暴露出了残酷的本性。如一些文献所述，如果希特勒插手干预、缓和局势，那么一定是出于这方面的考虑。

　　7月1日，希特勒在总理府那个著名的窗口反复出现，向被戈培尔召集来的人群致意，下午他邀请党内要人和内阁成员参加了一场花园聚会，他们的夫人和孩子也受邀参加了聚会。当行刑队仍在数英里外的利希特菲尔德军事学院进行杀戮的时候，希特勒正心情愉悦地往来于客人们中间，聊天、喝茶、向小孩子们示好。这是这一幕中的一个令人激动的戏剧要素，让人想起在莎士比亚笔下，恶人的面孔并不完全符合邪恶的特征。他在匆忙竖立起的掩饰下下令处死正在施塔德海姆监狱里等候发落的恩斯特·罗姆。鲁道夫·黑斯花了几个小时想要让希特勒批准处决罗姆，但一直没有成功。快到6点的时候，西奥多·艾克和党卫军一级突击队中队长迈克尔·利珀特走进罗姆的牢房。他们带来了最新一期的《人民观察家》，报纸头条刊登的全是有关前一天事件的长篇报道，他们把报纸和一把手枪放了罗姆的桌子上，并告诉他可以在10分钟内使用这把手枪。然而牢房的安静没有被打破，狱警奉命收回了手枪。艾克和利珀特走进牢房开枪的时候，罗姆站在牢房中间，戏剧化地将衣服敞开，露出了他的胸膛。

　　谋杀朋友是卑鄙无耻、令人厌恶的行为，我们必须问问希特勒是否有其他的选择。不论罗姆在多大程度上想要建立冲锋队的王国，他的真正目标是成为位居第一的思想战士。希特勒凭着敏锐的感觉立刻发现罗姆的目标威胁到了他的地位。在将格雷戈尔·斯特拉瑟从党内除掉后，冲锋队领袖罗姆成了唯一独立于希特勒的人，他拒绝被希特勒的魔咒催眠。因此他是希特勒唯一的强敌。罗姆肯定没有计划叛乱。但对于心怀疑虑的希特勒来说，他一直有构成潜在叛乱的威胁。

　　另一方面，不能只是将罗姆革职或孤立。他不只是普普通通的中尉，他是受人拥戴的总司令。如果采取行动削除罗姆的权力，肯定会激起叛乱；如果将罗姆免职，他也仍会是永久的威胁，因为他有很多关系和有影响力的朋友；法庭审判几乎是不可能的。在经历了国会纵火案不尽如人意的审判后，希特勒对司法机构基本失去了信任。但更重要的是，希特勒要保住自己的秘密，他的这位过去的亲信已经没有退路了，他是不可能让他在大庭广众之下为自己辩护的，这样会泄露太多的秘密。两人多年的友谊让罗姆变得如此强大，但也正是两人多年的友谊让希特勒没有其他选择。

希特勒没有选择，只能以维持治安为由大开杀戒。罗姆也无法简单地放弃自己的立场。他要对数百万追随者的干劲和他们没有得到满足的需求负责。二者其实都被客观需求所支配。

继 1933 年 1 月 30 日后，1934 年 6 月 30 日成了在纳粹党夺权过程中又一个具有决定意义的日子。希特勒立刻开始大肆宣扬德国国内已经恢复正常秩序，掩饰这次事件对他们的重大意义。在 7 月 3 日的内阁会议上，希特勒在 20 多道不那么重要的法令中夹杂了一段话，认可了冲锋队的罪名："在 6 月 30 日、7 月 1 日和 7 月 2 日采取的行动是镇压叛乱的合法行为，是国家的自卫行为。"

冲锋队的革命行动掀起了人们深植心底的对骚乱和暴动的恐惧，现在它们终于结束了，公众的不安感很快被某种安慰感取代。官方展开"积极得难以置信的"宣传，阻止公众出现负面反应。但公众并没有用传统的反对革命的情绪解读这个两天的大肆杀戮。这场运动终于"度过了它的青春期"；在希特勒周围，克制、以秩序为上的力量战胜了纳粹主义的无序能量。一个事实似乎也支持了这个看法，被清算的都是臭名昭著的杀人犯和嗜虐成性的暴徒。事实上，针对罗姆的整个行动是希特勒典型的打击手段，希特勒用这种办法让反对派分化，受迫害最深的人就有了感谢他的理由。从兴登堡总统表达"深切谢意"的电报中就可以看出希特勒的手段取得了多大的成功："你在危机边缘拯救了德国人民。"兴登堡还给出了终极礼赞："想要创造历史就必须能流人之血。"

军队的反应也许对减轻公众的疑虑和不祥预感更具决定性。军队认为自己是这三天的真正胜利者，他们公开表示他们对消灭"褐色垃圾"很满意。军队在最关键的时候保持了对希特勒的忠诚，在这段时间里，希特勒的命运是捏在军队手里的。

凭着对权力关系的直觉，希特勒意识到如果军队容忍军队成员被杀，他就在获取无限控制权的道路上实现了突破。能够接受这样打击的组织是绝不可能再对他实施任何有效的对抗的。此时此刻，军队领导层仍然得意洋洋，赖歇瑙自满地表示，让整件事看起来纯粹是一场党内斗争可不是件简单的事。但为了避免让自己受制于军队，希特勒并没有打算在除掉罗姆这件事上让军队过多地参与。他让军队在这件事里的参与程度刚好到让他们难辞其咎的程度。军界人士在政治领域都是外行，他们在这方面根本无法与希特勒抗衡。

冲锋队在 6 月 30 日受到了致命的打击，但军队并没有占据被冲锋队空出的位置。3周后，希特勒从容地利用了军队领导层明显表现出的弱点。1934 年 7 月 20 日，希特勒让党卫军独立出来，不再附属于冲锋队，成为由他直接领导的独立组织。同时，党卫军也成了能够匹敌军队的武装战斗力量——最开始党卫军只有一个师的兵力。

在政治上和战术上，党卫军接管了很多冲锋队的职能，但他们显然没有像罗姆的追随者那样鲁莽地提出独立的要求。党卫军认为自己是完全忠诚的精英团体，是纳粹主义思想的捍卫者和先锋队，是实现元首意愿的工具。他们就是本着这样的想法，从 6 月 30 日起，在各个方面开始坚决进行扩张的。很快冲锋队和纳粹党就先后消失在党卫军的强大阴影下，因此任何人想要绕开党卫军登上权力的宝座都是不可能的。

党卫军的崛起在很大程度上决定了第三帝国的历史和特点，而且绝没有随着政权的覆灭而终结。其崛起也附带地证明了一些事：罗姆认为自己归根结底和希特勒是一条心的，这是事实。莱因哈德·海德里希的背后捣乱一直刺激着希姆莱，他将党卫军全国统帅本部建成了一个势力强大、分支众多的机构。党卫军全国统帅本部最终成了名副其实的辅助政府，它渗透进了所有现有机构，侵蚀他们的政治力量，并逐渐开始取代他们。希姆莱的想法其实和恩斯特·罗姆迫不及待，但模糊不清的想法是一致的。罗姆的手下野心勃勃，他们梦想建立一个冲锋队国家；希姆莱至少初步建成了一个真正的党卫军国家。如希特勒对亲信所说，罗姆被清算是因为他想靠直接采取行动实现希特勒试图"用最小的步子一点点谨慎"实现的目标。

消灭了冲锋队的最高领导层，希特勒中止了这场有限的革命。罗姆事件结束了所谓的斗争时期，标志着一个转折点，这场运动模糊不清的空想阶段结束了，接下来要迎接纪律国家的清醒现实。取代传奇斗士的是党卫军创造的更为现代的革命者——监管革命的官僚，他们公正超然，他们的喜好从不为人所知。从社会结构的角度考虑，他们对旧制度的破坏程度可能比以往任何革命者都要深。

总而言之，6 月 30 日之前希特勒面临需要至少同时解决 5 个问题的挑战：他必须彻底除掉罗姆和他手下冲锋队里那群桀骜不驯、意志坚定的革命者；他必须满足军队的要求；他必须消除公众对街头统治和明显的恐怖主义的不满；他必须阻止保守派的反击计划；他在解决所有这些问题的时候不能受制于任何一方。他仅通过一个规模有限的行动，牺牲了相对较少的受害者就解决了一切问题。解决了这些问题后，他就可以直奔主要目标，完成夺权的整个过程了。这个目标就是继承兴登堡的总统之位。

从 7 月中旬起，总统的健康状况明显恶化，他随时可能去世。7 月 31 日，政府第一次公布了有关总统健康状况的官方公报。尽管第二天的消息听起来稍微乐观些，但希特勒用一不敬之举预测了事情的结局，他向内阁提出一项关于继任的法案，这项法案会在兴登堡去世时生效。法案规定将总统办公室和元首及总理办公室合二为一。希特勒的专横霸道进一步显现出来，他还在这道新颁布的法案上附上了副总理冯·巴本的名字，尽管巴本连这次内阁会议都没有出席。

希特勒在同一天前往诺伊德克看望弥留之际的兴登堡，兴登堡只是偶尔清醒，他还称希特勒为"陛下"。尽管兴登堡声名卓著，他一直觉得只有在从属关系或者说封建臣服关系中才会感到舒适和安慰。兴登堡在第二天即 8 月 2 日早上去世。在政府的一份公告里，他被奉为"遥远过去的不朽丰碑"，他的"贡献几乎不可估量"，将他的贡献推至顶点的是"1933年1月30日……他敞开了帝国的大门，迎接新生的纳粹主义运动"，他让昔日的德国和明日的德国"彻底融为一体"，他是"德国人民的民族神话"。

在铺天盖地的讣告和哀悼文章中，法案的实施几乎没有引起任何人的注意。但精心策划的法案确定了局势的走向。合并总理和总统这两个职位"在宪法上已经生效了"，希特勒又颁布了一道法令，命令内政部长准备进行全民公决，让这两个职位的合并得到"德国人民的直接裁决"。为了掩饰现在集中他一人身上的绝对权力，他宣布"过世的伟人"不允许他自称总统，因此他希望人们"在正式和非正式的交流中继续称他为元首和总理"。

在兴登堡去世当天，军队领导层也觉得应该向希特勒无条件效忠。陆军部长冯·布隆贝格的投机行动显得过分热情了，他让各守备部队的全体官兵宣誓向新任总司令效忠，然而新任总司令的合法地位要在3周后才会生效。过去人们是向"民族和祖国"宣誓，现在人们必须对上帝发誓，无条件服从希特勒个人。这证实了希特勒的领袖制国家的极权主义特性，没有军队的帮助，这是不可能实现的。很快，包括内阁部长在内的政府官员也必须宣誓对希特勒个人效忠，于是"某种类似于君主制的制度"得到了复辟。

8月7日，兴登堡被葬在东普鲁士坦能堡纪念碑的庭院内，他曾在1914年在这里打过胜仗。希特勒在葬礼悼词中称人们会永远记住这位逝者的名字，"即使在遗体彻底消失之后"也是如此。他在最后说道："这位逝去的战神已经进入了瓦尔哈拉神殿①。"

8月19日举行了全民公决，新任统治者的权威显然严重受损。专制政权远远没有得到100%的支持，只有84.6%的人投了支持票。在柏林、亚琛和韦塞尔明德的部分地区，支持率甚至还不及70%。在汉堡、吕贝克、莱比锡和布雷斯劳，将近1/3的人投了反对票。一些群体最后一次提出了反对意见，他们主要是社会主义团体和天主教团体。

希特勒在第二天的公告明显表现出了他对公投结果的懊恼和失望。公告宣布"由于纳粹主义现在已经控制了日耳曼帝国……从帝国最高领导层到所有政府机构人员以及最低行政级别的官员"，长达15年的权力斗争已经结束了。但希特勒又称，必须全力以赴、毫不懈怠地继续斗争，争取"亲爱的人民"的忠诚，直至"最后一个德国人在内心宣誓忠于帝国"。

两周后，希特勒在纽伦堡大会堂举行的第六届纳粹党代表大会开幕式演说里表达了同样的意思，不过还加上了对所有不满者的威胁。和往常一样，他让慕尼黑分部头目瓦格纳宣读了他的演说词，瓦格纳的声音几乎和他一模一样："我们都知道国家将领导权交给了谁。那些还不知道或者忘记这件事的人是不会有好结果的！一直以来革命在德国

——————————————

① 译者注：瓦尔哈拉神殿是北欧神话中的主神奥丁神接受阵亡英雄灵魂的殿堂。

是非常罕见的。在我们的推动下，19世纪的动荡岁月终于结束了。在下一个千年里，德国是不会再爆发另一场革命的。"

德国革命这时才真正开始。在这场运动中，以暴力革命为目标的势力现在已经被消灭了。他们的精力现在主要放在了宣传和对民众的关注之上。

大量宣布革命已经终结的公告显然主要是为了安抚公众仍然动荡不安的情绪。到了1934年秋天，德国国内开始呈现出恢复秩序的迹象，但希特勒的长期目标是绝不会因此而改变的。希特勒只是在表面上终止了革命，现在他开始从内部实施革命了。

这场革命触及到了很深的层次，扫荡了一切。它控制和改变了政治制度，破坏了军队、官僚机构的阶级结构，在一定程度上也破坏了经济领域内的阶级结构。它分化腐蚀了仍然具有影响力的贵族阶层，削弱了他们的力量。它给落后、闭塞的德国带来了一定程度的社会流动性和平等机会，这些对现代化工业社会而言是必不可少的。希特勒对科技的钦佩众所周知。在涉及到方式方法的时候，他会完全从现代化的角度考虑，尤其是因为他需要拥有一个理性、高效的工业化国家来实现他的扩张目标。

纳粹政权实施的结构革命因为人们的念旧思想而遭到曲解。换言之，德国的上空仍旧笼罩着愁云惨雾。例如，农民阶级是人们普遍同情的对象，但实际上他们的经济状况明显加速好转，从1933年到1938年，所谓"土地上的腾飞"在统计数据上创了新高。同样，纳粹政权通过其工业化计划（特别是在德国中部建立了对军队至关重要的化工厂）推动了城市化进程，然而与此同时他们也公开指责城市化进程。尽管纳粹政权第一次将妇女纳入了工业生产过程，但他们仍继续批判所有自由主义和马克思主义思想中让妇女失去女性化的倾向。纳粹政权崇尚传统，但1936年初流传的一份"机密报告"称："必须彻底摧毁与传统的联系。建立新的完全未知的形式。不存在个人权利……"

不可否认。对冲锋队的镇压终止了甚嚣尘上的暴力，从此开始了稳定阶段，政治秩序中的独裁力量在这个阶段抑制了极权主义革命的推动力。看起来紧急状态似乎再次暂时被正常秩序取代了。至少目前人和人之间相互逮捕、用达蒙集中营互相威胁的状况停止了。据说从1934年到1938年，一些土地开始被开拓和耕种。移居海外的人口大幅减少，甚至犹太公民移居海外的数量也不断降低。但很多人的内心开始隐匿起来。德国人一直以来对纳粹政权政策的不信任以及对其承诺和强制性要求的厌恶似乎在这些年得到了印证。

然而，在表面井井有条的秩序背后有一股激进的能量正在运转。当时很少人知道这股力量的激进程度。心惊胆战的资产阶级很快说服自己，希特勒在挫败罗姆的行动中扮演的是保守派、反对革命的力量。但事实上希特勒是顺从了革命原则，更激进地反对单纯激进的革命者。戈林在6月30日下午明确表示："二次革命正在筹划之中，但我们会用二次革命来对抗那些将其召唤来的人。"

甚至在那时，任何人只要更加仔细地观察就会发现一个致力于建立秩序、实现充分就业和在国际阵线上谋求平等权利的国家是不足以满足希特勒的野心的。1934 年 11 月，希特勒向一名法国来宾保证，他没有考虑过征服其他国家。他说，他关心的是建立新的社会秩序，这会为他赢得人民的感激，从而让他在人民心中建立起比任何从战场凯旋的将军都更加持久的丰碑。但这些话只是徒有其表的花言巧语。希特勒厌恶专制福利社会的秩序井然、心满意足、人人幸福的理想状态，这些从来不是他的动力。他的内在动力的源头是一个空想出来的极度华丽和夸张的幻象，这个幻象远远超越了人们的想象，这个幻象至少拥有千年的时间跨度。

第六部

筹　备

第一章　既成事实的时代

像法国人那样，只是说他们的国家是意外得来的是不够的。不管是国家还是女人，如果在第一个能让他们倾倒并占有他们的探险者靠近的时候不加防备，都是不会得到原谅的。我们并不是在用这些话解决这个谜团，只是在用不同的方式表述这个谜团。

——卡尔·马克思

弱者是不会有好结果的！

——阿道夫·希特勒

20 世纪 30 年代中期，希特勒在外交政策上重复使用了他在国内轻松战胜对手时使用过的办法，而且在使用这些办法时同样不费吹灰之力，同样获得了成功。按照他的"攘外必先安内"的观点，他在之前的几个月里没有什么动作。他唯一张扬的举动是退出国联和与波兰签订条约。与此同时，他开始偷偷地重整军备，因为他知道没有军事力量，国家在外交政策上的运作空间是非常有限的。他必须在不违反条约、不激怒强大邻邦的情况下度过这个由弱到强的过渡阶段。和希特勒掌权之初时一样，很多评论者再次预测希特勒很快会落马。但希特勒通过一系列巧妙的外交策略在几个月的时间里成功摆脱了《凡尔赛和约》施加的限制，为他计划中的扩张行动争取到了有利的因素。

以血腥的罗姆事件为结局的夺权过程略微显现出了希特勒的本性和手段，因此欧洲各国对希特勒挑衅的反应更加难以推断。希特勒在 1941 年 1 月的一篇演讲中愤然地宣称："从最开始我的计划就是要废除《凡尔赛和约》……我不止一次地写下这几个字：'废除《凡尔赛和约》。'"

从一开始就无人能对这个特定的目标有丝毫质疑。既然废除《凡尔赛和约》意味着对所有欧洲国家几乎都会造成威胁，那么希特勒不费吹灰之力就获得成功的背后一定存在强大但隐蔽的因素。

希特勒把欧洲自由保守主义资产阶级的反共情绪当成一个重要工具，消除他们对他本人以及他的政策的猜疑。希特勒敏锐地觉察到了对手的感受和隐秘动机，于是对其加以利用。他在众多演讲中无数次提到"布尔什维克正在幕后操纵，从事破坏活动"，他们有"无数资金和宣传渠道"，他们"在对欧洲大陆进行彻底变革"。他在对阿诺德·汤因比描述自己的使命时说，他将带领人类与布尔什维克主义展开不可避免的战斗。

希特勒领导下的德国让人感到陌生，他们开始转过头走保守路线，这不仅让欧洲人感到深切的不安，也让很多人的心里生出不少隐秘的期望，如希特勒自己所言，在"魔狼芬利斯再次席卷大地"时，德国也许会像过去一样承担起"壁垒"的责任，抵挡邪恶力量。在保守的欧洲人心目中，希特勒凶恶好战，非常适合担任保护者和壁垒指挥官的角色。当然没人希望他担任其他更多的角色。

所有和希特勒合作的保守派，从卡尔到巴本，都表现出了一种混杂了天真、愚蠢和自负的特质。当然，政客们也感到些许恐惧，但这些恐惧没有影响他们的政策。当赫尔曼·劳施宁向张伯伦汇报希特勒的目标时，张伯伦坚决拒绝相信。希特勒敏锐地感觉到当前的局势是昔日的重现，连眼前的面孔都似曾相识，他将伦敦和巴黎那些息事宁人的调停者们称为"我的胡根贝格们"。

独裁思想在国内外都受到了欢迎，这对希特勒非常有利。他称"民主政治的危机"是这个时代的普遍现象。当时的很多评论者认为"独裁思想在当时……像上世纪的自由思想一样具有强大的感染力"。严格管理下的德国释放出强大的吸引力，在东欧和东南欧国家，这股力量已经开始与迄今为止一直占据主导地位的法国的影响力抗衡。波兰外交部长约瑟夫·贝克把希特勒和墨索里尼的签名照片摆在他的办公室里绝非偶然。他们似乎才真正体现了时代精神。这个时代认为在社会利益和政治利益的相互作用下理智总是会被击败；新秩序是通过纪律约束获取力量的。新秩序的首要代表就是阿道夫·希特勒，他的成功会瞬间改变欧洲的政治氛围并建立起全新的标准。

希特勒将这些倾向或情绪与他自身的特制结合在一起，一切都成了对他有利的因素。他从欧洲的反犹思想中得到了不少好处，反犹思想在波兰、匈牙利、罗马尼亚和波罗的海各国有很多的支持者，在法国也很普遍，英国一个法西斯团体的领袖在 1935 年在反犹思想的激发下甚至建议用"处决室"干净彻底地解决犹太人的问题。

希特勒还从当前和平条约框架内的种种矛盾中榨出了更多好处。《凡尔赛和约》首次在国际关系问题中引入了罪恶、荣誉、平等和自觉等道德因素。希特勒越来越大张旗鼓地利用这些题目做文章。他的呼吁对英国的影响尤甚。他的呼吁不仅触发了英国的罪恶感，而且刚好和英国权力制衡的传统政策相符。笃信这个政策的英国政治家一直对法国在欧洲大陆的强大影响力感到不安，因此希特勒经常得到英国的鼓励。1935年初，英国皇家空军的一名高官曾对一个德国人说，如果德国宣布无视《凡尔赛和约》的规定重建空军，是不会在英国激起"愤怒情绪"的。但不管是英国还是欧洲大陆上的各国，不管是战胜国还是战败国，不管是独裁主义者还是民主主义者，都感觉到时代趋势即将改变。这是又一个被希特勒利用的因素。他在1936年称：

> 我们和其他所有国家都觉察到我们走到了时代的转折点上。不仅我们这些从前的战败国，战胜国也在内心深处相信有些事情出问题了，人们似乎丧失了理性……每个国家似乎都感到必须建立新的秩序。这个新秩序的座右铭必须是：符合理性和逻辑，理解和互谅！那些认为"凡尔赛"这个词有可能树立在新秩序入口的人彻底错了。它不会成为新秩序的奠基石，只会成为新秩序的墓碑。

因此欧洲和德国一样为希特勒提供了很多入侵的途径。过去遗留下来的敌对情绪会造成希特勒和欧洲之间的对立，但这个想法是错误的，因为他们之间有很多相同的情感和利益。

从英国得到的诸多鼓励让希特勒对他的大胆预言更加有信心。他一直认为他在1923年初就提出了要与英国结盟。事实上这一直是他的外交政策的中心原则，从根本上讲这其实是分化世界的思想。英国作为最具权威的海上强国将控制海洋和海外领土。德国作为毋庸置疑的陆上强国，将控制广袤的欧亚大陆。因此在纳粹政权建立之初，英国在希特勒的计划中占据了关键的位置，而海峡对岸对他的措施给予的正面态度也极大地增强了希特勒的信念，他坚信他正走在正确的道路上。

当然并非他的所有行动都受到欢迎。1933年5月，罗森伯格访问伦敦，但明显遭到怠慢。高调退出国联并没有增加希特勒在英国心目中的分量。另外一个污点是奥地利的纳粹党人在1934年7月刺杀了奥地利总理恩格尔伯特·多尔夫斯——后来的情况表明希特勒可能并不知晓刺杀计划。事实证明，私利总是比道德力量更强大——希特勒本人很快声明与此事无关。凶手已经逃到了德国，希特勒将他们移交给了奥地利政府，并且突然撤去奥地利纳粹党督察特奥·哈比希特的职务，并且召回了与事件有牵连的德国驻奥地利大使里特博士。身为天主教徒和保守派的弗朗兹·巴本被派去顶替里特的职务，他再次承担起安抚忧虑不安的资产阶级的角色。

外国对多尔夫斯被刺事件的反应十分一致，希特勒明白他必须更加谨慎地行事。维也纳的政变组织得很仓促，而且缺乏配合。除此之外，希特勒还意识到他的地位还不够强大，还无力抵挡大规模的对抗；更好的做法是等着能够激怒对手的借口出现，或者在不知不觉中，让对手进入国际象棋中"被动走棋"的境地——也就是说下棋的人只有一步棋可走，这样他就可以将预先精心策划的措施伪装成应对对手行动的措施。

环境让事态开始向对希特勒有利的方向发展。不久后，希特勒在 1935 年 1 月 13 日举行的全民公决中取胜，如愿提高了自己的威望。绝大多数人投票支持因为《凡尔赛和约》而脱离德意志帝国的地区重新回归德国。只有大约 2000 人支持该地区加入法国，445000 人支持该地区回归德国，约 46000 人支持该地区维持现状，由国联继续管理。尽管希特勒一直不怀疑会得到如此的结果，但他还是将投票结果当作一次个人的胜利。3 天后，他在奥巴萨尔兹堡接受美国记者皮埃尔·赫斯的采访时称，终于有一个凡尔赛的不公条款得到了纠正。仅仅几周后西方列强就给他提供了这个还击的机会，从现在开始，这种还击成了他最喜爱的手段。

欧洲大国不断提出建议，他们认为这些建议能束缚住不守规矩的希特勒或者至少让他心神不安。1935 年初，英国和美国向希特勒提出扩充《洛迦诺公约》，签订一份限制空袭威胁的协议。东欧和中欧国家也提出签订类似的协定。希特勒根本没有认真考虑过这些提议，他只是把它们当作跳板，实施他的战术运作。它们可以让他散播不确定性，可以让他通过虚假的声明就轻松达到效果，可以让他掩盖他的真实目的。

他已经在 1934 年采取措施，以求与英国在空军建设的问题上达成一致。他的目标是将英国拉进谈判，诱使英国无视《凡尔赛和约》对德国施加的军备限制。同时，希特勒也认为谈判本身以及谈判带来的亲密气氛是在英国和法国之间散播不信任消息的最佳工具。因此，他准备劝说英国大规模扩军。谈判在多尔夫斯遇刺事件后中断，希特勒在 1934 年年底再次向英国政府提议。他增加了他的要求，这是他在失败后的一贯做法。到目前为止，他只要求允许德国空军拥有相当于英国空军半数的兵力。他在一次闲谈中提到实现兵力上的对等是"必然的结果"，对他而言这已经不再是谈判的目标了，现在的关键目标是与英国达成一份海军协定。

维也纳政变只是空军协定谈判中止的部分原因，谈判失败的主要原因是英国尽管感兴趣，但还没有准备好签订双边协定。但签订海军协定的提议打中了他们的软肋。

希特勒的特使约阿希姆·里宾特洛甫在 1934 年 11 月中与当时的英国掌玺大臣安东尼·艾登和外交大臣约翰·西蒙会面时探了探他们的口风。1935 年初，双方继续接触。1 月 25 日，希特勒"非正式"地接见了赫特伍德的艾伦勋爵，4 天后，他又再次"非正式"地接见了自由党政治家洛锡安勋爵。希特勒对缓慢的裁军谈判怨声载道，他强调英德双方有同样的利益，接着提到英国拥有无人能及的海上霸权，随后提出了他的第一个具体建议：他准备缔结一份协定，将德国和英国的海军军力比控制在 35 比 100。作为回报，德国可以维持其传统，建立更为强大的陆军。这正是希特勒宏大设计的基本要点。

英国外交大臣即将访问柏林，这将给他们提供一个讨论实质问题的机会。访问日期定在 1935 年 3 月 7 日。双方的对话显示出希特勒对对方的兴趣和心理揣测得相当贴切。

他巧妙地向英国人灌输了如下观点：绥靖政策将在接下来的几年里成为政治的主导。英国人在对话后相信希特勒急于签订一份条约，好让德国重整军备的行动合法化，最终让德国有资格加入同盟。这个需求是一张一发即中的王牌。现在有办法结束军备竞赛，让德国的军备保持在可控范围内并且最终绑住希特勒的手脚了。当然，英德条约会让法国紧张，但如《海军评论》所写，法国必须意识到"英国没有永远的朋友，只有永远的利益"。如果德国这样一个大国自愿承认英国的海上霸权，这些利益将会得到满足，特别是在希特勒制定的温和条件下。无论如何，对法国意义重大的《凡尔赛和约》时代结束了。

英国人的这些心思意味着在第一次世界大战期间建立起来并在《凡尔赛和约》中得到确认的那个团结一致的联盟走到了尽头。希特勒再次展现出了破坏对手统一阵线的非凡能力。一时间，他的对手看起来会在最后联合起来反对他，其实，他们只不过是摆出了徒有其表的防御姿态，这立刻被希特勒看穿了。他们在此后甚至给了希特勒更自由的活动空间。

3月9日，希特勒发表了一份官方公告，称德国已经建立了一支空军部队。法国政府的反应是，这只是延长了在生育率较低的几年里出生的入伍士兵的服役年限而已，但英国外交大臣约翰·西蒙只是对下议院说他和艾登先生仍旧打算前往柏林。

希特勒采取了进一步行动。他指出德国在伍德罗·威尔逊的调停之后不断相信邻国，但他们的信任不断落空，直到他们发现自己在兵强马壮的世界中已经"陷入尴尬且极度危险境地，无力防御"。因此他恢复了普遍义务兵役制，重新建立了陆军，并在和平时期将维持36个师、共计55万人的兵力。

希特勒将这个公告和一次宏大的军事庆典结合在一起。3月17日被命名为英雄纪念日，希特勒在这天组织了盛大的游行活动，新建的空军部队也参加了游行。尽管恢复普通义务兵役制作为对《凡尔赛和约》的反抗在国内很受欢迎，但希特勒不敢像过去那样就这项议题展开全民公决。

此时的关键因素是《凡尔赛和约》缔约国对德国公开违反条约的反应。不过，希特勒在几个小时后就发现他赌赢了。英国政府确实发出了抗议，但他们在同一份抗议照会中询问希特勒是否仍希望接见他们的外交大臣。另一方面，法国和意大利准备采取强硬措施，他们在4月中旬在意大利的斯特雷萨安排英法意三国召开会议。墨索里尼带头主张敦促德国停止目前的行动，但英国代表表明他们从一开始就不打算实施制裁。结果会议就这样在各方交流了想法后结束了。

希特勒已经得出了结论，因此西蒙和艾登在3月底抵达柏林时发现希特勒非常自信。他耐心礼貌地等着听他们的建议，但他自己没有做任何承诺。他再次提到日耳曼民族缺乏生存空间，并提出建立全球同盟的提议，而建立全球同盟第一步就是他提议签订的海军协定。英国人断然拒绝建立特殊的英德关系，而且最重要的是他们拒绝牺牲英国与法国的密切合作关系，这时希特勒发现自己的谈判立场十分艰难。一时间，建立同盟的整体思想和他的宏伟计划似乎已经失败了。但他仍然不动声色。第二天的谈判又给他提供了一次机会，他抓住这个机会大胆地虚张声势了一回。德国提出了空军力量对等的要求，约翰·西蒙爵士问德国空军力量现在有多大。希特勒似乎犹豫了一下，在短暂的停顿后他回答说德国的空军力量已经与英国相当了。这个消息让英国人大吃一惊，一时间谁都没说话，但英国谈判者脸上的表情泄漏了他们局促不安的惊讶和怀疑。正是这成了转折点。这显然就是希特勒推迟谈判直到可以宣布德国建立空军并恢复征兵的原因。只靠恳求拉拢是不可能说服英国的，希特勒只有靠施加压力和威胁才能给他的提议增加砝码。将国家带上谈判桌的不是好感，而是武器。

无论如何，这次谈判让英国人印象深刻。另一个孤立希特勒的机会很快出现了，国联在 4 月 17 日谴责德国违反了《凡尔赛和约》。没过多久，法国与苏联缔结了同盟条约，然而英国仍坚持按照在柏林商定的日期与德国签订海军协定。希特勒显然认为这是英国在示弱，他计划对此加以利用。他命令他的特使里宾特洛甫在 6 月 4 日开始与英国外交部展开对话，将协定以最后通牒的形式提出。英国必须接受 35 比 100 的海军军力比率；这不是德国的提议，这是元首不可动摇的决定，接受这个比率是开始谈判的先决条件。约翰·西蒙爵士气得满脸通红，他训斥了德国代表团团长，随后离开会场。但里宾特洛甫粗声粗气地坚持他的条件，像他这样傲慢自大、缺乏主见的人显然不知道如何处理这件事。德国谈判人员无功而返。

但两天后英国人再次要求见面，他们开门见山地表示英国政府已经决定接受德国总理的要求，以此作为进一步协商两国海军事宜的基础。协定内容在几天后拟定完成。协定的签订日期定在 6 月 18 日，这个日子让人感到有些许象征意义，这天恰逢英国人和普鲁士人在滑铁卢大败法国人的 220 周年纪念日。里宾特洛甫回国后被希特勒盛赞为"比俾斯麦更伟大"的政治家，希特勒自己称这天是"我这辈子最高兴的一天"。

这确实是非凡的成功，它满足了希特勒当时的所有希望。这份海军协定被恰如其分地称为"划时代的事件，其象征意义超越了其实际内容"。最重要的是，它再次向希特勒证明，通过勒索绝对可以得到任何东西，它助长了他彻底终结西方同盟、分化世界的希望。他欣喜若狂地称这份协定标志着"新时代的开始"。

英德海军协定的另一个后果是彻底打破了欧洲当前的一切政治关系。尽管希特勒和墨索里尼在思想上有很多共同之处，但希特勒被任命为总理后的这两年半时间里，墨索里尼一直对希特勒奉行舆论批驳的政策。尽管法西斯主义在德国的胜利让他感到高兴，但他无法压制内心对北边这个邻国的深切不安，德国展现出的活力、生命力和秩序正是他一直以来费尽周折地想要给自己的人民注入的东西，威尼斯的那次会见更证实了他对希特勒的怀疑。但似乎也激起了墨索里尼的自卑情结，自此之后他一直试图通过故作姿态、采取傲慢的手段或者借助已经消逝的昔日辉煌来对此加以弥补，最后这却让他在与希特勒命中注定的伙伴关系中越陷越深。和法国以及英国不同，他多次准备亮出军队，抵制希特勒违反条约的行为。在多尔夫斯遇刺事件发生时，他命令意大利的几个师前往北部边境，并且致电奥地利政府，表示他准备全力支持他们保卫奥地利的独立，甚至最后还允许意大利媒体刊登嘲讽希特勒和德国人的讽刺文章。

现在他想要充分利用这个机会，他的眼光落到了埃塞俄比亚。19世纪末，意大利扩大厄立特里亚和索马里兰殖民地的尝试以惨痛的失败告终，自此之后埃塞俄比亚就一直是意大利的帝国梦想中的重要一环。他认定英国和法国不会对他的占领行动设置障碍，因为他们需要意大利继续留在反对希特勒的防御战线上。几乎坐落在不毛之地上的亚的斯亚贝巴对英法两国来说绝对不及柏林重要。

通过故意挑起边境事件和绿洲冲突，墨索里尼煽动人们的情绪，为发动殖民地战争做准备，在1935年10月2日的群众集会上，墨索里尼面对聚集在意大利全国的街道和广场上的2000万狂热民众向埃塞俄比亚宣战。这么做有可能会导致苏伊士运河封锁或者造成石油禁运，让意大利远征军无法将其现代化设备投入战斗，随后埃塞俄比亚人可能痛击意大利人，就像40年前皇帝孟尼利克在同一片土地上做过的那样。墨索里尼后来承认这次宣战对他而言可能成为"一次无法想象的灾难"。但英国、法国与其他国联的成员国一样都回避此事，他们只采取了少数心不在焉的措施，他们的软弱破坏了民主国家和国联的威信。需要他们谨慎行事的理由实在很多，例如，积极主张进行经济制裁的捷克斯洛伐克总统贝奈斯谨慎地停止了捷克斯洛伐克对意大利的出口。

欧洲的内部矛盾和对立让墨索里尼几乎可以毫无限制地进行军事上的自由运作。现代化的意大利军队开始摧毁几乎毫无防备的敌人，战斗的残酷程度是史无前例的，他们甚至在战斗中使用了毒气。1936年5月9日，墨索里尼站在威尼斯宫的阳台上向欣喜若狂的人群宣布意大利已经"征服了50个国家"，并宣布"帝国在罗马的山丘上重现了"。

希特勒起初在这场战争中严格保持中立，因为他有足够的理由对墨索里尼生气。墨索里尼的这次埃塞俄比亚探险破坏了希特勒外交政策的基本计划。希特勒一直在计划中期望与英国和意大利合作，但这次危机让他两个预期的伙伴反目成仇，这让他要面临意料之外的选择。

出人意料的是，在经过很长时间的犹豫之后，希特勒决定支持意大利，他为意大利供应原材料，特别是煤，尽管他刚刚在几个月前还盛赞过英德协定是新时代的开始。他在这场战争中发现了又一个可以严重破坏现有秩序的机会——他会支持危机中实力弱的一方来反抗实力强的一方，以操纵危机。他认为如果有可能争取到另一个迄今为止尽管他不断提议但一直拒绝与他产生联系的潜在盟友，他就可以放心地用一定程度的紧张关系检验与英国刚刚缔结的协定。

　　除了利用埃塞俄比亚战争打破他在南部的孤立状态，希特勒还抓住西方列强显而易见的犹豫不决和国联的行动不力，又一次出其不意地出击。1936 年 3 月 7 日，德国军队占领了在《洛迦诺公约》缔结后就一直是非军事区的莱茵兰地区。根据局势发展的逻辑，这肯定是他的下一步策略，但从一切表象来看，这一步甚至对希特勒自己都有些出乎意料。根据文献判断，这个行动最初计划在 1937 年春天进行，但是鉴于国际形势，希特勒在 2 月中旬开始考虑是否可以把行动日期提前。显然没过几天他就打定了主意，因为墨索里尼在很短的时间内接连两次告诉他，斯特雷萨会议的精神已经不复存在，意大利不会参与任何针对德国的制裁。这次希特勒也在等着一个借口，让他能够在全世界人民的眼前扮演被人欺负的角色，这是他最爱扮演的角色。他希望能够大声抗议曾经施加在他身上的耻辱。

　　这次他从《法苏互助条约》中得到了启示。该条约是前一段时间商定的，但还没有批准通过。它对希特勒的目标非常有利，因为它会延长法国国内的论战，也会在国际上引起很大的关注，尤其会引起英国的关注。为了掩饰真实意图，希特勒在 2 月 21 日同意接受伯特兰·茹弗内尔的采访。希特勒表达了和解的意愿，还特别批驳了《我的奋斗》中强烈的反法偏见。他解释说，他在写这本书的时候，法国和德国还处在敌对状态，但现在两国之间已经不再有敌对的理由了。茹弗内尔随后问，这本被很多人视为政治圣经的书为什么仍然按照原样重印。希特勒回答说他不是修订自己作品的作家，他是一名政治家："我每天都在我的外交政策中进行修正，我的外交政策的目标就是与法国取得彻底的和解……我的修正会记录在历史这部巨著中。"但整整一个礼拜之后这篇访问才刊登在《巴黎南方报》上，事实上就在刊登访问的前一天，法国众议院刚刚通过了法苏条约，希特勒觉得受到了蒙骗。当 3 月 2 日法国大使弗朗索瓦·庞赛拜见希特勒的时候，希特勒愤怒地对他说他被人当成了傻瓜。错综复杂的政治问题使得这篇访问没有及时刊登出来，希特勒所说的话没能赶上局势的发展，他会再提出新的建议。

　　同在 3 月 2 日，陆军部长布隆贝格拟定了占领莱茵兰地区的命令。3 月 7 日，他的部队越过莱茵河，民众们纷纷向他们欢呼并抛掷鲜花，但希特勒很清楚他所冒的风险。后来他表示占领莱茵兰后的 48 个小时是他一生中"最紧张"的时候。军队建设才刚刚开始，如果开战，他只有区区几个师对抗法国及其东欧盟国的将近 200 个师，因为同时还必须加上苏联的部队。当时的一名参与者后来说，希特勒本人没有表现出精神崩溃的迹象，但乐观自信的陆军部长确实表现得十分紧张。由于预计法国肯定会加以干预，布隆贝格在行动开始后不久全力支持撤回部队。希特勒承认："如果法国军队进入莱茵兰，我们可能不得不夹着尾巴撤退，因为我们手中的军队资源甚至连普通的抵抗都实施不了。"

然而希特勒毫不犹豫地冒了险，他这么做无疑与他越来越瞧不起法国有关。他小心谨慎，尽可能让此次行动更安全。他这一次又是在周六下的命令，因为他知道西方列强制定决策的委员会不可能在周末开会。他承诺自己会规矩行事而且明确提出建立同盟，甚至建议与法国签订为期25年的互不侵犯条约，并且表示德国会返回国联，但与此同时他又一次违反了条约，而且这次既违反了《凡尔赛和约》，也违反了《洛迦诺公约》。他也再次利用民主程序把他的行动合法化了，而且在对此事的投票中他首次得到了99%的支持率，这是"极权主义者梦寐以求的票数"。他称这个阶段是"既成事实的时代"，这话非常正确。

　　希特勒在支持此次行动的国会演讲中充分利用了德国以及欧洲其他国家人民的矛盾、恐惧和对和平的渴望。具体而言，他认为此次行动的根据是德国有理由认为必须将法苏条约的签订视为违反《洛迦诺公约》的行为，因为该条约无疑是针对德国的。

　　希特勒的话起作用了。法国政府当时确实考虑进行军事打击，但鉴于普遍的和平主义情绪没有进行总动员。而英国方面无法理解法国为何如此激动，英国人认为德国人只是回到了"他们自己的后花园"。在法国的所有盟友中，只有波兰表明准备好随时介入，但消极的法国政府让他们摇摆不定，最后他们非常尴尬地收场了，他们甚至为柏林貌似挑衅的行为找到了一个看起来相当合理的解释。

　　于是一切都是按照之前几次危机的模式进行的。希特勒的鲁莽行动招来了大声抗议和威胁，随后是国联理事会的严肃磋商，最后是召开会议，直到冗长的谈判耗尽了由于正义受损所产生的所有能量。理事会在莱茵兰地区设置了一个宽约13英里的中立地带并要求德国不要在中立地带内修筑防御工事，希特勒只是回应说他不会接受任何指令，德国收回主权不是为了让主权在收回时被限制或者消除。这是西方列强最后一次以战胜国的强硬口气说话，不管怎样，他们近来说话的时候越来越少用这样的口气了。

　　所有这些反应咎合在一起就相当于承认西方列强无法再维持或不愿再维持他们在《凡尔赛和约》签订期间及之后建立起来的和平体系了。

　　德国占领莱茵兰地区一开始并没有对欧洲强权之间的实际力量平衡造成什么影响。但它让希特勒的西部后方部队得到了安全保障，如果希特勒想要实现西南部和东部的目标，这对他来说是必不可少的。实现这个目标的时间越来越近。此次行动带给他的兴奋刚刚消退，他立刻开始沿德国的西部边境修筑严密的防线。德国现在把脸转向了东边。

　　为了让人民在心理上为德国面向东方做好准备，希特勒必须让他们强烈地感受到威胁。当前的局势再次让希特勒事半功倍。共产国际在1935年夏天制定了新的人民阵线战略。该战略在1936年2月的西班牙选举中大获成功，稍后又在法国大获成功，在法国左翼联盟的选举胜利中获益最多的是共产党，他们在众议院的席位从10个增加到了72个。1936年6月4日，莱昂·布鲁姆建立了人民阵线政府。6周后的7月17日，摩洛哥爆发军队叛乱，由此触发了西班牙内战。

当西班牙人民阵线政府向法国和苏联求助时，叛军领袖佛朗哥将军也向德国和意大利寻求支持。两名纳粹官员和一名西班牙军官一起从摩洛哥的得土安出发前往柏林，他们的任务是将佛朗哥的亲笔信交给希特勒和戈林。德国外交部和陆军部都拒绝正式接待该代表团，但鲁道夫·黑斯决定直接让正在拜罗伊特参加音乐节的希特勒解决此事。7月25日，3名特使见到了希特勒并将佛朗哥的信交给了他。当时正心情大快的希特勒没有和相关部长商量就做出了积极支持佛朗哥的决定。空军总司令戈林和陆军部部长立刻接到了相应指令，他们当即采取了最重要而且也许是决定性的措施——他们派出了几支容克斯 52 型运输机编队。在这些飞机的帮助下，佛朗哥将他的部队运送到地中海对岸并在西班牙大陆建立了一个据点。在接下来的 3 年里，佛朗哥得到了战争物资、技术、顾问和秃鹰军团等来自德国的援助。然而，德国援助对战争走向并没有重大的影响，而且无论如何都远远不及墨索里尼借给佛朗哥使用的军队。希特勒其实并没有帮助佛朗哥取得胜利，但他却竭尽全力让战争继续。希特勒从西班牙内战中得到的真正好处是它搅乱了欧洲局势。

很快人们就会发现这场战争让情况出现了两极分化。反法西斯主义在西班牙战场上造就了神话，由于内部纷争分化成无数派系和集团的左翼仿佛是为了进行"最后决战"一般在国际纵队中团结一致，再次展现出了昔日的神话延续下来的力量。但这股力量和左翼的威胁仅仅是神话，它发挥了神话的最大作用——让反对派团结在一起并动员起来。

左翼投身西班牙内战的影响是他们最终让长久以来一直存在争执而且仅仅是试探性地互相接近的法西斯势力走到了一起。结果法西斯势力建立了"柏林——罗马轴心"。由此形成了类似于法西斯国际的联盟，其权力中心位于德国。同时第二次世界大战的阵容也初见雏形。

由于有众多来自外部的无意刺激，这个联盟的建立并不轻松，必须越过很多障碍。意大利方面和德国方面都有相当多的保留意见。最终拉近两国关系的是希特勒和墨索里尼相互的个人欣赏。这两个人存在明显的差异，墨索里尼性格外向、注重实际、冲动热情，这与希特勒的严肃刻板形成了鲜明对比，但两个人有相同的特质。他们都渴望拥有权力，渴望成就伟业，性急易怒，好夸夸其谈地冷嘲热讽，爱戏剧化地做作夸张。无论如何，很多纳粹高级官员开始阅读马基雅弗利的作品。纳粹总部希特勒的书房里放了一座墨索里尼的半身铜像。希特勒甚至在 1936 年 10 月意大利外交部长到贝希特斯加登拜访他的时候说，墨索里尼是"全世界排名第一的政治家，任何人都不能和他相提并论"。

墨索里尼一直用怀疑的保留态度注视着希特勒显而易见的示好行为，他对"日耳曼主义"根深蒂固的恐惧让他保持了克制，而且严格来说，意大利的利益也是与之背道而驰的。当然，纳粹德国转移了西方列强的注意力是他赢得东非殖民地帝国的部分原因，但德国不可能帮助他保护他的帝国。现在一切取决于意大利在西方列强面前好好表现，巩固其刚刚纳入囊中的领土。但这是政治上的考虑，而且随着希特勒声望的迅速上升，墨索里尼想的不再只是参与政治。他想要创造历史，制造丰功伟绩，展现活力，激发人们的信仰，满足昔日的"战争渴望"。因此，无论最初他对希特勒的印象如何，这个不同寻常的家伙在退出国联、宣布恢复普遍义务兵役制、再三与全世界作对并且打破了失效的欧洲格局时所表现出的大胆让他印象深刻。更让墨索里尼受刺激的是在威尼斯看起来表现欠佳的希特勒反而继承了最初的法西斯主义路线，并且用非凡的能量加以推行。由于担心自己的地位，墨索里尼开始考虑走亲善路线。

9月，汉斯·弗兰克拜见墨索里尼，并给他带来了希特勒的一封短信。希特勒在信的开头极尽吹捧之能事，称颂意大利在地中海地区的霸主地位，随后他提出德意两国进行密切合作。墨索里尼仍然犹豫不决，但他显然只是在故作姿态。一个月后，他派他的女婿也就是外交部长齐亚诺伯爵前往德国考查。不久后，著名的法西斯党成员图利奥·恰内蒂和雷纳托·里奇访问德国，随后1000名法西斯青年先锋队成员访问德国。最后，墨索里尼在1937年9月亲自访问德国。

为了向贵客致敬，希特勒极尽纳粹政权所能制造了极其盛大的场面。在抵达后，墨索里尼发现他将要走过一条摆放着罗马教皇半身像的通道，道路的两侧栽种了月桂树。这让重现了罗马帝国的意大利领袖墨索里尼置身于欧洲政治历史上最伟大的前辈之中。在第一次会谈中，希特勒向他的贵宾授予了德意志的最高勋章，还送给他一枚金质党徽，迄今为止只有希特勒一个人佩戴过金质党徽。设计家巴诺·冯·阿伦特还在柏林的勃兰登堡门和西区之间修建了一条1英里长的凯旋大道，路旁的白色塔门上扎着花环、横幅和条带，上面反复出现法西斯的束棒标志的和纳粹的"卐"字标志。菩提树大街上竖起了数百根柱子，柱子顶上装饰着金鹰。舞台策划为夜间演出设计了分别代表意大利和德国的绿白红和黑白红灯光表演。

观光、阅兵、宴会和游行一个接着一个。在梅克伦堡州的练兵场，墨索里尼观看了最新型的武器和德国新建军队的惊人实力。在埃森的克虏伯制造厂，墨索里尼见识了德国军事工业的生产力。

"我崇拜你，元首！"墨索里尼在埃森看到在当时仍是高度机密的巨型大炮时大声赞叹道。这种感觉是相互的。希特勒对墨索里尼表现出一种坦率甚至是纯粹的喜爱，而且在随后若干年里的众多失望时刻一直保持着这份喜爱，这是非常罕见的。只有少数几个人是希特勒不算计或不嫉妒的，墨索里尼是其中之一。和墨索里尼一起的时候，他没有和欧洲其他地方的老资产阶级代表们一起时的那种拘束感。两人的相互理解是自然而然的。希特勒相信这一点，因此在日程安排上只留了一个小时进行政治磋商。

于是希特勒用惊人的速度成功地为他的计划获得了一位盟友。问题是希特勒是否能赢得他梦寐以求的另一位盟友——英国。

将时间倒回到占领莱茵兰地区后不久，希特勒再次做出努力，想要说服英国站在他的一边。这次他还是没有通过外交部——外交部现在已经沦为处理日常工作的业务部门。希特勒很大程度上是在特使的协助下靠自己实施他的计划的。由于英国和德国愉快地签订了海军协定，希特勒认为约阿希姆·冯·里宾特洛甫是天生的外交天才，并且认为他深谙英国人的心理。希特勒现在把与英国结盟的任务交给到里宾特洛甫。

里宾特洛甫通过一个中间人把信息传递给了英国首相鲍德温，建议鲍德温和希特勒之间进行一次私人会面。鲍德温很喜欢拖延时间，他为人冷淡、追求舒适。他勉强地表示，也许希特勒可以在 8 月份的时候过来，他们可以在山里或湖区见面。后来他又提到可以安排在英国海岸附近海面的船上会面。希特勒当时的副官说，即将到来的见面让希特勒"笑逐颜开"。

与此同时，希特勒扩大了他的同盟体系的范围，把日本也纳入了这个体系中。1933年春天，他首次提到日本这个远东国家是除英国和意大利之外的另一个潜在盟友。尽管人种完全不同，但日本很像是亚洲版的德国——刚刚出现在国际舞台上，非常自律，很不满足。而且日本还和苏联毗邻。根据希特勒的新计划，英国只需要在东部和远东事务上不开口就行了。德国和日本的后方都很安全，他们可以一起从两侧进攻并摧毁苏联，这样就可以让大英帝国摆脱一个重大的威胁。同时他们也可以彻底摧毁现有的秩序和昔日的欧洲。他们就可以让自己获得生存空间。两年来，希特勒一直贯彻着这个世界性反苏同盟的想法，主要是想吸引英国加入。他在 1936 年初向伦敦德里勋爵和阿诺德·汤因比提出了这个建议。

与鲍德温的会面泡汤了。具体的原因我们不得而知，但艾登的极力反对似乎是一个重要因素。英国拒绝了希特勒在建立友好关系方面做出的第四次努力，尽管这让他"非常失望"，但他仍然没有放弃。他在 1936 年夏任命里宾特洛甫接替已故的利奥波德·赫施担任德国驻伦敦大使。里宾特洛甫的任务是向英国传达建立"坚固联盟"的提议，在这个联盟中"英国只需要让德国在东部自由行动即可"。希特勒稍后对劳埃德·乔治说，这是他为了让英国理解德国政策的目的和必要性所做的"最后一次努力"。

他似乎也已经开始思考其他办法，迫使英国允许他自由向东进军。无论如何，有迹象显示，从 1936 年底开始他不再完全排斥对英宣战的想法。

从心理上看，这种变化无疑源于他在一系列成功后不断提升的自信。无论如何，他现在很安全，这已足以让他表现强烈的不满。他在 1937 年春天又再次尝试拉近与英国的距离，他提出德国将保证不侵犯比利时。但同时他也硬生生地冒犯了英国政府，他取消了已经公布的德国外交部长冯·纽拉特对伦敦的访问。洛锡安勋爵在 1937 年 5 月 4

日和他见面的时候，他显得很不高兴，而且还言辞激烈地批评了英国的政策。但他又说他一直是亲英派，德国人民和英国人民之间再次爆发战争无异于让这两个大国都从历史舞台上消失，这么做既没有意义也会造成毁灭性的破坏。因此他提议两国在明确界定的利益基础上合作。他又一次开始等待伦敦的回应，他等了半年，但他没有等到任何回应，于是他改变了自己的计划。

尽管理想计划的必要前提仍然没有达成，但希特勒已经将他的计划推进了一大步：他已经拉拢了意大利和日本。英国正在动摇，而且已经失去了相当大的威信；法国的弱点也暴露了出来。同样重要的是他摧毁了集体安全原则，"利己为上"又重新成了各国普遍实施的政治原则。面对强权之间关系的风云变幻，小国显然不安起来，于是这进一步加速了反德阵线的瓦解。东南欧的政治家们自然很羡慕希特勒，他扭转了自己国家的弱势，终结了德国的屈辱，还让昔日的胜利者瑟瑟发抖。希特勒很快发现自己成了不少政界人士崇拜的焦点，他的建议和他的帮助开始有分量了。他惊人的成绩似乎证明了专制政权有着出色的行动能力。

德国国内也开始有了较深层次的反应。怀疑论者的数量不断减少，他们已经无可辩驳了。事实证明希特勒正不断取得胜利，赢得威信和国际尊重。这个自尊严重受损的国家终于让人刮目相看了，那些让昔日强大的战胜国惊愕不已的意外之举让他们产生了嗜血的满足感。一种发自肺腑的平反冤屈的渴望正在得到满足。

纳粹政权在国内取得的成就也从另一方面满足了这种渴望。这个近年来一直被打压的国家突然间发现自己成了受人仰慕的典范。世界各地的代表团蜂拥而至，学习德国的经济复兴和消除失业的措施。他们考察分支众多的社会福利体系：得到很大改善的劳动条件，工厂食堂和工人住房，新建的运动场、公园和幼儿园，车间竞赛和职业比武，"欢乐带来力量"的游船船队和人民的度假胜地等等。甚至连挑剔的观察者也对纳粹政权的成绩留下了深刻的印象。卡尔·布克哈特在一封给希特勒的信里对高速公路和劳动服务团赞叹不已。

在1937年1月30日的国会演讲中，希特勒宣布"意外行动的时代"结束了。接下来他会根据最初的局势依照逻辑采取行动。正如与波兰签订条约让他得到了向捷克斯洛伐克逼近的钥匙，拉近与意大利的关系为他提供了吞并奥地利的工具。德国政治家开始频繁访问波兰，波兰政治家也受邀访问德国。希特勒承诺将与波兰维持友好关系，并且声明德国收回所有对波兰的领土要求。他试图通过这些措施将波兰拉得更近。他让戈林在访问华沙的时候再次强调德国对波兰走廊不感兴趣，他自己也对波兰驻柏林大使约瑟夫·利普斯基说，长期以来一直是争论焦点的但泽其实是处在波兰控制之下的。同时他还不断加强和意大利的联系。1937年11月初，他在里宾特洛甫的帮助下说服意大利加入了《反共产国际协定》。美国驻东京大使约瑟夫·格鲁在对德、意、日三角的分析中指出，参与该协定的三个国家不仅反对共产主义，他们的策略和行动也和人们口中的民主国家背道而驰；他们代表穷国的联盟，他们以"颠覆现状"为自己的目标。值得注意的是，墨索里尼在协定签订仪式前与里宾特洛甫交谈时表明，他厌倦了扮演维护奥地利独立的保卫者角色。换言之，这位意大利的独裁者准备为了新朋友放弃从前的立场。他似乎没有觉察到，如果这么做，他其实就放弃了自己的底牌。

这次对话的时间是 1937 年 11 月 5 日，地点是威尼斯宫。同一天，希特勒在柏林的总理府向波兰大使承诺会保证但泽的安全。然而当天下午 4 点，希特勒就与军队领导人见了面，外交部长冯·纽拉特当时也在场。在长达 4 个小时的绝密讲话中，希特勒向军队领导人说明了他的"基本思想"。这些"基本思想"包含一直困扰他的种族威胁、生存焦虑和地理束缚等问题，他认为"唯一的解决办法"是赢得新的生存空间，建立一个完整庞大的帝国，这个办法"也许看起来有些不切实际"。在夺取权力并经过多年的筹备后，这些"基本思想"惊人一致地进入了扩张阶段。

第二章　被排挤之人的想法

他像雕像一样矗立着，已非世俗之人能及。
——《人民观察家》对 1935 年 11 月 9 日希特勒形象的描述

读者看到这里可能会问，我们一直强调希特勒取得的成就和成功，我们是否故意忽略了他在这些年的消极方面。在这个时期希特勒确实培养了非凡的控制力和精力，他似乎本能地知道何时进退，他恐吓，他哄骗，他采取强有力的措施，让所有抗拒他的力量都屈服于他。他将这个时代所有人的注意力、好奇心和恐惧感都集中到了他一个人的身上。他还用势不可挡的效果展示出这种能力，这种非凡才能进一步加强了这种能力。

在这充满成功的 3 年里，与政治事件相伴的是不间断的庆祝活动：盛典、阅兵、献旗仪式、火炬行进、游行、在山顶上跃起的熊熊篝火。我们已经表明专制政权的对外政策和对内政策关系密切，其实两者和宣传政策的关系甚至更为密切。纪念日、刻意制造的事件、国事访问、丰收庆典或党员去世以及签订或破坏条约——所有这些都成了举办盛典的借口，而举办盛典的目的是让整个国家更加紧密地结合在一起，让整个国家不折不扣地动员起来。

当庆典主题是死亡的时候，希特勒充分展现了他在舞台策划方面的天分。他总能在葬礼上制造出令人难忘的效果。尽管在形式上可能各不相同，但其中传达的总是相同的信息。如阿多诺在谈到理查德·瓦格纳的音乐时所说的："华丽被用来兜售死亡。"

希特勒还特别偏好以夜晚为背景，火把堆或者火环被不断点燃。尽管这样的仪式应该非常积极向上、鼓舞人心，但它们事实上传达了另外一条信息，它们激起了人们对世界末日的联想，并且唤醒了人们对世界末日的恐惧，也包括每个人对自身末日的恐惧。

1935 年 11 月 9 日，为 12 年前在冲向统帅纪念馆途中牺牲的纳粹党人举行的纪念仪式，正是诸多此类庄严仪式的典范。建筑师路德维希·特罗斯特为慕尼黑的国王广场设计了两座古典风格的圣堂，这两座圣堂将迎来被掘出的第一批为纳粹运动牺牲的"烈士"的遗骨，这些遗骨现在被存放在 16 座铜制棺椁中。前一天晚上，当希特勒在贝格勃劳凯勒啤酒馆依照惯例发表演讲的时候，这些棺椁被安置在统帅纪念馆内，棺椁的周围装饰着褐色的帷幔和点燃的火盆。临近午夜的时候，希特勒站在一辆敞篷轿车里，从凯旋门驶入被火光照亮的路德维希大街，然后继续驶向奥登广场。冲锋队和党卫军队伍手持火把从宽阔的大道上走过，形成了两道移动的火线；观众聚集在这两条线后；希特勒的车缓缓驶向统帅纪念馆。希特勒高举手臂，登上铺着红毯的阶梯。他在每座棺椁前稍事停留，与死者进行"无声的对话"。6000 名身穿制服的信徒手持旗帜默默地从棺椁前列队走过。第二天早上，纪念游行在柔和的日光中开始了。数百个旗杆上升起了深红色的三角旗，旗子上用金色字母写下了"为运动牺牲的烈士"的名字。喇叭里播放着《霍斯特·威塞尔之歌》，当游行队伍从法坛前走过时，死者的名字被大声念出。当年军队曾经在统帅纪念馆前开枪阻挡纳粹党人，如今军队代表加入了游行队伍的行列。16 响礼炮的轰鸣声传遍了整个城市。随后希特勒在庄严的静默之中向纪念碑献上了一只巨大的花圈。当《德意志高于一切》的曲调以哀伤的节拍响起的时候，所有人开始沿着一条由成千上万面旗帜组成的道路前往国王广场，这些旗帜是为了向死难烈士致敬而升起的。在《向胜利进军》的歌曲声中，死难烈士接受"最后一次点名"，人群则替死难者回答："到！"这样死难烈士就会"永久地守卫他们"。

为了给人留下最深刻的印象，很多盛典是在晚上举行的。在 1937 年的纳粹党代表大会上，希特勒在晚上将近 8 点的时候才抵达会场，向列队的纳粹党首脑们发表讲话。相关官方报告写到，当罗伯特·莱向希特勒汇报下级首脑们到场后，"包裹一切的黑暗突然间被一大片白光照亮。150 盏巨大的探照灯像流星一般射进模糊不清的灰黑色夜空。高高的光柱映照在云幕上，形成了明亮的光晕。这是一幅摄人的景象：在微风的吹拂下，场地周围看台上的旗帜在闪烁的灯光中轻轻飘动……正面看台……沐浴在耀眼的亮光之中，在看台顶部，橡树叶花环上的金色'卐'字标志闪闪发亮。火苗从放置在左右两侧的大火盆的火堆中高高跃起。"

在号角声中，希特勒走到正面看台高高的中心位置，3 万多面旗帜在一声号令下从对面看台方向的场地中间倾泻而下。旗帜的顶端和边缘是银色的，在探照灯光束的照耀下闪闪发亮。人群、灯光、对称设计和生命的悲剧感交织在一起，与以往一样，希特勒是第一个被这种景象感染的人。特别是在为死难者默哀后，他在对老部下讲话时经常使用一种激动得难以自控的语气，他用奇异的措辞与听众进行神秘的交流，直到探照灯打在场地中间，旗帜、制服和乐队的乐器闪烁着红色、银色和金色的光芒。希特勒高呼："我一直觉得，人只要活着就应该记挂着那些与他一起塑造他人生的人。没有你们这些人，我会有什么样的人生！你们在很久以前找到了我，你们相信我，因此你们的生命有了新的意义，产生了新的目标。我找到了你们，因此成就了我的人生和我的奋斗！"

纽伦堡的纳粹党代表大会也成了制定政治决策的重要场合，"帝国国旗法案"和"纽伦堡人种法案"都是在大会上颁布的。人们甚至相信代表大会最终可能演变成某种极权主义民主制的代表大会。大会结束时，数十万人会一波接着一波从站在圣母大教堂前集市广场上的希特勒面前走过，这个过程长达5个小时。希特勒站在敞篷车的后座上，手臂平平地抬起，仿佛凝固了一样。在他周围，这座古老的城市被一股虚幻的激情占据，如一名目睹当时情景的外国人所写，这是一种"几近神秘的兴奋情绪，一种神圣的疯狂状态"。和一名法国外交官一样，很多人在这些日子里丢掉了他们的批判态度，并且不得不承认他们在当时感觉自己也变成了纳粹。

固定的节庆日充满了全年，从1月30日的纳粹党掌权纪念日开始，到11月9日的慕尼黑政变纪念日结束。全年接连不断地举行供奉仪式、点名活动、游行和纪念活动。为此还专门设置了一个节日、休闲和庆典活动组织局，负责制定相关的活动规程。该局还发行了一本自己的杂志。

除了常规节庆日，还有很多特殊事件带来的节庆日。最引人注目的要数1936年的奥运会了。在希特勒就职以前，奥运会已经定在柏林进行。这次担任主办国的机会让纳粹党大大受益。他们认为世人对德国致力于战争、疯狂重整军备的印象是歪曲的，他们极力对抗这种印象，他们决定向世人展现德国最宁静美好的一面。奥运会开始几周前，他们禁止进行一切反犹太人的攻击性演说，禁止发表怀有敌意的漫画。纳粹党的地区宣传主管接到命令，要抹去建筑围墙和围栏上的所有对政权不利的标语，他们甚至被告知要确保"每家每户门前的花园井井有条、完美无瑕"。8月1日，随着庄严的奥林匹克钟声响起，希特勒面对各国君主、皇储、内阁部长和众多贵客宣布奥运会开幕。当前奥运会马拉松冠军、希腊人斯皮里东·路易斯递给希特勒一个"象征爱和和平"的橄榄枝时，合唱团开始演唱理查德·施特劳斯专门为此次奥运会创作的会歌，与此同时，一群群和平鸽被放飞到空中。希特勒向世人展现了一副和谐世界的画面。在两周时间里，一系列辉煌的盛典让来宾们摒住呼吸、钦佩不已。

所有仪式和大众庆典的目的显然都是要激发群众的想象，将群众的意志汇聚成整体的力量。此外，这种仪式化的手段也表现出了一种强烈的风格化欲望，一种表现秩序战胜了一直受到混乱威胁、不断变化的现实的欲望。当时的一些人拿这些热闹的仪式与原始部落仪式中的游行队伍、林立的旗帜和密集的人群相比，这种比较并不像听起来那样不真实。从心理角度看，在这里起作用的风格化欲望从很早的时候起就开始支配希特勒的人生了。因此他在一系列新角色中寻找对抗世界的定位和支持：从早期良好家庭的儿子以及挂着拐杖、戴着羊皮手套在林茨散步的懒散学生到领袖、天才、拯救者等各种不同的角色。他在每个角色中都进行自我暗示，伪装自己，借用不同的生存形式。他在一次外交策略取得胜利后自负地称自己为"欧洲最伟大的演员"，此时他既是在表达他的一种与生俱来的需求，也是在表达他的一种能力。

这种需求是从希特勒根本的不安全感和焦虑感中生发出来的。希特勒极力掩饰自己的感受，他压抑一切自发的冲动，但某些细小的特征出卖了他——特别是他的眼睛，他的眼睛从来不会静止不动。他非常害怕袒露自己的情绪，因此他总是在笑的时候用手挡住自己的脸。他在和狗玩耍时讨厌受到突袭，他的一名秘书说，当他发现自己被狗盯住的时候，他会"粗暴地把狗赶走"。他一直被恐惧所扰，他担心自己看起来让人觉得好笑或者行为失当，让他失去身边人员甚至是看门人对他的尊重。当他准备冒险穿新衣服或戴新帽子出现在公众面前时，他会先给自己照相，检查新衣服或新帽子的效果。他说他不游泳，从来不坐划艇，也从来不骑马，总之他"一点也不喜欢炫技，它们很容易出问题，阅兵活动已经无数次地证明了这一点"。他认为人生就是在非常多的观众面前进行的某种永久的检阅。因此他会时不时地劝戈林戒烟，他的理由极具他的个性，他说无法想象一个人在纪念碑前"嘴里叼着雪茄"。1939 年秋，海因里希·霍夫曼访苏归来，在他带回来的照片里有斯大林拿着香烟的影像，希特勒禁止出版这些照片。他这么做是为了保护"同仁"，不让独裁者应有的尊严受到贬低。

出于类似的原因，他也一直担心私人生活被曝光。值得注意的是他的私人信件一封都没有留下，甚至爱娃·布劳恩收到的也只是一些简短、克制的短信；然而希特勒十分谨慎，甚至连这些短信也没有通过邮寄发送。他留下来的最私人的信件是一封给当局的信——他在 24 岁的时候写给林茨市长的陈情书，解释他逃避服兵役的原因。亚尔马·沙赫特评论说，他一直对自己很注意，从来不说不经考虑的话。事实上他是人们能想象得到的最专注的人，自律到异常刻板的程度。

甚至连他出了名的火爆脾气显然也常常是故意装出来的。我们可以肯定，他在这种情况下并没有失去控制。和有目的地利用他人的情绪一样，他这是在有目的地利用自己的情绪。他制造这样的场面通常是有理由的，他会根据环境发火。他可以表现得冷酷无情，同样也可以展现出逼人的魅力。他会流泪，会恳求，或者会让自己大发雷霆，最后这会让和他对话的人心生惧意，从而打破他们的抗拒。他拥有"最可怕的说服力"。除此之外，他还有催眠对话者的能力。纳粹党的首脑、分部头目和一路与希特勒一起奋力攀上权力顶峰的"老战士们"是"一群想法各异、离经叛道、极度自负的人"，他们绝对不会遵循传统、俯首帖耳，军队中至少有一部分人也是如此。然而希特勒却可以任意将他的意志施加在他们身上。几名外交官，特别是德国盟友的外交官，彻底被他迷惑了，到了最后，他们更像是他的老友，而不是自己国家政府的代表。

在漫画中，希特勒在对个人讲话的时候总是像在对群众集会发表演说，但事实上他没有这么做过。他能够自如地把握分寸，他在面对面对话时甚至比在讲台上演讲时更有说服力。面对公众会在他内心激起强烈的兴奋感，尤其是在他第一次使用麦克风、陶醉地听到自己被放大后的声音以后。

希特勒视自己为音乐爱好者，但事实上音乐对他没有多大意义。他确实看了无数次瓦格纳的歌剧，《特里斯坦和伊索尔德》和《纽伦堡的名歌手》他都听了100多遍。但他在看完歌剧后，只会谈论舞台技术和制作特点等问题，从不评论音乐。音乐对他来说只不过是一种能非常有效地增强戏剧效果的听觉工具，但音乐也是必不可少的，因为没有音乐的戏剧对他来说没有丝毫的吸引力。

这种对戏剧的渴求存在于他的内心深处。他觉得自己一直在舞台上演出，需要响亮的号令、电闪雷鸣的爆炸效果和号角声。从本质上讲，他是一个戏剧化的人，他认为戏剧效果比思想信念更有用，他只有在对抗现实的虚假世界中才是他自己。

一名曾为希特勒掌权铺路的保守派人士评论说，希特勒一直都没有摆脱卑微的出身和"成功的龙门一跃"之间的失调感。和年轻时一样，他继续思考社会地位问题。他偶尔会卖弄地称自己为"工人"，有时甚至称自己为"无产阶级"，让人们不再注意让他感到尴尬的小资产阶级出身。但大部分时候他试图通过神话的光环掩饰他卑微的出身。这是自古以来政治篡位者屡试不爽的诀窍，最卑微、最不起眼的人在上帝的召唤下登上统治者的宝座。在演讲的时候，他一次次在开头描绘"他是来自人民的神话人物"，描绘他还是"第一次世界大战前线上一个不知名的小兵"时的日子，那时他"没有名气、没有钱、没有影响力、没有拥护者"，但受到了上帝的召唤。他简朴节制的风格加上他的未婚身份和离群索居的生活很容易在公众心中和承担重任、自我牺牲的孤独伟人形象融为一体。冯·德克森太太曾经对他说她常常觉得他很孤独，他赞同地说："是的，我很孤独，但孩子和音乐可以抚慰我。"

希特勒认为他是上帝的工具，因此他在描述自己的历史使命时总是会借上帝之名：

> 我很清楚人能做什么，人有什么样的局限，但我坚持相信被上帝创造出来的人应该按照上帝的意志生活。上帝创造出这片土地上的人类不是为了让他们放弃自己，不是为了让他们自甘堕落、自甘毁灭……从根本上看，一个人在违背全能的上帝的意志时在内心和行动上是弱小的，但他顺应上帝行事的时候就会变得无比强大！这时成就了世界上所有伟人的那股力量会倾泻到他的身上。

这个想法支撑着他的思想体系，并且用宗教色彩增添了他的思想体系的砝码；这个想法让他变得强硬坚决并且拥有了无比的动力；这个想法也感染了他身边的信徒，让他们形成了对他纯粹的偶像崇拜。罗伯特·莱称他是唯一从不犯错的人类。汉斯·弗兰克称他和上帝一样独一无二。

缺乏社会交往是他将自己神话后的负面结果。他升得越高，身边的真空地带就越大。他和其他人只是在台面上的交往，在这些交往中所有人不是附加物品就是工具。其他人从来不会真的引起他的兴趣或关注。

他在场的时候，对话是不可能进行的，这是他的社会交往退化过程的另一个方面。要么希特勒自己讲话，其他所有人听着；要么其他所有人讲话，希特勒坐在一旁陷入沉思、无动于衷，与周围的世界隔绝开来，眼光低垂，"吓人地剔着牙齿"。"要不然他会不停地来回踱步。他不会给人讲话的机会；他常常打断其他人；他会凭借不可思议的想象力从一个主题跳到另一个主题上。"他无法耐心倾听，甚至无法听完广播里外国政治家的演讲；他不是心不在焉，就是沉湎于自己的长篇大论。由于他几乎不再阅读，而且只能容忍拍马屁的人或者仰慕他的人在身边，他在心理上陷入了越来越深的孤独之中。

他会滔滔不绝地讲个不停，就像是沉醉在自己的声音之中。墨索里尼对德国进行国事访问的时候，希特勒在一次宴会后对墨索里尼长篇大论了一个半小时，完全没给这位不耐烦的客人开口的机会。几乎所有拜访他的人及其同事都有过类似的经历，特别是在战争期间，他会一直讲到深夜，而且时间越晚话越多。司令部的将军们拼命与瞌睡做斗争，他们发现自己听到的都是关于艺术、哲学、人种、科技或者历史等领域的"认真严肃、漫无边际的废话"，他们还不得不恭恭敬敬地听着。

无法与人建立联系让他在人的角度上陷入了孤立，但在政治方面却对他有利，因为他的眼里只有棋子。没人能跨越和他之间的遥远距离，那些离他最近的人也只是缩短了和他之间的距离而已。他最激烈的情感全部留给了少数几个已经死去的人。在奥巴萨尔兹堡，他的私人房间里挂着一幅他母亲的画像和一幅朱利叶斯·施雷克的画像，施雷克是他的司机，死于 1936 年。屋里没有他父亲的画像。已故的外甥女格莉·劳巴尔和他的关系显然比任何活着的女孩和他的关系更亲近。戈培尔的夫人玛格达·戈培尔曾在 20 世纪 30 年代初说过："从某种意义上讲，希特勒不是凡人——他遥不可及。"

和格莉·劳巴尔不同，爱娃·布劳恩只是希特勒的情妇，这是一个充满了焦虑、秘密和屈辱的角色。爱娃说，在慕尼黑的一次晚宴上，希特勒在她身旁坐了 3 个小时，却不允许她跟他讲话；在所有人起身离开餐桌前，他往她的手里塞了"一个装了钱的信封"。20 世纪 20 年代末，希特勒在海因里希·霍夫曼的照相馆结识了爱娃，与爱娃的交往也许是促使格莉·劳巴尔自杀的原因之一。外甥女去世一段时间后，希特勒让爱娃做了他的情妇。她是一个淳朴天真、魅力适中的女孩，她有着普普通通的梦想，满脑子想的是爱情、时尚、电影和流言蜚语，她一直害怕被抛弃，害怕希特勒以自我为中心的心血来潮和专制暴君的态度。他禁止她晒日光浴、跳舞和抽烟。他嫉妒心很重，然而他却无礼地忽略她。为了"不那么孤单"，她好几次求他让她养条狗，但希特勒完全无视这个要求。在很长一段时间里，他一直刻薄地对待她。爱娃的日记已经被人发现，日记内容说明了她当时痛苦的处境。下面是日记中很有代表性的一段：

> 我只有一个愿望，让我生很重的病，至少一周不要让我再知道他的消息。为什么我身上什么都没发生？为什么我必须忍受这一切？要是我从来没遇到过他就好了。我很绝望。现在我又要买安眠药了，这样我就可以进入半昏迷的状态，然后就可以不再想这么多了。

> 为什么魔鬼不来把我带走？跟魔鬼在一起肯定比待在这儿好。

> 我等了3个小时，还不得不看着他给昂德拉（安妮·昂德拉，电影演员）买花，邀请她吃晚饭。他只在做某些事情的时候需要我，否则这是不可能发生的。

> 当他说他喜欢我的时候，他只是在那一刻这么想。就像他从来都没遵守过的那些诺言。为什么他要这样折磨我？为什么不就此终结呢？

爱娃·布劳恩曾经两度尝试自杀，第一次是在1932年11月，她举枪对着自己的脖子射击，第二次是在1935年5月28日。这两次自杀显然对希特勒刺激很大，特别是因为他还没有忘记格莉的死。1936年，希特勒同父异母的姐姐劳巴尔夫人（格莉的母亲）离开贝格霍夫，于是希特勒让爱娃·布劳恩取代了她。在这之后，两人之间的紧张关系才得以缓解。爱娃继续处在半地下状态，偷偷走侧门和后楼梯，在希特勒不在的时候用希特勒的照片安慰自己。希特勒不允许她在柏林出现，有客人的时候希特勒几乎总是让她回到她自己的房间。但随着她自信的增长，希特勒也不再那么担心，很快爱娃就成了希特勒最亲密的私人圈子中的一员，在这些人面前，希特勒可以放下伟人的架子，喝茶的时候在扶手椅上睡着，或者在晚上敞开外套，请客人们看电影或在壁炉边聊天。但这种更加放松的氛围也让他展现出了粗野冷酷的特质。因此他会当着爱娃的面对阿尔贝特·施佩尔说："聪明的男人应该选单纯的蠢女人。想想看，假如我有一个干涉我工作的女人，那该有多可怕！在休息的时候，我想要安安静静的。"在一些用8毫米业余胶片拍摄的镜头里，爱娃·布劳恩在贝格霍夫的天台上总是兴致高昂，但她的情绪有些过于热情，反而让人觉得不可信。

希特勒的随从人员仍然由副官、秘书、司机和勤务兵组成。只要在奥巴萨尔兹堡，他就会在随从的陪伴下一成不变地度过一个又一个长夜。入夜后，希特勒会先看三四个小时的电影。他喜欢有枯燥笑话和感伤结尾的社会喜剧。他还喜欢不少外国电影，其中一些电影是禁止在影院公映的。最喜欢的电影希特勒会看10遍，甚至更多遍。随后，手脚僵硬、感到困倦的一群人会聚集在壁炉前。沉闷乏味的对话会进行一两个小时。有时希特勒会静静地坐着发呆或者盯着炉火出神，其他人则会出于尊敬和倦怠保持缄默。

在凌晨两三点的时候，希特勒会让爱娃·布劳恩离开，不久后他自己也会离开房间。只有这时，他的随从才会像获得了解放一样重新活跃起来。柏林的夜晚会遵循同样的程序，不过在柏林时，陪同希特勒的人员更多，气氛更疏远。希特勒拒绝打破这个固定程序。他想要在这无所事事的几个小时里疏解白天的压力，因为他被他自己的形象所束缚。

1935 年夏，希特勒决定将他在奥巴萨尔兹堡的朴素度假屋扩建成一处极度豪华的住宅，他亲自动手画新房子的平面图、透视图和截面图。草图上一些比例失调的部分非常惊人，例如，草图上绘有超大的窗户，从这扇窗户可以看见贝希特斯加登、翁特峰和萨尔茨堡的景色，后来希特勒很喜欢向他的客人们说这是世界上最大的落地窗。

这种一辈子狂热追求创纪录的尺寸、速度和数量的癖好是没能克服年轻时代的梦想、伤害和怨恨的人所特有的。在 16 岁的时候，希特勒就想把林茨博物馆 360 英尺长的檐壁再延长 300 英尺，这样林茨就会拥有“欧洲大陆上最大的雕刻檐壁”。多年以后，他想为林茨修建一座 270 英尺高的桥，“世界上任何地方的桥都无法与之媲美”。后来，同样的冲动让他在开车时也不甘落后，他尤其喜欢和美国车较量。多年后，这些较量仍然让他洋洋得意，他还记得他如何让他的奔驰车加速，如何将公路上的每辆车都远远地抛在身后。与最大的落地窗相对应的还有用一整块石头制作的最大的大理石桌面（18 英尺长），最大的穹顶，最大的看台，最大的凯旋门。每当他的建筑师告诉他，他草图上的某个建筑的规模“击败”了某个很有历史意义的建筑物，他都会激动不已。

希特勒也通过这些庞大的建筑作品实现了从前做艺术家的梦想。他在这个时期的一篇演讲中称，如果第一次世界大战“没有发生，他……可能甚至很有可能已经成了一名一流的建筑师，甚至是德国最好的建筑师”。现在他成了最好的建筑出资人。他考虑在诸多精选出来的建筑师的帮助下对很多德国城市进行重建，修建庞大的建筑和宽阔的街道，它们的尺寸极具压迫感，周围没有绿草，形式上采用仿古元素，这些合在一起制造出的是庄严死寂的空旷感。1936 年，他构思了一个计划，要把柏林建成世界之都，“只有古埃及、古巴比伦或古罗马能与之匹敌”。他想要在 15 年左右的时间里将整个内城改造成一个充分展现帝国恢宏气势的纪念碑，内城里将修建宽阔的街道，闪闪发亮的庞大建筑群，最显眼的是一座穹顶大礼堂，这将是世界上最高的礼堂，高度将近 900 英尺，可以容纳 18 万人。一条超过 3 英里的宏伟大道会把礼堂和一座象征胜利的 240 英尺高的凯旋门连接在一起。元首府也计划修建成同等规模。元首府将会是一座如同堡垒一般的宫殿，它坐落在柏林市中心，占地 600 万平方英尺，其中除了希特勒的住所和办公室外，还有很多接待室、柱廊、屋顶花园、喷泉和一个剧院。

建筑是他的最爱，但他也没有忽略其他艺术门类，为绘画和音乐剧着迷的年轻时代仍然历历在目。他肯定认为一个时代的艺术成就是这个时代政治昌明的充分体现。按照这种逻辑，他认为文化产品真正体现了他作为政治家的成就。“德国艺术繁荣兴盛”或者"雅利安人的又一次艺术复兴"指日可待，因为它一定会实现。

从希特勒对待艺术的态度中可以再次发现，他的心理过程和想象过程存在典型的过早僵化的现象。他的标准从维也纳时期起就一直没有改变过，他在那时并没有注意到当时的艺术界和知识界的巨变。他的标准一方面是冷静经典的华丽，一方面是浮华铺张的颓废，比如安塞尔姆·费尔巴哈和汉斯·马卡特。出于对没能考上美术学院的怨恨，希特勒将自己的品位推入了极致。

希特勒还欣赏意大利的文艺复兴和早期的巴洛克艺术，贝格霍夫别墅里的绝大多数绘画作品都是这个时期的。他最喜欢的是提香的学生博尔多纳的一幅半身裸体像和提埃波罗的一大幅彩色素描。另一方面，他排斥德国文艺复兴时期的画家，因为他不喜欢他们的克俭风格。值得注意的是，他还喜欢感性的风俗画，比如爱德华·格吕茨纳笔下贪杯的僧侣和胖胖的酒馆老板。他对随从说，在他年轻的时候，他的梦想是有一天能获得成功，能买得起一幅格吕茨纳的真迹。后来，格吕茨纳的很多作品都挂在了希特勒在慕尼黑普林兹雷根腾大街上的公寓里。除了这些画，希特勒还在公寓里挂了施皮茨韦格柔和亲切的田园画、伦巴赫的一幅俾斯麦肖像、安塞尔姆·费尔巴哈的一幅公园风景画和弗兰茨·施图克的众多幅《罪恶》中的一幅。这些画家的名字也出现在《德国国家美术馆规划》上——这份规划是他在 1925 年时在他的素描簿的第一页上匆匆写就的，其中还有奥韦尔贝克、莫里茨·施温德、汉斯·马雷斯、德弗雷格尔、勃克林、皮洛蒂、莱布尔和阿道夫·门采尔等画家的名字，希特勒在美术馆里至少为阿道夫·门采尔的画作安排了 5 个房间。他很早就安排专门人员开始收购这些画家的所有重要作品。他打算在他的目标实现后，在他的亲自指挥下，在林茨修建这座美术馆，他一心想要把这些画作送进这座美术馆里。

希特勒做的所有事情都禁不住往超大规模发展，同样，林茨美术馆的计划也迅速膨胀。最初，他只打算让美术馆收藏德国 19 世纪的艺术精品。但在 1938 年的意大利之行后，意大利美术馆的丰富收藏显然让他很受打击和刺激，他决定在林茨修建可以与它们匹敌的大型美术馆。他打造"世界上最大美术馆"的梦想在二战初期达到了顶峰，美术馆的修建计划和重新分配所有欧洲艺术品收藏的计划结合在了一起。所有来自所谓德国势力范围内的艺术作品都将被运送到德国，并且将主要集中在林茨，林茨将成为德国的罗马。

希特勒发现德累斯顿美术馆馆长汉斯·波斯博士是一位值得尊重的专家，能够帮他达成目标。波斯和一大群助手一起在欧洲艺术品市场四处搜寻所有最重要的艺术品，先是购买，后来主要是从占领国没收，他们为这些艺术品编纂的目录长达好几卷。希特勒挑选出来的绘画作品都集中在慕尼黑，即使在战争期间，只要到慕尼黑，他肯定会先到元首府观看这些杰作，暂时从现实中脱身，全神贯注地探讨艺术。在 1943 年到 1944 年间，德国政府为林茨的美术馆购买了 3000 件绘画作品，尽管战争给德国制造了沉重的财政负担，但政府仍在这些艺术品上面花费了 1.5 亿马克。当慕尼黑再也放不下的时候，希特勒将全部的藏品存放在旧天鹅堡和新天鹅堡等城堡、修道院和洞穴内。阿尔陶斯是从 14 世纪开始开采的一座盐矿，到二战末期，这座盐矿的一个仓库里共存放了 6755 件绘画大师的作品，此外还有素描、印刷品、挂毯、雕刻和无数件精制家具———开始的小小贪念已经扩张到了难以置信的地步。在这些画作中有莱昂纳多·达·芬奇和米开朗基罗的作品，还有凡·爱克兄弟的祭坛画和鲁本斯、伦勃朗和维梅尔的油画。

在战争的最后几周里，纳粹总部下令炸毁这个仓库。这道命令是多瑙河上游地区的省长奥古斯特·埃格鲁伯传达的，不遵守命令者将遭到处决。但这个命令一直没有被执行。

一种奇怪的自卑感和低人一等的感觉总是笼罩着希特勒，甚至众多的成功都无法将其驱散。由于这种怪异的个性，很多评论者称希特勒为一知半解的艺术爱好者。对艺术一知半解是他早年生活境况的特点，而这最终将他带入了政界，他掌权期间充分展现出了他的个人特质。这也同样造就了带给他成功的大胆和激进。他是一个真正的"新人"，他不会被经验和对游戏规则的尊重束缚。他没有专家的顾虑，不会对自己的任何计划犹豫不决。最重要的是，他凭直觉知道如何开始庞大的计划，但不知道实施这些计划的过程中会遇到的实际困难；他总认为所有事情轻而易举就能做成或只凭意志力就能做成，他甚至没有意识到自己有多么的大胆。值得注意的是，与思考相比，他更相信灵感，与勤奋相比，他更相信天才。

他想要掩盖他的一知半解，他彻底丢开了克制，他把他的业余工程做得无比巨大，这样就掩盖了它们的业余性。恢宏巨大让一切都合理化了，不论是建筑还是人。在这方面，希特勒属于 19 世纪。他非常同意尼采的话，国家只不过是大自然用来生产少数伟人的工具。

希特勒肯定会排斥过去，因为德国历史里没有让他钦佩的时代。他的理想世界是古典时代：雅典，斯巴达，罗马帝国。除了这些古代的经典地区，英国也是他羡慕并且想要仿效的国家。英国知道如何将民族凝聚力、权威感和根据辽阔疆域来思考问题的能力结合在一起。英国与德国的世界大同主义、胆小、狭小截然相反。最后让他钦佩的还有犹太人。犹太人的种族排他性和纯粹性对他的吸引力似乎不亚于他们作为上帝选民的优越感、他们的不宽容和他们的智慧。从根本上讲，他把犹太人视为反面的超人。他在席间闲谈的时候曾表示，即使血统相当纯正的日耳曼民族也在犹太人之下；如果 5000 个犹太人被送到瑞典，他们会在很短的时间内在所有领域内占据领先地位。

这些理想形象可能混乱杂异，但希特勒从中构思出了"新人"的概念。这个概念结合了斯巴达人的坚毅和简单、罗马人的气质、英国人的绅士之道和犹太人的种族道德规范。由于对权力的贪欲、爱国热忱和狂热盲从，由于迫害和战争的毒害，这种种族主义幻景反复出现："认为纳粹主义只是一次政治运动的人几乎对纳粹主义一无所知，"希特勒称，"它超越了宗教，它决心创造新人。"

希特勒的一个最真诚、最神圣的想法，一个抚平了他所有的忧虑和负面情绪的想法，一个明确的概念是：把雅利安人的血统重新聚集在一起，在未来一直保卫这个珍贵的血统，让雅利安人坚不可摧，成为世界的主宰。1933 年春，第一批法令在希特勒的关注下发布，这批法令很快扩展成了一系列有针对性的立法，一部分目的是结束他所谓的人种衰退，一部分目的是"通过刻意孕育新人……为这个国家带来新生"。希特勒曾在 1929 年纽伦堡纳粹党代表大会的闭幕词中表示："如果德国每年生育 100 万新生儿，消灭 70—80 万最无用的人，德国的活力终将得到提升。"现在纳粹政权采纳了这些建议，并开始在世界范围内开展反对"退化者和感染者"的运动。很多"保卫优良血统"的行动和反犹措施并行实施，其中有规范婚姻和遗传卫生的专门法案，也有绝育和安乐死的计划。

教育措施是对优生措施的补充。希特勒评论说："智慧的民族比民族本身更坚固，更持久"。他的理由是"心智凌驾于肉体之上"。一个由国家政治教育学院、阿道夫·希特勒学院、奥登斯堡学院和罗森伯格组织建立的一些专业院校构成的全新的教育体系将培养按照人种标准挑选出来的精英，让他们为完成各类不同的任务做好准备。希特勒在对一个亲信的一次长篇大论中说这种新人具有掠食动物和恶魔的特性，"无所畏惧、凶猛残暴"，他创造出的这个形象让他自己都感到胆寒，而这样的"新人"在党卫军中间得到了部分实现。这种理想不能被称为政治理想。极权主义政权需要的不是魔鬼崇拜，是纪律。他们需要的不是无所畏惧的人，是冷酷无情的人，这些人的侵略性是培养出来的，他们可以被用于特定任务。这个理想基本上源自尼采的"金发兽"的文学概念。

但这个景象只出现了一个雏形。雅利安种族的本质和优越性不可能那么快从人种混杂的物质世界恢复。希特勒曾经承认："我们所有人都被混杂、腐败的血统所累。"事实上他的理想泄露了自身的污点和脆弱带给他的困扰。他为实现这个计划设定了很长的时间跨度。在 1939 年 1 月对军队高层人士的一次讲话中，他说这个过程会延续 100 年。要花很长时间，绝大多数德国人才会拥有征服和统治世界的特质。他相信这个计划一定会取得成功。

他自己剩下的时间不多了。人种衰退的现状十分严重，他也知道生命之短暂，这促使他加快了行动的步伐。尽管他基本上表现出冷淡漠然的态度，但他的一生其实充满强烈的不安。他在 1928 年 7 月的一封信中说，他现在 39 岁，因此他"至多"还有"差不多 20 年"可以让他完成他的"大业"。他一直担心过早去世。"时间紧迫，"他在 1934 年 2 月说，接着又说，"我活不了那么久……我必须打好基础，我死后，其他人可以在这个基础上添砖加瓦。我活的时候看不到它完成了。"他还担心被刺杀。某个"罪犯或蠢货"可能杀了他，让他的使命无法完成。

由于这种焦虑情结，他对自己格外谨慎。从希姆莱在全国范围内不断扩大的安全体系，到他从 30 岁出头开始吃素，他精心地采取一切预防措施来保证自己的生命。他不抽烟，不喝酒，甚至不喝咖啡和红茶，他还喜欢喝少量的草药。晚年时，在私人医生莫雷尔的辅助下，他开始沉溺于药物，他不停地摄入各类药物，至少也会含着止咳糖。他过分担心自己的健康，甚至把偶尔的胃部痉挛当成癌症前兆。

他对旅行有一种病态的癖好，他似乎不断试图逃离，他的神经性失眠症也越来越严重，在战争期间，失眠症让他在纳粹总部过着日夜颠倒的生活。狂热紧张的性格让他无法进行任何规律性的活动或工作。任何事情，只要开始，他就必须立刻完成。他的很多看起来是源于冷血算计的无理行动，显然在一定程度上表现出了死亡的预感带给他的不安。

但心理上的忧虑也让希特勒越来越坚决。从 1937 年年底起，他越来越担心革命由于他的夺权受到了抑制，并由此丧失推动力悄无声息地逐渐减弱。因为，国内的克制、和平姿态、长久的假日氛围，政权的整个伪装可能会让人们对这些表面现象信以为真。如果发生这种情况，"就会错失完成最终目标的这一步飞跃"。希特勒无比信任宣传的力量，他期望宣传能够将人为制造的田园诗般的虚假布景变成真正的田园诗般的景象。

事实上，从 1937 年下半年起，被压抑的民族能量再次释放出来，整个国家比以往任何时候都更一致地想要实现纳粹政权的暴力目标。党卫军控制下的国家现在才开始崛起。最明显的表现是集中营数量增加，武装党卫军编队的征兵和武器配备加快。红十字会接到指令，要为可能的总动员做好准备。希特勒青年团接到命令，准备进入兵工厂，接替将被派入军队的工人。纳粹政权对司法系统、教会、官僚体系发动了大规模冲击，对他们进行了更加彻底的威胁。1937 年 11 月，媒体接到指令，不能对纳粹党各部门开始筹备"全面战争"一事进行任何报道。

经济领域也进行了重新调整。有人认为资产阶级利益是第三帝国的主导力量，事实却与之相反，企业家成了心甘情愿的工具，他们"对政治决定的影响力还不如他们对临时工的影响力"。希特勒在 1936 年秋的一份关于经济计划的备忘录里暗示道，如果他们没有完成对他们提出的要求，"完蛋的至多是几名经理，不会是整个德国"。和以往一样，他考虑问题完全是从效率角度出发的。从本质上讲，德国仍然实行资本主义经济体制，但德国的经济体制在很多方面被独裁主义的命令体系所包裹，因而扭曲得很厉害。

在这份备忘录中，希特勒在担任总理后第一次明确承认了他的扩张企图。他指出，德国的原材料和食品供应状况堪忧，这再次激起一个人口严重过剩的国家由来已久的恐惧，德国每平方公里的国土上要养活 140 个居民，因此他必须加快实施他的计划。一个按照苏联模式制定的为期 4 年的计划将为"生存空间"政策提供支持。赫尔曼·戈林奉命负责这个计划。他立刻开始逼迫企业家完全不顾成本等经济上的后果，执行以独裁统治和重整军备为目标的计划。

亚尔马·沙赫特对这些措施提出了一些批评，很快他就因为一次违规行为被迫离开内阁。希特勒现在觉得时间紧迫。他在备忘录最后写道："因此我制定了以下目标：第一，德军必须在4年内为参战做好准备。第二，德国经济必须在4年内为战争做好准备。"

有关报道称这个时期的德国民众心中出现了"某种疲倦和冷淡"的心态。对民众的过度约束开始让人不堪忍受。纳粹政权的教会政策、对少数民族的诽谤、人种崇拜、施加给艺术界和科学界的压力以及党内低级官员的过度热情引发了人们的忧虑，而这种忧虑只能用最隐晦的语句表达出来，这样的抱怨完全起不了作用。绝大多数人只想尽量继续过生活，他们无视纳粹政权和他们的不义之举。

尽管这些报道并不完全可靠，它们还是助长了希特勒的紧迫感，而且向他指明了必须要做的事：他必须让人民摆脱毫无生气的状态，在人民中创造一种焦虑、自豪、自尊受损相互交杂的心态，这样"人民内心的声音才会慢慢开始强烈要求诉诸于暴力"。

第三章 "历史上最伟大的德国人"

> 给我一个吻，姑娘们！今天是我生命中最重要的日子。我将被视为历史上最伟大的德国人。
>
> ——1939 年 3 月 15 日，阿道夫·希特勒对他的秘书们说

希特勒在 1937 年 11 月 5 日的秘密会议上透露了他的真正计划。希特勒向外交部长纽拉特、陆军部长布隆贝格、陆军总司令弗里奇、海军总司令雷德尔和空军总司令戈林等少数几个人说明了他的想法。

希特勒情绪激昂地向聚集在总理府的一群人一口气讲了 4 个多小时，讲话的内容就是他多年前在《我的奋斗》中的计划。他说这是他在"细致的考虑和 4 年半的政府首脑经验基础上得出的成果"，但其实这正是他一直以来从未偏离的概念，这已经成了他所有措施和运作的固定要点。只有迫不及待的语气和从前不同。

他说，如果将德国政策的目标视为捍卫安全、韬光养晦和增加国民数量，那么德国肯定立刻会面临"生存空间"的问题。只有克服空间不足的问题，才能解决所有经济和社会难题以及所有种族危机，德国的未来完全取决于此。这个问题不能再用强权在殖民时代占领海外殖民地的方法解决了。德国的生存空间位于欧洲大陆之上。希特勒称："只有靠武力才能解决德国的问题。"

希特勒继续说，一旦下定决心，剩下的问题就是要确定使用武力的最佳时间和环境。6—8 年后，情况就会变得完全不利于德国。因此，如果他"还活着，他决心最晚在 1943 年到 1945 年之间解决德国生存空间的问题"。但他也决定，如果机会提早出现，他一定会加以利用——这个机会可能是法国出现严重的国内危机，也可能是西方列强进行军事介入。无论如何，德国都会首先征服奥地利和捷克斯洛伐克。征服它们后，德国不仅能赢得 12 个师的兵力，还能赢

得 500—600 万人的食品供应，如果强迫 200 万人从捷克移民，100 万人从奥地利移民，这个目标就能成功实现。接下来的一年里很可能会爆发一些冲突，例如在地中海地区，这些冲突会消耗西方列强的精力。如果是这样，他决定在 1938 年出击。鉴于这些情况，从德国的角度看，佛朗哥在西班牙内战中迅速、彻底地获得胜利是他们不愿见到的，地中海地区继续维持紧张气氛才会对德国有利。事实上，为了制造让意大利和西方列强之间开战的理由，怂恿墨索里尼采取更多的扩张行动也许是明智之举。意大利和西方列强开战会让德国得到绝佳的机会，他们将以"闪电般的速度突袭捷克斯洛伐克"。

希特勒的讲话显然让在场的一些人感到极为吃惊和不安。纽拉特、布隆贝格和弗里奇尤其反对希特勒的观点，他们直白地提醒希特勒与西方列强开战的风险。希特勒召集这次会议主要就是为了表达他急迫的心情，如他在会议开始前对戈林所说，他要在布隆贝格将军和弗里奇将军"屁股下面点把火"，因为他对军队重整军备的情况一点都不满意。在激烈的讨论中，希特勒突然意识到双方意见的差异，而这种差异差不多是原则问题了。4 天后，弗里奇请求希特勒再召开一次会议，外交部长纽拉特也想要和希特勒见面，想要说服他放弃计划。但与此同时，希特勒已经决定离开柏林前往贝希特斯加登。他显然十分生气，因此他拒绝在 1 月中返回柏林前接见外交部长。

在 11 月 5 日反对希特勒计划的人在不久后的人事大变动中纷纷落马绝非偶然，希特勒靠此次人事变动将保守派从最后的据点中清除了出去，特别是在军队和外交部里。这次会议似乎向希特勒证明，他的扫荡计划需要坚定的意志、乐于冒险的精神和强盗一样的勇气，昔日处在统治地位的资产阶级代表畏手畏脚、小心谨慎，他们是无法实施他的计划的。

从这个角度看，我们可以更好地理解，为什么这些顽固的保守派在之前几年里，在外交和军队事务中要保持一定的独立。于是希特勒通过建立特使制度在一定程度上克制了外交部的这类做法。另一方面，他一直无法撬开团结得如同一块铁板一样的军官联盟。他现在认为这将是他下一步的工作。从前运气常常帮他的忙，这次也一样，情况的进展对他非常有利。3 个月后，他罢免了几个最高级别的将领，根据未来的计划对外交部和军队进行了彻底重组。

这整件事的起因其实有些无辜。布隆贝格的第一任妻子在几年前去世了，他决定再婚，但非常尴尬的是新娘弗罗伊莱因·格鲁恩有一段不光彩的"历史"，布隆贝格自己也承认了这一点。因此弗罗伊莱因·格鲁恩显然不符合军队严格的地位要求。布隆贝格想要寻求别人的意见，因此向戈林吐露了自己的心事。戈林强烈支持他结婚，甚至帮他除掉了他的一个对手——戈林用钱贿赂了那个人并安排他移民海外了。1938 年 1 月 12日，他们有些遮遮掩掩地举行了婚礼。希特勒和戈林担任了婚礼的证婚人。

仅仅几天后，布隆贝格元帅的婚姻门不当户不对的传闻开始传入刑警队的耳朵。警方的一份档案很快证实布隆贝格的新婚妻子曾经做过一段时间的妓女，而且还曾经因为担任淫秽照片的模特被判有罪。婚礼 12 天后，当布隆贝格结束蜜月返回时，戈林告诉布隆贝格他已经不能被接受了。军队也认为没有理由为长时间以来一直积极支持希特勒的布隆贝格辩护。两天后，1 月 26 日的下午，希特勒接见布隆贝格，与他辞行。

两人对接替布隆贝格位置的可能人选进行了简短的讨论，希特勒否决了弗里奇，也否决了很想得到这个职位的戈林。可悲的布隆贝格到现在仍然忠心耿耿，他显然建议由希特勒自己来接管这个职务，而这正是希特勒的打算。

这个决定被采纳的时候戈林仍在密谋挤走对手弗里奇。在戈林和希姆莱的联手煽动下，现在第二份警方档案见光了，这次是关于弗里奇的，在这份档案中，弗里奇被控有同性恋行为。如同出自拙劣戏剧的戏码一般，毫无疑心的陆军总司令在总理府和一名被雇来的目击者对峙。很快事实就证明这个目击者的指控是站不住脚的，但这个指控已经达成了目标——让希特勒有了能在 1938 年 2 月 4 日进行彻底人事变动的借口。弗里奇也被解职了。希特勒出任军队总司令。陆军部被解散，取而代之的是由威廉·凯特尔将军领导的德军最高统帅部。希特勒任命冯·布劳希奇将军接替弗里奇的职务，冯·布劳希奇和凯特尔一样，因为唯命是从、性格懦弱自然而然成为这个职位的候选人，他公开表示他"随时准备完成"任何交待给他的任务。他尤其保证会让陆军更加贴近纳粹主义。在一系列措施中，又有 16 名从前的将军引退，44 名将军调离。为了减少戈林的失望，希特勒任命他为陆军元首。

希特勒通过这次出击，没有遭遇一丁点反抗就消灭了最后一股反对势力。他圆满完成了一次"没有流血的长刀之夜"。他轻蔑地宣称所有将军都是懦夫。而很多将军对空缺出来的职位垂涎三尺，这种厚颜无耻的表现让他对他们更加鄙视。他们的这种表现表明铁板一块的军队终于被打破了，特权阶级的团结一致不复存在了。

与此同时，不只是军队进行了人员改组。在希特勒宣布军队最高领导层人员变动的内阁会议上，他还通知纽拉特，他外交部长的职务已经被撤销了。同时，驻罗马、东京、维也纳等几个重要地区的大使也被更换。从希特勒任命瓦尔特·丰克为经济部长的方式可以明显地看出他的执政方式十分草率。一天晚上，希特勒在歌剧院碰到丰克，在幕间休息的时候他任命丰克为经济部长。希特勒接着说，戈林会向他下达进一步的指示。在 2 月 4 日的内阁会议上，丰克作为沙赫特的继任者加入内阁。这次会议也是纳粹政权历史上的最后一次内阁会议。

希特勒担心海外可能将此次危机视为德国国内暗流涌动的权力斗争，从而将此视为德国国力虚弱的表现。他不得不向将军们让步，让军事法庭对弗里奇的案件进行调查，但他也害怕如果调查让阴谋曝光，弗里奇复职，就会爆发新的冲突。一名知情人士预测说："如果军队发现真相，将会爆发革命。"因此希特勒决定用一次更大的危机掩盖此次危机。1月31日，约德尔在日记里写道："元首想要转移人们对军队的注意力。我们要让欧洲透不过气，更换几个职务上的人员不是为了让人们觉得德国软弱，而是要让人们感到德国把力量集中在了一起。舒施尼格不会振奋精神，他会瑟瑟发抖。"

于是希特勒毅然决然地开始制造另一场危机。从1936年7月签订条约后，他一直没有采取任何措施改善德国和奥地利的关系，他反而利用条约的条款挑起了无休无止的争端，像狡诈的律师一样对条款争论不休。维也纳政府发现他们越来越受到束缚，他们的担心不断增加。条约的规定以及罗马和柏林之间的密切关系限制了他们的行动自由。另外，奥地利境内强大的纳粹地下组织在德国的支持和资助下不断制造麻烦。有两个理由让他们积极推动德奥两国合并：一是1919年奥匈帝国解体后，日耳曼民族自古以来的统一梦想成为了可能；二是希特勒出生在奥地利。希特勒本人似乎成了这种统一思想的化身。

接替被刺的多尔夫斯担任奥地利总理的库尔特·舒施尼格四处寻求帮助。1937年春，他试图让英国发表声明，承诺确保奥地利的独立地位，但没有成功。他一直以来不屈不挠地通过禁令和迫害行动抵制纳粹，但由于没有争取到英国的支持，抵制的力度逐渐减弱。1938年2月初，巴本建议他和德国总理进行一次会面，舒施尼格很不情愿地同意了。他在2月12日上午抵达贝希特斯加登，希特勒在贝格霍夫别墅的台阶上迎接他。

两个人互相致意后，舒施尼格立刻发现接下来他要面对一大通言辞激烈的讲话。当他还在评价气势恢宏的客厅带来的动人景致时，希特勒完全没有理会他的话："是的，我已经想好了。我们不是来这儿讨论美丽的风景和天气的。"随后他开始兴奋起来。他说，他的耐心已经耗尽。奥地利没有朋友，英国、法国和意大利都不会为它动一根手指的。他提出奥地利纳粹党人有自由开展煽动活动的权利，提出任命他的追随者赛斯·英夸特为奥地利安全和内务部长，还要求奥地利进行大赦，并让奥地利的外交和经济政策与德国的外交和经济政策相适应。

据舒施尼格说，到了晚饭时间，刚才还兴奋地打着手势的希特勒立刻变成了亲切的主人。但在接下来的对话中，当舒施尼格说因为奥地利的宪法他无法给出最后承诺时，希特勒猛地拉开门，示意舒施尼格离开，并用吓人的口气大声叫凯特尔将军进来。凯特尔进来，在身后关上门，随后请希特勒下令，希特勒说："没什么事，坐下吧。"没过一会儿舒施尼格就在文件上签字了。他拒绝了希特勒共进晚餐的邀请。他在巴本的陪伴下跨过边境前往萨尔茨堡。舒施尼格的下一次德国之行将是在别人的押送下前往达蒙的集中营。

贝希特斯加登会议给了奥地利纳粹党人很大的鼓舞。他们用一系列明目张胆的暴力行动预告即将到来的胜利，舒施尼格阻止纳粹行动的所有努力都太晚了。为了在最后一刻防止国家权力公然瓦解，舒施尼格在 3 月 8 日晚决定在 3 月 13 日召集一次全民公决。希特勒说绝大多数奥地利人是支持他的，舒施尼格希望用这种方式在全世界的面前驳倒希特勒的话。但柏林立刻表示反对，舒施尼格被迫放弃了他的计划。在戈林的劝说下，希特勒决定在必要的时候对奥地利采取军事行动。里宾特洛甫从伦敦报告说英国绝不愿意要这个《凡尔赛和约》遗留下来的烫手山芋。希特勒知道，没有英国，法国是不会介入的。

德国控制奥地利的举动似乎在一时间激起了墨索里尼的反感，让意大利和英国热乎了起来。于是，希特勒在 3 月 10 日派黑森亲王携带他的一封亲笔信前往罗马，他在信中说奥地利在实施对德国不利的阴谋，奥地利政府镇压信奉民族主义的绝大多数民众，他还预测奥地利可能爆发内战。他接着说，他是在奥地利的土地上出生的，他没办法冷眼旁观、无动于衷，他决定恢复祖国的法律和秩序。他向墨索里尼保证他的忠诚是坚定不移的，并再次保证布伦纳山口作为德意边境是神圣不可侵犯的。在兴奋地进行了几个小时的准备后，希特勒在午夜过后下达了"奥托行动"的 1 号指令。

> 如果其他措施没有取得成功，我打算让军队进入奥地利，恢复那里的宪政环境，阻止更多针对信仰民族主义的日耳曼民众的暴行。我将亲自指挥整个行动……整个行动中最好不使用武力，我们的军队将和平地进入奥地利并受到奥地利人民的欢迎，这样做对我们有利。因此要避免所有挑衅行动。但如果遭遇抵抗，必须毫不留情，用武力粉碎抵抗。
>
> 现在暂时不会对德国与其他国家交界的边境实施安全措施。

3 月 11 日，戈林发布最后通牒，要求舒施尼格辞职，任命赛斯·英夸特为奥地利总理。奥地利全国的纳粹党人按照柏林的指示在当天下午涌上街道。在维也纳，纳粹党人涌入总理府，挤满总理府的楼梯和走廊，并待在办公室里，直到快到晚上的时候舒施尼格在广播上宣布辞职，并命令奥地利军队撤退，命令他们不得抵抗入侵的德国军队。当总统米克拉斯坚持拒绝任命赛斯·英夸特为新总理时，通过电话与维也纳联系的戈林在其中一次电话对话中给一名中间人下达了如下极具他个人特色的命令：

> 现在仔细听着，现在重要的是让英夸特接管整个政府，占领广播和其他一切机构……赛斯·英夸特要发出下面这份电报。把这些写下来：
> "奥地利临时政府在舒施尼格辞职后认为其任务是恢复奥地利的和平和秩序，临时政府紧急请求德国政府支援他们完成这个任务，并帮助他们防止流血事件的发生。出于这个目的，临时政府要求德国政府尽快向奥地利派遣德国军队。"

当奥地利全国的纳粹党人开始占领公共建筑时，希特勒终于在晚上 8 点 45 分的时候向军队下达了开拔命令，这个时候赛斯·英夸特甚至还不知道要提出支援请求。希特勒拒绝了赛斯·英夸特稍后提出的让德国军队止步的请求。

　　3 月 12 日下午，希特勒在阵阵钟声中，在他的出生地布劳瑙跨过边境。4 个小时后，他经过点缀着鲜花的村庄和站在街边的人群，进入林茨。赛斯·英夸特和格莱斯·霍斯特瑙等奥地利部长正等在城外；海因里希·希姆莱和他们在一起，希姆莱是在前一晚赶到维也纳的，开始肃清"人民的叛徒和其他国家敌人"。第二天上午，希特勒前往莱昂丁，在父母的墓前敬献了花圈。

　　3 月 13 日晚，希特勒在林茨的韦因钦格酒店签署了"奥地利和德意志帝国合并法案"。第二天，当希特勒在欢呼声和钟声中从美泉宫方向进入维也纳时，他沉浸在梦想实现的喜悦中。这两座曾经见证过他的失败并让他名誉扫地、蒙受羞耻的城市终于敬仰、羞耻、恐惧地臣服在他脚下了。

　　这件事无疑激起了全国人民心底最深处的情绪。对于站在林茨、维也纳或萨尔茨堡街道两旁的人来说，他们期待已久的统一终于实现了。出于这种心理，人们认为希特勒继承了俾斯麦，并完成了他的事业。人们希望终止国内政治斗争也是源于同样的心理，当然也源于对共和国难以维系的忧虑。除了这些愿望，人们还希望拥有强大统一的德意志帝国，重现辉煌。

　　在这种成就感和喜悦感中，人们没有注意到与此事一同出现的武装势力。纳粹党在光天化日之下公然实施恐怖手段。施蒂芬·茨威格写道："大学教授被迫赤手空拳擦洗大街；虔诚的白胡子犹太人被拖进庙里，咆哮着的年轻人强迫他们下跪并齐声高呼'希特勒万岁'；无辜的人们像兔子一样被成群地从街上抓走，并被逼着清扫冲锋队兵营的厕所。所有在夜里才会肆意萌发的可怕幻想在青天白日之下上演了。"难民们涌向德国势力以外的欧洲地区。斯蒂芬·茨威格、西格蒙德·弗洛伊德、瓦尔特·梅林、卡尔·楚克迈尔和其他很多人逃离了奥地利，作家埃贡·弗里德尔从自家的窗口跳楼自尽。但这些情况并没有对外部世界造成太大的影响。人们的喜悦感太强烈了，德国对威尔逊自决原则的引用也不容辩驳。纳粹政权在 3 月 16 日进行了第五次也是最后一次全民公决，99% 的支持率更加巩固了这个原则。西方列强表示不安，但法国深陷其国内问题之中不得脱身，英国又拒绝给予法国或捷克斯洛伐克任何承诺。英国也拒绝了苏联提出的召开会议、防止希特勒实施进一步侵略行动的提议。张伯伦和欧洲的保守派们继续将希特勒视为他们的反共产主义壁垒司令官，他们必须用慷慨拉拢他，同时也要驯服他。与此同时，左派相信舒施尼格只不过是应该被推翻的天主教——法西斯政权的代表，他从前曾经攻击过工人。国联甚至没有就这一问题召开会议，现在全世界连义愤的样子都懒得摆了。

希特勒在维也纳待了不到 24 小时。他不费吹灰之力就赢得了这个巨大的胜利，这让他立刻开始向下一个目标推进。吞并奥地利两周后，他和苏台德地区的德国人领袖康拉德·亨莱因见面，并声称他准备在可以预见的未来解决捷克斯洛伐克的问题。4 周后的 4 月 21 日，他和凯特尔将军讨论了针对捷克斯洛伐克的军事打击计划。由于顾及世界舆论，他拒绝没有任何借口就实施出人意料的突然攻击。他希望"在某个事件基础上实施闪电行动"，例如"德国大使遇刺加上反德示威游行"。

苏台德地区的 350 万德国人在捷克斯洛伐克共和国建立后就一直觉得受到压迫，他们将严重的经济贫困归咎于布拉格的"异族统治"。希特勒夺取权力，康拉德·亨莱因的苏台德德意志人党在 1935 年的选举中成为捷克斯洛伐克国内最强大的政党，这大大地增加了他们的自信。德国吞并奥地利更让他们开始打着"回归德意志帝国"的口号开展大规模示威游行。希特勒让亨莱因不停地向布拉格提出很高的要求，这样"捷克政府就会无法容忍"他们。他怂恿他采取挑衅态度。这样他就能奠定基础，引发需要由希特勒进行干预的危机。与此同时，希特勒让事态自由发展。5 月初，他在部长、将军和党内官员等一大群人的陪同下前往意大利进行国事访问，这次墨索里尼企图超过上次希特勒的盛情招待。永恒之城罗马像过节一样装饰了旗帜、束棒和"卐"字标志。铁路线两旁的房子重新粉刷过，在靠近城墙外的圣保罗教堂修建了一座专门车站，国王和墨索里尼在车站迎接希特勒。

墨索里尼的接待和殷勤给希特勒留下了深刻的印象。在那不勒斯的海军表演中，一百艘潜艇同时消失在海浪中，几分钟后又非常精确地重现在海面上。各地的游历满足了希特勒的审美倾向，他在多年后还常常对"佛罗伦萨和罗马的魅力"赞不绝口。他大声惊呼托斯卡纳和翁布里亚太美丽了，罗马"真正打动了"他。

事实证明，这次访问也获得了政治上的成功。在墨索里尼访问德国之后，轴心国的关系一直十分紧张。德国吞并奥地利唤起了意大利人对南蒂罗尔的担忧，但希特勒成功减轻了这些担忧，尤其是他在威尼斯宫国宴上的讲话让意大利人的态度有了较大的转变。当希特勒在 5 月 10 日登上返回德国的火车时，两国又恢复了和睦的关系，墨索里尼用力地握着他的手说："从此以后任何力量都不能把我们分开了。"

希特勒从这些天的少数几次政治对话中得出结论，意大利会让德国在捷克斯洛伐克的问题上为所欲为。西方列强同时也呼吁布拉格向苏台德地区的德国人让步。希特勒告诉这些列强，捷克斯洛伐克的问题是可以解决的。英国驻柏林大使对里宾特洛甫说，希特勒会获得全线成功。因此当为德国准备发动进攻的传言忧心忡忡的布拉格当局在 5 月 20 日下达局部动员令的时候，希特勒非常惊讶，英国和法国显然表明了他们有义务帮助捷克斯洛伐克。另外，他们还得到了苏联的支持。

5 月 22 日，贝格霍夫召开紧急会议。希特勒认为不得不停止他的备战活动。他曾经提过在 1938 年秋对捷克斯洛伐克采取行动，现在他的时间表似乎正在被打乱。当国际媒体盛赞"5 月危机"终于有效地将了德国的军时，希特勒火冒三丈。像 1932 年 8 月蒙受羞辱时一样，他在山间别墅躲了几天。他后来反复表示在这几天里他的"威信严重受损"。最终，由于害怕表现出示弱的迹象，他认为应该用特别咨文通知墨索里尼和英国外交大臣"威胁、压力和武力"不会对他起作用，事实上这些反而会适得其反，会让他更加强硬，更加坚定。5 月 28 日，他到柏林与军队和外交部的高层开会。他面对一张地图怒气冲冲地详细说明他打算如何打垮捷克斯洛伐克。他在"绿色行动"命令的开头写道："我决心在不久的将来用军事行动摧毁捷克斯洛伐克。"出于挑衅，他将行动日期定在了 10 月 1 日。

　　现在他竭尽所能让局面更加紧张。6 月底，他在捷克边境进行演习，与此同时德国加快修建德法边境上的"西部壁垒"。亨莱因贯彻了寻衅滋事的指示，希特勒小心翼翼地挑动着捷克斯洛伐克其他邻国的贪念，特别是匈牙利和波兰。西方列强迫布拉格当局做出越来越多的让步，绥靖政策逐渐被推至顶峰。绥靖政策的支持者们对中欧复杂的敌对关系深恶痛绝，面对错综复杂、无法解决的伦理、宗教、民族、种族、文化和历史怨恨，他们屈服了。罗瑟米尔勋爵在《每日邮报》上说捷克人对英国人来说无关紧要。张伯伦总结了英国人的基本态度，他说这是"发生在遥远国家的争论，我们对争论双方都一无所知"！英国政府在 8 月派遣朗西曼勋爵带领调查团前往捷克斯洛伐克，这实际上表明了他们的漠不关心。

　　我们有必要把 9 月 7 日发表在《泰晤士报》上，建议将苏台德区割让给德国的重要社论放到这样的背景下来看。几周来，危机一直恶化，希特勒似乎在克制自己，而整个世界都在等待他在 9 月 12 日纽伦堡的纳粹党代表大会闭幕式上的讲话。很可能由于西方强国表现出了众多绥靖思想的迹象，这篇演讲的主旨显得格外暴力和挑衅。但希特勒在 5 月份蒙受的羞辱也是一个重要原因。他提到了布拉格当局的"无耻欺骗"、"恐怖勒索"和"罪恶目的"，他谴责他们的备战行为。他接着说，他已经得出了必然结论，他会立刻予以还击。"捷克斯洛伐克的德国人并非毫无防备，也没有被人抛弃。让我们记住这一点。"

　　这篇讲话诱发了苏台德地区的暴动，很多人在暴动中丧生。德国国内开始进行狂热的军事活动，举行灯火管制演习，汽车被征用。战争一时间似乎不可避免。但随后情况出现了意外的转折。英国首相张伯伦在 9 月 13 日晚发出的一封电报中表示他愿意与希特勒进行一次私人会谈，他可以到任何希特勒想去的地方。张伯伦写道："我计划乘飞机来，我已经准备好在明天出发。"

　　希特勒感到虚荣心得到了极大满足，尽管这个建议可能会减慢他正在飞速推动的冲突进程。但他的行为仍旧被不安全感支配，这种不安全感让他一生都无法摆出慷慨之姿。他的客人已有将近 70 岁的高龄，而且还要生平第一次乘坐飞机，但希特勒无法向张伯伦妥协，他建议将贝希特斯加登作为会议地点。当英国首相在经历了将近 7 个小时的旅程于 9 月 15 日下午抵达贝格霍夫的时候，希特勒只是走到了屋外楼梯的顶端迎接他。他再次威胁性地将凯特尔将军安排在他的随行人员之中。张伯伦表示希望进行私人对话，希特勒同意了，但他好像是打算让年迈的张伯伦更加疲惫，他漫无边际地向张伯伦讲述欧洲局势、英德关系、他自己的坚定程度和他取得的成功。尽管希特勒用高度克制保持着平静镇定，张伯伦肯定还是看穿了他的把戏和伎俩，张伯伦在两天后递交给内阁的报告中称希特勒为他见过的"最劣等的狗崽子"。

希特勒最后终于开始谈论当前的危机，他提出他只要求将苏台德地区并入德国。张伯伦打断他的话，问他是只要这样做就心满意足了，还是打算彻底分割捷克斯洛伐克。希特勒提到了波兰和匈牙利的要求。但希特勒称，所有这些他都不感兴趣，此时此刻讨论的这些安排他也不感兴趣，"苏台德地区的 300 名德国人被杀害了，这种情况不能再继续下去了，必须立刻解决这个问题。我决心解决这个问题。我不在乎是否会爆发世界大战。"

张伯伦恼火地回答说，他不明白如果希特勒只是想说无论如何他都决定诉诸武力，那他还有什么必要走那么远的路来到这里。随后希特勒的口气变得缓和了一些。他说会在"今天或明天看看是否仍有和平解决这个问题的可能"。他继续说，决定因素是"英国现在是否在人民自决权利的基础上同意苏台德地区的德国人脱离出来；对此他必须说，自决权不是由他在 1938 年专门为了解决捷克斯洛伐克问题发明出来的，而是在 1918 年为给《凡尔赛和约》带来的变化建立道德基础创造出来的"。他们达成了一致意见，张伯伦将飞回英国召开内阁会议讨论这个问题，希特勒承诺与此同时他不会采取军事措施。

张伯伦离开后，希特勒立刻进一步推进危机和他自己的准备工作。英国首相乐于提供帮助的态度让他大吃一惊，因为这会对他进一步吞并整个捷克斯洛伐克的计划造成威胁。但希特勒希望张伯伦会被他自己的内阁、法国人或捷克人否决，因此他继续实施自己的计划。在德国媒体对暴行展开铺天盖地的报道时，希特勒建立了一支苏台德德意志人自由军团，"保护苏台德地区的德国人，维持骚扰和冲突"。领导该军团的是已经逃至德国的康拉德·亨莱因。希特勒还怂恿匈牙利和波兰向布拉格提出领土要求，同时他还支持斯洛伐克人争取自治。最后，为了激起更大规模的冲突，他让苏台德德意志人自由军团的成员占领了埃格尔和阿希。

张伯伦在 9 月 22 日和希特勒第二次会面，地点是戈德斯堡德莱森饭店，张伯伦告诉希特勒英国、法国、甚至捷克斯洛伐克都勉强同意割让苏台德地区。另外，为了怕德国人担心捷克斯洛伐克可能被用作攻击德国侧翼的"枪头"，张伯伦还建议解除法国、苏联和捷克斯洛伐克之间现存的同盟条约。取而代之的是，各国会承诺保证捷克斯洛伐克的独立。这一切太令人震惊了，希特勒又问了一次，这个提议是否获得了布拉格当局的同意。张伯伦回答说是的。在经历短暂、尴尬的停顿后，希特勒平静地回答道："我很抱歉，张伯伦先生，我现在已经无法讨论这些问题了。鉴于过去几天事态的发展，这个解决办法已经不再可行了。"

张伯伦非常恼火。他生气地问是什么情况改变了局势。希特勒又一次没有直接回答问题，而是提出了匈牙利人和波兰人的要求，随后一味地谴责捷克人，哀悼苏台德地区德国人的苦难，直到他终于发现了一个挽回局面、妨碍事态发展的借口并立刻加以利用："迅速采取行动极为重要。必须在几天内做出决定……问题必须在 10 月 1 日一次性地彻底解决。"

在进行了 3 个小时徒劳无果的谈判后，张伯伦返回莱茵河对岸的彼得斯堡酒店。当信件交流同样徒劳无果时，张伯伦要求德国提供一份说明其要求的书面备忘录，并宣布他准备动身离开德国。捷克斯洛伐克发布军队动员令的消息刚好在混乱、高度情绪化的对话过程中传来，这更加强了灾难将至的感觉。然而希特勒现在似乎准备做出一些小小的让步，而张伯伦显示出想要放弃的迹象，他表明他不愿再作为调停人被希特勒利用了。

英国内阁在 9 月 25 日召开会议，讨论希特勒的备忘录。内阁坚决否决了希特勒新提出的要求，并向法国政府承诺如果对德国实施军事介入，英国将给予支持。之前在高压下接受让步条件的布拉格现在也重新获得了行动自由，拒绝了希特勒的提议。英国和法国开始备战。

面对对方表现出的意外强硬的态度，希特勒再次表现出像是在忍无可忍之下怒火爆发的样子。"继续谈判没有任何意义，"他在 9 月 26 日对霍勒斯·威尔逊爵士大声说道，"德国人被人当成黑鬼对待，甚至没人敢这样对待土耳其。10 月 1 日，我会按我所想占领捷克斯洛伐克。"随后他向威尔逊提出了最后期限：只要布拉格当局在 9 月 28 日下午 2 点接受戈德斯堡备忘录的要求，他就会撤回军队。他在柏林运动场发表的那篇著名演讲让他释放了这些天来一直折磨着他的紧张情绪，他靠这篇演讲让危机进一步恶化：

> 现在我们面对最后一个必须解决也即将解决的问题。这是我不得不在欧洲境内提出的最后一个领土要求，但我不会收回这个要求，如果一切顺利，我将会获得成功。

希特勒还再次承诺他对消灭或吞并整个捷克斯洛伐克不感兴趣。希特勒的演讲结束时，大厅里爆发出热烈的掌声，希特勒坐下的时候，戈培尔站起来高呼："有一件事是肯定的：1918 年绝不会再现！"戈培尔在这天晚上提出了一个口号："元首的命令，我们服从！"这个口号在会议结束后继续被群众反复喊了很久。

前一晚的热情和兴奋在第二天仍然让希特勒激动，他在这天中午再次接见霍勒斯·威尔逊。他威胁说，如果他的要求遭到拒绝，他会消灭捷克斯洛伐克；威尔逊回答说，如果法国被迫匆忙援助捷克斯洛伐克，英国会实施军事介入，希特勒表示他只能说"如果法国和英国要实施打击，就让他们实施吧。这对我来说完全不重要。我已经为可能出现的一切情况做好了准备。今天是星期二，到下个星期一我们都将处于交战状态"。希特勒在同一天下令实施更多的动员措施。

但 9 月 27 日下午他兴高采烈的心情再次被打破。为了测试以及提高民众对战争的积极性，希特勒下令让第二个摩托化师在从斯德丁前往捷克斯洛伐克边境的途中取道首都，压着东西轴线穿过威廉大街，从总理府前经过。也许他希望军队的展示能让人们涌上大街，能唤醒人们的斗志，而这种斗志可能会转变成全体人民对暴力的"迫切需求"。

但他希望的景象并没有出现，随后传来的大量坏消息表明法国、英国和捷克斯洛伐克的备战规模超出了预期，这些国家的实力超出了德国的潜在实力。仅布拉格当局就动员了 100 万人，和法国的军队加在一起是德军兵力的 3 倍。在伦敦，人们开始挖掘防空洞，对医院实施疏散。成群的百姓离开巴黎。战争似乎不可避免。南斯拉夫、罗马尼亚、瑞典和美国在这天发出警告，声明支持德国的敌对方。由于希特勒提出的最后期限在几个小时后就要到时了，总理府内非此即彼的态度开始转变。在 9 月 27 日深夜，希特勒开始口述一封给张伯伦的信，信里使用了绝对缓和的语气，提出德国正式承诺捷克斯洛伐克将继续存在，结尾还呼吁大家要保持理性。但同时发生的其他事件让局势在最后一刻发生了出人意料的转折。

德国国内的一个密谋计划在前一年成形并且取得了相当大的进展。密谋者人数不多，但很有影响力，来自各种政治阵营的人第一次走到了一起。他们最初的共同目标是阻止战争爆发，但希特勒大胆向战争靠近让他们提高了自己的目标，直到最后他们制定了刺杀和反叛计划。推动和协调各个团体的是军事情报局中心处处长汉斯·奥斯特中校。在奥斯特的身上，高尚的道德和狡诈、天才、心理算计以及对原则的忠诚诡异地结合在一起，他很早就对希特勒和纳粹主义持批评态度。在一段时间里，他一直想要说服战友赞成他的观点，但始终没有获得成功。但当军官们无法再对希特勒向战争靠近的行动视若无睹的时候，当弗里奇事件激起了他们这个特殊阶层的自尊心的时候，他们终于开始心有所动。其他团体也开始被动员起来，奥斯特把他们都拉了进来。在军事情报局及局长——海军上将卡纳里斯的掩护下，奥斯特成功地建立起了一个分支众多的抵抗团体。

抵抗团体意识到专制政权一旦扎根，只有通过内外敌人联合行动才能推翻。根据这个原则，德国的反对派代表开始前往巴黎和伦敦，试着接触有影响力的大人物。1938 年

3 月初，卡尔·格德勒在巴黎极力劝说法国政府在捷克斯洛伐克的问题上采取强硬立场。一个月后，他再次尝试，但两次他得到的都是含糊的回答。他的英国之旅结果也一样。

埃瓦尔德·施文钦是一名已经退隐很久的保守派政治家，但现在他也利用自己与英国的关系，劝说英国政府强硬抵制希特勒的扩张计划。他警示道，吞并奥地利不会让希特勒感到满足，有可靠消息表明他的目标远远不只吞并捷克斯洛伐克，他想要主宰整个世界。1938 年夏天，埃瓦尔德·施文钦亲自前往伦敦。参谋长路德维希·贝克交给他一个任务："如果给我带回证明英国会在捷克斯洛伐克受到攻击的时候参战的可靠证据，我就会终结这个政权。"

在埃瓦尔德·施文钦出发两周后，实业家汉斯·伯姆——特特尔巴赫前往伦敦执行同样的任务；他回来后，外交部内的一个抵抗团体又立刻做了几次努力，该团体由国务卿冯·魏茨萨克领导，他利用驻伦敦使馆参赞特奥·科尔特作为中间人。

与此同时，奥斯特敦促特奥·科尔特的兄弟、外交部部长办公室主任埃里希·科尔特想办法让伦敦对进行干预，造成威胁。大量有关希特勒意图的消息和警告传入伦敦和巴黎。但所有努力都徒劳无获。

反对派在国外努力游说的同时，也在国内展开行动。从本质上讲，这些行动主要是由军队实施的。路德维希·贝克试图在一系列语气越来越尖锐的备忘录中反对希特勒的战争决定。7 月 16 日的备忘录语气最激烈，备忘录再次告诫大规模战争的危险，备忘录还提到德国民众长久以来疲惫不堪，并且强调面对西方列强，德国的防御力量十分虚弱。贝克总结了所有政治、军事和经济上的反对理由，最后得出结论，希特勒的挑衅行为一定会带来一场"生死"之战，德国绝不可能在这场战争中幸存。贝克同时鼓动布劳希奇元帅说服高级军官共同采取行动。他想让他们上演"将军的集体罢工"，用集体辞职的威胁强迫希特勒终止备战。

最后布劳希奇似乎听从了贝克的劝说。他在 8 月 4 日召集将军们开会，在会上他大声朗读了贝克的 7 月备忘录，并请亚当将军报告西部壁垒的弱点。到会议结束时，几乎在场的所有人都被贝克的观点说服了。只有赖歇瑙将军和布施将军提出了少数反对意见。但让贝克惊讶的是布劳希奇没有按照贝克拟定的演讲稿发表演讲并在最后呼吁大家进行联合抗议，而是把贝克的备忘录交给希特勒，让贝克曝了光。当 8 月 18 日希特勒在于特博格的一次会议上宣布他将在接下来的几周内用武力解决苏台德问题的时候，贝克辞职了。

和布劳希奇的背信弃义一样，贝克的辞职源自德国军队领导层的懦弱。贝克放弃斗争部分是因为事实证明要从西方列强口中得到斩钉截铁的承诺是不可能的。除非英国首相或法国总理准备抵制希特勒，否则德国的抵抗团体注定不会全心全意。

然而在贝克的继任者哈尔德将军的领导下，密谋者们没有中止努力。哈尔德甚至在刚刚就任时就告诉布劳希奇他和他的前任一样坚决反对希特勒的战争计划，并决心"利用一切机会同希特勒做斗争"。哈尔德比贝克头脑更冷静、更坚决，他立刻将密谋者们的论断扩大成为一个政变计划。在奥斯特的建议下，他与亚尔马·沙赫特共同协商，并在9月15日之前完成了一切准备工作。

如果战争爆发，计划就会启动。在宣战的一刻，柏林防御区司令冯·维茨勒本将军将带头发动政变。希特勒和纳粹政权的众多主要官员将被逮捕，随后将对他们进行审判，向全世界揭露纳粹的侵略目标。计划的参与者希望用这个办法避免让自己背上叛徒之名并为他们反对希特勒的做法赢得支持，希特勒拥有极大的声望，而且当前的民族热情让他的声望进一步扩大。因此他们希望避免爆发内战。哈尔德认为，重要的不是一小群精英的想法和道德标准，而是大众在原则上的赞同。帝国法院法官汉斯·多纳尼从1933年就开始保存一份秘密档案，为审判希特勒做准备。奥斯特还将柏林警察局长赫尔多夫伯爵和副局长弗里茨·舒伦伯格伯爵也拉进计划之中。奥斯特与波茨坦、兰茨堡和图林根等地的司令官、威廉·洛伊施内和尤利乌斯·勒伯尔等社会党人以及柏林夏里特医院精神科主任卡尔·邦赫费建立了密切的联系，在另一项政变计划中，卡尔·邦赫费会以医生委员会主席的身份宣布希特勒患有精神病。同时，前钢盔党首脑弗里德里希·威廉·海因茨正在计划一个"计中计"。他接到的任务是招募年轻军官、工人和学生来增援军队军部的突击队，这支突击队会在恰当时机进攻总理府。但海因茨认为审判希特勒和将他关进精神病院的想法完全不现实。他对奥斯特说，希特勒一个人就比维茨勒本和他的整个部队还要强大。因此，他给手下人下达密令，让他们不要逮捕希特勒，而是在近距离当场击毙希特勒。

因此万事俱备，这次比以往任何一次准备得都更充分，更有胜算。海因茨的突击队配备了充足的武器和炸药，在柏林的私宅中准备就绪；所有军队和警察的行动都安排好了；平稳接管电台的计划也准备好了；将要向民众宣读的公告也拟定好了；哈尔德宣布会在希特勒向军队下达向捷克斯洛伐克进军的命令时发出行动信号。每个人都等待着。

伦敦在9月26日宣布会在捷克斯洛伐克受到攻击的时候支持法国。9月27日，密谋者甚至将犹豫不决的布劳希奇也成功拉入了行动之中。这天中午，希特勒下令让军队为第一波进攻做好准备，几个小时后他向19个师下达了动员令。总动员令预计在第二天下午2点发出。埃里希·科尔特将确保总理府入口处，警卫身后的门是开着的。快到中午的时候，布劳希奇去听取希特勒的决定。维茨勒本的手下焦急地等候在霍亨索伦姆的防御区司令部里，维茨勒本自己到最高统帅部与哈尔德见面。海因茨的突击队在驻地等候命令。一切都已准备就绪，然而一名信使在这个时候传话给参谋长哈尔德说希特勒在墨索里尼的斡旋下同意走较为温和的路线，并同意在慕尼黑召开会议。

这个消息无异于一枚炸弹。密谋的所有参与者都立刻意识到他们已经失去了整个行动计划的基础。所有人都陷入混乱麻木的情绪中。整个行动完全建立在外交政策的支点之上，现在他们完全失去了行动机会。

第二天，9月29日，快到中午12点45分的时候，英、法、意、德四国的政府首脑会议在慕尼黑召开。希特勒要求立刻开会，因为他下定决心要在10月1日让军队进入苏台德区。西方列强已经决定让希特勒不用发动战争就占领苏台德区，召开这次会议只是为了拟定协议的内容。由于各方意见一致，而且会议是突然召集的，因此过程异常顺利。在相互问候后，希特勒率先走进慕尼黑国王广场上新建的元首府的会议厅。

会议一开始，希特勒就直接拒绝了捷克斯洛伐克代表提出的参会要求。只有大使们和顾问们渐渐走进屋内，坐在会议桌旁旁听。墨索里尼在下午早些时候拿出了协议草案，为抢在想要争取实施军事行动的里宾特洛甫之前，戈林、纽拉特和魏茨萨克实际上在前一天晚上就拟定了这份草案，这正是当晚签订的《慕尼黑协定》的基础。草案规定德国在10月1日到10日占领苏台德区，一个由四个大国和捷克斯洛伐克代表组成的委员会将拟定相关细节。英国和法国承诺保证捷克斯洛伐克共和国的安全。所有与会者似乎都暂时满意了。

《慕尼黑协定》是希特勒的一次个人胜利。没有公开使用武力，他就从一个在力量上占据优势的联盟手里赢得了一大片土地。他剥除了捷克斯洛伐克著名的防御体系，大幅提高了他自己的战略地位，得到了新产业，还迫使可恨的贝奈斯总统流亡海外。事实上"在欧洲历史上，不经过战争就发生这样深切的变化……已经有多少世纪都没有出现过了"。更有甚者，希特勒赢得了强权的认同，他们要为此事承担相应的后果。他再次造就了经典的纳粹格局——革命力量和既定势力的联盟。值得注意的是，在《慕尼黑协定》签订后不久，捷克斯洛伐克就撕毁了和苏联的条约并且取缔了共产党。

不过对希特勒来说，所有这些胜利似乎都代价过高。因为他被迫在可能对他造成限制的协定上签了字，即使不会对他造成长期限制，也足以打乱他的时间表，从而打乱他的宏伟计划。他本想在秋天进军布拉格，就像在6个月之前进军维也纳一样，现在他觉得他在欺骗下失去了自己的时间表和征服者的荣耀。

长久以来，希特勒一直有将事情推向极致、在绝境中豪赌一场的倾向。《慕尼黑协定》来得太容易了，并不能满足他的神经。他不喜欢轻松快速的解决办法，如他所说，他发现"如果自己贱卖，随后会……很危险"。

在冷静的安排、胆量这个必备条件和神化的政治概念这三重背景之下，希特勒越来越醉心于战争。张伯伦的殷勤曾让他"非常吃惊"，他后来差点道歉。现在他只觉得瞧不起他的对手，在对他的将军们发表讲话时，他嘲笑敌人是"小小的蠕虫"。

希特勒的好战和真实的军力关系并不相符，这可以看作他开始和现实脱节的最初征兆。如今人们普遍认为，1938年秋，希特勒在武装冲突中可能只能支持几天的时间。根据盟国和德国军事专家的意见以及文献和数据，这一点毋庸置疑。约德尔将军在纽伦堡审判时称："西部壁垒当时只不过是一个大建筑工地，用西部壁垒的 5 个作战师和 7 个装甲师阻挡 100 个法军师完全不可能。从军事角度看，这是做不到的。"因此西方列强的软弱似乎更加不可理喻。除了实施绥靖政策的所有现实原因，他们之所以这么做，最可信的解释是，如希特勒所说，是某种形式的政治放任。同意希特勒的要求，向勒索屈服，完全手足无措，这些情况古怪地结合在一起，这也许可以解释他们为什么会背叛对盟友的庄严义务。但他们也背叛了欧洲的传统价值观，希特勒几乎在他的每篇演讲、每道法令和每次行动中都会表现出他对这些价值观的敌意。

与此同时，英国首相张伯伦和法国总理达拉第分别返回自己的首都。他们本以为会看到愤怒的示威游行，但他们却得到了人们的热烈欢呼，如一名外交部官员所说，仿佛人们"庆祝的是战胜敌人的伟大胜利，而不是对弱小盟友的背叛"。沮丧的达拉第指着欢呼的人群轻声说："蠢货！"张伯伦更天真、更乐观，他抵达伦敦的时候在空中挥舞着一张纸，宣布"我们的时代和平了"。

德国军队按照协定进入了苏台德地区。10 月 3 日，希特勒乘坐奔驰车越过从前的德国边境。与此同时，苏台德地区的德国社会民主党人领袖文策尔·亚克施飞往伦敦。军队进入后，安全局和盖世太保的队伍迅速跟进，"立刻开始在被解放的土地上肃清背叛人民的马克思主义者和其他国家敌人"。亚克施为处于危险之中的朋友申请签证，寻求帮助。但朗西曼勋爵向他保证，伦敦市长会为受迫害者设立一个基金，他个人也会捐款。于是文策尔·亚克施没有得到签证。然而这年的秋天注定充斥着盲目、自私、软弱和背叛的行径。文策尔·亚克施的朋友设法藏身在捷克斯洛伐克境内，但很快就被新成立的布拉格当局移交给了德国。

慕尼黑会议的结果让希特勒非常懊恼，这也让他更加没有耐心。10 月 21 日，他下令让军队"肃清捷克斯洛伐克的剩余地区"，"占领梅默尔"。他还在 11 月 24 日的一份附言里下令为占领但泽做准备。与此同时，他还怂恿斯洛伐克人在新捷克共和国里扮演苏台德地区德国人的角色，从而从内部加速捷克斯洛伐克的进一步瓦解。

希特勒还开始发起加强全国人民心理动员的运动，因为他对民众的意愿产生了怀疑。德国国内对不流血就获取胜利的热情确实很高涨，希特勒的威信再次提高到了令人眩晕的高度，但他自己意识到人们的这种喜悦中很大一部分是对躲过战争感到放松。他在 11 月初找到了他所需的借口，一名犹太流亡者开枪打死了德国驻巴黎大使馆的使馆秘书恩斯特·拉特。这起刺杀事件因私人动机而起，但希特勒迅速将其杜撰成为"全世界犹太人发起的众多袭击"中的一个，他希望用这些杜撰出来的袭击发动和团结民众。1938 年 11 月 9 日晚，德国全国各地的犹太人教堂被焚毁，犹太人的房屋被破坏、商店被抢，将近 100 人被杀，约 2 万人被捕。

但街头暴徒的暴行只会给民众心中根深蒂固的资产阶级本能敲响警钟，这种情形让人们想起了混乱无序、没有法制的岁月。民众的冷淡让希特勒投入了更多的努力。在慕尼黑会议后的这段时间，宣传力度不断加大，不久后希特勒本人也以不断高涨的热情投入宣传活动之中，10月9日在萨尔布吕肯演讲，11月6日在魏玛演讲，11月8日在慕尼黑演讲。

希特勒在慕尼黑会议后故意加快了事件发生的步调，这也是心理动员过程的一部分。一周又一周过去了，缺乏防御的捷克斯洛伐克承受着来自国内外越来越大的压力。3月13日，希特勒把斯洛伐克民族主义领袖蒂索召至柏林，竭力提议他脱离布拉格。一天后，蒂索在布拉迪斯拉发的议会会议上大声朗读了"斯洛伐克独立宣言"，宣言是由里宾特洛甫起草的，在交给蒂索的时候已经翻译成了斯洛伐克语。同一天晚上，捷克总统哈查在外交部长查瓦科夫斯基的陪同下抵达柏林。他在这里经受了一番特殊的煎熬。客人们得到了合乎外交礼仪的接待，但他们在经过了一段让人焦心的等待后才被允许进入总理府。这时已经过了凌晨1点了。哈查不得不拖着疲惫的步伐走过仿佛没有尽头的走廊和大厅，随后才见到希特勒，希特勒坐在书桌旁，巨大的书房里半明半暗，只有几盏青铜落地灯照明。在希特勒身边是戈林和希特勒用来吓人的凯特尔将军。哈查总统的讲话透露出一个意识到自己运气欠佳的国家的卑顺。根据会议记录记载，哈查说他直到最近还只是个无名小卒，他与之前的捷克政客没有关系，他一直不太受欢迎，在一次和贝奈斯见面时还和他吵了架。此外整个政权都与他格格不入，因此在发生这场巨变后，他问自己，独立是否还对捷克斯洛伐克有利，他的结论是他相信捷克斯洛伐克在元首手中会得到很好的保护。

哈查在最后请求让他的人民拥有让自己民族生存下去的权利，这时希特勒开始了不着边际的长篇大论。他抱怨捷克人常常表现出敌意，当前的捷克政府无力控制国内局势。他还提到贝奈斯精神仍在延续，他不停地指责他的客人们，而他们默不作声地坐着，"好像变成了石头"，"只有他们的眼睛……显示出他们还活着。"他接着说，他的耐心现在已经用完了。"德军会在6点从各个方向进入捷克，德国空军会占领机场。现在有两种可能：一是德军的推进发展成战斗，在这种情况下，德军会使用武力击败抵抗；二是德军采用比较能让人容忍的方式进入，在这种情况下，他允许捷克斯洛伐克过上自己的富裕生活，允许他们拥有自治权和一定程度的民族自由。这就是他让哈查来柏林的原因。"

从希特勒的书房离开的时候刚过2点，哈查和查瓦科夫斯基只能设法通过电话与布拉格联系，因为戈林说时间快到了，他的飞机很快就会起飞，轰炸捷克的首都。最后布拉格当局得到命令，不要抵抗德军的入侵，哈查在快到凌晨4点的时候签署了投降文件，"把捷克人民和这个国家的命运交到了元首和德意志帝国的手上。"

哈查离开后，希特勒立刻放松了所有自制。他兴高采烈地冲进秘书们的房间里，邀请她们来亲吻他。"姑娘们，"他大声说道，"哈查签字了。今天是我生命中最重要的日子。我将被视为历史上最伟大的德国人。"两个小时后，他的部队跨过了边境。9 点，第一批编队在暴风雪中抵达布拉格。欢呼的人群等候在人行道上，但他们只是少数；绝大多数人转过身去或者沉默地站着，眼里含着无助的泪水和愤怒。希特勒本人在当天晚上进入布拉格，并且在赫拉德欣宫过夜。陶醉在胜利之中的希特勒宣布："捷克斯洛伐克不复存在了。"全部过程只花了两天时间。当英国和法国大使在 3 月 18 日向柏林递交抗议照会时，希特勒已经建立了波希米亚和摩拉维亚保护国。为了表示安抚，他让当时的外交部长、被视为温和派的康斯坦丁·纽拉特担任保护国首脑。他已经和斯洛伐克商定了一份保护条约并准备启程返回柏林。

然而，德国占领布拉格也给整个局势带来了一个转折点。西方列强非常失望，他们感觉被蒙骗了，他们的好意和耐心被践踏了。3 月 10 日，张伯伦还在对记者说战争威胁正在减弱，"国际关系缓和"的新时代曙光初现。而到 3 月 17 日，他就在伯明翰震惊、严厉地表明德国占领布拉格的行动违反了多项承诺。同一天，他将亨德森大使从柏林无限期召回。

不过占领布拉格只是西方列强政策的转折点。希特勒在很久以前就确定了他的方针。布拉格对他而言只是一个战术问题，他绝对不会在伏尔塔瓦河止步。

然而这也是自我暴露之举。约德尔上校曾在德国的外交政策连续获得胜利的日子里得意洋洋地说："这种政治策略对欧洲来说非常新奇。"事实上，希特勒采用的威胁、奉承、承诺和平和实施暴力行动相结合的方式对欧洲人来说非常陌生，西方政治家很可能暂时受到了蒙蔽，辨不清希特勒的真实意图。希特勒对布拉格采取的行动最终驱散了迷雾。英国首相和法国总理似乎第一次开始察觉：也许只有使用武力才能控制和驯服这个人。

布拉格象征希特勒事业中的另一个转折点：在将近 15 年后，他犯了第一个严重的错误。从战术上看，他原本是通过让所有局面变得暧昧不明、分化对手的战线和抵抗意愿来获取胜利的。现在他第一次毫不含糊地采取了行动，明确表露了内心最深处的本性。布拉格让人们不再怀疑，希特勒是世界公敌。

他的战术的固有本质决定，只要犯了第一个错误，就不可能弥补了。希特勒自己后来也意识到占领布拉格的可怕意义，但他的迫不及待、他的傲慢自大和他的庞大计划让他别无选择。

第四章　发动战争

我一直想要出去。

——阿道夫·希特勒

　　1939 年春天之后，希特勒显然无法停下自己的势头。他在几年前的夺权过程中表现出的绝不出错的节奏感现在开始离他而去，让位给一种展开全面行动的神经质的渴望。纳粹政权的宣传，宣称元首的天才在于他能够等待。但现在，无论是出于自负，受到"无可协商的要求"的影响，还是出于极度的焦躁，希特勒不再等待了。

　　占领布拉格一周后，他在斯维内明德登上了巡洋舰"德意志号"，随后这艘船驶向梅默尔。梅默尔是东普鲁士北部边境的一座小型海港城市，1919 年，在一战后的混乱局面中被立陶宛吞并。德国要求立陶宛返还梅默尔只是时间问题。但为了呈现惊人的气势并且证明他夺回这座城市的迫切心情，希特勒在 3 月 21 日通知维尔纽斯的立陶宛政府，让他们的特使"明天乘专机"赶往柏林，签署割让协议。与此同时，在对方还没有给出明确回答的情况下，他亲自动身前往梅默尔。当里宾特洛甫像接待哈查一样接待立陶宛代表团的时候，希特勒在"德意志号"上进行了两次不耐烦的无线电通话。他想知道他是能和平地进入这座城市，还是必须用船上的大炮强行冲进这座城市。3 月 23 日，立陶宛在将近凌晨 1 点半的时候同意割让梅默尔，中午，希特勒再次在响亮的欢呼声中进入了梅默尔。

　　两天前，里宾特洛甫召见波兰驻柏林大使约瑟夫·利普斯基，提议两国谈判签署一份全面协议。里宾特洛甫着重提出了他之前曾屡次提出的要求，包括归还但泽自由市以及横跨波兰走廊建立一条享有治外法权的公路和铁路联通线。作为回报，他提出将 1934 年的互不侵犯条约延长 25 年并且正式承诺维护波兰的边境。这个提议的意义重大，德国同时将波兰列入《反共产国际协定》的举动表明了这一点。总体而言，里宾特洛甫的建议旨在与波兰就"明显的反苏意向"达成协议。

希特勒的征服计划中的一个要点是德国要与苏联拥有共同的边界。在这个目标实现之前，德国和苏联的大草原之间隔着从波罗的海到黑海的一连串国家。其中一个或几个国家必须设置任由他支配的军事部署区，他才可能靠近苏联，否则不可能发起战争。

从理论上讲，希特勒可以通过三个可能的办法满足这个条件。他可以通过结盟说服挡在中间的国家；他可以吞并其中一些国家；他还可以让苏联吞并一些国家，从而让它的边境靠向德国。在接下来的几个月里，希特勒利用了上述所有办法。在全世界哑口无言的注视下，他机敏、冰冷地交替使用一个又一个办法，他的战术智慧得到了充分的展现。

占领布拉格后，他似乎决定目前不再制造更多的紧张局面了，他回头使用第一个办法——寻找对抗苏联的盟友。因为与西方列强的严重冲突肯定会危及他的所有扩张目标。在挡在德国和苏联之间的国家中，波兰似乎最适合他的计划。波兰拥有一个独裁政府以及反共、反苏、甚至反犹倾向。因此两国拥有"坚实的共同点"，在其基础上也许可以建立德国领导下的扩张伙伴关系。另外，希特勒本人也对近期波兰和德国的良好关系有部分推动作用，互不侵犯条约让这种良好关系更加稳固了。

但是德国的建议让波兰非常恼火。因为这些建议威胁到了波兰之前全部政策的基础，让波兰的危急处境更加危急。迄今为止波兰一直靠严格维持与它相邻的苏联和德国这两个大国之间的平衡保证自己的安全。苏德两国在 1919 年暂时的失势使得波兰重新建国成为可能，接下来波兰靠从苏德两国侵占土地扩大了自己的领土。波兰从其漫长的历史中领悟到苏德两国互相友好和他们互相敌对一样让他们有理由担心，这个教训现在比以往来得更加重要。德国的提议与波兰政策的基础完全背道而驰。

面对要在两个邻国中做出选择，波兰基本上略微倾向于德国。但新德国在内部斗争、排除异己和思想争端方面也比苏联更难控制、更贪婪。波兰外交部长约瑟夫·贝克喜欢玩弄阴谋诡计，而且会不计后果地招摇撞骗，他竭力推行他的"第三个欧洲"的野心计划。他的想法是建立一个波兰领导下的中立区，中立区从波罗的海一直延伸到达达尼尔海峡。他认为他可以从希特勒的侵略政策中为波兰争取到好处。他表面上实施亲德政策，其实暗地里的目标是"有条不紊地让德国人在错误中越陷越深"，他希望"不仅能让但泽无条件地成为波兰领土，而且更有甚者，让东普鲁士、西里西亚，甚至波美拉尼亚等所有地区都成为波兰领土"。

波兰的这个成为大国的梦想让波兰产生了异常强烈的抵制情绪，贝克最终借助这种抵制情绪回绝了希特勒的提议。他同时对边境地区的几个师下达了动员令。他承认，但泽只是波兰的某种象征，但所有让步似乎都与波兰政策的基本目标相悖，是为达成欧洲势力平衡和波兰自身有限度的霸权而做的努力。通过局部让步争取时间是摆脱当前局面的唯一办法，但上述原因让这个办法无法实行。另外，贝克和华沙当局也担心希特勒会在最初的要求满足后会接二连三无止尽地提出更多新的要求，因此只有断然拒绝才能保持波兰的完整。总而言之，波兰面对的是过去经常面对的局面：它没有选择。

当贝克在 1939 年 3 月 23 日拒绝了英国提出的在英、法、苏和波四国之间通过协商达成协定的建议时，这种僵局彻底暴露了出来。贝克不想加入有苏联参与的任何团体。他拒绝与德国建立反苏联盟，而且也仍然不准备接受与苏联建立反德联盟。他没有意识到，鉴于希特勒创造的敏感局面，他必须做出选择。从现在起，他抵御苏联的唯一途径是从德国那里得到让人害怕的保护，也只有苏联的帮助才能让他可以不用接受德国的要求。他非常清楚，这种帮助无异于让波兰自杀，苏联也在 3 月 22 日的一份塔斯社公报中证实了这一点。但贝克准备面对就算毁灭也不接受昔日压迫者的保护，他相信德苏之间存在着不可逾越的敌对关系，他的政治态度是建立在这个信条基础上的。但由于同样激烈地回绝了这两个邻国，他创造了让苏德两国建立友好关系的条件，这相当地不明智。战争的阵线已经开始成形。

与此同时，英国政府的态度让贝克感到安心。张伯伦仍然对希特勒占领布拉格愤愤不平，他在 3 月底决定走出铤而走险的一步。根据几份未经证实的关于德国即将突袭但泽的报告，他问华沙当局，如果英国宣布会保护波兰的完整独立，波兰是否反对。贝克立刻同意了英国的提议。后来他称他做出这个决定所需的时间比弹掉香烟上的烟灰所需的时间还少。3 月 31 日，张伯伦在下议院发表了他的著名声明："如果出现任何明显威胁波兰独立的行为……英国和法国有责任立刻动用自己的力量全力支持波兰政府。"

这个承诺是这一阶段政治格局的重大转折点。英国决定不管何时何地遭遇希特勒的扩张野心都会无条件地予以抵制。这个决定非同寻常。非常明显，这个决定是一个失望之人冲动下的产物，批评者很快指出了这个承诺的内在缺陷：它没有要求波兰人在希特勒进攻其他欧洲国家的时候做出相应的承诺，没有责成波兰与苏联谈判，与苏联建立伙伴关系是非常重要的。另外，欧洲会维持和平还是会爆发战争这么重大的问题被交到了华沙的一小拨顽固的民族主义者手中，这些人在不久之前还和希特勒联手对付过捷克斯洛伐克，背叛了他们现在极力要求的独立原则。

张伯伦在 3 月 31 日做出的决定让希特勒不得不重新评估他的处境。他认为英国的承诺让偏执的波兰人只要愿意就可以把德国卷入战争。不过，在他眼中，更严重的问题是英国现在终于表露出它是德国的敌人。英国不会让他自由地与东方对抗，而且英国明显决心将局势推向终极对抗。资产阶级列强不可能允许他与苏联对抗。因此，他的整个战略思想都受到了威胁。希特勒放弃拉拢英国。他得出结论，无论何时开始在东方攻占"生存空间"，他都会与英国交锋。因此，要实现他的中心计划，他必须先击败英国。如果他想要避免卷入一场两条战线的战争，他就必须与未来的敌人达成临时协议。波兰的举动碰巧给他打开了缺口，和苏联结盟指日可待。

　　接下来的几个月里，希特勒进行的大规模运作就是为了实现这个策略转变，从而按照他的打算在欧洲形成相互敌对的阵线。

　　所有在这段时间见过希特勒的人都说他对英国怨气冲天。4月初，德国宣传部长下达了一道指令，其大意是必须将英国视为德国最危险的对手。同时，希特勒中断了与波兰的谈判。他命令国务卿冯·魏茨萨克通知波兰人，他们的提议仅此一次，不会再重复，同时他们还暗示了新的要求，但并未明确说明。仿佛是想加重局势的严重性，希特勒突然再次表现出对波兰境内德国少数族群的关注，虽然多年来他一直忽略他们，在这些年里他们和犹太人一直是波兰人的仇恨情绪和盲目自大心理的受害者。

　　尽管从表面上看一切都没有改变，但现在欧洲似乎被一种紧张情绪控制。德国展开了极力煽动民众情绪的宣传运动；波兰爆发了激烈的反德示威；英国也首次爆发反德示威；意大利人的骄傲仿佛不允许让他们的国家置身在欧洲的纷争之外，墨索里尼想要通过大肆展现意大利的实力和勇气让全世界注意到他的存在。1939年4月7日，他派部队攻打了小国阿尔巴尼亚，并且仿效让他羡慕的德国的模式，在阿尔巴尼亚成立了保护国。不久之前他曾在柏林表明他也需要"占领些地方"。

　　结果，西方列强现在也承诺为希腊和罗马尼亚提供帮助。随后德国提醒欧洲小国抵制"英国的诱惑"，从而又制造了更多的紧张情绪。由于失望而多年不插手国际事务的美国再次出声。4月14日，罗斯福总统给希特勒和墨索里尼写了一封信，呼吁他们承诺在10年时间里不对31个国家实施侵略，他在信中指明了是哪31个国家。

　　墨索里尼起初拒绝承认收到了这封信，然而希特勒很高兴面对这个意外的挑战。罗斯福列出的国家与德国和意大利既没有共同边界，也没有意见上的分歧（其中包括爱尔兰、西班牙、土耳其、伊拉克、叙利亚、巴勒斯坦、埃及和波斯等），罗斯福信里天真的煽动之辞给希特勒提供了一个轻松的目标。他通过德意志新闻社宣布，他会在国会演讲中给出他的回答。

　　希特勒在4月28日的演讲是此次欧洲危机过程中公认的转折点之一。它标志着这场危机一定会以战争收场。希特勒在演讲中采用了行之有效的可靠模式，他在演讲中声明对和平的渴望，大肆宣称德国的无辜，对自己的所有真实目的只字不提。希特勒再次试图将自己描绘成在东方实施温和有限的修正计划的代言人，但显然这次他没有将苏联作为邪恶的化身进行攻击。他在表达对英国的羡慕和友好之情的同时也对其进行了抨击。他向波兰保证，虽然他对波兰非常失望，但他准备继续与波兰进行谈判。他谴责"凡尔赛会议的骗子们，他们要么心存不良，要么没脑子，在整个欧洲安放了足足100个火药桶"。

　　最后他将演讲推入高潮，他将罗斯福的信分为21条，分别予以了回答。他说，美国总统向他指出了世人对战争的恐惧，但 1919 年以来爆发了 14 场战争，德国没有参与任何一场——"但罗斯福总统提到的'西半球'国家确实都参加了。"德国也没有参与这段时间内的 26 次"以流血和武力方式进行的暴力介入和制裁"，而例如美国，就曾经实施了 6 次军事介入。此外，美国总统呼吁在谈判桌上解决所有问题，但美国自己就用离开国联这个最高调的方式表达了对谈判的不信任。

美国总统还表明自己支持裁军。但德国自从除去武装、参与《凡尔赛和约》的谈判后就吸取了教训。罗斯福很想知道德国在欧洲的打算，这个问题势必源自美国外交政策所追求的目标，比如对中南美洲国家的政策目标。罗斯福总统会觉得这个问题很好解决，他会提到门罗主义。尽管德国政府很想采用同样的方式，但德国询问了所有罗斯福提到的国家，问他们是否觉得受到了德国的威胁。"所有国家的回答都是没有，有些国家非常肯定地回答没有。"希特勒继续说，但是"我肯定没办法询问其中某些国家，因为他们——比如说叙利亚——目前没有获得自主权，他们被民主国家的军事代表占领，因此失去了自己的权利"。随后他继续说：

> 罗斯福先生！我深知贵国幅员广大，财富充盈，因此您觉得对全世界的历史和所有国家的历史负有责任。而我，先生，所处的地位却要平凡得多，局面也要小得多……我不可能觉得自己对全世界的命运负有责任，因为这个世界并不关心我国人民的悲惨境遇……
>
> 21 年前，我只是德国人民中的一位无名工人与士兵，罗斯福先生，我依靠我自己的力量做到了这一切……您的任务，罗斯福先生，比较起来要容易得多。您在 1933 年出任美国总统，我也在那一年出任德国总理。你从上任之初就是世界上最大最富的国家的首脑……贵国的条件之优越，足以使您有时间、有空闲注意世界性的问题……我的世界，罗斯福先生……不幸要小得多……因为它只局限于我国人民。
>
> 然而我相信，正是这样，我才能对我们全都关心的事情尽最大的贡献，这些事就是全人类的正义、幸福、进步和和平。

这篇演讲不仅有很强的说服效果，而且是一种道德上的宣战。于是，敌对各方开始正式建立阵地了。

希特勒在 4 月 28 日发表了这篇演讲。4 月 30 日，英国驻巴黎大使问法国外交部长乔治·博内，他对希特勒有些反常地在苏联问题上保持缄默怎么看。事实上从这时起，迄今为止还只是位于事件外围的苏联，开始进入事件的中心。希特勒的保持缄默是局势改变的征兆，同时西方列强也突然开始针对苏联采取行动。一场秘密的结盟竞赛开始了，由于猜疑、恐惧和嫉妒，这场竞赛愈演愈烈。这场竞赛的结果将决定是爆发战争还是持续和平。

最初的一步是在 4 月 15 日，法国向苏联提议根据变化了的世界局势调整 1935 年的条约。从一开始谈判双方就互不信任。斯大林怀疑西方列强的抵抗决心，而西方列强，尤其是张伯伦，也无法克服资产阶级世界对世界革命圣地的根深蒂固的怀疑。

另外，东欧国家的不断干预削弱了西方列强的谈判立场。他们强烈反对与苏联结成任何联盟，他们认为苏联的任何承诺都是相当于宣告他们的末日将近。事实上，西方列强的外交官们很快就被迫意识到只有通过领土、战略和政治上相当可观的让步才可能将莫斯科拉拢过来。

正在进行中的拖沓谈判常常被西方国家新出现的犹豫迟疑打断，与此同时，苏联也开始大胆施展政治手段，与希特勒接触。斯大林在 3 月 10 日的一篇讲话初次给出暗示，之后苏联屡次接触德国政府，并且表明有意重整两国关系。苏联人表示，意识形态上的差异"不一定会……形成妨碍"。苏联换掉了已经任职多年的外交部长马克西姆·李维诺夫——李维诺夫倾向于西方国家而且有犹太人血统，维亚切斯拉夫·莫洛托夫成为新任外交部长。苏联还在柏林询问这样的人员更换是否有可能对德国的态度产生有利的影响。

苏联在第一次世界大战中丧失了部分西部省份和波罗的沿海岸国家。斯大林显然认为希特勒比行动迟缓、犹犹豫豫、原则至上、道德狭隘的西方政治家更能理解苏联收复失地的决心。

从战术上看，莫斯科采取主动让希特勒省了很多力气。反布尔什维克主义一直是他政治生涯里最重要的主题之一。斯大林在 3 月 10 日发表讲话后不久，对意识形态不怎么关心的里宾特洛甫就建议接近苏联，和里宾特洛甫不同，被自己的思想束缚住的希特勒不太确定。在谈判的几个月里，他反复摇摆，几次下令中断接触。不过英国的所作所为让他深感失望，他也需要避免在进攻波兰期间遭遇在两条战线上作战的噩梦，这最终说服他抛开了所有的顾虑。希特勒安慰自己，稍后他能够弥补自己的"背叛行为"，因为他没有放弃稍后与苏联对抗的想法。事实上，他此时正在为这个目标建立与苏联的共同边境。在里宾特洛甫出访莫斯科几天前，希特勒在 8 月 11 日用一种几乎无法让人理解的直率态度对一名外宾说："我做的每件事都是针对苏联；如果西方国家太愚蠢，太没有判断力，无法领会这一点，我将不得不与苏联人达成谅解，先打击西方国家，在打败他们后再回头集中力量对抗苏联。"

仿佛局势总是会朝着有利于希特勒的方向发展，正是这个时候，他的处境有了改善。战事将近的传闻让墨索里尼的女婿、意大利外交部长齐亚诺伯爵深感不安，他在 5 月初邀请里宾特洛甫前往米兰，鉴于意大利准备不足，他极力劝说里宾特洛甫让德国至少在 3 年后再启动战争。里宾特洛甫对齐亚诺说，"要经历长达四五年的和平时期后"德国才计划发动大战。两人含糊地交换了意见，得出了另外几条一致意见，墨索里尼突然在这时亲自插手谈判。由于一种难以名状的忧虑感，他多年来一直不愿意与德国签订明确相互义务的同盟条约，确定与德国的关系，但现在他让齐亚诺立即宣布德国和意大利就建立军事同盟取得了一致意见。

所谓的《钢铁条约》规定条约各方在战争爆发的时候互相提供军事支援。该条约没有区分侵略者和被侵略者，进攻性武器和防御性武器。这是一份无条件提供军事支援的承诺。1939 年 5 月 22 日，双方在柏林总理府举行了一场盛大的签约仪式。

希特勒在《钢铁条约》签订一天后将陆、海、空三军的总司令召集到他的总理府办公室，向他们概述了他的想法和打算。据希特勒的副官长鲁道夫·施蒙特中校的记录，希特勒异常准确地预测了战争第一阶段的进程：势不可挡地攻入荷兰和比利时，接下来的行动与一战的策略相反，不是进军巴黎，而是进军英吉利海峡的港口，将其作为轰炸和封锁英国的基地。

从这时起，越来越多的战争迹象显现出来。6 月 14 日，第 3 集团军群总司令布拉斯科维茨将军命令他的部队在 8 月 20 日前完成一切向波兰进军的准备工作。一周后，德军最高统帅部提出了进攻时间表，两天后，希特勒下令制定攻占维斯瓦河下游两座桥的详细计划。7 月 27 日，攻占但泽的命令最终被拟定出来，只有日期没定。

与此同时，德国媒体在沉默了很长一段时间后重新开始了他们的反波兰运动，将德国的要求扩展到整个波兰走廊、波森和西里西亚上游的港口。一名冲锋队队员在但泽发生的一起事件中被杀，这给宣传活动提供了新鲜的材料。波兰政府的反应越来越强硬，越来越不克制。他们坚持像一个义愤填膺的大国一样用冰冷的口气与德国对话。各种迹象表明波兰政府逐渐接受了战争不可避免的观点。华沙和柏林之间愤怒地互发照会。挑衅、警告和最后通牒一个紧接着一个发出，两者之间充斥着各式各样的白皮书和蓝皮书。

3 天后，国联的但泽问题高级专员卡尔·伯克哈特抵达奥巴萨尔兹堡与希特勒进行对话。希特勒威胁说即使发生最小的事故，他都会在不提前警告的情况下打垮波兰人，让波兰从地图上消失。"我会让机械化部队用尽全力对他们发动闪电袭击。"当伯克哈特表示这么做将导致全面战争的时候，希特勒兴奋地表明："就让全面战争爆发吧。如果不得不发动战争，我宁可是在今天，我不会拖到明天的。"

第二天，齐亚诺前往贝格霍夫。他来试探是否有可能召开会议，通过谈判和平解决正逐渐逼近的战争问题，但他发现在一张铺满了战略地图的桌子旁的希特勒正全神贯注地思考军事问题。希特勒说，波兰将在几天内被打垮，既然在随后与西方列强的对抗中波兰会站在列强一边，他会立刻先消灭掉一个敌人。无论如何他决心利用波兰的下一次挑衅作为进攻借口，他给出的最后期限是"最晚 8 月底"。如果他等太长时间，秋雨会让东部的道路过于泥泞，妨碍摩托化部队行军。齐亚诺在前一天听里宾特洛甫说过，德国既不想要但泽也不想要波兰走廊，他们只想和波兰开战，他很快意识到没什么可说的了。希特勒已经决定出兵，而且即将出兵。

碰巧的是一个英法军事代表团刚刚开始在莫斯科进行谈判。这个代表团在前一天抵达莫斯科，他们此行的目的是召开参谋会议，探讨建立同盟的军事问题，这些问题已经讨论了数月之久。代表团是在8月5日出发前往莫斯科的。本来坐飞机一天就能到，可是他们却搭乘一艘货船前往列宁格勒，后来苏联的一篇报道讽刺地说，这艘船的速度"不超过13节"，他们的漫不经心让人恼火。

代表团最终抵达莫斯科的时候为时已晚。希特勒已经抢在了他们的前面。

7月中，莫斯科再次采取主动，恢复了3周前被希特勒中断的德苏贸易谈判。这一次希特勒没有犹豫，尽管他可能仅仅是希望用谈判吓退英国和波兰。7月26日晚，德国外交部经济司官员尤利乌斯·施努尔和两名苏联外交官共进晚餐。晚餐期间，他们探讨了两国政治亲善的可能性。

从现在起，德国开始不加掩饰、迫不及待地推动事情的进展，而苏联人则拖拖拉拉。

莫洛托夫已经意识到了德国的迫不及待带给他的好处，他故意在时间和日程的问题上回旋。他询问德国是否准备签订互不侵犯条约，制定了一个分阶段实施的亲善计划，最后还提议签订一份"特别协定"，该协定将界定"缔约各方在各类外交问题上的利益"。他最后建议将里宾特洛甫出访莫斯科的日期定为8月26日或27日，尽管德国人两次紧张地要求将日期提前，但日期没有更改。

里宾特洛甫要求他的大使向苏方解释："德国和波兰的关系正日益紧张，元首不希望因为德国波兰之间爆发战争突然影响到我们理清德苏关系的努力。他考虑必须提前说清楚，以便能在战争爆发的时候将苏联的利益考虑在内。"

由于担心他无法按照自己制定的军事行动时间表行事，为了打破僵局，希特勒最后迈出了突破常规的一步。他在8月20日晚发出的一封致斯大林的电报中请求苏联领导人在8月22日或23日接见里宾特洛甫。希特勒说，他的外交部长拥有"拟定和签订互不侵犯条约以及特别协定的全部权力"。

希特勒非常紧张地等待着回音。由于无法入睡，他在半夜打电话给戈林，说他非常担心，而且表示苏联的不动声色让他懊恼。8月中旬以后，他毫不松懈地抓紧进行备战工作。他召集了25万士兵，集中车辆，下令让两艘战列舰和部分潜艇准备出航，他还下达了一份秘密指令，取消了原定在9月第一周举行的纳粹党代表大会。在24小时里，战争还是和平，他的计划成功还是失败，都取决于斯大林。最终，8月21日晚上9点35分，回音到了：苏联政府"同意冯·里宾特洛甫先生8月23日抵苏"。

希特勒从无法忍受的焦虑中解脱出来，他召集军队高层指挥人员第二天中午到奥巴萨尔兹堡开会，按照他的话说，他要通知他们"他决定行动，而且这个决定是不可撤销的"。

面对步步逼近的末日，又一次争分夺秒的竞赛开始了。西方列强知道莫斯科和柏林之间交往活跃，而且冯·魏茨萨克很早就告诉英国内阁，德国和苏联之间正在进行广泛接触。现在一切都取决于英国和法国在莫斯科展开的迟到的军事磋商能够是否能迅速产生结果。

苏方的谈判代表是伏罗希洛夫元帅，这些谈判很快因为一个看似无法解决的问题中断了——波兰决定反对红军从其国土上通过。一方面苏联谈判者固执地询问如果华沙坚持这样的立场，他们如何接触到敌人，西方代表试图延长谈判，而另一方面，波兰不顾一切地拒绝为他们担保的西方列强，并且直截了当地表示他们坚决不允许苏联进入自1921年以后已经属于波兰的领土。苏德亲善的消息让西方列强越来越不安，他们极力劝说华沙让步。

但即使面对末日，波兰仍然非常固执地坚持它的原则。当法国大使激烈地提出抗议的时候，雷兹·希米格维元帅冷冷地回答道："和德国人一起，我们会面临失去自由的风险。和苏联人一起，我们会失去我们的灵魂。"甚至在8月22日晚上，当得知里宾特洛甫即将访苏的惊人消息时，波兰仍然不为所动。波兰的政治家们评论说，里宾特洛甫访苏只是表明希特勒正处在绝望的处境中。

形势的发展让法国心急如焚，法国最终决定不再等待华沙的同意，而是根据自己的想法行事。8月22日晚，杜芒克将军通知伏罗希洛夫元帅，他得到了政府的全部授权，可以缔结一份军事协定，授权红军从波兰和罗马尼亚的领土上通过。但伏罗希洛夫坚持要求证明波兰和罗马尼亚同意签订该协定，杜芒克不得不含糊其辞，他只能反复表示他是来签订协定的。最后他说："时间紧迫。"他这是在暗指里宾特洛甫即将进行的莫斯科之行。伏罗希洛夫元帅讽刺地回答道："时间确实紧迫。"告别的时候，双方均一无所获。

第二天，尽管乔治·博内花了很多功夫想要改变贝克的想法，他们还是没有取得波兰的同意。里宾特洛甫在临近中午的时候抵达苏联首都，并且几乎立刻前往克里姆林宫。仿佛参与者想要向世界展示极权外交的奇迹，在为期3个小时的第一次会议上双方就对互不侵犯条约和利益范围的界定达成了一致。苏联提出了一个意料之外的要求，希特勒用一封非常简洁的电报回答了里宾特洛甫的询问："好，同意。"

到这时波兰才准备同意法国的要求。希特勒用一句"好，同意"分给了苏联半个东欧，但与此同时，西方列强只是承诺波兰人同意让苏联人在波兰人的控制之下、在一定的条件下、用有限的方式、在有限的时间里将所需区域作为行动基地。

8月23日晚，里宾特洛甫和莫洛托夫签署了互不侵犯条约和秘密的补充协定，一直到战后，这份补充协定才因为在纽伦堡审判中被德国辩护律师作为有利证据而公之于世。在这份协定中，缔约双方同意"如果出现领土和政治变更"，将从立陶宛的北部边境一直向南沿纳雷夫河、维斯瓦河和桑河划分双方在东欧的利益范围"。"维持波兰的独立是否对双方有利以及应该如何界定这个国家的边界"的问题显然没有确定。这些干巴巴的程式化的语言表现出了这份协定在本质上具有帝国主义特征，而且直白地表明了这份协定与计划进行的战争之间的联系。

斯大林在条约签订后曾向里宾特洛甫表示，苏联非常重视新签订的条约，他以人格担保苏联不会背叛它的伙伴。他一丝不苟地信守了承诺。1941 年 6 月，条约签订还不到两年，他不顾专家们的预言和警告，直到最后一刻都拒绝相信希特勒会进攻苏联。甚至在德国军队向苏联推进时，货运列车仍在向西运送苏联按照经济协定必须提供的补给物资。这位苏联统治者之所以如此轻信希特勒，是因为他非常钦佩希特勒，希特勒和他一样，从社会下层打拼到能在历史上留名的地位。他认为希特勒是这个时代唯一能够和他匹敌的人，希特勒也有同样的感受。

8 月 25 日，西方列强的军事代表团离开莫斯科。为他们送行的都是低级别的苏联将军。他们曾在前一天要求与伏罗希洛夫元帅见面，但伏罗希洛夫后来抱歉地说他去猎鸭子了。

在希特勒看来，《苏德互不侵犯条约》的签订为迅速、惊人地战胜波兰铺平了道路。接下来的就只是机械性程序了，"就像当引信燃尽时一样"。在中间的这段时间里，他关注的全是如何找到更有利的托辞为自己开脱，如何挡开调停，如何让西方列强更加远离波兰。所有会议、剩下一周里最后的提议、所有寄托了诸多希望的虚假谈判都是在为这三个目标服务。

希特勒 8 月 22 日在奥巴萨尔兹堡对 德军最高统帅部发表的讲话已经被这些想法所主导。他相信莫斯科的谈判一定会取得成功，他心情愉快地报告了当前的形势，并且再次证明他不可动摇的战争决心是合理的。他自己的声望和权威以及德国的经济情况都需要这场战争。

会议结束后，希特勒在让将军们解散时说开战命令会在稍后下达，也许会在 8 月 26 日上午。

但这个时间表再次被打乱了。尽管实际上在《苏德互不侵犯条约》签订后西方政策的整个框架已经崩溃，但英国率先展现出了高度克制的镇定。波兰实际上已经注定在劫难逃，但英国内阁仍冷冰冰地宣布一切都没有因为最近发生的事件而改变。军事上的准备显然仍在继续并且在增加。张伯伦在给希特勒的一封信中警告他不要怀疑英国参战的决心：

> 你的做法大错特错……有人认为如果英王陛下政府在 1914 年更加明确地表明立场，也许会避免那场巨大的灾难……英王陛下政府下定决心这一次不会再有这样

可怕的误解。

　　张伯伦也用同样的口吻向下议院发表了一份声明。法国很难维持意志坚定的氛围，他们的媒体用一个问题表达了他们的失败主义论调："我们要为但泽而死吗？"与法国不同，英国不会后退分毫。但泽对希特勒而言不是问题，对张伯伦而言也同样不是问题。对他和法国人来说，以前的但泽只不过是"外国土地上的一个遥远的城市"，没人打算为它而死。但现在，在《苏德互不侵犯条约》破坏了它的整体政策后，英国发现英国人必须为某些事而战并为之而死。绥靖政策部分基于资本主义世界对共产主义的恐惧，并靠这种恐惧维系。在英国政治家的脚本中，希特勒的角色是资本主义世界斗志昂扬的守护者。这就是为什么他们忍受了希特勒的公然侮辱、挑衅和暴行。但这是唯一的理由。希特勒与苏联缔结条约，表明他不是资本主义世界的保护者。尽管与斯大林签订的条约是外交上的杰作，但这个条约也包含了一个容易被人忽略的缺陷——它废除了希特勒和西方列强进行交易的前提。有些事是无法掩盖的，所有英国人，包括绥靖政策最积极的支持者在内，现在罕见地一致表现出了与希特勒对抗的决心。尽管希特勒在心理敏锐度方面享有盛誉，但在现在这个决定性时刻，他只是筋疲力尽者、听天由命者、难逃劫数者的心理分析师。他更擅长推测受害者的动向，而不是对手的动向。

　　因此面对众多证明英国决心的迹象，希特勒的反应是极度愤怒。当亨德森大使把英国首相的信送到奥巴萨尔兹堡时，他不得不听希特勒一番言辞激烈的长篇大论，希特勒最后说他现在终于相信德国和英国绝不可能达成一致了。然而两天后，在 8 月 25 日下午，他重申了分割世界的"伟大计划"。他提出德国将承诺让英帝国生存下去、限制军备以及正式承认德国的西部边界，以此换取德国不受限制向东推进的权力。

　　他请求亨德森大使立刻转达他的提议。但亨德森刚离开房间，希特勒就在 8 月 25 日下午 3 点 2 分召来凯特尔将军，确认了在次日黎明攻打波兰的命令。

　　几个小时后，他再次陷入深深的怀疑之中。这天下午有两封信送抵总理府。一封来自伦敦，这封信表明希特勒想要引起英国和波兰不合的最后图谋没能成功。在经历了几个月的漫长谈判后，英国政府现在将帮助波兰的临时承诺变成了互助条约。英国插手干预的决心也无需再怀疑了。

　　另一封信让他更受打击。信来自罗马，这封信表明意大利想要退出最近才隆重缔结的同盟。几周来，战争似乎正在逼近，墨索里尼的情绪在乐观雀跃和悲观绝望之间来回突兀地交替着。上一刻他似乎决心置身事外，不参与希特勒的战争，随后他还是认为民主国家可能不会出兵，德国也许能轻轻松松赚上一大笔，他不想被排除在外。

　　在这种混乱的矛盾情绪中，墨索里尼在 8 月 25 日下午 3 点半向德国大使保证将向德国无条件提供帮助，但刚过了两个小时，他就给希特勒发了一封电报，收回了他的话，他提出只有德国提供大量物资援助他才能提供帮助，而他要求的物资数量非常大，德国是绝不可能提供的。墨索里尼提醒希特勒，按照他们的设想，战争不该来得这么快，意大利军队还没有装备好，他想要避免在灭亡的厄运和背叛之间做出选择。

严格说来，希特勒没有理由失望。意大利人可能很生气，他们受到无数次轻蔑的对待，希特勒用一封迟到的信通知墨索里尼他与莫斯科签订条约的消息，这封信在外交上是典型的轻慢之举。然后，希特勒"一脸冰冷"地打发意大利大使阿托利科离开，"总理府里回荡着'不忠诚的轴心国伙伴'的刻薄之词。"几分钟后，希特勒撤销了军队开拔的命令。

形势的发展似乎又一次戏剧性地减慢了。3 天后，因为失眠而声音嘶哑的希特勒出现在纳粹党和军队高官面前，他试图为墨索里尼的行为辩护。他阴郁沮丧，而且评论说即将到来的战争会"非常艰难，还可能没有希望"。但他没有改变心意，和以往一样，阻力似乎总会增强他的决心，"只要我活着，就不会有有关投降的话题。"他为进攻定下了新的日期——9 月 1 日。

因此，最后这几天里，维护和平的积极努力都有着一种不真实的味道。达拉第感人的个人呼吁徒劳无功，法国大使库隆德对希特勒的一切劝说也是白费口舌。希特勒用一连串指责回应英国的和解姿态，因此连一向耐心的亨德森都丧失了自制，他的声音开始盖过了希特勒，他对希特勒说他不想再"从他嘴里或者其他任何人的嘴里听到这些话……如果他想要战争，那么他可以如愿"。最后墨索里尼的恳求信也毫无作用，他试图说服希特勒通过和谈找到解决办法，这样"你的宏伟巨制就不会被打乱节奏"。

似乎只有两个对手知道他们自己走进了死胡同：希特勒和贝克。他们只想到了战争，前者焦急迫切地紧盯自己制定的时间表，后者听天由命、疲惫不堪地面对无法逃避的命运。希特勒过于沉迷于使用武力，他甚至没有发现这个时候出现的政治机遇。从英国外交官的私人笔记中，我们可以推测出伦敦的预想和它准备做出的让步。为了说服希特勒放弃战争，英国本来打算让希特勒得到但泽以及穿过波兰走廊的公路和铁路联通线，而且英国还可能向他保证归还德国的殖民地，并且谈判签订一份新的大型协议。

但希特勒不再考虑其他途径。这是他第一次表现出无法考虑军事目标以外的东西，无法从军事形势中找出可能的政治手段。这种情况在随后的几年里将愈演愈烈。因此他采纳了英国提出的直接与波兰进行谈判的建议，但迅速将其歪曲成最后通牒，他要求波兰在 24 小时内派一名全权谈判代表到柏林。这步棋背后的目的非常明显——他打算迫使波兰人投降，或者迫使他们像捷克斯洛伐克一样以麻烦制造者的形象出现。

但波兰人没有来柏林，舒施尼格和哈查的经历给贝克制造了太大的阴影。英国人和法国人不断劝说，意大利人很快也对他们的劝说予以声援，贝克的回应是没有什么可以谈判的。8 月 31 日上午，亨德森得到消息，如果波兰政府在 12 点之前仍不同意派出谈判代表，希特勒将下达进攻命令。亨德森试图通过两名特使改变波兰驻柏林大使的想法。利普斯基在他的办公室接待了来访者，其中一人说，利普斯基的办公室已经有一部分搬空了。利普斯基的脸色"像纸一样白"，他用颤抖的双手接过给他的文件，目光茫然地盯着德国人的要求，最后轻声说他看不懂文件上写的是什么，他只知道他们必须意志坚定，"即使被盟友抛弃，波兰也准备孤身战斗，独自赴死。"波兰能想到的只有灭亡。贝克在晚上 12 点 40 分发给利普斯基大使的电报表达了同样的意思。此时此刻，希特勒签署了"1 号作战指令"。稍后他告诉意大利大使一切都结束了。这道指令的开头写道：

> 东部边境的局势已经让德国无法容忍，既然一切用和平方式消除这个困境的政治手段已经用尽，我决定通过武力解决。
> 按照为"白色方案"所做的准备对波兰发动进攻……进攻日期：1939 年 9 月 1 日。进攻时间：凌晨 4 点 45 分……
> 在西线，必须让英国和法国完全承担挑起首开战端的责任……

当晚 9 点，所有电台都播放了德国给波兰的提议，然而这些提议从未递交给波兰。大约在同一时间，假扮成波兰人的党卫军少校阿尔弗雷德·瑙约克斯攻击了德国的格莱维茨电台，并且通过广播发表一篇简短声明，用手枪开了几枪，并留下了几具集中营囚犯的尸体。几个小时后，即 9 月 1 日黎明，在靠近但泽港的维斯特布拉德半岛上，半岛要塞的波兰指挥官苏哈斯基少校报告说："凌晨 4 点 45 分，巡洋舰'石勒苏益格—荷尔斯泰因号'使用所有舰炮向维斯特布拉德开火。轰炸仍在继续。"同时，德军从事先沿德波边境设置好的阵地上出现。

希特勒仍然希望将战事局限于波兰，助长这个想法的主要是西方列强的犹豫不决。与同盟条约规定的义务相反，他们没有用立刻宣战回应德国的进攻。尤其是法国政府，他们找了一系列借口逃避战争。尽管英国的态度更加坚定，但他们充分意识到了局势的严重性。9 月 1 日，张伯伦在议会宣布："18 个月前，我曾祈祷不要让这个国家接受可怕的战争裁决的任务落在我的身上。"他继续说，现在他要要求德国政府承诺停止对波兰的侵略行动，撤回军队。当一名下院议员愤怒地大声质问，为什么没有设定时间期限，张伯伦回答道："如果对这个最后警告的回答不尽如人意，我并非暗示可能会出现其他答案，英王陛下大使将奉命回国。我们已经为那种情况做好了准备。"

但希特勒没有听取这些警告，或者说他只是认为英格兰仍然准备敷衍了事。因此，他最初甚至没有答复英国在 9 月 1 日发出的照会。当英国和法国展开复杂谈判、商讨联合行动的程序时，德军正如急风暴雨一般在波兰境内推进。

9 月 2 日晚，英国终于决定放弃和法国的联合行动。在 9 月 3 日上午 9 点向德国外交部长递交了最后通牒。

法国大使库隆德在接近中午的时候与德国外交部长见面，这时英国已经与德国处于交战状态了。除了一个重要细节，法国的最后通牒与英国基本相同。仿佛到现在为止巴黎当局仍避免使用"战争"这个词，他们威胁说，如果德国拒绝从波兰立刻撤军，他们就会履行"法国对波兰承诺的条约义务，德国政府是知晓这些义务的"。返回大使馆后，在同事们面前，库隆德的泪水夺眶而出。

但英国也很难适应面对战争的现实。波兰在绝望中等待着军事援助，当它意识到得不到任何实际帮助的时候已经太晚了。然而英国反应迟钝不仅仅是性格问题或者军事上准备不足。因为英国政府对波兰的承诺在英国一直不受欢迎，两国之间不存在传统友谊，而且波兰还被视为独裁政权统治的国家之一。

法国曾经承诺在战争开始后的第 16 天用 35 到 38 个师的兵力发动进攻，但法国在心理上固守防守战略，无法筹划进攻事宜。约德尔在纽伦堡称："我们没在 1939 年溃败，仅仅是因为当波兰在战役中面对德国的 25 个师时，法国和英国在西线的约 110 个师完全没有采取任何行动。"

在这种情况下，现代化的德国军队可以一举制胜，席卷波兰。双方实力严重失衡，在图霍拉灌木地区的战斗中，波兰骑兵骑马对抗德国坦克。

9 月 5 日上午，哈尔德将军在一次军事会议后写道："敌人实际上已经战败了。"9 月 6 日，克拉科夫沦陷；一天后，波兰政府逃往卢布林；又一天后，德军先头部队抵达波兰首都。一切有组织的抵抗都开始瓦解。德军在 9 月 9 日发动了两次大规模的钳形攻势后，剩余的波兰军队遭到包围并被一点点粉碎。8 天后，在战役接近尾声时，苏联开始从东边进攻这个已经被彻底击败的国家——为避免侵略的罪名，他们事先释放了精心准备的外交烟幕。9 月 18 日，德军和苏军在布列斯特·立托夫斯克会师，第一场闪电战结束。几天后，当华沙沦陷时，希特勒下令让德国各地每天中午 12 点到 1 点之间鸣钟，持续一周。

然而问题是，他是否对快速取得的军事胜利满意，在所有的欢呼声和响亮的钟声中，他的宏大计划彻底颠倒过来。他正在错误的战线上作战。

在战争爆发几周前，希特勒曾经在 1939 年 7 月 22 日对海军上将邓尼茨说，他决不允许与英国开战，与英国交战意味着"德国的终结"。

然而现在，他正在与英国交战。

第七部

征服者和被征服者

第一章　最高统帅

这只有天才才能做到！

——威廉·凯特尔

1939 年 10 月底之前，希特勒开始将他的胜利之师移向西线，部署在新的阵地上。与以往一样，只要做出决定，他就会被强烈的行动冲动控制。他召集了三军总司令以及凯特尔和哈尔德，向他们朗读了一份军情备忘录。备忘录的开头从历史角度回顾了法国对德国由来已久的敌意，据此，他决定立刻在西线发动攻击。他说他的目标是"彻底消灭西方列强再次反对德国在欧洲谋求进一步发展的实力和能力"。他接着说，西线的战争只是在开始大举进军东线前，为消除后方威胁走的一段必要的弯路。随后他开始详细讨论在波兰使用的运动战作战方式，并建议将其用到西线战役中。他说，关键在于大规模使用坦克，保持军队不断向前移动，避免 1914—1918 年那样的战壕战。事实证明，这个办法在第二年的 5—6 月取得了惊人的成功。

这份备忘录和同时提出的"6 号作战指令"一样，目的是要克服高级将领们没有尽心尽力认真投入战斗的问题。希特勒告诫他的听众："最重要的是击败敌人的决心。"事实上很多将军认为希特勒想"把法国人和英国人拉入战场并击败他们"的计划既错误又冒险，他们建议摆出防御姿态，让这场战争"长眠"。

将军们表现得越不情愿，希特勒就越迫不及待地要求展开进攻。他最初把进攻日期定在 11 月 15 日到 20 日之间，后来提前到 11 月 12 日，因此军队不得不做出决定。和 1938 年 9 月一样，他们面临选择——是准备打一场他们认为必输无疑的仗还是推翻希特勒。冯·布劳希奇仍然完全没有准备加入反对派的阵营，而幕后的演员和上次一样：奥斯特中校、已经退休的贝克将军、海军上将卡纳里斯、卡尔·格德勒、前德国驻罗马大使乌尔里希·哈塞尔和其他一些人员。他们的活动中心是措森的陆军总司令部。11月初，密谋者们决定如果希特勒继续坚持下令进攻，他们就发动政变。冯·布劳希奇提议做最后一次努力，在定于11月5日召开的一次会议上让希特勒改变心意。在这天，德军部队将向荷兰、比利时和卢森堡进军的进攻作为起始点。

柏林总理府的会议引发了一场戏剧性的交锋。一开始，希特勒看似平静地听着总司令在一份备忘录里总结出来的反对意见。对于总司令提到的天气状况不利的问题，希特勒说天气对敌人也同样不利；对于将军们对部队训练不足的担心，他回答说这个问题不太可能在4周时间里得到改进；当冯·布劳希奇最后批评波兰战役中军队的所作所为并提到有人违反纪律的时候，希特勒高兴地抓住了这个让他怒火爆发的机会。他愤怒地要求看相关文件。他想知道布劳希奇所说的事情发生在什么地方，发生在哪支部队，对肇事者做了哪些处理，是否对他们判处了死刑。他说他会亲自到现场调查此事，接着又说实际上只是陆军领导层不想作战，因此长时间以来一直放缓重整军备的速度。但现在他打算"消灭措森精神"，即陆军总参谋部的松懈惰意。他生硬地禁止冯·布劳希奇继续作报告。总司令不知所措、脸色苍白地离开了总统府。一名与会者写道："布劳希奇彻底崩溃了。"当天晚上，希特勒再次明确认了在11月12日发动进攻的命令。

尽管这意味着政变的条件已经满足，然而密谋者们什么都没做，仅仅是威胁对付"措森精神"就足以暴露出他们的软弱和犹豫。奥斯特的亲信格罗斯库特在日记里写道："一切都太晚了，而且彻底偏离了轨道。"哈尔德匆忙烧毁了所有相关材料，并立刻叫停了政变的筹备工作。3天后，希特勒在慕尼黑的贝格勃劳凯勒啤酒馆侥幸逃过一次刺杀，这次刺杀显然是个人所为。因此，对盖世太保大规模调查的恐惧扼杀了剩余的政变计划。

此外，密谋者的运气不错，他们不必采用自己的解决办法了，由于天气原因，原定11月7日的进攻必须延后。但是希特勒只允许延后几天。直到1940年5月进攻最终开始，虽然，他一直坚决反对军队人员提出的长时间延后进攻的要求，但进攻、取消进攻的过程总共重复了29次之多。在11月后半月，司令官们被召集到柏林接受思想教育，培养士气。戈林和戈培尔发表了振奋人心的演讲，随后希特勒在11月23日亲自出现在他们面前，随即在7个小时里发表了3篇演讲，试图对他们进行说服和恐吓。

1939年秋发生在军官们中间的这次危机有着很长远的影响。希特勒坚决要求别人像他一样完全奉献，因此，从此之后他不仅不再信任手下将领们的忠诚，而且，也不再信任他们提出的专业建议。他现在让自己担当最高统帅的专横做法正是源于此次危机。另一方面，将军们特别是陆军最高指挥部再次表现出他们的软弱和顺从，这正好与他想要将军队领导机关的职能削减为纯粹的执行职能的意愿相符。为了得到瑞典的铁矿石以及为攻打英国赢得作战基地，希特勒准备攻打丹麦和挪威，在筹备过程中，他将陆军最高指挥部彻底排除在外。他把制定计划的任务交给了德军最高统帅部的一个特别参谋部。

于是他在军队体系中设立了制衡制度，这也是他管理政府的根本手段。1940 年 4 月开始的冒险行动违反了所有海战原则，盟军参谋部认为这个行动难以置信，然而事实证明这项行动大获全胜，希特勒认为这很好地证明了其决定的正确性。从此之后，他再也没有遭到过将军们的公开反对。

1940 年 5 月 10 日黎明，期待已久的西线进攻终于开始了。奥斯特已经在前一天晚上通过他的朋友、荷兰驻柏林武官萨斯上校通知了战争的另一方。当震耳欲聋的炮声和战斗机低沉的嗡嗡响开始在早晨响起时，仍心存怀疑的盟军参谋部还是完全措手不及。他们本来以为这次的警告是个陷阱。他们匆忙地从法国北部调来大批英军和法军投入战斗，最终在布鲁塞尔以东挡住了德军横扫比利时的步伐。他们没有想到的是他们的抵抗几乎没有遭到德国空军的阻挡。因为这才是真正的陷阱，只要走进这个陷阱他们就已经输了。

德军最初的作战计划是发动一次集中进攻，穿过比利时，然后向南攻击法国西北部，这样他们就可以绕过法国的防线。德国人很清楚这个计划的问题所在：这个计划缺乏出其不意的效果，因此进攻注定会陷入停滞，并随后陷入战壕战。另外，这个计划还要求在河流和运河纵横交错的地形上使用大批坦克纵队。所有这一切似乎都会危及希特勒快速做出的决定，而他的全盘战略都建立在这个决定基础上。但似乎没有其他选择。A 集团军群参谋长冯·曼施坦因在 1939 年 10 月提出了另一份计划，但这个计划被布劳希奇和哈尔德否决了，而且曼施坦因最后也遭到了解职。曼施坦因的想法是将德军进攻主力从右翼挪到中路，这样就可以让计划拥有出其不意的效果，因为大家都认为阿登高地是无法进行大规模坦克作战的。也正因为如此，法军高层才将实力相对较弱的部队放在了前线的这个区域，曼施坦因的计划正是建立在这个事实的基础上。他说，德军坦克只要克服山地地形和林地地形的问题，就可以几乎不受阻碍地横扫法国北部的平原，直至海边，随后切断已经进入比利时的盟军部队。

让陆军最高指挥部恼火的东西也正是立刻让希特勒着迷的东西——这个计划具有大胆和出其不意的特点。据说当得知曼施坦因的建议时，希特勒已经有了类似的想法。因此，1940 年 2 月中，在与曼施坦因将军进行了一次谈话后，希特勒下令重新制定作战计划。事实证明这个决定非常重要。

德军在西线取得如此惊人的胜利绝不是因为数量或技术上的优势。5 月 10 日的战斗中，战斗双方在力量上基本势均力敌，事实上盟军在人数上还略占优势。除了西方列强的 137 个师，还有荷兰和比利时的 34 个师。他们对抗的是德军的 136 个师。盟军空军约有 2800 架飞机，德国空军的飞机比他们多出将近 1000 架。盟军约有 3000 辆坦克和装甲车，德军有 2500 辆坦克和装甲车，不过德军的大多数坦克和装甲车都编入了特种装甲师。然而德军取胜的决定因素是德军杰出的作战计划，丘吉尔恰如其分地称其为

"长柄镰刀切割"战略，这个战略让对手不得不"在颠倒过来的阵线上作战"。

德军开始向荷兰、比利时和卢森堡发起猛攻。德国没有宣战，而敌人的空军没来得及起飞就被摧毁了。"荷兰要塞"在 5 天后沦陷。希特勒自己想出了一个主意，让训练有素的小拨空降部队降落在敌军战线后方的战略要地，事实证明这是德军快速制胜的一个决定性因素。埃本—埃马尔要塞对守卫列日的防御体系来说非常关键，当这样一支德军部队乘坐滑翔机在要塞内部登陆并将其摧毁时，比利时防御体系的中心崩溃了。与此同时，德军先头部队突入卢森堡和阿登高地，这也完全出乎敌人的意料，他们同样进展迅速。5 月 13 日，坦克纵队在迪南和色当横渡默兹河。5 月 16 日，拉昂沦陷。5 月 20 日，亚眠沦陷。同一天，第一批德军编队抵达英吉利海峡沿岸。

当被前线战况惊动的英国新任首相温斯顿·丘吉尔飞往巴黎时，甘末林将军向他坦承，他的绝大多数机动部队已经落入了德军的陷阱。盟军将领没能成功地把撤退部队集合在一起建立新的防线并组织反攻。如果古德里安将军的坦克先头部队没有在 5 月 24 日收到停止前进的命令，盟军也许会遭遇彻底的失败。德军停在敦刻尔克以南，距离敦刻尔克只有区区几英里。他们停留了 48 小时，给盟军留下了一个港口和逃跑的机会。在一周时间里，盟军实施了这场战争中最大胆的一次临时行动，在大约 900 艘小型海船、渔船、旅游船和私人游艇的帮助下，将近 34 万人——盟军部队的大半兵力——横渡到了英国。

希特勒下令让部队在敦刻尔克跟前停止前进的原因一直是很多人研究的对象。有些人认为是希特勒本人故意放走了英国远征军的绝大部分部队，因为他仍希望与英国达成妥协，这么做可以为妥协留下一条通路。但这个决定与他在备忘录中制定的作战目标相悖。这个决定也与 5 月 24 日的"13 号作战指令"相悖，"13 号令"的开头写道："下一个作战目标是由我军北翼部队集中发起进攻，歼灭被包围在阿图瓦和佛兰德斯的法国、英国和比利时军队……在行动期间，空军的任务是击溃包围圈中的一切敌军抵抗，防止英军逃到海峡对岸。"希特勒的停止前进的命令遭到陆军最高指挥部的激烈反对，但得到了 A 集团军群总司令冯·伦德施泰特将军的支持。它的根本目的是让在两周战斗后筋疲力尽的坦克编队得到短暂的休息，恢复精力，为攻打法国做好准备。戈林吹嘘空军可以将敦刻尔克港变成一片火海，击沉每艘试图在那里靠岸的船只，这让希特勒更增强了对这个决定的信心。德军最后在 6 月 4 日占领敦刻尔克，哈尔德精炼地写道："攻克敦刻尔克，抵达海岸。甚至连法国人都不见了。"

然而技高一筹的作战计划并非德军取得胜利的唯一原因。当希特勒的军队在完成了英吉利海峡的包围战调头向南时，他们遇到的是灰心丧气、杂乱无章的敌军。5 月底，一名英军将领曾把法国军队称作一群没有丝毫纪律性的乌合之众。数百万难民在路上漫无目的地走着，拖着堆积如山的手推车，妨碍了法国军队的行动，让法国军队陷入混乱，他们受到德军坦克的袭击，被炸弹和斯图卡俯冲轰炸机的呼啸声吓得惊慌失措。从布里亚尔的法军司令部只有一条电话线与部队和外面的世界连通，而且这条电话线在中午12点到下午2点之间不工作，因为邮电局局长要在这个时间去吃午饭。

尽管德军为法国战役制定的计划预计敌军不会有什么反抗，进军的速度还是让希特勒感到吃惊。6月14日，德军穿过马约门，进入巴黎，降下了埃菲尔铁塔上的法国国旗。3天后，隆美尔在一天之内就行进了150英里。同一天，古德里安报告说他已经和坦克部队抵达蓬塔利耶，希特勒回电报问消息是不是错了："你说的也许是萨翁河畔的蓬泰耶吧。"但古德里安回电报报告说："没错。我本人正位于蓬塔利耶的瑞士边境。"古德里安从那里向东北进军，从后方突破了马奇诺防线。

德国的胜利现在已经看得见摸得着了，意大利这才匆忙赶来帮忙。意大利长久以来一直背负着不可靠的名声，墨索里尼对此痛恨不已。他想用"像剑刃一样笔直的政策"消除这个恶名。但事情没有那么简单，他决定暂时不参与这场战争，但看到德军在波兰接连取胜，他的这个决定在10月份便开始动摇。11月，他"完全不能容忍"希特勒可能赢得这场战争的想法。12月，他对齐亚诺说，他"毫不隐讳地希望德国战败"。他把德军的进攻日期告诉给了荷兰人和比利时人。1940年1月初，他给希特勒写信，劝告他不要再继续目前的行动了。作为"独裁者之中的泰斗"，墨索里尼试图说服希特勒将进攻转向东线。

但在1940年3月18日，在布伦纳山口召开的一次会议上希特勒没花太大力气就消除了墨索里尼的不满，重新激起同伴昔日的钦佩和对战利品的渴望。

从这时起，墨索里尼参战的决心越来越强。他说，"别人书写历史的时候我们袖手旁观"是一种耻辱。他违背国王、企业界、军队的意志，甚至违背法西斯议会中部分有影响力的法西斯党同伴的意志，开始准备让意大利参战。6月10日，意大利军队发起进攻，但很快就在边境城镇芒通的郊区慢慢停了下来。意大利独裁者愤怒地叫嚣："我现在差的就是这个。即便是米开朗基罗也需要大理石做雕像。如果他只有陶土，他就会变成一个制陶工了。"仅一周后，局势的发展对他实现自己的野心造成了妨碍。勒布伦总统委托贝当元帅组建新的法国政府，而贝当的第一个职务行为是通过西班牙政府向德军最高统帅部转达了他的停战请求。

希特勒听到这个消息的时候正在法国边境附近的比利时小村布吕利勒佩什，他把司令部设在了这里。一张著名的照片留下了他当时的反应：他抬起右脚，拍着大腿开怀大笑。正是在这里，在兴高采烈地祝酒的时候，凯特尔第一次称呼他为"有史以来最伟大的最高统帅"。

不可否认，德军取得的胜利是史无前例的。德军在3周时间里横扫波兰，在两个多月的时间里席卷挪威、丹麦、荷兰、比利时、卢森堡和法国，把英国人赶回了他们的老家，并且对英国舰队实施了有效对抗。而与所有这些成绩相伴的是相对较少的伤亡数字。在西线战役中，德军的死亡人数为 27000 人，而敌军的死亡人数为 135000 人。

这场战役的成功不完全是因为作为指挥官的希特勒的个人功劳，也不完全是因为运气、精明的策略或者敌人的失利。在 20 世纪 30 年代，法国和其他国家已经认识到了装甲部队的重要性，但只有希特勒得出了必然结论，并不顾一些人的反对为德军配备了 10 个装甲师。他比手下的将军们更敏锐地发现了法国军心涣散、实力虚弱，那些将军们仍固守着过时的老观念。无论他对曼施坦因的作战计划的个人贡献多么微不足道，他立刻意识到了这个计划的重要性并相应地改变了德军的整个作战思路。他的表现证明他对打破常规的做法很有判断力、更加敏锐，这是因为他没有背景，因此也没有偏见。他花了很长时间深入研究军事文献。战争期间，他的枕边放的是海军档案和军事科学手册。他常常炫耀他对军事知识的惊人记忆力，他能够快速背诵出各种武器的吨位、口径、射程或规格。

同时他还能极富想象力地利用这些知识。他对现代武器的潜力有很敏锐的感觉，他知道在哪里使用它们，它们用在哪里最有效。他将这个能力和他对敌人心理的非凡洞察力结合在一起。所有这些能力都从他的突然袭击、对战术对策的精确预测以及对有利机会的迅速把握中体现出来。攻克埃本—埃马尔要塞的计划即出自希特勒之手，在俯冲轰炸机上安装会发出可怕啸叫声的汽笛也是他的主意。他还不顾众多专家的意见，坚持要求给坦克安装长管加农炮。

当作战中的大胆变成荒谬的自我膨胀、活力变成刻板、勇气变成赌徒对冒险的痴迷时，他的缺点最终开始抵消他的长处。但这还要过一段时间才会发生。与此同时，他征服了手下的将军们。由于他战胜了可怕的敌人法国，甚至连心不甘情不愿的将军也承认他"天赋异禀"，并且承认他对局势的分析比他们更到位。他显然不仅考虑了军事因素，还考虑了将军们有限的专业领域之外的东西。

6 月 21 日，法国和德国开始进行停战谈判。3 天前，希特勒到慕尼黑与墨索里尼见面。在这次会面中，他的主要目的是抑制意大利盟友对荣耀的渴望。作为对参战的回报，墨索里尼要求得到尼斯、科西嘉、突尼斯和吉布提，还有叙利亚和阿尔及利亚的基地，由意大利占领一直到隆河的法国领土，并将整个法国舰队交到他的手上，而且在时间恰当的时候，他还要得到马耳他，并将英国在埃及和苏丹享有的权力移交给意大利。但已经将心思投入到战争下一个阶段的希特勒想要向墨索里尼说明意大利的野心只会拖延战胜英国的时间。他说，停战条件一定要在心理上对英国继续战斗的决心造成较大的影响。完全现代化的法国舰队从他手里逃脱出去，现在正停泊在北非和英国各地，希特勒担心过于苛刻的条件会让法国舰队投入敌人的怀抱，甚至以法国的名义在殖民地继续作战。最后，他的心里可能激起了一闪而过的宽宏大量。无论如何，他让墨索里尼相信诱使法国政府接受停战非常重要。

然而希特勒在停战仪式的安排上远远没有展现出一丝宽宏大量。为了彻底达到羞辱的效果，他将签字仪式安排在巴黎东北的贡比涅森林，1918 年 11 月 11 日，德国代表团就是在这里听取停战条款的。1918 年的那次历史性会议是在一节火车车厢进行的，这节车厢被从博物馆里挪了出来，安放在 1918 年时所在的空地上。刻有坠落的德国鹰的纪念碑被旗子盖住了。

会议本身也突显出象征性的补偿意味。希特勒在将近下午 3 点的时候从车里走出来，他的身后跟了一大群随行人员。他笔直地走向空地中间的花岗岩纪念碑。他下令将纪念碑夷为平地，随后走进火车车厢，坐在了 1918 年福煦元帅曾经坐过的那把椅子上。没过多久，法国代表团也进来了。

随后凯特尔将军开始向法国人宣读停战协定的导言。还没等读到协议正文，希特勒就站了起来，伸直手臂敬了个礼，然后离开车厢。车厢外，一支军乐队在演奏德国国歌和《霍斯特·威塞尔之歌》。随后希特勒走向自己的汽车。

在这天，即 1940 年 6 月 21 日，希特勒达到了事业的顶峰。在事业初期，他曾发誓，在德国于 1918 年 11 月受到的不公正待遇被纠正之前他是不会休息的。现在他完成了他的目标，昔日的仇恨再次显示出了威力。尽管一开始德国人认为这场战争毫无意义，但现在他们情绪激昂地庆祝这个"权力回归"的时刻。在这个时期，诸多怀疑或者烟消云散，或者转变成尊敬和忠诚，那些痛恨希特勒的人被孤立。在前些年，德国人民很少这样毫无保留地认同一个政权。

6 月 28 日，希特勒前往巴黎。他从机场直奔歌剧院，随后驱车沿香榭丽舍大街行驶，在埃菲尔铁塔停留了片刻，在荣军院内的拿破仑墓前逗留了很长时间，协和广场的宏伟背景让他感到激情澎湃。最后他驱车前往蒙马特尔，不过他觉得圣心教堂很糟糕。在完成了 3 个小时的游览后，他声称他圆了"一生的梦想"。之后，他在两个亲信的陪同下花了几天时间游览了第一次世界大战的战场和阿尔萨斯。7 月初，在欢呼声、鲜花和隆隆的钟声中，希特勒回到柏林。这是他生命中的最后一次凯旋。

巴黎盛大的阅兵式取消了，部分原因是为了照顾法国人的感情，另者是戈林无法保证不会受到英国的空袭。事实上希特勒仍然不确定英国人的反应，他密切地注视着他们的一举一动。齐亚诺在 7 月初前往柏林，再次提出意大利的要求，希特勒以他们必须避免可能增强海峡对岸抵抗决心的任何举动为由，把他搪塞了过去。外交部已经为和平条约拟定了详细的建议，希特勒自己也准备在国会露面，他打算提出一个"慷慨的提议"，但他也表明了在遭到拒绝的情况下痛击英国的决心。

与此同时，期待的回应信号再次没有出现。5 月 10 日，当德军在西线发起进攻时，英国更换了首相，张伯伦让位给了温斯顿·丘吉尔。英国新任首相在就职演讲中表示，他能奉献给国家的只有热血、辛劳、眼泪和汗水。正是丘吉尔让深陷失败主义情绪的欧洲重振精神——对于惊慌失措的欧洲来说，德国独裁者几乎不可战胜，然而丘吉尔将他还原成了可以征服的力量。

6月18日，在法国政府决定投降的前一天，丘吉尔在下院发表演说，重申他继续作战的决心。"即使大英帝国及其共和政体持续一千年，人民仍会说，'这是他们最好的时刻。'"他积极地组织不列颠群岛抵御德军的入侵。7月3日，当希特勒仍在等待英国发出妥协的信号时，丘吉尔命令海军向停泊在奥兰港的昔日盟友法国舰队开火，以此表明他拒绝屈服。希特勒既吃惊又失望，他无限期延后了之前宣布将于7月8日发表的国会演讲。在胜利的喜悦中，他原本指望英国人放弃无谓的挣扎，尤其是因为他还不打算毁掉大英帝国。但丘吉尔再次大张旗鼓地表明他们之间不会进行谈判。

于是，希特勒召集国会于7月19日晚上7点在克罗尔歌剧院召开会议。在一篇长达几个小时的演讲中，他对丘吉尔和英国政府做出了回应：

> 丘吉尔先生在几天前重申了他希望战争的宣言……当我预言伟大的英帝国将被摧毁的时候，丘吉尔先生应该相信我，也许就相信这么一次，摧毁甚至伤害这个帝国绝非我所愿。但是，我意识到这场战争如果继续下去，最终必定会彻底消灭对战双方中的一方。丘吉尔先生也许认为被消灭的会是德国，但我知道被消灭的将是英国。

和人们的普遍预期相反的是，希特勒的演讲没有包含和谈提议，而仅仅是高度概括地"呼吁理性"。这个变化是他面对丘吉尔的强硬态度丧失了与英国讲和的希望的第一个表现。为了不示弱，他在这次出席国会的同时展现了德国的军力，他任命戈林为帝国元帅，并任命12名将军为陆军元帅，他还宣布了很多其他晋升决定。但最能表现他真实想法的是他在3天前下达的命令："准备在英国登陆作战的16号作战指令。""海狮"被选定为该计划的代号。

值得注意的是，希特勒迄今为止一直没有考虑过与英国交战，因为这场战争与他的计划不符，局势的改变并没有让他修改他的战略，他只是把这个计划当成了心理战的武器。事实上，在批准这个计划后，希特勒立刻开始提出保留意见，提出他之前从不承认的困难。在启动"海狮"计划仅5天后，他就极其悲观地谈及了此次作战面临的困难。他要求准备40个陆军师、解决补给问题、完全控制天空、沿英吉利海峡建立庞大的重型炮台体系以及大规模布雷。所有这一切都要在6周内完成。"如果不能确定在9月初完成准备工作，就必须考虑其他方案。"

希特勒的不安不仅和他对英国的复杂心理有关，他很清楚丘吉尔所指的是什么样的抵抗。一个在遥远的海外拥有基地的世界大国有各种各样坚持抵抗的方法。英国本土被入侵或征服不一定意味着战败。例如，英国可以在加拿大继续作战，这可能让他在这场在错误的地区爆发的战争中越陷越深，并且最终将他卷入与美国的可怕战争。

基于这样的考虑，希特勒制定了接下来几个月的战略：通过政治手段和有限制的军事行动逐渐迫使英国求和。后方阵地得到了保证，他就可以开始向东线进军了。

向英国施压的军事手段包括用德军潜艇舰队"包围"不列颠群岛，尤其是对英国展开空战。他没有全心全意地发动这场战争，因此计划中出现了自相矛盾的地方。他无视军事顾问的意见，拒绝接受"完全"空战或"完全"海战的概念。1940 年 8 月 13 日，对英国南部的机场和雷达站的第一波大规模空袭揭开了不列颠之战的序幕，这是英国上空上演的一场迄今为止仍堪称传奇的空战，然而恶劣的天气条件让德军损失惨重，空战不得不在 9 月 16 日中断。德国空军一个目标都没完成。英国的工业实力没有受到真正的重击，英国人民没有在心理上被压垮，德国空军也没有赢得空中优势。尽管雷德尔上将在几天前报告说海军已经为登陆战做好了准备，但希特勒将计划"暂时"延后了。10月 12 日的一道德军最高统帅部的指令明确说明："为登陆英国所做的准备工作从现在起一直到明年春天仅作为从政治上和军事上向英国施压的工具。""海狮行动"停止了。

除了军事行动，德国还试图使用政治途径迫使英国屈服——他们要建立一个将欧洲各国全部囊括在内的"大陆集团"。这个计划似乎很容易实现。欧洲的一些国家已经法西斯化了，一些国家因为意气相投或者签订了条约成为了德国的盟友，还有 些国家被征服了。

这个庞大的大陆联盟将囊括欧洲所有国家，包括苏联、西班牙、葡萄牙和由维希政府统治的法国未被占领的地区。与这个计划一同实施的还有一系列打击英国外围的计划：占领直布罗陀和苏伊士运河这两个通往地中海地区的通道，掀起地中海地区的战争。这样，英国在北非和近东地区的统治地位就会被打破。还有另外一些应急计划，只有占领了葡萄牙的佛得角和加纳利群岛以及亚述尔群岛和马德拉群岛才会实施这些计划。德国和爱尔兰政府进行了接触，爱尔兰很可能有兴趣加入联盟，而那里的空军基地在进攻英国时非常有用。

1940 年夏天，除了军事途径，恢宏的政治前景再次摆在希特勒面前。他似乎即将抓住这个上天赋予他的机会。无论如何，希特勒在 1940 年秋天再次开始在外交政策领域积极行动。他和西班牙外交部长进行了几次谈判，在 10 月中之后前往昂代与佛朗哥见面。随后他在蒙特瓦尔与贝当及其副手拉瓦尔见面。但除了 9 月 27 日和日本以及意大利签订的《德意日三国同盟条约》，希特勒的外交努力毫无结果。在 11 月中莫洛托夫访问柏林期间，希特勒试图将苏联纳入《德意日三国同盟条约》之中，并试图引导苏联前往印度洋上的英属区域，让苏联参与瓜分世界的新计划，但他没有成功。这次失败值得引起重视。

　　之所以所有这些提议都没有效果，无疑是因为希特勒对政治举措的轻视，而军事上的胜利带来的成就感更加重了他的这种轻视。不过他有的时候似乎确实倾向于停止对英国的一切军事行动，满足于纯粹空想出来的大陆集团的影响。因为这似乎是唯一能够阻止美国参战的办法。

　　对美国介入的担心让希特勒在 1940 年夏天的所有考虑附上了一层危险的色彩，尤其是让希特勒更加担心时间紧迫。在征服了法国之后，他把精力都浪费在了不够果断的外交和军事行动上。德军要驻守从纳尔维克到西西里的广阔区域，从 1941 年年初，在倒霉的意大利盟友的求助下，德军也被派驻到北非。但所有这些活动背后缺乏指导思想，战争正在朝希特勒所不希望的方向偏离。这是因为战争是从颠倒的战线上开始的，而且没有整体计划。"元首显然情绪低落，"在希特勒听取了一份综合形势报告后，他的陆军副官写道，"感觉他此刻不知道战争应该如何继续。"

　　这年秋天，当战争开始出现脱离他控制的苗头时，希特勒开始重新思考这场战争并试图让它重新按照计划进行。他有两个选择。他可以尝试建立一个强大的国家集团，将苏联和日本囊括其中，这个集团可以在最后一刻强迫美国扭转态度。但这将牵扯到若干方面的诸多让步，还会让向东扩张的计划延后好几年的时间。另一方面，他可以抓住向东进军的第一个机会，用闪电战打败苏联，和附属国而不是盟友建立国家集团。

　　希特勒犹豫了几个月的时间。他在 1940 年夏天迫不及待地想要结束毫无意义、让人心烦的西线战争。6 月 2 日，在进攻敦刻尔克期间，他曾预测英国现在已经准备好议和了，这样他"终于可以腾出手来"实施"他真正的任务——与布尔什维克主义交战"。几周后，7 月 21 日，他把布劳希奇叫来，让他为与苏联作战做好"心理准备"。希特勒陶醉在这段时间的胜利之中，他甚至考虑在这年秋天进攻苏联。德军最高统帅部和作战参谋部用一份备忘录说服希特勒这个计划是不可行的。然而，从这时期开始，希特勒显然已经抛弃了在不同时间在两条战线上作战的最初想法。现在他想将西线战争和东扩结合在一起。

　　但是希特勒在 9 月和 11 月初似乎又一次动摇了，他似乎又再次偏向结盟的想法。哈尔德在 11 月 1 日写道："元首希望能联合苏联抵抗英国。"

　　希特勒的这些摇摆不定似乎在 12 月停止了，他似乎完全根据他的本性、根据他的毕生计划、根据他目前对自己的过高估计做出了决定——尽快与苏联开战。富兰克林·罗斯福连任美国总统以及他与莫洛托夫的对话显然让他加速做出了决定。苏联外交部长离开柏林一天后，希特勒就评论说，这样"甚至连权宜联姻都难以维系了"。于是他下令在东部寻找合适的地方修建元首司令部，分别在北部、中部和南部寻找合适的地方修建 3 个指挥部，并且"要用最快的速度"把它们建好。12 月 17 日，他对约德尔将军详细阐述了他对此次战役的作战思想，他在最后说："我们必须在 1941 年就解决欧洲大陆的所有问题，因为从 1942 年起美国就有条件介入了。"

希特勒在 1940 年夏秋的所有审慎思考是被一个秘密的希望联系在一起的，他希望突然发生一次那种过去经常将他从各种困境中解救出来的意外突围，纠正陷入停滞且走错了方向的军事形势。同时，这个突围还能帮他取得更大的胜利。在他的幻想中，对苏战役会变成意料之外的转折点，它会像魔术棒一样，轻轻一碰就解决所有难题并且打开统治世界的道路。

按照他的想象，苏联的迅速崩溃会给日本发出信号，开始它谋划已久的"南扩"，日本到目前为止一直拖延南扩就是因为后方苏联的威胁。日本的南扩会将美国拴在太平洋地区，把美国人从欧洲拉走，这样英国将不得不投降。通过在北非、近东和高加索地区实施一次大范围的三重钳形攻势，他将推进至阿富汗。随后德军将以阿富汗为基地，对顽固的大英帝国发起致命一击，攻打印度。在他看来，统治世界已经触手可及了。

这个设想有很多弱点，希特勒肯定发现了其中部分弱点。到目前为止，他一直将保证西线安全作为攻打苏联的先决条件，而且将避免同时在两条战线上作战作为德国外交政策的基本原则。现在他试图通过先发制人的出击保证西线安全，在不得不在两条战线上同时作战之前冒险掀起同时在两条战线上作战的战争。他也低估了敌人，正如他高估了自己。

希特勒现在听不进去任何反对意见，他开始为进攻做准备。但希特勒经常被迫在意大利盟友笨手笨脚陷入麻烦时派德军前往增援，但这并没有让他停止东线战役的计划和部署。当墨索里尼在希腊和阿尔巴尼亚陷入麻烦以及 1940 年 12 月北非战线最终崩溃时也是如此。每一次希特勒都镇定自若地应对灾难，派出越来越多的德军前往受到威胁的地区，但他一直将注意力集中在他的首要目标上。

1941 年 2 月 28 日，他认为必须从盟友罗马尼亚的领土上进军保加利亚，抢在苏联人之前采取行动。大约一个月后，他不得不攻打南斯拉夫，在一群反叛军官的领导下南斯拉夫试图脱离德国的势力范围。尽管爆发了这些新的战事，他还是没有忘记对苏战役。他只是将战役推迟了 4 周，不过这也许是决定性的 4 周。4 月 17 日，他接到南斯拉夫军队的投降书。6 天后，希腊人投降，被派往北非的隆美尔将军率领的德国军团只用 12 天就收回了意大利人的全部失地。不久后，德国伞兵在 1941 年 5 月 20—27 日攻克克里特岛，一时间英国在地中海地区的阵地似乎岌岌可危。雷德尔和海军的指挥官越来越强烈地要求在 1941 年秋对英国的近东阵地展开一次大规模进攻。他们承诺，这次进攻给大英帝国"造成的打击会比占领伦敦还要致命"，在战后公布的盟军在这方面的担心也在很大程度上证实了这一点，但希特勒再次拒绝放弃东扩的执念。在西线，美国起到了越来越大的作用。空战已经输了，潜艇战也面临失败的危险。但甚至连越来越严重的局势也没能阻止希特勒的计划。

希特勒肯定看到并思考过新构想的诸多缺陷：在两条战线同时作战的风险；意大利盟友缺乏实力；他自己的部队分散在各地，这与闪电战思想是完全背离的。他坚持不顾反对主要不是因为他固执于自己的想法，而是因为他越来越意识到 1941 年的夏天是他实施这个构想的最后机会。如他自己所说，他的处境就像一个人的枪里只剩下最后一颗子弹了。他知道，如果这场战争变成物资战和消耗战，那是打不赢的。这样的战争必定会让德国越来越依赖苏联，最终不可避免地确立美国的优势地位。

从 1940 年夏天起，德国和苏联之间发生了一系列外交事故。其中一些事故的起因是莫斯科不留情面地想要保证自己周边地区免受德国势力的威胁。本着这个目的，苏联吞并了波罗的海诸国和罗马尼亚部分地区，并且坚持反对德国在巴尔干半岛扩大势力范围。然而英国驻莫斯科大使斯塔福德·克里普斯爵士在 1941 年春预测，苏联"绝对"会尽一切努力避免让自己与德国交战，除非希特勒自己决定进攻苏联，但他担心希特勒会帮他的敌人这个忙。

随后希特勒确实这么做了。这是他的最后一次也是最严重的一次自杀式冲动行为，在局面对他越来越不利的时候他加倍下注。如果输掉对苏战役，他就会输掉整场战争。但如果在东线获胜，他就绝对会赢得整场战争，不过这也许是他在自己骗自己。

1941 年 6 月 22 日，刚过凌晨 3 点，希特勒的一封电报把墨索里尼从睡梦中叫醒。希特勒在电报开头提到他"焦虑不安地深思了数个月"，接着告诉墨索里尼他即将对苏联发动进攻。希特勒向墨索里尼保证："我已克服万难做出了这个决定，我的内心再次获得了自由。尽管我真诚地付出努力，希望国际关系最终缓和，然而与苏联合作对我来说时常是沉重的负担，因为这么做在我看来是违背我的整个背景、我的观点和我从前的承诺的。我很高兴摆脱了这些精神上的折磨。"

解脱的感觉肯定是有的，但与之相伴的还有焦虑。希特勒表现出了沮丧和紧张。但他是不会放弃实现他一生的梦想的。届时他会赢得东部的广袤土地，英国会低头，美国会屈服，全世界都会向他致意。风险提高了目标的吸引力。他在进攻前夜说："我感觉仿佛正推开一扇门，这扇门通往一间我以前从未见过的黑屋，我不知道门后面有什么。"

第二章　第二次世界大战

> 当"巴巴罗萨行动"开始时，全世界都会屏住呼吸、静止不动。
>
> ——阿道夫·希特勒

1941 年 6 月 22 日黎明前，3 点 15 分左右，希特勒用 153 个师、60 万辆机动车辆、3580 辆坦克、7184 门大炮和 2740 架飞机开始向苏联发起攻击。这是有史以来集中在一个战场上的最庞大的军事力量。除了德军编队，还有罗马尼亚的 12 个师和 10 个旅、芬兰的 18 个师、匈牙利的 3 个师和斯洛伐克的 2 个半师，后来又加入了意大利的 3 个师和西班牙的"蓝色师"。和之前大部分战役的模式一样，德军没有宣战就发起了进攻。德国空军再次带头发起集中突袭，一次就摧毁了苏联约 1 万架军用飞机中的一半。和在波兰以及西线战场上一样，德军进攻部队的若干支坦克部队深入敌人腹地，然后合拢钳口，这样就形成了大规模的包围战。

紧跟军队的第二波队伍由臭名昭著的"特别行动队"组成，希特勒在 3 月 3 日向他们下达命令，让他们根除作战区域内的"犹太裔布尔什维克知识分子"。从一开始这些别动队就给这场战役增添了史无前例的恐怖特征。虽然这场战役从战略上看和这场战争是一个整体，但它在本质和道德层面上和这场战争完全不同，可以说它是第二次世界大战。

在经历了如此多的复杂情况、弯路和战线的颠倒，苏联的这场战争不论从哪种角度看都是希特勒的战争。他残酷无情、一意孤行地发起这场战争，而且越来越忽略其他所有战场。他不做出任何战术性让步。尤其是抛弃了从前的做法，从前他会打着解放的诱人口号先寻求军事裁决，在取得军事上的胜利后才开始进行奴役和破坏活动。如今在苏联，他只寻求"最终解决方案"。

希特勒不相信他的将军们。通过一连串指令，后方区域的行政权从军队剥离出来并交到了帝国特别专员的手里。海因里希·希姆莱作为党卫军全国领袖负责管理作战区域内的"特别行动队"。他手下有 4 支由安全警察和党卫军保安处成员组成的"特别行动队"，共 3000 人。

1941 年 5 月，莱因哈德·海德里希在普雷奇的一次会议上向"特别行动队"的队长下达口头命令，让他们杀死所有犹太人、"亚裔劣等人"、共产党官员和吉普赛人。同一时期下达的一道"元首令"让军队人员免于为谋杀敌国平民而受到起诉。1941 年 6 月 6 日下达的所谓"专员令"规定，红军政委……在战斗中或抵抗中被俘，原则上应该当即枪毙"。在进攻开始时，德军最高统帅部向 300 多万东线军队的士兵下达了一个"方针"，要求他们"采用积极、残酷的手段对付布尔什维克思想者、游击队员、蓄意破坏者和犹太人，彻底消灭一切积极和消极的抵抗"。德国人还掀起了一场高调的反"斯拉夫劣等人"宣传战役作为对这些措施的补充。

这些因素为东线的战争赋予了非同寻常的双重特性。这无疑是一场反共产主义的意识形态之战。但同时这在很大程度上也是一场按照 19 世纪殖民地战争的模式进行的征服殖民地之战，不过这次征服的对象是昔日的欧洲列强之一，而且目标是将征服对象彻底消灭。

军队如暴风雨般向前突进，两周后抵达第聂伯河，在又过了一周后冲向斯摩棱斯克，与此同时，"特别行动队"在被占领地区建立了他们的统治。他们对城市和乡镇进行彻底搜查，把犹太人、共产党官员、知识分子以及所有通常而言的潜在社会领袖聚集在一起，并对他们实施处决。奥托·奥伦多夫是其中一名特别行动队指挥官，他在纽伦堡作证说，他的队伍在第一年里杀害了大约 9 万人，其中包括妇女和儿童。据保守估计，同一时期有大约 50 万犹太人遭到杀害。希特勒对此无动于衷，仍继续推行灭绝计划。

尽管推进得十分迅速，但德军只能在中央战区展开他们的钳形攻势。在其他战线上，他们只是击退了敌人。"我们前没有敌人，后没有补给。"这是对这场战役的特有问题的一句讥讽。然而，到 7 月 11 日，德军已经控制了将近 60 万名苏联战俘，其中包括 7 万多名逃兵。希特勒和陆军最高指挥部认为红军距离崩溃不远了。哈尔德曾在 7 月 3 日写道："如果我说我们能在两周时间里赢得对苏战役，也许这话说得并不过分。"但他意识到苏军在广袤土地上的顽强抵抗可能会让德军在未来忙上好几周。

希特勒自己在几天后称他认为苏联的欧洲部分坚持不了 6 周时间。7 月中，军备计划的重点转到了潜艇和飞机上，而且德国已经开始计划德军的回程了，因为他们预计德军将在两周内返回。

8 月期间，德军在突破"斯大林防线"后，在战线的各个区域都成功实施了有力的钳形攻势。然而，上一个月的乐观估计是靠不住了。不论俘虏的数量有多大，敌人源源不断送上前线的后备部队似乎数量更多，而且苏联人比波兰人或盟军的作战要激烈得多。在经历了最初的危机后，他们意识到了希特勒发动的这场战争是要彻底歼灭他们，因此他们也更坚定了抵抗的决心。另外在苏联大草原的尘土和泥泞中，物资消耗比预计的大，每次胜利都让德军更深入无边无际的广阔土地。而且德国这部战争机器似乎快要第一次达到能力的极限了。例如，工业企业每个月被要求生产 600 辆坦克，但他们的产量只有这个数字的 1/3；在一场路程比他们迄今为止设想的远得多的战役中，步兵显然缺乏机动能力；德国空军无法同时应对两条战线；汽油供应有时只能供一个月的量。面对所有这些问题，剩下的后备部队用在哪里能起到最大作用变成了最重要的问题。对战线的哪个区域施以重击可能决定这场战争的胜负。

陆军最高指挥部和中央集团军群的指挥官们一致要求允许他们集中所有编队进攻莫斯科。他们认为，敌人会将所有可以用得上的部队都集中到首都城外进行这场决定性的大战。这样，这场战役就可以在计划的时间表内完成，闪电战的原则也能得到遵守。但相反的是，希特勒要求向北进攻，让苏军无法进入波罗的海地区。他还希望同时让德军在南边一个很长的战线上向前推进，目标是夺取乌克兰和顿涅茨盆地富饶的农业区和工业区以及高加索地区的石油。这个计划最能体现他的傲慢自大和左右为难。尽管他假装对取胜确定无疑，可以忽略莫斯科，但他实际上是想要缓解越来越明显的经济压力。他反复说："我的将军们对战时经济一无所知。"这场固执的争论再次表现出了希特勒和将军们之间的分化，争论最后以一道命令告终，这道命令要求中央集团军群将其摩托化编队置于南北两边的指挥官的指挥之下。"让人无法接受"，"太过分了"，哈尔德写道，他建议布劳希奇他们联名递交辞职信，但总司令拒绝了。

基辅战役的胜利让德军俘获了约 66.5 万名俘虏和数量庞大的物资，这场胜利似乎也再次证明了希特勒的军事天才——特别是这场胜利还结束了中间战区的侧翼威胁，从而真正打开了前往莫斯科的通路。希特勒现在同意向莫斯科发动进攻了。但连续的胜利让他目空一切，战场的接连取胜和好运让他变得盲目和骄傲，他认为他可以同时在南北两边实现他的长远目标：切断摩尔曼斯克的铁路线，夺取港口城市罗斯托夫和石油重镇迈科普，推进 375 英里，前往斯大林格勒。仿佛他忘记了要在一个时间将所有兵力集中在一个地方的原则，他让他的部队越分越开。1941 年 10 月 2 日，在拖延了将近 2 个月后，陆军元帅冯·博克在兵力减少的情况下终于开始向莫斯科发起进攻。

5 天后，秋雨降临。面对数量超过他们的敌军，德军开局良好，在维亚济马和布良斯克两处将敌人合围。但随后越来越深的泥沼地让一切战斗陷入瘫痪。供给运转减慢，汽油尤其短缺，越来越多的车辆和火炮陷在泥地里。陷入停滞的进攻直到 11 月中才重新开始，随后开始了轻微的霜冻天气。负责合拢北部包围圈的坦克部队终于到达卡拉斯拉雅波利亚纳附近，距离苏联首都只有 20 英里，从西边发起进攻的部队距离莫斯科中心还有 30 多英里。随后苏联的冬天突然降临，气温骤降至零下 20 度，有时甚至降至零下 60 度。

德军对于突然袭来的严寒全无准备。希特勒认为这场战役肯定会在三四个月内结束，他再次没有给自己留后路，他下令不给部队配备冬季装备。很快寒冷造成的伤亡人数就超过了战斗造成的伤亡人数。古德里安说："这里人心惶惶。"他在 11 月底报告说他的部队"完蛋了"。几天后，在零下 20 度的低温中，莫斯科城外的德军部队进行了最后一次冒险，试图突破苏军防线。少数几支部队进入莫斯科城郊。从望远镜里他们可以看到克里姆林宫的塔楼，看到街上的车来人往。随后德军的进攻渐渐陷入停滞。

与此同时，完全出人意料的是，苏军用刚刚收编的西伯利亚精锐师开始发起反攻。德军受挫，伤亡惨重。几天时间里，德军战线似乎出现了松动，马上就要消失在苏联的大雪之中。将军们请求用战术性撤退避免这场灾难，但都被希特勒固执地拒绝了。希特勒担心损失武器和装备，害怕由此产生的巨大的心理影响，这必定会让他战无不胜的形象产生动摇。他在 12 月 16 日下达了一道命令，要求每个战士在当前的阵地上"疯狂抵抗"，"不要考虑侧翼和后方的敌军突破。"

人们如今普遍认为是莫斯科城外的"坚守"令和希特勒顽固的决心稳住了濒临崩溃的德军战线。但德军的物资消耗和较长的供给线抵消了所有想得到的优势。此外，这个决定还显示出希特勒越来越无法灵活应对问题。多年来将自己塑造成丰碑的过程显然正在影响他的性格，让他受困于某种丰碑式的僵化之中。但不论他面对此次危机做出什么样的决定，毫无疑问，"巴巴罗萨行动"在苏联首都城外陷入停滞。希特勒为战争制定的全盘计划被打乱了。

这是他在将近 20 年里，在政治和军事上的不断胜利后第一次遭遇重大挫败。他让军队不惜一切代价坚守莫斯科城外阵地的决定是因为他意识到他们正处于转折点上。他的这场赌博，只要遭遇一次失败就必输无疑，所有前提也将随着这第一次失败全部消失。

意识到战争的全盘计划落空也是希特勒在 1941 年 12 月 11 日向美国宣战的背后诱因之一——希特勒一直惧怕与美国开战。4 天前，350 架日本舰载飞机用大量炸弹袭击了珍珠港的美国舰队和瓦胡岛上的机场，由此引发了远东地区的战事。日本驻柏林大使大岛要求德国立刻参战，支持日本。尽管希特勒曾经反复鼓动他的远东盟友进攻苏联或东南亚的大英帝国属地，并表明与美国交战对德国来说非常不合时宜，但他还是立刻按照日本的要求采取了行动。他甚至没有责怪日本人对他们的行动保密。

与美国开战立刻带来了一些好处。德国海军现在可以在海上不受限制、自由作战，在此之前他们不得不对美国人的所有挑衅忍气吞声。另外，日本的出击刚好掩盖了德军在苏联面临的危机。

但是所有这些都无法掩盖希特勒没有重大动机就与美国开战的事实。对美国宣战的决定比进攻苏联的决定甚至更不由自主。事实上这已经不再是符合他自己意志的行动，而是在他突然意识到自己无能为力的情况下被迫摆出的姿态。这个姿态是希特勒的最后一次重大战略举措。

美国参战对增强和扩大盟军行动力起到了立竿见影的作用。美国参战前，罗斯福总统就将苏联和英国纳入租借法案之中，为他们提供物资支持。现在他调动了全国的产能。他在一年时间里把坦克产量提高到 24000 辆，飞机产量提高到 48000 架。1943 年，他让美军兵力翻了两番，美军士兵总数达到 700 万人。在参战的第一年结束时，美国的军备生产已经与 3 个轴心国的总数相当。1944 年年末，他让产量又翻了一番。

在美国的提议下，盟国现在开始协调各自的战略。德、意、日三国从未制定统一的军事规划，与他们不同，盟军立即建立起相关的委员会和参谋部，他们召开了 200 多次会议，并安排了相应的联合行动。他们得益于他们拥有一个共同的明确目标——战胜敌人。而德、意、日三国追求的目标非常模糊并且极端夸张，他们的目标还分散在世界不同的地区。

在纽芬兰海岸附近的海上见面会谈后，罗斯福和丘吉尔在《大西洋宪章》中确定了他们的作战目标。轴心国现在用希特勒的"欧洲新秩序"和"欧洲团结一致"等口号予以反击。他们打着"反布尔什维克的泛欧圣战"的旗号，试图激起所有法西斯运动所特有的国际主义精神。

德军获胜时，欢庆胜利的响亮碰杯声可以掩盖意见分歧、淹没反复出现的不信任；但当形势改变时，被长期压抑的怨恨则以加倍的势头涌现出来。希特勒现在越来越频繁地干预作战。他直接给集团军群和战区参谋部下达指令，甚至常常干涉师或团一级的战术决定。哈尔德在 1941 年 12 月 7 日写道，总司令"只不过是个邮差"。再加上对"守住战线"命令的争执，12 天后希特勒批准布劳希奇辞职。根据之前解决所有领导层危机的最好办法，希特勒自己担任了军队总司令一职。

除了布劳希奇，中央集团军群总司令冯·博克也被解职，取代他的是陆军元帅冯·克鲁格。陆军元帅冯·赖歇瑙接替冯·伦德施泰特担任南方集团军群总司令。古德里安将军因为违抗"守住战线"的命令被解除了指挥权，赫普纳将军实际上被撤职了，冯·施波内克将军被判处死刑。北方集团军群总司令冯·莱布元帅自动辞职，还有很多其他将军和师长被解除职务。

1942 年的头几个月里，德军前线各战区继续进行严酷的防御战。2 月底，莫斯科与德军前线的距离再次拉大到超过 62 英里。此时德军的伤亡总数超过了 100 万人，占东线德军总数的 31.4%。激烈的战斗一直持续到春天冰雪开始融化的时候，那个时候战斗双方都已经筋疲力尽了。所发生的一切显然让希特勒很受伤。

但随着冬季结束春天到来，德军又开始向前推进时，希特勒又恢复了信心。从 1942 年夏的作战计划可以看出，希特勒似乎总结了前一年的经验。他没有像之前那样把进攻力量分散于 3 个先头部队之中，而是把所有力量集中在南部，"最终歼灭苏联人留下的关键的防御兵力，尽可能多地从他们手中夺走他们战时经济力量的主要来源。"计划中还规定在适当的时候中止作战，准备冬季营房，如有必要，修筑一道与"西部壁垒"相当的防线。

但德军部队在 1942 年 7 月中旬之后抵达顿河时仍无法对敌军部队实施计划的钳形攻势，希特勒再次屈服于他的急躁和冒进，他忘记了去年夏天的所有教训。7 月 23 日，他下令将进攻一分为二，同时独立进行。B 集团军群将由斯大林格勒向里海边的阿斯特拉罕推进。A 集团军群将歼灭罗斯托夫附近的敌军部队，然后前往黑海的东海岸，进军巴库。进攻开始时，德军战线约有 500 英里长，而到行动后期，德军将不得不在一条超过 2500 英里的战线与敌人作战，他们还没有和这些敌人交过手，更不用说打败他们了。

希特勒对德军能力的乐观判断大概是基于地图上的假象。1942 年夏末，希特勒的势力达到了顶峰。德军控制了北角和大西洋沿岸、芬兰以及整个巴尔干半岛。在北非，盟军认为已经打败了隆美尔将军，但实际上隆美尔率领人数不及对手的德军部队将英国人逼退到了埃及边境另一侧的阿拉曼。在东线，德军士兵在 7 月底越过边界，进入亚洲。在南边，他们在 8 月初抵达迈科普，在这里，被破坏的炼油厂燃起了熊熊大火。8 月 21 日，德军士兵在高加索山脉的最高峰厄尔布鲁士峰上升起了"卐"字旗。两天后，第 6 集团军抵达斯大林格勒的伏尔加河畔。

但表象是具有迷惑性的。由于迅速在 3 个大洲、海上和空中展开作战，人员、装备、运输、原材料和领导力量都紧缺起来。在到达势力顶峰时，希特勒其实已经失败很久了。连续的危机和失利现在突然出现，它们的影响，因为他的僵化更加严重，表明这个顶峰的不真实性极大地夸大了希特勒拥有的势力。

危机的迹象最初出现在东线。1942 年夏季的进攻开始后，希特勒把他的司令部从拉斯登堡搬到乌克兰的文尼察。他决定攻克高加索地区和斯大林格勒，他在每日战略会议上为这个决定辩护。他的辩护越来越激烈，尽管实际上只要德军能阻断伏尔加河上的交通，占领这座伏尔加河畔的城市就会变得毫无意义。8 月 21 日爆发了一场激烈的争执，哈尔德认为德军的有效兵力不足以发动两个消耗如此巨大的进攻。哈尔德暗示希特勒的军事决定忽视了可能性的极限。当哈尔德在争论过程中指出苏联人每个月制造 1200 辆坦克时，希特勒差点被气疯了，他禁止哈尔德说"这样愚蠢的胡言乱语"。

大约两周后，德军在高加索前线的推进放缓，这在纳粹总部引发了又一起争执。这次一直唯命是从的约德尔将军斗胆为 A 集团军群总司令李斯特元帅辩护，约德尔引用希特勒自己的话证明李斯特只是在服从他接到的命令。希特勒在盛怒之下中断了对话。9 月 9 日，他要求李斯特元帅辞职，当晚他亲自接管了 A 集团军群的指挥权。从这一刻起，他几乎中止了与纳粹总部属下将军们的一切联系，希特勒最终在9月底也解除了哈尔德的职务。一段时间以来，西线总司令的参谋长蔡茨勒将军的报告给他留下了很好的印象。大量战术设想和乐观的态度让他的报告区别于其他人的报告。希特勒说他现在想要"像蔡茨勒这样的人"在他的身边，于是他任命蔡茨勒为新任陆军参谋长。

与此同时，随着伤亡的增加，第6集团军越来越多的部队抵达斯大林格勒，在城市的南北两侧占领阵地。这次苏联人显然下定决心迎战，而不是逃避。斯大林下达的一道命令落到了德国人手中，他在命令中用慈父般的口气对他的人民说，从现在起，苏联不能再放弃自己的领土了，每一寸土地必须死守到底。仿佛是感到这道命令是对他个人的挑战，希特勒现在顾不了蔡茨勒和第6集团军总司令保卢斯将军的建议了，他要求攻占斯大林格勒。于是双方展开了争夺房屋、住宅区、工厂的血战，这也导致双方伤亡惨重。所有人都预计，随时可能听到斯大林格勒沦陷的消息。

那场冬季的灾难让希特勒第一次产生了失败的恐惧，从那以后，他把所有精力都放到了苏联战役上。他显然越来越忽略其他所有战场。他没有充分意识到地中海地区在战略上的重要性。由于缺乏补给和后备部队，非洲军团失去了进攻势头。希特勒的偏袒也影响了潜艇战，到1941年底，可以执行任务的潜艇不足60艘。一年后，战争之初要求的约100艘潜艇才最终得以补足。但到了那个时候，敌军已经意识到了潜艇战的冲击，制定了防御措施，天平开始向他们那边倾斜。

空战的整个局面现在也改变了。1941年1月初，英国内阁出台了一份空战的战略计划，目标是用一系列有针对性的空袭行动摧毁德国的合成燃料产业，"破坏工业的关键环节"，让德国发动战争的全部能力陷入瘫痪。如果这个设想立刻实施，战争的局势无疑会有非常不一样的发展，但直到3年多以后这个设想才得以实施。这个时候，其他的观点就占了上风，主要是对平民进行区域轰炸和恐怖轰炸。1942年3月28日，英国皇家空军对吕贝克实施大规模轰炸，揭开了空战新一阶段的序幕。据官方报告称，这座昔日贵族云集的历史名城"像干柴一样被烧毁"。希特勒的反应是从西西里召来了两支轰炸机大队，大约共计100架飞机。在接下来的几周时间里，他们实施了所谓的"贝德克尔"空袭，对英国历史名城的艺术瑰宝展开报复性袭击。

1942年5月30日，英国人在这场战争中第一次动用1000架轰炸机发动空袭，军力上的差距开始越来越大。美国人参战半年后，从1943年开始，德国不断遭受空袭，承受"全天候"的轰炸。鉴于形势的转变，丘吉尔在伦敦的大厦之屋发表的一篇演讲中称："现在不是结束，甚至不是结束的开始，不过也许是开始的结束。"

前线的局势证实了丘吉尔的话。11月2日，在经过了长达10天的集中炮火轰炸后，蒙哥马利将军用占有压倒性优势的兵力突破了阿拉曼的德军和意军阵地。不久后，英军和美军在11月8日凌晨在摩洛哥和阿尔及利亚海岸登陆，占领了直至突尼斯边境的法属北非地区。约 10 天后，11 月 19 日，两个苏联集团军群冒着猛烈的暴风雪在斯大林格勒发起反攻。在成功突破德军战线上罗马尼亚军队把守的区域后，苏军在伏尔加河和顿河之间用 100 辆坦克、1800 门大炮和 1 万辆车合围敌军约 22 万人。当保卢斯报告德军遭到合围时，希特勒命令他，将他的司令部搬入斯大林格勒城内，建立起一圈防御边界，也就是所谓的"刺猬型"阵地。就在几天前，希特勒刚刚给请求撤退的隆美尔将军发电报说："在目前的处境下，你不能有任何其他的想法，只能坚守，不能后退一步，把还能作战的每一件武器、每一个士兵都投入到战斗当中去。"

1942 年 11 月的三次进攻标志着战争出现了转折，主动权终于落到了对手的手中。现在"坚守"取代了其他一切想法，成了希特勒的新战略。当非洲军团败局已定的时候，在"坚守"的执念下，希特勒下令将之前从隆美尔将军那里撤回的几支部队派回突尼斯。墨索里尼请求他尝试再次和斯大林达成谅解，他三言两语地拒绝了。他否决了所有收缩战线从而缩短东线战线的建议。他想留在北非，守住突尼斯，进军阿尔及利亚，保卫克里特岛，继续占领 24 个欧洲国家，打败苏联以及英国和美国。

与此同时，斯大林格勒周围的包围圈正越收越紧。无法确定希特勒是低估了当时局势的严重性，还是想要故意表现出沉着冷静，对他自己和他的身边人员隐瞒局势的严重性。无论如何，当蔡茨勒将军在 11 月 23 日为了几份延误的决定求见希特勒的时候，希特勒想要拖到第二天再见他。参谋长坚持要求见面，并建议立刻命令第 6 集团军突破包围圈。于是两人之间爆发争论，这样的争论反复出现，直到来年 2 月初希特勒的坚守战略彻底失败。到凌晨 2 点左右的时候，蔡茨勒显然认为他已经说服了希特勒。无论如何，他通知 B 集团军群，他预计希特勒会在凌晨时分在突围命令上签字。事实是希特勒显然是在假装让步。但这场争论一直持续了好几周的时间。自始至终，希特勒越来越顽固地坚持他的决定。

从军事角度看，斯大林格勒战役其实并非整场战争的转折点，但对希特勒而言是。他说："我们放弃斯大林格勒，实际上就放弃了这场战役的全部意义。"

1 月底，第 6 集团军守在无望的阵地上，寒冷、疫病和饥饿让士兵们筋疲力尽、士气尽失。但当保卢斯将军请求允许处在不可避免的失败地区的德军部队投降时，希特勒回电报说："严禁投降。军队要守住阵地，直到最后一兵一卒、一枪一弹，他们的英勇坚持对建立防御阵线和拯救西方文明的贡献将永远铭刻在人们心中。"1 月 30 日，在斯大林格勒的废墟中，德军的抵抗停止了，只有少数孤立无援的残余部队继续自卫。

2 月 2 日，第 6 集团军最后的残余部队投降。将近下午 3 点的时候，一架从斯大林格勒上空飞过的德军侦察机通过无线电报告，在斯大林格勒没再看到战斗了。91000 名德军士兵被俘，其中 5000 人多年后才返回德国。

从心理角度而不是军事角度看，斯大林格勒战役确实是这场战争重要的转折点之一。这场胜利让苏联和盟国的情绪明显转变，唤起了他们的希望。同时，德国的盟友和中立国对希特勒占据优势的信念明显受到了打击。在德国，人们对希特勒的领袖技巧的信心也已经弱化并出现明显的消退。

对希特勒来说，斯大林格勒的溃败是对他的神话世界的一次重创。从那时起，他的想象被恐怖溃败的景象占据。丘吉尔和罗斯福在 1 月底召开的卡萨布兰卡会议上宣布了要求敌军无条件投降的原则，切断了他们自己的所有后路，这更强化了希特勒的恐怖想象。1943 年全年希特勒都奉行不惜一切代价坚守阵地的战略，随着终点越靠越近，希特勒越来越坚决地推行这个招致轰然毁灭的战略。

第三章　脱离现实

> 我们一定要把刚刚征服的东线领土变成一座伊甸园。
>
> ——阿道夫·希特勒

对苏作战开始后，希特勒一直过着一种隐居式的生活。他的司令部再次设在了东普鲁士拉斯登堡城外的广阔森林中，德军最高统帅部也设在他的司令部内。由高墙、带刺的铁丝网和地雷组成一套防御系统保护着碉堡群和建筑群。这里总是弥漫着特别阴郁、单调的气氛。来访者形容这个地方像是修道院和集中营的混合体。狭小的房间没有什么装饰，家具十分简朴，这与过去那些年的柏林、慕尼黑和贝希特斯加登的宽敞大厅、壮观景致和所有戏剧化的奢华铺张形成了鲜明的对比。

在战争最初的几个月里，希特勒偶尔会去前线走访战场、司令部或者军队医院。但在经历了最初的失败后，他开始逃避现实，蜷缩在桌上的地图和军事会议构筑的抽象世界中。从那时起，他的战争经验几乎完全来自纸面上的线条和数字。他公开露面的次数越来越少。

在斯大林格勒战役后，希特勒在和将军们争论之后会独处，这种情况出现得越来越频繁。他常常坐着沉思，深深陷入消沉情绪之中。或者他会带着他的阿尔萨斯狼犬在司令部里漫无目的地走上几步。戈培尔在他的日记里写道：

> 元首把自己与生活割裂开来，过着极度不健康的生活，这真让人难过。他不再出来呼吸新鲜空气，不再有任何娱乐消遣；他端坐在他的碉堡里，行动，沉思……纳粹总部的僻静和那里的整个工作方式无疑对元首产生了消极影响。

事实上希特勒开始越来越明显地自己选择独处。这和他年轻时大相径庭，他在年轻时曾抱怨"无法忍受独自一个人"。他的生活方式在战争刚开始的几年里就明显带有斯巴达式的克俭风格，现在则越来越简朴。元首餐桌上的饭食是出了名的简单。他只在拜罗伊特又看了一次《众神的黄昏》的演出，在入侵苏联的第二年冬天以后，他甚至不想再听音乐了。他后来称，从1941年起，他的任务一直是"在任何情况下都不能不知所措，无论何时出现崩溃，都要找出避开或补救的办法，设法解决问题……5年来我一直和外面的世界相隔绝；我不去剧院，不听音乐会，不再看电影。我活着完全是为了领导这场战争，因为我知道如果没有一个有着钢铁意志的人站在幕后，这场战争是不可能取胜的。"但是问题是他强迫自己狂热地坚持锻炼自己的意志、一心一意地关注战争，这是否束缚了他的思想、剥夺了他的一切内在自由。

　　他承受的压力比以往更汹涌地通过不可抑制的长篇大论的欲望释放出来。他的秘书们成了他的新听众，他试图通过蛋糕和炉火创造出"舒适的氛围"，但没有什么效果。有时他会让他的副官、医生、鲍曼或某个临时来访的客人加入其中。随着失眠越来越严重，他不断延长他的长篇大论。到了1944年的时候，他身边的人几乎要拼命强迫自己睁开眼睛，直到黎明时分天空变得灰白。据古德里安所述，只有那时，希特勒才会"躺下小睡片刻，最迟9点，女清洁工在他门口扫地的声音就会把他吵醒"。

　　比没完没了的长篇大论更令人吃惊的是他在语言表达上的粗鲁，虽然表达的观点本身以及所表达的忧虑、希望和目标还和早年时一样。但现在他放下了一切伪装和政治家的架子，他使用的激烈粗俗的语言即使比不上廉价旅馆里的住客，但绝对比得上啤酒馆煽动人心的政客。他津津乐道游击队员中间或被围困的列宁格勒城内的同类相残。他称罗斯福为"可笑的傻瓜"，称丘吉尔的演讲是"醉汉的胡言乱语"。

　　在这些衰退症状中还包括思维上的减退，他退回到了一个地方政党领袖的水平。从第三个冬天起，他认为这场战争是在全球范围内"夺权"的战争。在"战斗期间"，他再次"一个人带领着一小拨追随者"面对在数量上占据压倒性优势的敌人。这场战争只不过是对早年经历"放大了的重复"。

　　他偶尔会抱怨这些年让他丧失了赌徒的冒险乐趣。在智力上，他越来越活在过去的时光里。他在晚上的长篇大论中絮絮叨叨地回顾很久以前的往事，这些讲述透露出一个老人的怀旧情结。在做军事决定的时候，他常常提及第一次世界大战时的经历，他对武器装备的兴趣也越来越局限于传统武器系统。

　　他一贯非同寻常的疑心现在变得更强了。他常常越过最亲近的军事顾问，从总参谋部获取信息，他偶尔会派他的陆军副官恩格尔少校坐飞机到前线核实实际情况。来自作战区域的军官在元首的碉堡接受他的接见前不得与任何人特别是参谋长谈论军事事务。他说，在整个东线广阔的战线上，"对每个团、每个营的位置，纳粹总部每天要跟踪三次"。希特勒的多疑让人无法自由行动，这是让众多军官感到困扰的主要原因，这也破坏着他和所有人的关系。最终他和陆军的所有总司令、所有参谋长，18 名陆军元帅中的 11 名、将近 40 名将军中的 21 名以及东线三个战区的几乎所有指挥官都发生过争执。他身边的人越来越少。戈培尔说，希特勒在司令部的时候，任何人类都不及他的爱犬布隆迪和他亲近。

在斯大林格勒战役后，他的精力几乎耗尽了。在此之前，希特勒几乎很少失去克制，他认为这是伟大的指挥官必须具备的品质之一。甚至在危急时刻，他也会维持表面的镇静。但现在在摆出镇静姿态时他也会呈现出疲态，他的大动肝火显示出了他多年来透支精力的代价。当总参谋部的参谋们递交军情报告的时候，他会骂他们是"白痴"、"懦夫"和"骗子"。他还出现了罕见的情绪失控。当鲍曼告诉希特勒他的妻子分娩了的时候，希特勒的反应是热泪盈眶。他比以往更多地提到引退，提到他要把所有时间花在冥想、阅读和经营博物馆上。

有迹象显示，从 1942 年年底起，他整个神经系统的稳定性崩溃了。他只有通过大量极力自律的行动来掩饰这一点。司令部内每天极度严格的日程安排帮了他的忙。睡醒后，希特勒会立刻研读新闻，接近中午的时候会召开大会，随后是更多会议、口述、接待客人和讨论，直到召开晚会，晚会通常在夜里召开。所有这些循规蹈矩履行职责的行为都是在扭曲他的天性，是在故意对抗他对消极和懒散的根深蒂固的渴望。

他强迫自己用一种与他的天性格格不入的方式生活，他只能人为地维持这种生活方式。他通过药物和类似于药物的制品来满足有悖于他天性的要求。药物似乎直到 1940 年年底才开始明显影响他的健康。里宾特洛甫确实提到希特勒在 1940 年夏的一场激烈争执中跌坐在沙发上，并开始呻吟着说他有一种正在散架的感觉，觉得快要中风了。

由于过分追究细节问题，希特勒会关注体检结果中的一切反常之处。他常常观察自己，检查脉搏，阅读医学书籍，"精确地按量"服用安眠药、消化药、感冒药、维生素等药物。甚至手边常备的桉叶糖也让他有重视健康的感觉。如果给他开的药没有确切的用量，他会几乎从早到晚不停地吃。他的私人医生莫雷尔教授几乎每天给他注射磺胺、与腺体功能相关的药剂、葡萄糖或荷尔蒙，这些药物应该是用来改善他的血液流通、肠内的菌群或精神状态的。戈林讽刺地称莫雷尔为"帝国注射大师"。

随着时间的推移，为了维持希特勒的状态，莫雷尔肯定不得不加大药物使用量，缩短用药间隔。此外，他还不得不开出镇静剂，平复希特勒受到刺激的神经，因此希特勒一直处于生理应激反应的过程中。药物不断干预他的生理过程，有时多达 28 种不同的药物，其结果在战争期间突显出来，紧张的局势、缺乏睡眠、单一的素食食谱和他在司令部碉堡中的穴居式生活更加强化了药物的影响。斯大林格勒战役之后，他每隔一天就要服用一次抗抑郁药物。因此他无法再忍受强光，他在出门散步的时候会带一顶帽舌很大的帽子。

希特勒的外表也有了很明显的变化，背驼了，头发迅速灰白起来，但他到最后一直保持着非同寻常的工作精力。他将自己非凡的精力归功于莫雷尔的努力，他忽略了自己透支身体储备能量的程度。

希特勒是一个一直需要人为激励的人。在某种意义上，莫雷尔的药物取代了昔日大众的喝彩带来的刺激。正如前文提到过的，希特勒在斯大林格勒战役后就避免公开露面，事实上这之后他只发表过两次重要演讲。由于担心丢掉战无不胜的光环，希特勒不愿走入被毁的城市。出于同样的理由，他在打了败仗后不愿公开露面，尽管他也许意识到这样的躲闪可能不仅会让他失去左右人们思想的能力，还会让他失去自己力量的源泉。

除了从公众视野中消失，希特勒作为领导人的另一个特有的弱点也首次显现出来。从向上爬的日子起，他就一直凭借煽动家的魅力和天才的战术维持他的优势地位。但在战争的这个阶段，他必须满足领导能力的其他要求。权力制衡原则制造了国内的种种阴谋和斗争，让他在之前的几年里在身边造成了权力的混乱，并采用马基雅弗利的手腕加以操纵，不过在面对坚定的敌人作战时，这种原则很不适用。它成了纳粹政权的致命弱点之一。因为它消耗了对抗外敌所需的能量，最终造成了几近彻底混乱的状态。德军最高统帅部、陆军最高指挥部、戈林模糊的特殊地位、希特勒的权力以及党卫军拥有平行的权力，各个指挥渠道相互抵触，陆军师、掷弹兵部队、空军的步兵编队、武装党卫军和民兵等各类部队混在一起，每个部队都可以使用各种官方渠道。除此之外，还有和盟友部队的关系，相互之间的不信任破坏了他们的关系。全部权力集中在一个人身上却导致如此彻底而且明显的混乱，这是有史以来从未出现过的。

但是人们并不清楚希特勒是否真正意识到这种领导风格造成的灾难性影响。理性地分类、有条不紊地安排、沉着镇定地行使权力从本质上讲与他格格不入，因此直到战争末期，他仍反复鼓动他身边的人为了职位、能力和荒谬的级别问题争执。有迹象表明，与一切无私的态度相比，他更相信这样的争执中表现出来的对权力的渴望和自私自利，因为它们更符合他的世界观。

希特勒在领导方面的弱点在 1943 年表现得最明显，他到这时仍然未对战争未来的走向有任何战略设想。他犹豫不决，无法确定，不愿意做出决定。戈培尔明确表示出现了"领袖危机"。戈培尔反复劝说犹豫不决的希特勒动员所有后备力量，夺回战争的主动权。戈培尔与前一年被任命为装备部长的阿尔贝特·施佩尔以及罗伯特·雷和瓦尔特·芬克一起为精简整个行政机构、大量削减特权阶级的消费、增加军备生产以及其他类似的措施制定了计划。1943 年 2 月 18 日，戈培尔在柏林运动场对被邀请来的一群追随者发表讲话，他提出了著名的 10 个问题。"在狂热的呼喊声中"；他获得了他们对"总体战"的支持。这篇演讲的主要目的是打破奢华生活受到影响的高层官员的抵抗情绪，但同时也是为了激进地呼吁大众，克服希特勒的犹豫不决。

希特勒不愿意让全国人民承受严酷的总体战的一部分原因是他对1918年11月革命惊人场面的回忆，另外一个因素是他对缺乏活力、反复无常的民众非常不信任。

但希特勒不愿发动总体战还有一个原因：马丁·鲍曼在暗地里耍了手段。鲍曼在戈培尔和施佩尔的行动中嗅出了对他自己地位的种种威胁。鲍曼在过去几年里凭着灵活、勤奋和狡诈爬到了"元首秘书"的位置上，在这个不起眼的头衔背后，他在纳粹政权内部建立起了最强大的权力中心之一。鲍曼通过访客名单控制希特勒和外部世界的联系，据一名目击者证实，他在希特勒身边竖起了一道"名副其实的长城"。

他的这种做法助长了希特勒与现实隔绝的想法。和过去住在旅馆里想象自己住在皇宫里一样，这位不得不从各种战线上撤退下来的最高统帅构筑起了越来越宏伟的虚构世界，痴迷地居住在其中。在战争出现转折后，希特勒拒绝现实的倾向表现得越来越病态。他的很多行为证实了这一点，比如他乘坐火车出行时习惯把特等车厢的窗帘拉得严严实实，如果有可能，他会在晚上出行。他会让人关上纳粹总部会议室的窗户，有时甚至拉上窗帘，即使是在天气最好的时候也是如此。值得注意的是，他每天的第一件事是阅读制作好的新闻简报，只有这时他才会查看最新信息。他身边的人员说，他对事件的反应比媒体更平静，现实给他造成的困扰比不上想象给他造成的困扰。

对话常常变成个人独白、无法倾听或记住反对意见以及对数字越来越执着被视为这种综合症的一部分。他拒绝视察前线或战线后方的司令部。他最后一次视察某集团军群司令部是在1943年9月8日。这种对现实的忽视带来了很多灾难性的决定，因为地图上的标志无法告诉他天气情况、士兵的疲劳程度或者他们的心理状况。在会议室诡异的抽象气氛中，很难得到有关装备或补给的真实数据。施佩尔试图让希特勒与前线的一些年轻军官见面，但没有成功，他也没能说服希特勒视察遭到轰炸的城市。

在过去的几年里，藐视现实确实是希特勒的力量来源。他早期军事上的成功可能一定程度上也建立在这种藐视的基础上。但由于形势出现了变化，漠视现实极大地放大了每次失败的影响。

希特勒的一名早期追随者从20世纪20年代的对比观察中得出结论，希特勒只有通过自我欺骗才能行动。他非常需要夸张的虚假世界，在虚假世界的映衬下，一切障碍都变得不值一提，所有问题都变得微不足道。可以说：只有不现实才让他觉得现实。在他对身边人员讲话时，只有提到"未来的任务"、"庞大的计划"时，他的声音才会变得有活力，甚至在战争最后阶段他在发表那些乏味、沉闷的长篇大论时也是如此。对他而言，这些才是真正的现实。

每当希特勒恩准在元首桌旁坐到深夜的幸运儿们"从边门一窥天堂的景象"，他们的眼前就会展开一幅庞大的未来画卷。通过集中灭绝、大范围殖民定居、同化和被腾出土地的再分配，整个大洲将全部改观。这个计划要求有意识地消灭过去，根据一个无视历史传统的计划重新建立各种体系。其中心思想是把被纯种血统和劣等血统的末世之争影响了数个世纪之久的世界拯救出来。

希特勒的使命是为纯种血统提供庞大的基础：一个由德国统治的帝国，包括欧洲的绝大部分和亚洲的大片区域，一个世纪之后这将是有史以来"最紧密、最庞大的权力集团"。这个权力集团将由纯种的雅利安优等民族统治。

德国在战前的几年里已经实施了众多净化人种的措施，比如党卫军的结婚规定和党卫军人种与移民局推行的基因系统等。现在德国人开始在东线的占领区开展更广泛、更激进的行动。希特勒和新秩序的执行者们再次双管齐下，积极措施和消极措施并行实施，在挑选虚假的"优良血统"的同时消灭所谓的"劣等民族"的血统。

与以往一样，希特勒在破坏方面展现出非同寻常的劲头。1939 年 10 月 7 日，他下达了一道密令，任命党卫军全国领袖海因里希·希姆莱为德意志民族强化委员会主席，负责对东线实施人种"清理"，为大范围移民定居计划做好准备。东线的占领区变成了大量基因理论的试验场，这些基因理论都只是刚刚起了个头，而且并不专业。新秩序也只不过形成了几个毫无章法的草案。

另一方面，纳粹政权在灭绝问题上展现出了极大的效力。希姆莱对他的任务的界定是：最重要的是犹太人问题的"非常清晰的解决方案"，要做出"让这个种族从地球上消失"的决定。

1939 年年末，第一批被驱逐的犹太人开始被送往波兰的犹太人聚居区。但希特勒显然是在为对苏作战积极备战的时候做出种族灭绝的决定的。希特勒在 1941 年 3 月 31 日发表讲话，向一大群高级军官告知了希姆莱在后方地区的"特殊任务"，这是他第一次确切地提出集体屠杀的计划。最终，戈林在 1941 年 7 月 31 日向党卫军保安处处长莱因哈德·海德里希下达了有关"最终解决犹太人问题"的指令。

从一开始，这个行动就具有遮遮掩掩的特点。1942 年 1 月初，全欧洲的犹太人被有计划地聚拢到一起，但他们并不知道运送他们的列车要开往哪里。德国人故意散播谣言，说列车的目的地是东线占领区内新建的美丽城市。行刑队总是得到不同的理由为他们的行动正名，犹太人不是被当作抵抗活动的祸首，就是被当作瘟疫的传播者。

通过一系列组织严密的杀戮工厂的建立，灭绝工作渐渐合理化了，它不再是民众关注的焦点，杀人手段也改为毒气。1942 年 3 月 17 日，贝乌热茨集中营开始运行，该集中营每天能杀死 15000 人。随后，靠近乌克兰边境的索比堡集中营在 4 月开始运行，每天能杀死 20000 人。接下来是特雷布林卡集中营和马伊达内克集中营，每天大约能杀死 25000 人。排在第一位的是奥斯威辛集中营，其指挥官鲁道夫·胡斯在接受审判时带着一丝狂热的骄傲吹嘘道，它是"有史以来最大的杀人机构"。在这里，整个杀人程序已经发展成一整套流畅的体系，各个程序环环相扣，从新到人员的筛选、对他们施放毒气到销毁尸体以及对剩余物品的利用。在海乌姆诺被处死的犹太人超过 15.2 万人；贝乌热茨，60 万；索比堡，25 万；特雷布林卡，70 万；马伊达内克，20 万；奥斯威辛，超过 100 万。除了使用集中施放毒气的办法，德国人还对犹太人实施枪决。根据帝国中央安全局的夸大估计，灭绝计划会覆盖约 1100 万犹太人。500 多万犹太人被杀害。

希特勒认为欧洲东部是没有历史的空旷土地。在这片土地上居住的斯拉夫人，一部分会被杀死，一部分会留下来作为奴隶服务日耳曼优等民族。最后将 1 亿人迁移到东部的平原地区。希特勒说，必须迁来数百万人，直到"移民者的数量远远超过原住民"。欧洲移民不必再去美洲，只需前往东部。他希望"最晚 10 年后"听到"至少有 2000 万德国人居住在东部土地上"的消息。

希特勒热情万丈，细致地描绘着他的帝国梦：日耳曼主人和斯拉夫奴隶熙熙攘攘地共同填满东部的广阔空间，在这里将按照人种划分阶级，而且会从一切想得到的角度强调阶级区别。在他的设想中，在日耳曼人的城市里，总督的宫殿闪闪发光，文化和行政机构的建筑高耸如云，而原住民居住区会故意建造得很不起眼。

他坚持让斯拉夫民众维持较低的教育水平。他们可以学习交通标志的意思、帝国首都的名称和少量德语词句，但不能学习诸如算术等知识。他认为所有对被统治民众健康的关注、所有卫生措施都是"极度愚蠢的行为"，并且建议散播"接种等做法非常危险"的迷信说法。

成体系的宽阔公路和交通线将让这片土地易于管理，并有助于开发这里的自然资源。在主要交通干道的交叉点上，将建立被设计成大型军事基地的城市。城市中将驻扎大批机动部队，"一圈美丽的村庄"将守卫城市周边 20—25 英里半径内地区的安全，村庄里的农村居民均配备有武装。

然而，广阔的地域面积显然很快带来了问题。最初被选定的移民者是居住在欧洲东南部和海外的德国人，还有获得了勋章的陆海空士兵以及党卫军成员。然而根据规划者的计算，这样的移民者只有 500 万人。1942 年 4 月 27 日的备忘录写道，在最好的情况下，"我们预计大约 30 年后，这些地区会有 800 万德国人。"这似乎是德国人第一次出现某种程度的恐慌心理。

德国人设计了很多措施克服这个意料之外的难题。有人认为可以"重新唤醒德国人民移民东部的渴望"，同时也允许有人种价值的邻国人民参与殖民。时任东部占领区事务部长阿尔弗雷德·罗森伯格的一份备忘录不仅考虑让丹麦人、挪威人和荷兰人移民，还考虑"在战争胜利结束后也让英国人移民"。

德国人对恢复优良血统的措施寄予了很大希望。在波兰，"人种委员会"调查大量被挑选出来的人员的"日耳曼精神"，有时候还不顾他们是否愿意就把他们带回德国"还原人种"，尤其是未成年人。

同时，希姆莱和鲍曼倡议制定有关婚姻的新法律，他们得到了希特勒的支持。他们认为战后人口的短缺将会越来越严重，因为肯定会有 300—400 万妇女被迫保持单身。为了让这些妇女可以生育子女，同时为"正派、意志坚强、身体和心理都很健康的男性"提供多生育后代的机会，必须做出特殊的安排。因此，会有一套申请和筛选程序让这样的男人"在稳定的婚姻关系中不只有一个女人，还可以有另外一个女人"。

东部移民方案的另一个目的是解决欧洲的民族和种族争端。例如，克里米亚就是移民计划的最佳目标，按照希特勒的说法，克里米亚将被"彻底净化"，直接并入德国。尽管早在 1942 年 7 月初希特勒就下发了一道元首令，要求撤离克里米亚的苏联民众，然而权力混乱让所有移民计划陷入搁浅状态，战局又让情况更加恶化。只有楚德湖和奥涅加湖之间的因格里亚（因格尔曼兰）进行了大规模移民。因格里亚被指定为首个移民地区是因为根据"生存空间"专家的意见，这里的人口中间保存着相对较强的日耳曼血统的成份。芬兰政府在 1942 年年初宣布他们有权收回"他们"的因格里亚。事实上当他们在 1944 年春天再次失去因格里亚时，已经有大约 65000 人移居芬兰。从这个例子可以看出纳粹政权用什么样的方式实现他们对新秩序的想象。他们解决的是一个根本不存在的民族问题，但却为此在芬兰制造出了一个新的民族问题。

然而希特勒的扩张欲望不仅仅指向东部。即使在战争爆发后，他仍反复声明他不想在西部攻城略地。但很快他的做法就与他的慷慨声明出现了冲突，他无法归还已经拿到手的东西。

很快，希特勒的野心就远远超出了民族主义者和泛日耳曼主义者设想的所有战争目标。他的"日耳曼民族大日耳曼帝国"几乎将整个欧洲大陆囊括进了一个中央极权、经济独立的帝国之中。除了美洲、大英帝国、日本成立的大东亚共荣圈，欧洲将在德国的领导下构成希特勒预想中未来世界的第四个经济帝国。

法国战役后，一份在西欧境内划定边界的方案立刻在他的亲自监督下制定出来。方案将荷兰、比利时和卢森堡划入德国领土，因此德国领土一直延伸到了佛兰德斯海岸。有人引用他的话说："世界上没什么东西能让我们……再次放弃凭借西线战争赢得的英吉利海峡的阵地。"新边界将从英吉利海峡的"索姆河口附近向东到巴黎盆地北缘，然后沿香槟地区直至阿尔贡，再向南穿越勃艮第和弗朗什—孔泰西部直至日内瓦湖。

希特勒还称他"永远不会再离开挪威"。他打算让特隆赫姆变成一座有 25 万居民的德国人的城市，并将其建成一座大型海军基地。1941 年年初，他向阿尔贝特·施佩尔和海军负责人下达了相应的命令。法国的大西洋海岸和非洲西北部将修建与之类似的基地，守卫海上航线。鹿特丹将变成"德裔区最大的港口"。他还计划让被占领国的经济按照符合德国工业利益的模式运行，在整个大洲范围内调节就业和生产问题，重新划分市场。一名新秩序的倡导者写道，欧洲境内的边境线很快就会失去意义，"除了北部的日耳曼帝国与南部的罗马帝国交汇的阿尔卑斯山这道边界"。

这幅景象太宏伟了，连纳粹政权自己都充满敬畏。在画面中心是世界之都"日耳曼尼亚"，希特勒打算将它变成一座能与"古代埃及、巴比伦或罗马"等古代帝国都城相提并论的世界城市。在它的周围将从北角到黑海建立起一个由军事驻地、纳粹党大本营、艺术殿堂、军营和了望塔组成的放射状分布的紧密网络，在其庇护下，具有主人公意识的一代人将崇尚雅利安血统，繁育新人。

对希特勒本人而言，建立新秩序是"一件美妙绝伦的事"。在情绪低落的时候，他会说梦想的实现非常遥远，需要100到200年时间，他和"摩西一样"，只能"远远地遥望希望的乐土"。

1943年夏的一系列挫败让这个梦想更加遥远了。德军在库尔斯克附近对苏军防线的大规模进攻失败后，苏军出人意料地在7月中旬发动反攻，仿佛不知疲倦的苏军后备部队击退了拼死作战的德军部队。在南部战区，战斗双方的兵力对比是1比7；在北方和中央集团军群，战斗双方的兵力对比大约是1比4。另外，苏联游击队精心配合，采取行动，支援苏军的进攻。例如，他们仅在8月份一个月里就对德军后方对12000处的铁轨实施了破坏。红军在8月初夺回奥廖尔，大约3周后夺回哈尔科夫，9月25日夺回斯摩棱斯克，接着又夺回顿涅茨盆地。10月中，他们已经抵达基辅城下。

与此同时，地中海地区的局势也在恶化。尽管德国人给出了诸多鼓励和让步，春天开始的时候，意大利已处在濒临崩溃的边缘。疲惫不堪、疾病缠身的墨索里尼渐渐失去了手中的权力，变成了一个牵线木偶，完全丧失了信心，他被相互竞争的党派从各个方向牵引着。4月中旬，他和希特勒在萨尔茨堡见面。他身边的人员竭力劝说他大胆地告诉他的轴心国盟友，意大利只有在一定条件下才会继续作战，尤其是他要再次提出在东线缔结合约的要求——他在几周前提出过这个条件，但是没有成功。但他再次屈服于希特勒的滔滔不绝之下。希特勒在会议结束时说，墨索里尼刚来的时候看起来"像个风烛残年的老人"，但4天后动身回国的时候，他看起来"神采奕奕，急于采取行动"。

3个月后，1943年7月19日，由于局势越来越危急。两人在意大利北部的费尔特雷见面。因为盟国此时已经攻克了突尼斯和比塞大。盟军俘虏了非洲军团的25万人，7月中旬，盟军在西西里开辟第二战场，进攻轴心同盟的"软肋"。墨索里尼现在希望脱离轴心同盟，并且希望让希特勒明白意大利退出战争对德国是有利的，这样德军就可以集中精力防守阿尔卑斯防线。但希特勒甚至不愿意听他的理由，他试图说服墨索里尼，意大利必须坚持下去。

但墨索里尼只是保持沉默。他在返回罗马后的几天里仍旧很消极，尽管他和其他所有人一样感觉到脚下的地面正在晃动，他垮台的日子不远了。虽然他知道有人正在实施计划，想要剥夺他手中的权力，用三个著名的法西斯党人的三人执政取代他，但他并没有阻止 7 月 24 日晚法西斯议会的会议。他的一名追随者在最后一刻要求他粉碎这个阴谋，他却让这个人闭嘴。在令人吃惊的气氛中，他一言不发地听了 10 个小时对他本人的激昂谴责。第二天晚上，墨索里尼被捕。没有一个人向他伸出援手。巴多格里奥将军被任命为政府首脑，他解散了法西斯党，免除了相关官员的职务。

尽管希特勒对墨索里尼的垮台并非没有准备，但他还是深受影响。这位意大利的独裁者是唯一一个和他建立了一定私人感情的政治家。这件事的政治后果更让他不安，意大利的情况显然和"德国极其相似"，根据秘密警察的报告，公众对此一清二楚。值得注意的是，希特勒拒绝发表演讲，但他下令采取大量措施防止骚乱。随后他迅速制定了一份营救墨索里尼（"橡树行动"）、对意大利实施军事占领（"黑色行动"）以及逮捕巴多格里奥和意大利国王、恢复法西斯政权（"斯图登特行动"）的计划。

他向意大利派出了足够多的援兵，足以让德军在巴多格里奥与盟军协商停战时战胜数量上占优势的意大利军队，占领意大利境内的所有战略要地。

在被捕后的几天里，墨索里尼被四处转移，直到一支德军突击队把他从大萨索山的一座山间旅店里营救出来。他无精打采地重新执政，但他认为这只是另一种形式的拘禁。10 月，他不得不把里雅斯特、伊斯的利亚、南蒂罗尔、特兰托和卢布尔雅那割让给德国；他无动于衷地接受了这一切。他唯一真正想做的事，是回到他的故土罗马涅。他的心思一直围绕着死亡打转。一名女性崇拜者在此期间向他索要签名，他在一张照片上写道："墨索里尼已死"。

这些事没有削弱希特勒的决心，而是起到了反作用。他遭遇到的个人弱点、不彻底的措施和背叛只会助长他对人类的疏离感，制造出那种让他联想到重大历史事件的巨大的悲剧光环。

他仍能搜集到的论据力量相对较弱。他喜欢引用过去的斗争岁月，那段岁月已经被他打造成凭借意志和坚韧获取胜利的伟大寓言。随后他会提到不可思议的"秘密武器"，他会用这些武器报复盟军对德国实施的恐怖袭击。他还认为敌人"不正常的联盟"必定会出现裂痕，他密切关注着这一切。但他不准备考虑和某一方单独讲和，甚至连这种可能性都不考虑。1942 年 12 月以及 1943 年夏天，苏联先后两次通过他们在斯德哥尔摩的代表表示愿意与希特勒谈判，单独讲和。到了 1943 年秋，苏联越来越担心西方列强想让德国和苏联之间打一场疲劳战，他们谨慎地提出了条件。他们提出恢复 1914 年的苏德边境、不插手海峡问题并在两国之间建立广泛的经济联系。苏联人让他们的外交部副部长、前苏联驻柏林大使弗拉基米尔·德卡诺佐夫在 9 月 12—16 日留在斯德哥尔摩，与德国人交换意见。但希特勒拒绝任何谈判，他认为苏联的接触只不过是一种战术策略。事实上，人们至今仍不清楚莫斯科对他们的目标到底有多认真，但希特勒一旦做出了决定，他的目标就坚决不会动摇。里宾特洛甫支持对苏联人的和平试探予以回应，希特勒耸了耸肩，对他的外交部长说："你知道，里宾特洛甫，我今天和苏联达成协议，明天我就可能再次向它发动攻击——我就是控制不了我自己。"他在 9 月中对戈培尔说，现在"完全不适合"进行这样的接触，他只有取得了决定性的军事胜利后、在战争有望取胜的情况下才会进行谈判。

到目前为止，决定性的军事胜利让他想要获得更多决定性的军事胜利。但是战争不可能再出现转折点了，如约德尔所说，战争之神很久以前就背离了德国，加入了敌人的阵营。

第八部

惨　败

第一章　反对派

杀了他！

——1942 年年底，克劳斯·斯申克·冯·施陶芬贝格
在回答应该如何处置希特勒的时候说

1944 年年初，盟军开始正式向欧洲堡垒发起进攻，迫使希特勒在各条战线上实施防守。在南部，西方列强推进至意大利中部。他们技术上的优势让他们几乎可以开展绝对空战，这种优势很大程度上是相对领先的雷达带来的，德军方面不得不暂时停止潜艇攻击。同时，苏军在东线迅速向德军在 1941 年夏天初战告捷时占领的土地推进。尽管防线摇摇欲坠，到处被撕破，希特勒仍然只是反复重申坚持到最后一兵一卒的那番话，这也再次显示出他作为最高统帅只有进攻方面的才能。后撤的速度让他无法实现只给敌人留下"完全被烧焦和摧毁的土地"的目标。但这些地方本身就已经是一派地狱般的景象了。巨大的火堆上架起了浸了油的铁架子，"1005 小组"的成员在架子周围默不做声地拼命工作。他们的任务是找出在德军将近 3 年的统治期内死去的无数平民的坟墓，掘出尸体，销毁所有屠杀的证据。焚烧现场升腾起巨大的黑色烟云。纳粹政权放弃了他们的美好憧憬，而将其变成了一种执念。

自从希特勒这个巨人开始明显地失去力量，抵抗组织就开始在欧洲各地行动起来。大部分抵抗组织来自共产党，但也有部分来自军官团体、天主教会或者知识分子团体。在一些国家，比如南斯拉夫、波兰、甚至法国，抵抗组织形成了准军事部队，他们称自己为"国民军"或者"内地军"，对占领军发起了一场激烈、血腥的战争。德国用当场处决人质的方式报复越来越多的刺杀行动和破坏行动，他们常常让二三十名甚至更多被害者为一名死去的德国警卫陪葬。党卫军"帝国师"对法国的格拉讷河畔奥拉杜尔村 600 名无辜村民

的报复，正标志着这场残酷的游击战的高潮。铁托著名的内雷特瓦河突围战和 1944 年夏的华沙起义等类似于战斗的行动都成了欧洲抵抗活动的传奇。

　　同时，德国国内也再次出现了反对力量。他们在过去几年里先后因为希特勒在外交和军事上的胜利而挫败，在打败法国后更是灰心到了极点。但现在战局的转变让所有被压抑的怀疑都释放出来，这些怀疑自从希特勒政权建立起就与欢呼和喜悦一并存在。斯大林格勒战役以及 1943 年冬的一系列失败后，德国国内在很长一段时间里都笼罩在恐惧、对战争的厌倦和冷漠相互交织的情绪中。这种情绪让反对派开始采取行动，因为他们的行动终于有获得回应的希望了。在经历过之前的诸多挫折后，反对派害怕迅速逼近的军事失利会再次并且永远地让他们失去行动的机会。这种担心大大增强了他们的决心。

　　在德国国内，纳粹政权的积极反对者面临的左右为难的困境，应该来自一种传统秩序压抑下的复杂情结。在整个欧洲的抵抗活动中，民族责任和道德责任几乎是完全一致的，但在德国，这些准则是相互激烈冲突的，而且这种矛盾对于很多反对纳粹政权的人来说是无法解决的。在多年的密谋和筹划中，很多反对派领导成员，尤其是军人，无法完全跨越最后的情感障碍。他们计划的行动对他们而言似乎仍然是背叛，是又一次"在人背后捅刀"。

　　像贝克将军、哈尔德将军、冯·维茨莱本将军和卡纳里斯上将等人，尽管非常痛恨希特勒，他们在决心行动前仍然不得不克服自己内心的重重抗拒，在 1938 年第一次失败后，他们再也没能重新聚集起力量。很多年轻军官的加入给这项走入下坡路的事业注入了新的活力，因为这些军官没有受到思想包袱的束缚。

　　从 1943 年春天起，一系列刺杀行动开始尝试实施。行动全都没有成功，或者因为技术故障，或者因为希特勒在察觉危险方面能力过人，或者因为一些看起来令人难以置信的机缘巧合。1943 年 3 月中，在希特勒视察完中央集团军群司令部后，汉宁·特雷斯科和法比安·施拉布伦多夫在元首专机上放置的炸弹没能爆炸。一周后，冯·格斯多夫计划在参观柏林兵工厂的时候将自己引爆，同时炸死希特勒和纳粹政权的全部领导人。这个计划未能实施，因为希特勒突然将参观时间缩短到 10 分钟，因此定时引信来不及引爆。施蒂夫上校计划在纳粹总部的一次军事会议期间引爆一枚炸弹，但由于炸弹提前爆炸而以失败告终。11 月，一个名为阿克西尔·布舍的年轻步兵上尉自愿牺牲自己：他会在展示新版军服的时候跳上去抱住希特勒，同时引爆炸弹。但在计划实施的前一天，盟军的炸弹炸毁了这些新版军服。当冯·布舍在 12 月带来一套的新军服样品时，希特勒突然决定前往贝希特斯加登。他这一走，不仅让冯·布舍的行动落空，还让另一个计划在 12 月 26 日实施的刺杀企图落空，一名上校想要在这天用手提箱携带定时炸弹进入纳粹总部。这是克劳斯·施陶芬贝格的第一次登场。冯·布舍不久后受了重伤，于是由另一个军官听从密谋者们的调遣，这名军官是埃瓦尔德·海因里希·克莱斯特。然而出于未被说明的原因，希特勒没有在定于 2 月 11 日的展示现场现身。骑兵上尉冯·布莱腾布赫试图在贝格霍夫的一次会议中击毙希特勒，但由于党卫军警卫禁止他进入会议厅而未能实施，据说党卫军是遵照希特勒本人的命令这么做的。其他一些刺杀计划也同样以失败告终。

密谋者们也没再得到外国对他们行动的支持，西方列强没有给予他们任何承诺。他们反复通过各种渠道进行接触，但这么做其实一直走错了方向。盟国政治家不愿意提供支持，其实并不难理解。为什么他们要在胜利在望的时候绑住自己的手脚？另外，他们担心冒犯苏联，这也是无可非议的。在必胜的预期带来的喜悦中，他们无法理解德国密谋者们内心的政治和道德冲突。此外，在罗斯福、丘吉尔和他们的几名顾问心目中，对这样一些人明显抱有敌意，这些"军国主义者"、"普鲁士贵族地主"、"总参谋部人员"现在自告奋勇地走出来担当新体系的支柱，可是他们看起来只不过仍代表昔日的旧体系。

海因里希·希姆莱在 1943 年突然加入反对派的行列，这也没有平息西方列强的这种感觉。希特勒看起来有些病态的固执让希姆莱十分不安，加之几名追随者极力劝说，他拿到了一份医学诊断书，这份诊断书显然认定希特勒的身体状态异常。因此，尽管一直犹豫不决，他还是让党卫军保安处负责对外事务的瓦尔特·施伦伯格利用西班牙、瑞典和美国的中间人试探背着希特勒协商求和的可能性。

德国的反对派显然不是一个整体。把它当作一个单一的概念是错误的；它是众多团体的松散集合，只是因为对纳粹政权的憎恨才走到一起。其中有 3 个团体轮廓较为清晰：（1）克莱绍集团，根据赫尔穆特·毛奇伯爵位于西里西亚的庄园命名。这主要是一群怀有基督教和社会主义改革思想的朋友组成的讨论小组。作为平民团体，它的机会有限，只能在精神鼓励方面实施反抗。（2）随后是聚集在前莱比锡市长卡尔·格德勒和前陆军参谋长路德维希·贝克将军周围的一群民族主义保守派贵族。这些人仍然没有认识到希特勒政策的意图，他们仍然要求德国获得欧洲的领导地位。他们倾向于建立独裁国家，因此他们被称为魏玛共和国时期反民主派的延续。（3）最后是像冯·施陶芬贝格、冯·特雷斯科和奥布里希特这样的一群年轻军人。尽管他们多半与左派有联系，却与贝克和格德勒不同，他们也不指望和西方列强或是苏联建立亲善关系，但他们并没有明确的思想派别。

反对派处于孤立无援的状态。2 月，冯·毛奇被捕，克莱绍集团解散。1944 年 4 月反复摇摆的格德勒和贝克在时间耗尽之前最后一次尝试采取行动。他们向美国提议在政变后打开西线，允许盟军的伞兵部队在德国境内空降。但他们仍然没有得到答复。现在他们唯一可做的就是抛开一切战略和政治考虑，把打垮纳粹政权的希望寄托在道德争论方面。

现在反叛事业主要由施陶芬贝格接手。他建立了新的联系，招募了新的密谋者。尽管盟军提出了要求德国无条件投降的原则，尽管面临承担背叛之名的风险，尽管可能背负拖延时间和机会主义的罪名，他排除了一切障碍，着手筹划刺杀和政变。施陶芬贝格是德国南部一个古老贵族家庭的后裔，他在年轻的时候曾经加入过诗人施特凡·格奥尔格的朋友圈，他在纳粹政权建立之初是认可该政权的革命倾向和希特勒早年的成功的。

作为总参谋部下属的军官，他在事业上成就卓著。最开始激起他内心怀疑的是 1938 年的反犹太人计划，在战争期间，他目睹了德军对东线的占领以及对当地犹太人的所作所为，他逐渐发展成为纳粹政府的坚决反对者。他 37 岁了，在北非战场上失去了右手、左手的两个手指和一只眼睛。施陶芬贝格为反叛运动提供了组织框架。他用类似于革命意志的决心取代了过时的观念，正是这些观念让众多军人纠缠于相互冲突的原则无法自拔。"让我们直捣黄龙"，他在与一个新加入的密谋者谈话时说，"我正动用手上的一切手段进行谋反。"

时间紧迫。密谋者们在春天成功地将享有很高声望的隆美尔元帅拉拢过来。希姆莱大约在同时对卡纳里斯上将说，他很清楚德军内部的某些团体正在计划一次叛乱，他说他会在恰当的时间出击。另外，盟军可能在任何时候发动进攻，这可能让密谋者们所有附属的政治目标落空。这也给被传统思想束缚的年纪较大的军官们提供了一个新的借口。

1944 年 7 月 4 日，盖世太保逮捕了尤利乌斯·勒伯尔和阿道夫·赖希韦因，然而盖世太保的打击反而推动局势出现了决定性的发展，甚至施陶芬贝格似乎都在这个时候出现了暂时的动摇。特雷斯科发了一封电报，恳求施陶芬贝格抛开一切有关成败的顾虑，不要再等下去了，这封电报顺带表现出了密谋者们心底最深处的动机："必须不惜一切代价实施刺杀。即使不成功，他们也必须在柏林像刺杀成功一样采取行动。实际目的不再重要，重要的是德国抵抗运动应该在全世界眼前、在历史面前断然采取行动。与此相比，其他一切都不重要。"

1944 年 6 月 6 日，进攻部队开始从英国南部的港口出发。一支由 5000 艘船只组成的巨型舰队向诺曼底海岸驶去，英国和美国的伞兵部队空降在计划登陆区域的侧翼。将近凌晨 3 点的时候，第一支登陆艇在距离海岸几英里处入水，在波涛汹涌的海面上驶出了运输舰队的阴影。

大约 3 个小时后，他们在将近天亮的时候靠岸，数千架飞机飞过海岸，向德军阵地大量投掷炸弹。同时，海军的重型炮火对整个登陆区进行了轰炸。到了晚上，美军占领了两个小型桥头堡，英军和加拿大军队占据了将近 200 英里长的海滩。最重要的是，盟军在登陆区域内，在人数上占有优势。

盟军的登陆作战快速取胜再次暴露了德国在物资和兵力上的劣势。连进攻的时间和地点都出乎德国人的意料。因为德军空中力量薄弱，盟军部队和舰队在英国南部的集结没有被德国人发现。德军的情报部门准确地预测了盟军的登陆时间，但声誉不佳的军事情报局没有注意到这个消息。

盟军的登陆战暴露了德军方面的领导不力。这个危机之前已经有所预示，希特勒没能把将军们的不同观点融合成一个防止盟军登陆的一致计划，结果是一系列无序的妥协，四处的权力混乱让情况更加恶化。6 月 6 日，分散在贝希特斯加登各处的指挥中心没有一个能完全独立地运作，整个上午他们完全靠电话相互联络，主要是争论在西线投入 4 个后备师的问题。与此同时，希特勒本人在一夜漫长空洞的闲谈后在凌晨入睡，并且下令暂时不要叫醒他。下午早些时候终于召开了第一次军事会议。但希特勒让与会者到距离贝希特斯加登约一小时车程的克莱斯海姆城堡碰头，因为他当天要那里接待匈牙利总理斯托尧伊。希特勒在赶到后，走到地图桌旁。他用奥地利方言说："这就是登陆战。" 几分钟后，在听取了最新情况的简报后，他到楼上的房间接见斯托尧伊。在快到下午 5 点的时候，希特勒终于下令："6 月 6 日傍晚之前在桥头堡歼灭敌人。"

登陆战的最初阶段，希特勒几乎一直保持着在第一天表现出来的这种梦游者一样的平静，似乎完全脱离了现实。他深信自己不可能犯错，他不愿意承认这次登陆就是敌军的登陆战。他让大批部队驻扎在塞纳河和斯克尔特河之间，这些队伍在这里徒劳地等待着敌军用计策虚构出来的部队（"坚韧计划"）。同时，希特勒和以往一样干预作战并且做出与前线局势相矛盾的决定。

6 月 17 日，希特勒最终在伦德施泰特和隆美尔的急切劝说下让步，到登陆战前线的后方区域亲自听取汇报。谈话在马尔吉瓦的 "狼穴 II 号" 进行，这里位于苏瓦松以北，是在 1940 年为了进攻英国修建的。

隆美尔在汇报中指出敌军拥有极大的优势。希特勒拒绝接受这个借口，他也拒绝批准面临危险的德军部队撤出科唐坦半岛，拒绝从加来海峡调来后备部队。希特勒语气越来越重地阐述秘密 V 型武器的 "决定性" 作用，并承诺 "大量涡轮战斗机" 会把敌人从天上赶走并且最终将英国打垮。隆美尔试图将讨论的主题转向政治，并坚持表示，鉴于当前的严重局势，应采取措施结束战争，这时希特勒粗暴地打断了他，他说："你要操心的不是战争是否继续，而是登陆战前线。"

这次会见中间涌现出的反感情绪，更加剧了希特勒对军官团体已经十分强烈的不信任感。值得注意的是，在抵达这里之前，他让党卫军部队围住了这块地方，在跟伦德施泰特和隆美尔吃便餐的时候，他在食物被人尝过后才开动。在用餐的时候，一直有两名党卫军士兵守在他的椅子后面。在离开前，两名将军试图说服希特勒到隆美尔的司令部听取几名前线指挥官的汇报，希特勒勉强同意在 6 月 19 日前往，但当伦德施泰特和隆美尔刚刚离开马尔吉瓦，希特勒就返回了贝希特斯加登。

在 10 天里，盟军的登陆的人数近 100 万，物资近 50 万吨。但即使到了现在，元帅们在到贝希特斯加登求见过希特勒之后仍无法说服他给予他们作战的自由决定权。他冷冰冰地听着他们的陈述，无视他要和他单独谈话的请求，他反而突兀地解除了伦德施泰特的职务，任命冯·克鲁格元帅接替他的职务。

克鲁格在前线的初次露面表明，现实景象在希特勒的鼓动下变得多么不实和扭曲。克鲁格刚刚在贝格霍夫做客两周，尽管他对希特勒持批评态度，他还是受到了影响，认为西线部队的领导层胆量不足、怀有失败主义思想。在抵达登陆战前线后，他言辞激烈地批评了隆美尔，认为他对敌军物资上的优势看得过重，没有执行希特勒的合理命令。总司令的"贝希特斯加登风格"让隆美尔火冒三丈，他要求克鲁格亲自到前线去看看。可以预料到，两天后，克鲁格在走访前线返回后清醒了很多。7 月 15 日，隆美尔通过克鲁格给希特勒发了一封电报。他写道："不对等的战斗正走向终结。"他在电传结尾提出了一个要求："我必须请求您立刻根据当前局势做出必要的决定。"他对史佩德将军说："如果他（希特勒）不做出决定，我们就行动。"

施陶芬贝格也决定采取行动——特别是整个东线的德军在苏军夏季进攻的冲击下似乎也即将崩溃。这时出现了一个有利条件：施陶芬贝格在 6 月 20 日被任命为后备军总司令弗里德里希·弗罗姆将军的参谋长，因此有资格参加纳粹总部的军事会议。他在 7 月 1 日就任的时候对弗罗姆说，为公平起见，他必须告知他正在策划一场政变。弗罗姆一言不发地听完他的话，然后让他的新任参谋长上任。

7 月 6 日和 11 日，施陶芬贝格被要求到贝格霍夫的纳粹总部开会。在经历过这么多次的失败后，他现在决心亲自实施刺杀，领导政变。这两次他都带了炸药包，并且安排好在行动后立刻返回柏林。但两次他都放弃了计划，因为要么是戈林没有在会议室出现，要么是希特勒没有在会议室出现，而他打算把两个人同时干掉。7 月 15 日的又一次尝试也失败了，因为施陶芬贝格在会议开始前没有找到设置点火装置的机会。7 月 11 日和 15 日，准备占领柏林的部队进入紧急状态，然而又两次都不得不放弃行动。

7 月 17 日，在最后一次尝试失败两天后，密谋者们得知逮捕格德勒的命令即将下达。与勒伯尔、赖希韦因、毛奇和邦赫费不同，密谋者们认为格德勒不是能在盖世太保的审问下守口如瓶的人。施陶芬贝格把这个消息当成了最后的行动命令，他说现在已经是破釜沉舟了。同一天，隆美尔受重伤，这让施陶芬贝格失去了行动中的一个关键人物。因为隆美尔在盟国中间享有很高的声望，最新的计划是让他在西线达成停战，撤出占领区，然后利用返回的部队支持政变。然而施陶芬贝格不愿在这个时候延缓行动。他说现在无论出现什么情况他都会采取行动，但他也说这会是他的最后一次尝试。

几天前，纳粹总部再次从贝希特斯加登搬回拉斯登堡。施陶芬贝格约定在 7 月 20

日到拉斯登堡做汇报。

刺杀过程和当天局势的戏剧性发展已经被人们多次描述过：会议突然转移到一个木板房举行，房间的墙壁太薄，释放了爆炸的威力；施陶芬贝格在旁边一栋建筑里用钳子设置引信时出现了意外，因此他迟到了；在施陶芬贝格把炸弹放在沉重的地图桌下面、离开房间后，人们立刻开始找他；炸弹在霍伊辛格将军对着地图汇报完后爆炸，当时希特勒正在桌子上俯下身子，用手托着下巴。施陶芬贝格站在较远处准备好的车子旁边，看到木板房里升起巨大的烟云，木头和纸张在空中乱飞，人们从被炸毁的房子里冲出来。他认为希特勒肯定死了，于是乘车逃走，接着飞往柏林，而这个时候浪费了很多宝贵的时间。

希特勒只受了轻伤。他的右肘轻微出血，左手手背有几处小擦伤，尽管耳膜破裂，他也只是在很短的时间里损失了部分听力，只有腿上的伤是最重的，很多木头碎片插进了肉里。爆炸发生时，房间里共有 24 人，只有 4 人受了重伤。希特勒侥幸逃生的一个主要原因是他俯身下达指示时，身下沉重的桌面给他提供了保护。希特勒很兴奋，但同时也令人费解地松了一口气。他略微有些高兴地对他的随从反复说道，他很久以前就知道有阴谋了，现在他终于可以撕下叛徒们的面具了。

柏林的局势经历了危机、高潮和失败，也被人们描述过很多次了："瓦尔基里行动"①令人费解地延迟实施；纳粹总部的消息没能被切断；雷默与希特勒在电话里通话；弗罗姆开始实施逮捕；施陶芬贝格坚持恳请并推动行动迟缓的体系采取行动；冯·维茨莱本元帅在德军最高统帅部大发雷霆；希特勒当晚 9 点左右通过广播向德国人民发表讲话；密谋者们开始出现慌乱无助的迹象；随后施陶芬贝格再次竭力劝说，但没有得到回应；最后弗罗姆再次戏剧性地现身，他突然宣布自己重新控制了让密谋者寄托希望的看似已经瘫痪的军队机构；随后是逮捕，贝克屡次自杀未遂，在内院里的沙堆前、在几辆卡车的前灯照射下匆忙实施处决；弗罗姆在最后向元首高呼"万岁"。

当晚实施了一轮逮捕，抓获了所有可疑人员，不管他们是否与政变有关。大约一个月后，又开始了第二轮逮捕（"雷雨行动"），又抓获了几千名有嫌疑的反对派人士，主要是以前部分政党的成员。拥有 400 名调查员的 "7·20 事件特别委员会" 直到纳粹政权快要垮台的时候还在进行调查，他们追查每一条线索，不断发布公告报告调查进展，因此也表现出了反叛活动的规模之大。在沉重的压力、拷打和恐吓下，持续多年的反对活动的大致轮廓很快显露出来。从已经在 7 月 21 日饮弹自尽的汉宁·特雷斯科的结局可以看出迫害者是如何执行任务的。德军公报中曾称赞特雷斯科是陆军最杰出的将军之一，但当他参与失败了的政变的事情曝光后，他的尸体立刻被从他的家族墓穴中挖了出来送往柏林，在对他的顽固否认指控的朋友们接受审问时被用来打击他们的士气，他的亲戚也受到了残暴的虐待。

总体而言，纳粹政权表现得异常残忍，这是希特勒本人反复暗示授意的。即使在控制力最强的时候，他也表现出他必须用最极端的方式报复他受到的每次怠慢、每个拒绝。

　　一个由伦德施泰特元帅主持，由凯特尔元帅、古德里安将军以及施罗特、斯佩特、克利贝尔、布格多夫和迈赛尔等将军组成的"荣誉法庭"在 8 月 4 日革除了 22 名军官的军职，其中包括 1 名陆军元帅和 8 名将军。这是德国陆军有史以来第一次没有给涉案人员辩护机会就进行了裁决。希特勒会收到每天的审讯报告。他还坚持了解有关逮捕和处决的最新情况，"如饥似渴地获取消息"。他在纳粹总部接见了人民法庭庭长、首席刽子手罗兰德·弗莱斯勒，他规定拒绝给予死刑犯宗教慰藉或者任何形式的慰藉。他的命令是："我希望他们被绞死，像被屠宰的牛一样被吊起来。"

　　希特勒的迫害面很广。他提出对密谋者的亲属实施连坐。根据连坐原则，施陶芬贝格兄弟几人的所有亲属都被逮捕，下至 3 岁的孩子，上至一个表亲 85 岁的老父亲。格德勒、冯·特雷斯科、冯·塞德利茨、冯·伦多夫、施韦林·施瓦能费尔德、约克·瓦尔登伯格、冯·毛奇、奥斯特、勒伯尔、冯·克莱斯特和冯·海夫顿以及其他很多人的家族成员也都遭遇了同样的命运。希特勒威胁隆美尔元帅，除非他自杀，否则他的家人将遭到逮捕而且他将接受公开审判。布格多夫将军和迈赛尔将军把希特勒的这个口信带给了隆美尔，还给他带去了一剂毒药。半个小时后，他们把他的尸体送到了乌尔姆的一家医院，并且禁止任何人进行尸体解剖。"别碰那具尸体，"布格多夫对这家医院的医学主管说，"柏林已经安排好了一切。"

　　处决一直持续到 1945 年 4 月。

　　7 月 20 日的事件再次强烈刺激了纳粹政权。要说纳粹政权着手实施过极权统治这个抽象概念，那就是在最后的几个月里，这种统治对国家造成的破坏比战前那些年全加起来的还要多。在遭遇刺杀当天，希特勒任命党卫军全国领袖海因里希·希姆莱为后备军总司令，故意以此羞辱军队。5 天后，不断劝说希特勒收紧国内阵线的戈培尔被任命为"总体战委员会"主席。他立刻打着"人民想要总体战"的旗号立刻发表了一系列限制令、禁令和关门令。几乎所有的剧院、所有学术机构、所有国内的科学和商业学校都关闭了。所有休假都被取消。未满 50 岁的妇女必须参与劳动，另外还实施了很多类似措施。8 月 24 日，戈培尔宣布全国总动员。很快，15 岁到 60 岁之间不太适合入伍的所有男性都被征召入伍，组成了"人民突击队"（民兵）。

　　同时，军备产量再次达到开战以来的最高值。撤退和不断的空袭不断制造新问题，但阿尔贝特·施佩尔一次又一次通过有力而又巧妙的即兴发挥克服了这些问题。大炮产量从 1943 年的 2.7 万门提高到 4 万多门，坦克产量从 2 万辆提高到 2.7 万辆，飞机产量从 2.5 万架提高到将近 3.8 万架。但这些高度增长耗尽了所有储备力量，仿佛是在为最后的决战做准备。被生产消耗的资源是没有什么可以替代的；这个壮举不可能维持，更不要说重现了。因此，它只是加速了纳粹德国的崩溃——特别是盟军开始有计划地攻击炼油厂。例如，1944 年 5 月，飞机燃料的产量为 15.6 万公吨，6 月下降到 5.2 万公吨，9 月下降到 1 万公吨，最后在 1945 年 2 月下降到 1000 吨。

因此，让战争继续下去的手段开始彼此抵消。撤退和轰炸造成原材料的严重损耗，这些损耗又降低了武器产量和使用武器的能力，随后就是损失更多的领土，这让敌人空军部队的基地距离德国领土越来越近。从这时起，几乎每个作战决定都会受到军备物资问题的影响，每次军事会议的讨论主题都是原材料储备、运输问题和物资短缺。从 1944 年 8 月起，炸药里竟不得不掺入 20% 的盐。

与此同时，苏军突破了德军在中部战区垮掉的战线，推进至维斯瓦河。由于希特勒固执地拒绝放弃每一寸土地，苏军得以切断和包围越来越多的德军部队。西线的进展与之类似，盟军在 7 月底展开运动战之后实现了一系列的突破和包围。希特勒过去曾经非常成功地使用过这种作战方式，然而现在他发现自己越来越无力应对这种方式了。他仿佛不由自主地固守他的进攻思想，他继续制定新的进攻计划，指定当地指挥官要推进到什么战区，甚至细致到村庄、桥梁和道路。

这时德军仍然有 900 多万人。但这些部队分散在从斯堪的纳维亚半岛到巴尔干半岛的大半个欧洲范围内。希特勒决心为了保住威信坚守阵地，另外德军必须保护正逐渐失去的原材料基地，这些彻底限制了作战上的自由度。红军在 1944 年 8 月占领了罗马尼亚及其油田，9 月占领保加利亚。当巴尔干半岛的德军阵地几乎没有任何抵抗就被敌人攻破的时候，筋疲力尽的芬兰退出了这场战争。大约在同时，英军在希腊登陆，占领了雅典。8 月底，盟军攻占了法国北部，收获了大量物资装备和俘虏。9 月初，盟军的坦克部队抵达摩泽尔河，一周后，一支美军侦察队在 9 月 11 日第一次跨过德国的西部边界。不久后，德军击退了苏军对东普鲁士发动的一次进攻。但现在可以肯定的是，战争来到了德国的家门口。

然而希特勒甚至没有考虑过投降。他用激烈的手段应对德军内部开始出现的瓦解迹象。例如，他在 9 月初让希姆莱威胁士兵，他们会逮捕逃兵的家人。他指望盟军中间出现意见分歧，他指望"上帝"插手干预，他认为 7 月 20 日的事件再次证实了上帝对他的眷顾，他还指望突然出现转机。他在纳粹总部的一次谈话中表明，无论如何他都决心继续作战。

他的身体对持续不断的过度紧张似乎依旧反应激烈。7 月 20 日之后，希特勒几乎没有离开过碉堡。他的医生们劝他离开散发着霉味、气氛压抑的狭小房间，但他拒绝了。他幻想破灭，极度厌恶世人，他让自己越来越深地沉浸在碉堡的世界中。8 月，他开始抱怨总是头疼；9 月，他得了黄疸病。除此之外，他还承受着牙病的折磨。盟军大规模攻入德国，不久后，他就心脏病发作，病倒了。

他在帆布床上一动不动地躺了一段时间，他的声音低沉颤抖，有时，一切生存的欲望似乎都从他身上消失了。随后他由于严重感染很快接连出现了眩晕、突然出汗和胃痉挛等症状，所有症状都是有关联的。这次疾病爆发很可能是心理压力所致。10月1日，在一名医生为他治疗时，他出现了短暂的昏厥。之后不久，疾病开始消退，只有肢体颤抖的症状仍然继续，而且比以往更严重了。整体而言，他的恢复速度非常惊人。也许他振作起来是为了给即将到来的决战阶段做出必要的决定。

从战略上看，他只有两个选择。他可以回到原来的壁垒理论，集中东线的大部分德军，加固漫长的防线。要不然他还可以再次集中部队向西线出击。希特勒决定以削弱已经严重吃紧的东线力量为代价在西线发动进攻。

这个决定常常被视为希特勒最后一次脱掉他的假面具，被视为一个无所顾忌的愤世嫉俗者暴露自己的本性。这个决定似乎确实撕破了他的面具，露出了他的真实面目，如赫尔曼·劳施宁所描述的，他是一个没有概念、没有计划、没有目标的人，他只是用概念、计划和目标积聚权力、开展行动。

然而在西线发动进攻的决定与希特勒一生的执念并不矛盾。仔细审视就能发现其内在的一致性。挑衅和绝望固然对这个决定有影响——因为希特勒现在痛恨西方国家，他们破坏了他的宏伟计划。而且在过去一年的极端情绪中，他再次发现自己与斯大林比较相近，他常常称斯大林为"天才的家伙"，这个人让人们不得不"由衷地尊敬"。

他认为对斯大林的赞赏也让他对苏联人的行为方式有了一定的了解。他知道苏联人不会使用资产阶级国家政客玩弄的那套阴谋诡计。再次对东线发动进攻也许会延缓失败的结局，但肯定不会改变这样的结局。另一方面，在西线发动进攻可能让美军和英军大吃一惊，他认为美军和英军很容易动摇。这样他就能夺回主动权，及时保住胜利果实，这也许还能让敌人的联盟中出现他所希望的裂痕。从这个意义上看，这次进攻是他最后一次铤而走险地让西方盟国与他合作的某种提议。

但是，最重要的是进攻似乎只可能在西线发动，这实际上起到了决定性的作用。他可以再次进军，再次施展指挥官的天赋，这种天赋已经在进攻作战中得到了证明。与西线相比，东线的漫长战线和辽阔后方让它不适宜作为作战基地或目标。另外，在西线，可以从"西部壁垒"的防御体系发起进攻，而且由于西线的战线较短，需要的燃料也相应较少。希特勒也认为他在东线的军队肯定会竭力抵抗。

12月11、12日，距离进攻开始还有几天的时间，希特勒把西线的指挥官分成两组召集到冯·伦德施泰特元帅的司令部开会。他们先被拿走了武器和手提箱，然后车子载着他们随意乱走，搅乱他们的方向感，最后车队停在了一个庞大的碉堡群的入口处，这个碉堡群其实就是巴特瑙海姆附近的"鹰巢"。他们被人领着走过一条被党卫军士兵拦出的一条小路，然后见到了希特勒。每把椅子后面都有一名武装警卫，每名出席会议的人后来都称："我们中间甚至没人敢掏出自己的手绢。"

在长达两个小时的讲话中，希特勒将解释计划和鼓励结合在一起。他对参会的指挥官们说他们将要实施"秋雾行动"。这次进攻将突破阿登高地，直取盟军最重要的补给港安特卫普，随后歼灭北边的所有敌军。希特勒承认他的这个计划是一次赌博。但风险对他来说是挑战，他最后一次孤注一掷。

12月16日，低垂的阴云让敌军的空军停止飞行，德军开始在一条75英里长的战线上发起进攻。希特勒从东线调来了几个身经百战的师。敌人被假无线电信息蒙骗了。为了避免吸引敌人的注意，部分重型设备是被马匹拖进阵地的，飞机低空飞行，用自己的引擎声掩盖德军阵地上的动静。突袭确实成功了，德军部队在很多地方实现了突破。但仅仅几天后，即使没有美军的凶猛防御，进攻也注定会失败，因为德军很快耗尽了能源和后备部队。一支坦克小队停在了距离一座存有300万加仑汽油的美军补给站一英里远的地方。迪南附近山脊上的另一支队伍没有等到燃料和增援，于是只能滑行了一小段距离，抵达默兹河边。而且天气又在圣诞节前变好了，密集的盟军机群再次出现在晴朗的天空中，几天时间里就出动了15000架次，差不多彻底粉碎了德军的补给线。12月28日，希特勒再次把师长们召集到他的司令部，恳求和恐吓双管齐下。

与此同时，东线的红军开始准备在一条很长的战线上发起进攻。1945年1月9日，古德里安再次拜见希特勒，警告他危险即将到来。但希特勒听不进去，他现在只考虑他的进攻，这次进攻让他能够再次部署筹划、指挥作战。他认为所有负面警告都"愚蠢透顶"，他下令立刻把为古德里安提供情报的东线情报部门主管"关进精神病院去"。

1月初，阿登高地的部队两次尝试向南推进。1月16日，他们被击退回了进攻的起始点。但同时，苏军在科涅夫元帅的带领下于1月12日发起了首次进攻，目标是巴拉诺夫桥头堡，苏军不费吹灰之力地冲破了德军防线。一天后，朱可夫元帅的部队在波兰首都的两侧跨过维斯瓦河，同时有两支部队在更靠北的地方向东普鲁士和但泽湾推进。从波罗的海到喀尔巴阡山脉之间的整条战线都在向前移动。1月底，西里西亚失守，苏军抵达奥德河。红军距离柏林只有100英里了。德国首都的居民们有时在晚上已经能听见重型火炮隆隆的炮声了。

1945年1月30日，在就任德国总理12年后，希特勒发表了生平最后一次广播讲话。他在讲话结束时说："不论此刻的危机有多么严重，最终一定会被我们坚定不移的意志、我们的牺牲精神和我们的能力击败。我们将再度克服危机。"

同一天，阿尔贝特·施佩尔向希特勒递交了一份备忘录，告诉他这场战争已经输了。

第二章　众神的黄昏

> 简而言之，一个人如果没有后嗣继承他的房产，他最好把自己连同房子里的一切一起焚毁——就像是一场盛大的火葬。

> ——阿道夫·希特勒

1 月 16 日，在接到苏军展开大规模进攻的消息后，希特勒返回了总理府。这栋巨大的灰色建筑如今被包围在弹坑、废墟和瓦砾堆中间，炸弹炸毁了很多侧楼，只有希特勒的住处和办公室所在的部分仍然毫发未损。

不久后，由于几乎持续不断的空袭，希特勒不得不频繁地躲进设置在总理府花园地下 24 英尺的避难所里，因此没过多久他就决定搬进这里居住。无论如何，这种退守到洞穴里的行为，正好符合当时在他身上越来越明显的特质——恐惧、怀疑和否认现实。连续几个星期，他继续在楼上的房间用餐，但在房间里的时候，窗帘也总是拉上的。与此同时，外面的世界呈现出空前的无序状态，战线到处被攻破，城市里燃起熊熊大火，道路被难民阻塞，到处是废墟，补给线面临崩溃。

但是在混乱之中，似乎一直有某种引导力量安排各项事宜，因此第三帝国并没有简简单单地终结。希特勒反复提出不是统治世界，就是灭亡。

他对灾难的渴望中不仅有挑衅、绝望以及对戏剧化效果的追求。事实上，希特勒将灾难视为他生存下去的最后机会。当因为镇压 "7·20 政变" 而被晋升为将军的奥托·恩斯特雷默在 1 月底问希特勒为什么他已经承认了失败还要继续战斗的时候，希特勒阴沉地回答道："从彻底的失败中会生发出新的种子。"一周后他对鲍曼说了类似的话："亡命之战的永恒价值在于它会成为榜样。想想列奥尼达斯和他的 300 名斯巴达壮士。无论如何，像绵羊一样被人屠宰不是我们的风格。他们也许能消灭我们，但我们不能任由他们屠杀。"

这种决心让希特勒在最后阶段的行动非常固执，并且形成了他最后的作战思路——末日战略。1944 年秋，当盟军进入德国边境的时候，他下令对帝国领土实施"焦土"政策，坚决主张只能给敌人留下一片荒地。从作战角度考虑，这个政策一开始似乎是合理的，但很快这个政策就演变成了一种漫无目的的摧毁癖。被捣毁的不仅有工厂和补给，还有食品供给、排污系统、长距离电缆、无线电塔、电话中心等所有维持生活所必需的设施。连在空袭中逃过一劫的历史建筑、城堡、教堂、剧院等不朽的艺术杰作也要被捣毁。

希特勒藏身的防空避难所在总理府花园后面，最远处是一座混凝土圆塔，这座塔也是一个紧急出口。碉堡上层的 12 个房间是部分工作人员的房间、希特勒的厨房和几间服务用房。顺着一条螺旋形楼梯下去就是下层的元首碉堡，这里有 20 个房间。进口处是一条宽宽的走廊，从右侧的一扇门可以通往鲍曼、戈培尔、党卫军医生斯滕费格和几名军官的房间，左侧的 6 个房间被希特勒占用。走廊前方是一个大会议室。白天的大部分时间，希特勒都会待在起居室。起居室里挂着一幅腓特烈大帝的画像，屋里只摆了一张小书桌、一个窄窄的沙发、一张餐桌和三把扶手椅。房间没有窗户，因此房间里的空旷和封闭制造出一种压抑的气氛，很多访客对此有过怨言。但这最后的混凝土避难所、静止的状态和电灯透露了希特勒的部分真实本性——他孤独、虚假地生存着。

所有目睹了这几周局势发展的人对希特勒都有一致的描述。他们首先提到的是他驼背的姿态、灰白阴沉的脸和日渐无力的声音。曾经仿佛能将人催眠的眼睛如今也闪烁着疲惫。他越来越放任自己，仿佛这么多年来的固定形象终于要让他付出代价了。他的上衣常常被滴落的汤水弄脏，衰老、凹陷的嘴唇上沾着蛋糕碎屑。在听取每日汇报的时候，只要他用左手拿着眼镜，眼镜就会在桌面上叮当地磕碰。有时他会像突然间发现了似的把眼镜放在一旁。他只有靠意志才能站起来，肢体的颤抖之所以让他感到痛苦，部分原因是这证明他的钢铁意志无所不能的观点是假的。

现在，他的晚睡实际上已经让他的生活黑白颠倒了。每天最后一个军事会议通常在早上接近 6 点的时候结束。接着希特勒会筋疲力尽地躺在沙发上等秘书们进来，给她们下达第二天的工作指令。秘书们一进来，他就会费力地站起来。其中一名秘书后来说："他的腿和手颤抖着，对着我们站一小会儿，然后又筋疲力尽地倒在沙发上。侍卫会把他的腿架起来。他一动不动地躺在那儿，脑子里只想着一件事……巧克力和蛋糕。他对蛋糕的强烈嗜好实际上已经有些病态了。过去他最多只会吃 3 块蛋糕，现在他会让人把装蛋糕的大盘子递过来 3 次，每次都在自己的盘子里堆一大堆蛋糕……他几乎完全不和人讲话了。"

尽管身体状况急转直下，然而希特勒甚至现在仍不愿放弃作战指挥权。固执、怀疑、使命感和意志力交杂在一起，反复为他提供新的动力。他曾经的一名医生在 1944 年 10 月初之后就没有见过他，在 1945 年 2 月再见他时吓了一跳。这名医生尤其指出希特勒记忆力衰退，无法集中注意力，经常走神。2 月初，古德里安提出了一个在东线建立防御阵地的计划，这个计划与希特勒的思路完全背道而驰。希特勒没有说话，他只是盯着地图。接着他慢慢地站起来，摇摇晃晃走了几步，然后停下来发呆，随后三言两语把参加会议的人打发走了。

在这几周里，他常常出现这样突然的情绪转变。他会突然和多年来一直与他十分亲密的人断绝关系，也会突然把其他人拉到自己身边。当多年担任他的医生的卡尔·布兰特和同事冯·哈塞尔巴赫想要制止莫雷尔的影响、让希特勒摆脱药物依赖时，希特勒意外地解除了布兰特的职务，而且在不久后判处布兰特死刑。古德里安、里宾特洛甫、戈林和其他很多人都同样意外地遭到排挤。希特勒常常陷入成长时期经常出现的那种呆滞的沉思之中。他会心不在焉地坐在沙发上，把布隆迪刚生下的一窝小狗崽中的一只抱在腿上。他把这只小狗叫做"沃尔夫"（即 wolf，"狼"的意思），并且亲自训练它。

碉堡里确实已经出现了某些松散的迹象。工作人员不再严格遵守礼仪。几乎没有人在希特勒走进大会议室的时候停止交谈、站起身来。但这些只是一时的松懈，占据主导地位的仍然是那种不真实的宫廷气氛，穴居其中的希特勒的虚幻世界更增强了这种气氛。一个在这里参加过军事会议的人说，这种"奴役的氛围"让所有人"在心理上感到窒息，你几乎在身体上都能感到不适。那里除了恐惧没有什么是真实的"。

然而希特勒仍然成功地向人们传达出信心，唤醒了最荒谬的希望。尽管有诸多过错、谎言和误解，他的权威仍旧无可置疑，直到最后他不再有能力进行赏罚，无法再推行自己的意志。

希特勒的过度猜疑在最后几个月里到了病态诡异的程度，但他的猜疑并不是没有理由的。甚至在德军发动阿登高地的进攻之前，他就已经用一种非同寻常的措施加紧了已经非常严格的保密规定——军队指挥部必须向他递交一份承诺保密的书面保证书。1945 年 1 月 1 日，由最后的后备部队组成的德国空军战斗机部队成了这种猜疑的牺牲品。这天，由大约 800 架飞机组成的一个庞大机群对法国北部、比利时和荷兰的盟军机场实施了低空突袭。在几个小时的时间里，他们摧毁了 1000 架敌军飞机，他们自己仅损失了大约 100 架飞机。但在回程的路上，由于过度的保密规定，他们遭遇了己方的高射炮火，又损失了将近 200 架飞机。

希特勒开始怀疑现在和他有来往的所有人，于是他再次求助于他的老战友，仿佛他们能让他恢复胆大妄为、激进和过去的信念。他任命分部头目们为帝国防御专员，就是为了恢复和过去老战友的亲密关系。他还想起了早年闯荡政界时的纳粹党战友赫尔曼·埃瑟尔，那大约是 15 年前的事了。2 月 24 日是纳粹党党纲发表 25 周年纪念日，希特勒让埃瑟尔在慕尼黑朗读了一份宣言，他自己在柏林接见了一个党内高级官员组成的代表团。代表团的成员显然被他的样子惊呆了，他对他们说："即使我的手会打颤，即使我的头会打颤，我的心永远不会打颤。"

两天后，波美拉尼亚的苏军突破至波罗的海地区，这表明他们即将战胜德军。在西线，盟军在3月初从亚琛到帕拉廷全线攻破"西部壁垒"。3月6日，盟军攻占科隆，在雷马根的莱茵河右岸建立了一个桥头堡。随后苏军在匈牙利又发动了一次大规模进攻，与泽普·迪特里希的党卫军精锐部队交战。铁托的游击队几乎和苏军同时发起进攻，这时西线的盟军正分别从几处跨过莱茵河，急风暴雨般向德国腹地推进。战争正进入最后阶段。

面对全面崩溃，希特勒的反应是下达了新一轮的坚守阵地的命令，发了几通火，并派出了巡回军事法庭。他第三次解除了冯·伦德施泰特元帅的职务，让泽普·迪特里希的部队摘掉绣有他们师名字的臂章，3月28日，他三言两语解除了参谋长的职务，命令他立刻休6个月的假。如会议记录所述，他已经没有任何全局观念了，他把时间都浪费在了无用的斗嘴争执、反唇相讥和缅怀过去上。紧张和前后矛盾的干涉只是让事情更糟。例如，他在3月底下令，派一支由21辆轻型坦克组成的后备部队前往皮尔马森斯周边。随后，收到摩泽尔河令人担心的报告后，他又命令这支队伍前往"特里尔周边"，随后又修改了命令，让他们前往"科布伦次方向"，而由于前线传来的报告不断有变，他多次下令更改部队前进的方向，最后导致没人搞得清这些坦克究竟去了什么地方。

现在末日战略已经进入了实施阶段。这并不是筹划好的自毁计划，而是不计后果的鲁莽回应、怒火爆发和歇斯底里哀悼流泪后的连锁反应。希特勒的心到底还是打颤了。几乎在每个关口，我们都能发现希特勒对灾难的渴望。为了制造决不妥协的气氛，希特勒在2月份下令让宣传部攻击盟国的政治家，对他们进行人身攻击，"让他们不可能再向德国人民提出任何提议。"希特勒断了自己的后路，进入了战斗的最后阶段。以3月19日下达的"尼禄命令"为首的一系列命令规定"摧毁所有军事、交通、通信、工业和食品供给设施以及帝国境内可能被敌军即刻或在可预见的未来用于继续这场战争的一切其他资源"。

当维尔茨堡、德累斯顿和波茨坦被夷为平地的时候，这一切完全符合希特勒自己对毁灭的强烈渴望。在2月24日的声明中，他实际上表明他为奥巴萨尔兹堡的贝格霍夫迄今为止一直没被炸弹炸毁感到遗憾。不久后，敌军的空袭降临了。据一名目击者说，318架兰开斯特四引擎轰炸机让这块地方变得看起来如同"月球景观"一般。

有人猜测希特勒想从末日行动中脱身，但这种猜测很可能是错误的。尽管遭遇诸多失败，但希特勒在这些日子里很可能有一种复杂的满足感，那喜爱极度风险的自杀冲动已伴随了他一生，现在终于达到了它的目标。他再次将自己置于绝境之中，但这次游戏结束了，没有赌注可下了。

　　但现在末日计划碰到了一个意料之外的障碍。1944 年秋，阿尔贝特·施佩尔开始动用他身为装备部长的权力与希特勒下达的破坏命令对着干。他在这么做的时候并非没有犹豫过，尽管他越来越清醒，但他仍然认为自己应该深深感谢希特勒，希特勒对他的个人喜爱、对他的整个职业生涯起到了决定性的作用，让他有了很多机会发展他的艺术、影响力、声望和权力。但当施佩尔被要求负责摧毁全部工业设施时，事实证明，他的责任感最终超越了他的个人忠诚。他试图在一系列备忘录中通过对现实情况的分析说服希特勒，这场战争从军事角度看已经没有希望了。但是他得到的只是希特勒的冷遇。

　　尽管摧毁令让施佩尔失去了权力而且推翻了他的所有指令，他还是到靠近前线的地区，说服当地政府这道命令是毫无意义的。他把炸药扔进水下，把冲锋枪分发给对民用经济必不可少的工厂的领导人，让他们可以对抗奉命来摧毁工厂的破坏小组，保护自己。在被希特勒责问的时候，他坚持说这场战争已经输了，并且拒绝遵照希特勒的要求去度假。后来出现了戏剧性的一幕，希特勒要求施佩尔收回有关这场战争已经输掉的言论，施佩尔坚持不松口，这时希特勒称他相信德国会取得最终的胜利。最后，他几乎有些可怜地让步了，他只要求施佩尔表示希望"成功地继续这场战争"，"只要你至少希望我们还没输！你肯定会希望……这样就足以让我满意了。"但施佩尔仍然没有答话。希特勒意外地让他离开，给他 24 小时重新考虑，施佩尔最后宣誓他个人仍然会效忠希特勒，以此逃过了一劫。希特勒非常感动，他竟然恢复了施佩尔从前的部分权力。

　　在这段时间，希特勒最后一次离开碉堡，视察奥德河前线。他乘坐一辆大众汽车前往弗赖恩瓦尔德的城堡，第 9 集团军的将军和参谋正在那里等他。他在地图桌前恳求站在桌旁的军官们：必须击溃苏军对柏林的进攻；所争取到的每一天、每一个小时都非常珍贵；他正在制造最可怕的武器，这些武器将带来战争的转折点；因此他恳求他们做最后一次努力。其中一名军官评论说，希特勒看起来像是从坟墓里爬出来的人。

　　事实证明，他们确实有可能暂时阻止苏军在东线的进军，但西线的战线现在开始土崩瓦解了。4 月 1 日，莫德尔将军的集团军群在鲁尔地区遭到包围，4 月 11 日，美军抵达易北河。柯尼斯堡已经于两天前陷落。与此同时，苏军正为进攻柏林做准备。

　　随着末日越来越近，寻求不现实的迹象和征兆的倾向也愈演愈烈；这再次显示出了纳粹思想是不理性的，这种不理性一直被其表面的现代性所掩盖。戈培尔通过占星进行预测。当美军抵达阿尔卑斯山脚下，当石勒苏益格—荷尔斯泰因被割断、维也纳失守，戈培尔从行星的交汇、星位和象限中星体的运行轨迹看出，4 月的下半个月有希望出现一个大的转折点。满脑子类似想法和预测的戈培尔在 4 月 13 日得知罗斯福总统去世了，此时他刚刚视察完前线，在激烈的空袭中回到柏林，正在火光和炸弹的爆炸声中走上宣传部的台阶。一名目击者描述了当时的情景，"他狂喜不已"，立刻给元首打电话。"元首，恭喜你！"他大声冲电话说道，"星象说 4 月的下半个月会出现对我们有利的转折点。今天是星期五，4 月 13 日。这就是转折点！"

与此同时，希特勒在碉堡里把内阁部长、将军和官员以及在过去的几个月里他不得不反复接见、一次又一次对其进行"催眠"的所有怀疑论者和丧失信心者召集到一起。他极度兴奋、语速飞快地向他们宣布了这个消息。愉快喧闹的气氛在碉堡里持续了几个小时，解脱、感激、信心和某种接近于胜利的情绪交织在一起。但现在任何情绪都不可能持久。施佩尔回忆说，稍后，"希特勒筋疲力尽地坐下，当他跌坐在扶手椅上的时候看起来既解脱又茫然。但我感觉他仍然没有希望。"

罗斯福的死对于战场上的局势没有影响。3 天后，苏军动用 250 万士兵、41600 门大炮、6250 辆坦克和 7560 架飞机开始对柏林发起进攻。

4 月 20 日是希特勒的 56 岁生日，纳粹政权的领导人们最后一次聚在一起，包括戈林、戈培尔、希姆莱、鲍曼、施佩尔、雷、里宾特洛甫和军队的高层们。几天前，爱娃·布劳恩意外赶来，所有人都知道她的到来意味着什么。然而碉堡内仍维持着虚假的乐观氛围。希特勒本人在生日的庆祝声中也试图再次恢复乐观情绪。他发表了几段简短的讲话，称赞，鼓励，与他人交流对往事的回忆。他在花园里接见了很多希特勒青年团的成员，他们在抵御快速推进的苏军战斗中证明了自己的勇气，他鼓励他们，并为他们授勋。大约在同时，参与 1944 年的 "7·20 阴谋" 的最后一批死刑犯被处死。

希特勒起初曾经表示打算在生日这天离开柏林，撤退到奥巴萨尔兹堡，以 "阿尔卑斯山堡垒" 为根据地继续战斗。已经有部分人员提前被派去布置贝格霍夫。但在生日前夜，希特勒开始动摇。戈培尔尤其积极地劝说他在这场将决定整场战争的战斗中坚守柏林，如果有必要的话，在柏林的废墟中自尽，这是唯一与他的历史地位相符的结局。但其他人现在都恳求他放弃已经失守的柏林，利用剩下的一条通往南方的狭窄走廊逃跑。几天甚至几个小时后，柏林的包围圈就会合拢。但希特勒仍然没有做出决定，他只同意在南北各建立一个指挥部，以防敌军的进军将德国分割成两半。希特勒说："我怎么能一边自己撤退到安全的地方，一边要求士兵们为柏林而战！"最后他说他会听天由命。

撤退在这天晚上开始了。希姆莱、里宾特洛甫、施佩尔和几乎整个德国空军最高指挥部都加入到长长的车队中，这些车队已经为撤离做好了准备。戈林脸色苍白、忧心忡忡地与希特勒道别。

希特勒下令用所有可用兵力发动一次大规模进攻，击退已经推进到柏林边界的苏军。每个人、每辆坦克、每架飞机都要忠于职守，任何未经授权的行动都将受到最严厉的惩罚。他委托党卫军上将菲利克斯·施坦因纳指挥这次进攻。

希特勒对施坦因纳的进攻寄予厚望。4 月 22 日，整整一上午，他一直等着作战情况的报告，他非常紧张而且越来越绝望。3 点的会议开始的时候，施坦因纳仍然没有传来任何消息。红军突破了柏林北部的外围防御圈，用坦克组成的先头部队攻入了柏林城。施坦因纳没有发动进攻。

希特勒闷闷不乐地沉默了一阵子，仿佛仍然因为极度失望而有些茫然，随后希特勒的怒火爆发了。他开始痛斥所有人的胆小、卑鄙和背信弃义。他说话的声音在过去的几周里已经微弱到几乎耳语的程度，但现在又再次恢复了从前的力度。碉堡里的人听到了他尖利的叫骂声，他们在希特勒大喊自己被人出卖的时候，全都挤在螺旋楼梯上和走廊里。希特勒大骂军队，说他们腐败、软弱、满口谎言，多年来他一直被叛徒和失败者包围。他在说话的时候愤怒地挥舞着拳头，眼泪顺着脸颊淌下来。和以往幻想破灭的时候一样，当一个过分夸大的预期没有实现时，一切都随之崩溃。他说，一切都结束了，他无法再继续下去了，剩下的唯有死亡，他会在柏林城中迎接死亡。想走的人可以往南走，他自己会在柏林城内坚持到底。他拒绝听取身边人的抗议和恳求，他们只有在希特勒耗尽力气时才说得了话。他阻止他们拉他走，他绝不会离开狼穴。希姆莱和邓尼茨打来电话试图劝他，但一点用都没有。他也不愿意听里宾特洛甫说话。他再次表示他会留在柏林，在总理府的台阶上迎接死亡。据当时的一名目击者说，这句话他一共重复了一二十遍。他口述了一份无线电报，决定亲自接管柏林的防御事务，这意味着这个决定不可能撤销了，随后他结束了会议。此时是晚上8点。所有参会者都震惊不已，疲惫不堪。

接着，在希特勒的私人房间里，在一小拨人中间再次爆发了争论。希特勒派人去找戈培尔，并提议他和他的家人搬到元首碉堡里来。随后他开始收拾私人文件，下令焚毁所有文件。接下来，他命令凯特尔将军和约德尔将军前往贝希特斯加登。他拒绝他们请他下达作战命令的要求。当他们再次提出反对意见时，他坚决表示："我绝不会离开柏林——绝不！"一时间，两位将军各自都考虑是否应该强行让希特勒离开碉堡，把他带到"阿尔卑斯山堡垒"去，但他们很快意识到这个想法是行不通的。于是凯特尔动身前往温克将军的集团军司令部，该司令部位于柏林以南37英里。

希特勒似乎终于接受了不可避免的结局。爱娃·布劳恩给一位女性朋友写信说："他已经失去了他的信念。"只有在党卫军上将伯格在晚上提到人民已经"如此忠诚地忍受了那么长时间"的时候，希特勒才又陷入下午的那种激动情绪中。他"脸色发紫"地大声叫嚷着有关谎言和背叛的话题。但后来，当他与副官尤利乌斯·绍布、两名秘书、速记员和很多其他身边的人员告别的时候，他似乎又恢复了平静。当施佩尔在第二天怀着"矛盾的心情"再次飞回被敌军包围并且正燃烧着熊熊大火的柏林城向他告别时，他也同样表现出一种几乎不自然的镇静，并且认为即将到来的死亡是一种解脱："这对我说很容易。"甚至当施佩尔承认他几个月来一直在违抗他下达的命令时，他仍保持平静，施佩尔的主动坦白似乎还让他深受感动。

4月23日晚，戈林从贝希特斯加登发来电报，问希特勒留在柏林的决定是否让1941

年1月29日的法案生效，任命帝国元帅也就是他为接班人。他在电报里的措辞很忠诚，希特勒接到电报的时候非常平静。但在戈林的老对手马丁·鲍曼的嘴里，这件事被描绘成了某种政变。在耳语了几句后，他激得希特勒再次大发雷霆。希特勒骂戈林懒惰、失败，指责他带头让"腐败在国家中得以滋生"，称他是瘾君子，最后希特勒让鲍曼撰写了一份无线电报，解除了戈林的一切职务和特权。接着希特勒筋疲力尽，再次陷入到漠然的状态之中，随后他傲慢地说："唔，好吧，让戈林商议投降吧。不管怎样这场战争都会输，那么由谁商议并不重要。"

这种无能为力、焦虑不安和自怜自哀的情绪需要宣泄。在一生中，他不断寻找角色扮演，他也需要扮演各种角色。现在他有些不知所措：他从来没有扮演过失败者，而瓦格纳歌剧中炫目的英雄人物对他残存的精力来说负担太大。突然发作、发火和不受控制的抽泣说明他缺乏控制力，而这种控制力的缺失是他失去了所扮演的角色造成的。

这一点在4月26日晚再次显现出来。这晚，被任命为戈林的接班人、继任空军总司令的里特·格莱姆将军和飞行员汉娜·莱奇一起飞入被包围的柏林城。他们来这里是因为希特勒坚持要亲自任命。如汉娜·莱奇所说，希特勒眼里含着泪。当他说到戈林的"最后通牒"时，他的头低垂着，脸色死一般地苍白。他说："现在什么都不剩了……一切都结束了。"

然而他还有一个希望，一个小小的希望。他在晚上把汉娜·莱奇叫来，并对她说他为之生存和奋斗的伟大事业现在要失败了——除非正赶往柏林的温克将军的集团军能突破包围圈，解救柏林。他给了她一小瓶毒药。"但我仍有希望，亲爱的汉娜。温克将军的集团军正从南方赶来，他必须也一定会把苏军逼退，拯救我们的人民。"

这天晚上，苏军的炮弹击中了总理府，倒塌的墙壁让碉堡不停晃动。一些地方的苏军已经进入到距离总理府不足半英里的地方。

第二天，希姆莱在纳粹总部的私人代表、党卫军中将费格莱因被抓获，被抓时他身穿平民服装。现在每个人都是希特勒的怀疑对象。爱娃·布劳恩和被抓住的费格莱因有亲戚关系，因为费格莱因娶了她的妹妹格雷特尔。爱娃惊呼道："可怜的阿道夫，他们都抛弃你，都背叛你。"除了爱娃，他仍然不怀疑的只有戈培尔和鲍曼。

4月28日临近晚上10点的时候，在和里特·冯·格莱姆谈话时，希特勒被他的贴身侍卫海因茨·林格打断。林格递给了他一篇路透社的报道，党卫军全国领袖海因里希·希姆莱曾经与瑞典外交官贝纳多特伯爵接触，协商西线投降事宜。

希特勒在看到这篇报道后的震惊比他在过去一周的情绪都更激烈。希特勒一直认为戈林是投机分子和腐败分子，因此如果帝国元帅出现背叛行为是不会让他感到意外的。但希姆莱一向把恪守忠诚奉为自己的格言，而且以自己的廉洁为傲。他现在的行为表示他违背了自己的原则。对希特勒而言，这是可以想象到的最严重的打击。

作为报复的一部分，希特勒下令让希姆莱的联络员赫尔曼·费格莱因在接受短暂严酷的询问后，由他的护卫队成员在总理府将其枪毙。随后他找到格莱姆，命令他设法离开柏林，逮捕希姆莱。他不愿意听任何反对意见。"决不能让叛徒成为元首的接班人，"他说，"务必让他不能得逞！"

随后，他草草地准备了一间小会议室进行婚礼。瓦尔特·瓦格纳是在附近民兵部队服役的一名区长，他被找来主持元首和爱娃·布劳恩的婚礼。戈培尔和鲍曼是婚礼的证婚人。由于情况特殊，双方要求立刻举行战时婚礼。两人宣誓自己是纯粹的雅利安血统，没有遗传疾病。根据记录上的记载，瓦格纳接受了两人的结婚申请，"检查了"结婚公告，认为结婚公告"符合规定"。随后在瓦格纳的主持下，两人宣誓结婚。

接着，两人在结婚证书上签字。希特勒的新任妻子太激动了，开始签自己婚前的名字"爱娃·布劳恩"。随后她划掉了"布"字，写下了"爱娃·希特勒·布劳恩氏"。然后所有人一起来到客房，秘书们、希特勒的厨师弗罗依莱因·曼齐阿里和几名副官正聚在这里喝酒，郁郁寡欢地回忆过去的时光。

尽管这场婚礼是临时举行的，但它意义重大。希特勒曾经说过他的爱犬布隆迪一直到死都会保持对他的忠诚，这场婚礼是希特勒对除布隆迪之外身边的另一个伙伴的感激，这场婚礼也明确表示他要让位。他对自己的地位赋予的神话属性不可能允许他和普通人结合。现在他放弃了这种立场，这暗示着他认为纳粹主义无法再维系下去了。事实上，他确实对他的宾客们说，这项事业已经终结了，不可能再重燃生机。随后他离开人群，到旁边的一个房间里口述他的遗嘱。

他分别写了一份政治遗嘱和一份私人遗嘱。政治遗嘱中重要是激烈地攻击犹太人，声明自己的无辜以及呼吁人们的抵抗精神："也许数百年就这么过去了，但在我们城市和纪念碑的废墟上会不断生出仇恨——对要为眼前一切负全责的人们的仇恨，他们就是全世界的犹太人和他们的帮凶！"

他专门在一个段落中提到要将戈林和希姆莱开除出党。他任命邓尼茨为他的接班人，担任总统、陆军部长、德军最高统帅。他评价说海军中间仍存有荣誉感，任何投降的想法都是与这种荣誉感相悖的，他这么说显然是想让人认为他这是在命令德军即使在他死后也要继续战斗，直到最后的灭亡。同时，他任命了新一届政府内阁的成员，新政府将由戈培尔领导。他在遗嘱最后写道："最重要的是，我号召国家领袖和所有追随者一丝不苟地遵守种族法律，毫不留情地打击毒害所有种族的全世界的犹太人。"

他的私人遗嘱短得多，遗嘱写道：

> 在斗争的年代里，我曾认为我不能承担组建家庭的责任，但是现在我决定在我的生命即将结束前和我有过多年真诚友谊并自愿在柏林被围困之际前来与我同生

共死的女人结婚，她自愿作为我的妻子同我一道死去。死亡将弥补由于我为人民服务而给我们两人带来的损失。

我的所有财物，不论价值多少，都属于党。如果党不存在了，就归国家。如果国家也灭亡了，那我也无需再做更多的决定。

我这些年收集的绘画从未打算作为我的私藏，完全是为了在我的故乡多瑙河畔的林茨扩建画廊之用。我衷心地希望这一遗嘱能妥善执行。我指定由最忠诚的党内同志马丁·鲍曼作为我的遗嘱执行人。他有对我的遗嘱做出一切最终决定的合法权利。他可以将所有值得作为私人纪念品的东西或者维持中产阶级中等生活水平所需的东西转交给我的兄弟姐妹特别是我的岳母，转交给我忠实的同事，他们都与鲍曼非常熟识，特别是温特女士等我的老秘书，这些年来她们一直用她们的工作给予我支持。

我本人和我的妻子为避免被杀害或投降的耻辱而选择死亡。我们的愿望是死后立刻被焚毁，就在我为人民服务的 12 年中履行我每日大部分工作的地方。

他在 4 月 29 日凌晨 4 点在两份遗嘱上签上了自己的名字。遗嘱打印了三份，在这天会安排人从三条不同的路线把它们送出碉堡。希特勒的空军副官冯·贝洛上校是被选中执行送信任务的人之一，他还在身上带了一份送给凯特尔将军的附言。这是希特勒最后的一封信，结尾的句子极具他的个人特色：

德国人民和军队在这场旷日持久的激战中尽了最大的努力，牺牲很大。但我的信任也被很多人滥用了。不忠和背叛削弱了整场战争中的抵抗力量，因此我无法领导人民取得胜利。陆军总参谋部无法和第一次世界大战的总参谋部相比，其功劳远远不及在前线作战的人。

德国人民在这场战争中付出了巨大的努力和牺牲，我认为这些努力和牺牲不会白费。目标不变，我们必须在东部为德国人民赢得领土。

在过去的几周里，希特勒多次忧虑地表示他也许会被迫成为"莫斯科动物园的展品"，或者成为"犹太人为了做秀而举行的公审中的主角"。当他在 4 月 29 日听到墨索里尼死亡的消息时，这些担心更加加剧了。

在这些消息的影响下，希特勒开始为自己身后事做安排。他把一个任务交给他的侍卫海因茨·林格、司机埃里希·肯普卡、飞行员汉斯·鲍尔等多名身边人员，让他们确保他的遗体不要落入敌人之手。他所做的准备似乎是最后一次证明他一生都在隐藏真实的自我。

但是希特勒还是担心他提供的毒药可能无法让他死得足够快或者不够可靠。因此，他下令在他的阿尔萨斯狼犬身上测试毒药的药效。午夜时分，布隆迪被骗进碉堡的厕所里。负责给希特勒养犬的托诺中士把布隆迪的嘴掰开，哈斯医生把手伸到狗的食管上方，用镊子在狗嘴里夹碎了一小管毒药。过了一会儿，希特勒走进屋里，面无表情地看了一眼狗的尸体。随后他邀请住在旁边两个碉堡里的人到会议室告别。他表情恍惚地从一排人面前走过，一言不发地和每个人握手。有些人对他说了几句话，但他要么没有回答，要么无声地动了动嘴唇。凌晨3点刚过，他给邓尼茨发了一封电报，抱怨没有采取足够的军事手段，他老调重弹地再次命令邓尼茨"刻不容缓、毫不留情地起诉所有叛徒"。

这天上午晚些时候，军事会议和往常一样召开。希特勒得到消息，苏军现在已经占领了蒂尔加滕区、波茨坦广场和沃斯大街的地下通道，他没有表露出什么情绪。随后他下令让人送200公升汽油来。2点，他在秘书和厨师的陪伴下吃了午饭；与此同时，两名苏联中士在附近国会大厦的穹顶上升起了一面红旗。吃过饭后，希特勒叫来他最亲密的伙伴，包括戈培尔、鲍曼、布格多夫将军、克雷布斯将军、他的秘书克里斯蒂安女士和容格女士以及几名勤务兵。他和妻子一起与所有人一一握手，随后他沉默地驼着背走进房间。尽管他的一生里大部分时候的高兴都是装出来的，他总是想要达到炫目的戏剧效果，但最后只能以这样一种方式结束，这时人们开始在总理府的餐厅里跳舞（如果目击者描述的是事实的话），数周来紧绷的神经在舞蹈中得到了强烈的释放。有人不断抗议说元首马上就要死了，但即使是这样，人们也没有停止跳舞。这天是1945年4月30日，此时正临近下午4点。

根据碉堡里大部分幸存者的描述，他们听到了一声枪响。不一会儿，党卫军警卫队队长拉藤胡伯走进房间。希特勒弓着背坐在沙发上，脸上沾着血。他的妻子在他身旁，腿上放着一把没有发射过的左轮手枪，她是服毒自杀的。

拉藤胡伯命人把尸体搬到院子里。他把汽油浇到尸体上，然后邀请送葬者们过来。他们刚刚聚拢过来，就被苏军的炮弹赶回到碉堡的入口处。于是希特勒的党卫军副官奥托·京舍把一块点燃的破布扔向两具尸体，当尸体被跃起的火焰包裹住时，所有人都肃立、行纳粹礼。警卫队的一名成员在仪式举行了半个小时后从焚烧现场走过，他"已经无法认出希特勒了，因为他已经被烧焦得很严重了"。当他在将近8点的时候再次来到焚烧现场时，"有几片灰烬在风中飞舞。"快到11点的时候，尸体几乎完全烧尽，遗骸被扫到半个帆布帐篷上，据京舍说，遗骨被"放到碉堡出口外的一个弹坑里，然后上面盖上泥土，泥土还被人用木槌砸实"。

故事还没有结束。戈培尔试图说服苏联人与德国人单独谈判。当这些尝试失败后，戈培尔和家人全部自尽。鲍曼和碉堡里的其他人尝试突围。随后苏军占领了被遗弃的碉堡，并立刻开始寻找希特勒的遗骸。一份日期标注为1945年5月8日的医疗报告上记载了对一名严重烧焦的男性尸体的尸检结果，报告的结论是这"可能就是希特勒的尸体"。此后不久，其他一些人声明怀疑这个判断。随后，苏联方面再次提出已经根据牙齿比对确定了希特勒的身份，但这份声明也遭到质疑。渐渐有人传出谣言，说英国当局把希特勒藏在了他们的占领区内。在 1945 年 7 月的波茨坦会议上，斯大林向他的西方盟友们郑重宣告，苏联人没有发现希特勒的尸体，希特勒肯定藏在了西班牙或南美。最后苏联人让这个问题变得极度含糊不明，有关希特勒结局的各种最不着边际的版本开始流传开来。有人说他在柏林蒂尔加滕区被一队德军军官击毙；有人认为他乘坐潜艇逃到了一个偏僻的小岛上；还有人认为他还活着，住在西班牙的一座修道院里或者南美的一座庄园里。希特勒一生的成功在很大程度上都归功于他的敌人。现在希望他不得好死的人为他死后的生活镀上了一层神话色彩。

最终章　死　局

　　曾经有人对我说："听着，如果你那么做，德国会在 6 周后四分五裂。"

　　我说："你这么说是什么意思？"

　　"德国会崩溃。"

　　我说："你这么说是什么意思？"

　　"德国将不复存在。"

　　我回答说："德意志民族曾经在与罗马人的战争中生存下来，在大迁徙中生存下来，在后来中世纪早期和晚期的大战中生存下来，在摩登时代到来之际的宗教战争中生存下来，在'三十年战争'中生存下来。德意志民族后来还在拿破仑战争和解放战争中生存下来，它甚至在世界大战甚至大革命中生存下来——那么在我这里，它也将生存下去！"

　　　　　　　　　　　　　　——阿道夫·希特勒，1938 年

　　实际上纳粹主义几乎没有经过任何过渡就在希特勒死亡和德国投降后瞬间消失了。仿佛纳粹主义只是一次运动、一种狂热的状态和由它引起的灾难。从 1945 年春天起，新闻报道中开始反复出现某些词句——"咒语"被解开了，"幻影"被打破了。这些从魔术界借用的语言表现出了纳粹政权特有的虚幻本质和它的突然终结。

　　希特勒的宣传专家们常常提及不可战胜的阿尔卑斯山堡垒、抵抗巢穴和不断壮大的狼人部队，他们还预测在战争之外会展开另一场战争——但没有任何迹象证明这一点。这再次说明，纳粹主义和法西斯主义一样，完全依靠优越的武力、傲慢自大和胜利，从其本质来看，它在失败的时候没有任何应对办法。一个很有说服力的证据是，德国是第二次世界大战中唯一一个没有出现抵抗运动的战败国。

纳粹政权的领导人和官员的行为也体现出这种短暂性。这一点从他们在纽伦堡审判期间竭力从思想角度为自己开脱的举动上看尤其明显。他们否认或者淡化不久之前还透露出末世征兆的罪行，因此到了最后，暴力、战争、种族灭绝等一切事情都变成了愚蠢、可怕的误解。这种行为也让人感觉纳粹主义并不是一个跨越了整个时代的标志性现象，而是一次由个人对权力的渴望以及从一个渴望征服、桀骜不驯的民族的仇恨情绪引发的肤浅运动。因为如果它深深植根于时代之中，如果它是这个时代的基本运动之一，它不可能因为军事上的失利如此突然地烟消云散。

然而，它仅用了 12 年就让整个世界变了样；显然只把规模如此庞大的活动解释为某个当权者心血来潮的结果是不够的。只有当这个人代表很多人的情感、渴望或利益并且在时代的强大力量推动他前进的时候，才可能出现这种情况。与周遭的能量相比，我们又一次看到希特勒的角色和重要性凸显出来。由侵略的渴望、焦虑、虔诚和自负心理组成了一股强大而混乱的能量，这股能量是现成的，但它需要被一个高高在上的人物激发、聚集和利用。它因为这个人物拥有了动力和合法性，它与这个人物一起庆祝了一次次令人难忘的胜利，它也和这个人物一起走向毁灭。

但希特勒不仅将这个时代的诸多趋势凝聚在一起，他还对局势的发展起到了"引导、扩展和激烈推进"的作用。在这个过程中发挥作用的还有他在思考上爱走极端的习惯以及让原则、对手、盟友、国家和思想等所有一切都服务于他自己的庞大计划的习惯。他认为历史是一个荣誉殿堂，它的门是向雄心勃勃的人敞开的。他并不知道传统的意义和存在理由。他是一个"新人"，他要实现自己的目标。他改变了欧洲的版图，摧毁了帝国，促进了新势力的崛起，激发了革命，终结了殖民时代。最后，他极大地拓展了人类的经验。套用一句叔本华的话，他教给了世界一些永远不会忘记的东西。

在他的所有动机中，最重要的一条是一种无法逃脱的威胁感，这是一种对灭绝的恐惧，这种恐惧几百年来一直影响着众多政治实体和民族。但只有现在，在这个历史的十字路口上，这种灭绝变成了一股威胁全人类的全球力量。新总理府的一张照片上显示希特勒的书桌上摆着一本对开本的书，书名是《拯救世界》。他在一生中的各个节点上都极为认真地扮演着"拯救者"的角色。

对他来说，这种拯救思想和欧洲人的自豪感是密不可分的。除了欧洲，其他大陆都不重要，其他文化也都无关紧要。其他所有大陆都只是地理名词，是奴隶居住的地方，是用来剥削的地方，是没有历史的空旷地带，是"狮子出没的地方"。因此希特勒的态度实际上是欧洲要求继续主宰自己的历史从而主宰世界历史的最后一次夸张的表达。

希特勒本人是民主时代的人物，但他代表的只是其反自由主义的一面，这种反自由主义是凭借非法操纵的选举和非凡的领导魅力兴盛起来的。他从 1918 年 11 月的革命中学到的一条经验是民主和政治混乱状态之间存在着某种朦胧的联系，这条经验是他永远不会忘记的。他认为，混乱状态是人民统治的真实表现，人民统治的原则是肆意妄为。因此希特勒的独裁可以被视为让欧洲保持曾经让它走向辉煌的状态并且在民主时代来临之际维护其风格、秩序和权威的最后一次努力。

如果扩展到全球层面看，可以发现这种想法和早期的法西斯主义支持者的心理是一致的，这些支持法西斯主义的中产阶级认为自己正被工会和百货公司慢慢压垮——这一切都发生在一种大众恐慌的背景下。从这个方面看，也可以认为希特勒试图在这个时代的两大主要势力之间、在左派和右派之间、在东方和西方之间维持第三股势力的地位。这也许可以解释他表现出的两面性，如果将他归为保守派、反动派、资本主义者或小资产阶级，只能说明没能真正明白他这个人。他站在各种立场之间，分享所有立场，借用它们的重要元素，他将它们结合在一起，形成了他独一无二、清楚明白的自我。他的掌权终结了德国在第一次世界大战之后因威尔逊和列宁而起的斗争。前者想让德国接受议会民主制和世界和平的思想，后者则想让德国加入到世界革命的事业中来。12 年后，这种斗争因为德国的分裂再度出现。

希特勒寻找的第三种立场旨在将整个欧洲大陆囊括在内，让德国成为欧洲的核心。他认为德国当前的使命是复兴疲惫的欧洲，唤起它的伟大意识。他想要弥补德国在发展进程中缺失的帝国阶段，尽管德国出现在历史舞台上的时间较晚，但他希望德国能赢得人们可以想象得到的最高奖赏——在欧洲东部大肆扩张权力，称霸欧洲，进而通过欧洲统治全世界。德国缺乏达成这个目标的实力和资源，但他对此并不是太担心。当有人指出给德国制定这样的目标可能会毁了德国时，他只是回答说，如果是那样的话，整个世界都将陷入一片混乱之中。

因此希特勒的民族主义运动也并非没有含糊之处，它忽略了国家的利益。其激烈程度足以让人认为这是一种挑衅，足以激起广泛的抵制。希特勒曾经称自己为"欧洲最后的希望"，他试图根据这种思想证明自己动用武力对抗整个欧洲大陆的做法是合理的："靠魅力和说服力是不可能征服欧洲大陆的，我只有通过武力掠夺才能拥有欧洲大陆。"但希特勒没能让其他国家的人民相信他会为他们提供一条可行的政治道路。

尽管从根本上来说希特勒采取的是防御心态，但长久以来他一直被认为是那个年代"先进、现代的"人物。在同时代的人看来，他显然是大步迈向未来的。然而从今天的观点看，他最突出的地方是他表现出来的不合时宜的特质。在 20 世纪 20—30 年代，科技和集体主义思想、喜好巨大的事物、好战态度、普通人的自尊和明星的光环掺杂在一起被认为是现代和与时俱进的表现。纳粹主义成功的原因之一是希特勒巧妙地借用了所有的元素。另一个"现代"元素是伟人的高傲态度。希特勒的崛起和掌权遵循的是一种具有君主专制倾向的模式。希特勒大肆宣称自己是此类统治者，他在这样的背景下似乎成了新时代的最佳代表。他本人也一直强调纳粹主义的乐观主义和面向未来的特性。

事实上，未来的景象让他害怕。他曾经在纳粹总部的餐桌旁说，他很高兴他只经历了科技时代的初期，后面的几代人不会再知道"这个世界曾经多么的美丽。"尽管他故意做出很多革新姿态，在内心深处，他的思想十分滞后，19世纪的景象、标准和动力让他着迷——事实上在他看来，除了古典时代，19世纪是历史上最重要的时代。

我们常常提到他的一生中行为刻板，只有在如下背景下才能看出这种刻板的真正意义：世界在他成长的时期呈现在他面前，他想紧紧抓住这个独特的时刻。和普通的法西斯主义者不同，诱惑他的不是历史而是他自身的教育经历以及青春期高兴或恐惧得发抖的经历。因此他拯救计划的目标是恢复伟大的19世纪。希特勒的整个世界观，他对为生存、种族、空间而斗争的热衷，他对年轻时代的偶像和伟人的崇拜，事实上是对所有伟人的崇拜——所有这些因素和很多其他因素决定了他的执念的程度。所有这些心理障碍使得他的视野被局限在19世纪的范围内。

说希特勒"超然"是恰当的。尽管有很多小资产阶级倾向，但他并不真正属于这个阶级，或者说他在这个阶级扎根的深度绝没有到让他也拥有其局限性的程度。因为这一点，他的防御思想里充满了怨恨，也因为这一点，在成功地摧毁这个世界之前，他一直保卫着这个他自称要保护的世界。

因此，正是这个明显被19世纪思想塑造出来的极端保守的人将德国和世界的大部分地区推入了20世纪。当然，他的主要动力源泉是他希望阻止摩登时代降临，他希望利用强力的纠正手段让世界历史返回到一切错误的起点。如他自己所说，他以革命者的姿态反对革命。他痛恨革命，但他实际上带来了德国的革命。

当然，德国从1918年起进入了激烈的转型过程。但德国人对这个过程的推动并不积极，甚至非常犹豫。直到希特勒出现才激进地推动了这个过程，使其真正成为革命，因此也彻底改变了僵化在诸多专制社会结构中的德国。按照极权领袖制国家的要求，古老神圣的体系崩溃了，人们被迫脱离了传统的轨迹，特权被废除了，所有不是由希特勒建立或保护的权力机构都被摧毁了。与过去决裂通常意味着将过去的一切连根拔起，希特勒成功地抑制了人们在这方面的担忧和恐惧。要不然他就把这些情绪转化成了对社会有用的能量，因为他知道如何让自己成为"一个能够取代前人、包容一切的权威，让大众觉得可靠"。

因此，作为德国社会革命过程中的一个重要人物，希特勒代表了一种矛盾现象；我们在前文中常常提到的"双重性"在这个问题上最为明显。因为我们不能说希特勒实施的革命与他的目标相悖。占据支配地位的仍然是"复兴"的革命思想以及消除国内矛盾、将国家和社会转变成在战斗中团结一致的人民共同体的革命思想。

20世纪60年代晚期，全球性的不安让不少在准法西斯思想的描述中反复出现的元素再次进入人们的视野：文化上的悲观主义，对自发性、狂热和戏剧化生活的渴望，年轻人的热切激情以及审美化的暴力。当然这些还远非真正的准法西斯现象。

法西斯主义植根于这个时代的危机感之中，从这个意义上说，它仍然潜伏着，只有随着这个时代自身的终结它才会终结。由于它只是一种反应，只是一种绝望中的防御性本能，因此它缺乏明确的形态。这意味着法西斯运动更需要一位杰出的头目而不是其他政治团体。这位头目要能吸纳怨恨，识别敌人，将沮丧转变为狂热，让弱者发现其力量。希特勒就能从纯粹的焦虑中演绎出广阔的前景。他透支了两次世界大战之间的思想和动力上的潜能。但一切在他死后立刻土崩瓦解，这是不可避免的必然结果；被激发、聚集并人为操纵的情感立刻退回到最开始的分散无序的状态。

这种死局在各个层面上都有所体现。虽然希特勒强调他的事业中超个人的方面，大肆宣扬他的使命并且把自己扮演成上帝的代表，但他没有超越他的时代。他无法提供说服力的未来世界的画面，无法提供激励人心的目标，因此他的思想无法在他死后流传下去。他一直把思想单纯作为工具利用。这个煽动家没有在身后留下一个令人难忘的句子或一句令人印象深刻的口号。同样，这个想成为有史以来最伟大的建筑师的人也没有留下任何一栋保留至今的建筑。纳粹党内激进的狂热信徒在纳粹掌权后不久说："对于这项运动而言，希特勒死了比活着更有用。"战后的年代证实这是异想天开的错觉。战争的转折点出现时，证实的东西再次显现出来：希特勒的催化力量是必不可少的，伟大"领袖"一旦消失，意志、目标、凝聚力等所有的一切就都立刻随之消失。效忠和钦佩他的人追随的绝不是一种理想，他们追随的只是一股力量。回顾过去，他的一生似乎像是巨大能量不断显现的过程。它的影响非常广泛，它散播的恐惧非常巨大，但它在结束后没有给人们留下什么可以留得住的记忆。